集人文社科之思 刊 专业学术之声

中國歷史研究院集刊

PROCEEDINGS OF CHINESE ACADEMY OF HISTORY 2023 No.2 (Vol. 8)

高 翔　主编

2023年　**2**　总第8辑

社会科学文献出版社
SOCIAL SCIENCES ACADEMIC PRESS (CHINA)

中国历史研究院集刊

编辑委员会

中国历史研究院集刊

2020 年 1 月创刊　　　　半年刊　　　　第 8 辑　　　　**2** /2023

目　录

Proceedings of Chinese Academy of History

Founded in January 2020   Semiyearly   Vol. 8   **2**/2023

Contents

西周官职问题再探

——以册命铭文命官与授职关系为中心

刘梦扬

摘　要： 册命铭文中命官与授职可以反映西周职官名称与具体职事之间的关系。二者虽然存在联系，但尚未达到一一对应的程度。西周官员的职事大致可分为"基本范围"、"具体内容"、"与特定权力相关的职事"和"具体任务"四个方面，体现了职官设置的稳定性、专业性和时效性等特点。西周执政公卿具有相对固定的职事，可以构成独立的职官等级。师类职官的职事以军事和行政职能为主。同为师类职官者，彼此间还有等级区别，影响师类职官等级的主要因素是受命者的为官资历。

关键词： 西周　册命铭文　命官　授职　官职

职官设置是西周官制研究中的重要问题。学者根据传世文献和出土古文字资料已基本勾勒出西周职官设置的大体面貌，主要可分为"卿事寮"和"太史寮"两大系统，卿事寮负责行政管理，包括嗣土、嗣马、嗣工诸官；太史寮掌宗教祭祀礼仪，包括祝、宗、卜、史诸官，还有负责王家事务的宰、膳夫等官和师类职官。册命铭文是西周有铭青铜器中篇幅较长、史料价值较高的一类，是研究西周官制的重要材料。册命铭文所见西周册命的核心内容主要有"命官"、"授职"和"赐物"三项，命官指任命某人（受命者）担任"宰"、"嗣土"等某一特定官职，授职指授予某人管理某项具体事务的权力，赐物指赐予某人象征其职官等级的赏赐。这三项内容是反映西周职官设置的重要材料。

以往研究主要集中于西周职官设置情况、册命词中命官与授职的关系、册命用词的含义与使用规则等。如张亚初、刘雨以《周礼》职官名称为纲，将册命铭文所见相关职事内容系于官职名称之下，初步建立西周官职名称与具体职事的联系。据他们统计，西周早期官名专称有 50 种，中期增至 79 种，晚期达到 84 种。① 官名专称增加的原因，除了增设官职的实际需要外，也和官职名称与职事内容逐渐固定有关，反映西周时期官职名称与职事内容经历了逐渐融合、固定的发展过程。

陈汉平认为，册命"简而言之，即指封官授职"。② 陈梦家最早将册命中的"命官"和"授职"加以区别，提出若干重要概念：以周王所命正官、副官为"命官"；王官之见于称谓者为"官号"；命书中王官的职事为"命职"（即授职）；周王所命诸侯的属官为"命诸侯官"；诸侯属官之见于称谓者为"诸侯官号"。他还强调出现在铭文中的受命者称谓有官名与身分之别，同为官名又有官衔与专职之别，③ 对认识西周官制具有重要意义。册命铭文中受命者担任明确官职的情况较少，大部分都是授予某些具体职事。王治国就此认为"在册命礼仪中，周王授予臣下的主要是职事，兼见授官的情况，但在官员接受周王所命职事之后，一般也就获得了相应的官称，这种情况表明，此时的官与职是密不可分的"。④ 但西周金文所见确定的官职名称数量有限，授职铭文中的职事并非皆可与职官名称相对应。尽管授职较命官更为常见，西周的官职名称与职事也并非截然两分，由册命铭文亦可见西周官职名称与职事相结合的趋势。学者对"嗣"类职官设置过程的研究反映了这一趋势。⑤

以往研究成果系统整理和归纳了金文所见西周官职名称，分析了不同册命用词的意义与使用规则，对册命铭文中出现的命官与授职内容作了区分。在此基础上，命官与授职相区别反映的深层次问题，即西周官职名称与具体职事之间的对应关系，还有进一步讨论的空间。因此，本文按册命内容划分册命铭文类别，通

---

① 张亚初、刘雨：《西周金文官制研究》，北京：中华书局，1986 年，第 104—109、148 页。
② 陈汉平：《西周册命制度研究》，北京：学林出版社，1986 年，第 2—3 页。
③ 陈梦家：《西周铜器断代》，北京：中华书局，2004 年，第 442 页。
④ 王治国：《金文所见西周王朝官制研究》，博士学位论文，北京大学历史学系，2013 年，第 64、198 页。
⑤ 白川静：《金文的世界——殷周社会史》，蔡哲茂、温天河译，新北：联经出版社，1989 年，第 119 页。

过对读文例，逐一讨论不同类型铭文出现的可能原因，以及册命授职的作用，对册命铭文所见西周官职名称与具体职事内容的对应关系进行再探讨。

一、册命铭文中与命官、授职有关的文例分析

陈汉平认为，册命铭文大致包括时间地点、册命礼仪、册命内容、受命礼仪、作器铭识五部分。其中"册命内容"又包括"册命者先直呼受命者之名，叙述册命原由及告诫语，再叙册命之官职，最后记册命所赏赐之物品及勉语"等。① 此概括较为简单，在册命铭文实际文例中，命官、授职内容的有无及其先后顺序有多种组合形式，主要分为"命官与授职并见"、"仅有命官未见授职"和"仅有授职未见命官"三种类型。②

第一类目前所见共7例，时代为西周中期者6例、西周晚期者1例；第二类共4例，皆见于西周中期；第三类共59例，西周中期45例、西周晚期14例。官员具体职事内容有随时间发展逐渐固定和明晰的趋势，但目前所见不同时代和不同类型文本数量悬殊，此问题有待进一步研究。下面分别分析三种类型的具体文例。

（一）命官与授职并见文例

册命铭文中命官与授职内容并见的文例，是反映西周官职与职事对应关系最直观的材料。此类铭文中册命内容的一般结构是：命官＋授职＋赐物。目前所见相关文例详见表1。

表1　命官与授职并见的册命铭文统计表

器名	时代	命官	授职
免簋(《铭图》5974)③	西周中期	作嗣土	嗣郑还廪、眔吴(虞)、眔牧
敔簋盖(《铭图》5289)	西周中期	作嗣土	官嗣耤田
䖏簋(《铭图》5386)	西周中期	作嗣徒	鞊嗣西偏嗣徒，讯讼
扬簋(《铭图》5350)	西周中期	作嗣工	官嗣糧田甸、眔嗣应、眔嗣𠬝、眔嗣寇、眔嗣工事，讯讼
蔡簋(《铭图》5398)	西周中期	作宰	嗣王家
师颖簋(《铭图》5364)	西周晚期	作嗣土	官嗣汸闇
趞簋(《铭图》5304)	西周中期	作冏师冢嗣马	适官仆、射、士，讯小大有隣

① 陈汉平：《西周册命制度研究》，第27页。
② 此外，册命铭文中还有册命内容仅有赏赐而无命官授职的文例共计36例，此种情况与本文所讨论官职与职事问题无直接联系，暂不讨论。
③ 吴镇烽编著：《商周青铜器铭文暨图像集成》，上海：上海古籍出版社，2012年，简称《铭图》。

学者多以册命铭文中出现的职事来归纳相关官职职事。但若如此，册命铭文中命官之后的授职内容就显得冗余。从命官与授职同见的铭文内容看，官名与职事之间并非简单对应，还出现了担任同一官职者职事各不相同和一些特定职事为不同官职所共有两种情况，反映了西周官职名称与职事之间的复杂关系。

1. 官职名称相同、职事不同

就目前所见材料，官职名称相同、职事不同的情况，在记录册命受命者担任"嗣土"官职的铭文中体现得最为明显，可能与"嗣土"任职于不同地域、需根据地貌特征与土地用途进行针对性管理有关。

免簋和敳簋盖受命者所任官职名称皆是"嗣土"，吮簋受命者所任为"嗣徒"。学界一般认为"嗣土"与"嗣徒"为同一官职，"嗣土"出现和行用时间早于"嗣徒"。免、敳、吮三人所任官职相同，具体执掌各异。免簋铭文内容为：

> 唯三月既生霸乙卯，王在周，命免作嗣土，嗣郑还廪、眔吴（虞）、眔牧，赐敳衣、銮，对扬王休，用作旅鸞彝，免其万年永宝用。

免簋同一作者所作之器还有免尊、免盘与免簋。免簋铭文中出现的井叔又见于懿王时期的묨鼎，学者多将此组铜器定为懿王时期。[1] 此次册命中，免所受职事为"嗣郑还廪、眔吴（虞）、眔牧"。"眔"为连词，表示职事的并列。郑还廪、吴（虞）、牧皆是免管理的对象。郑为地名。"还"可按唐兰释读为"寰"，《说文新附》载"寰，王者封畿内县也"。[2] 李家浩认为，"还"应即"县"，其性质为"县鄙"之县，与后世"郡县"之县有别。[3] "廪"即仓廪，用于存放粮食等收获物。"郑还廪"指归属于郑地诸县的仓廪。管理仓廪可以视为"嗣土"管理土田

---

① 陈梦家：《西周铜器断代》，第177页；马承源主编：《商周青铜器铭文选》第3卷，北京：文物出版社，1988年，第179页；李学勤：《殷代地理简论》，北京：科学出版社，1959年，第44、147页。

② 唐兰：《西周青铜器铭文分代史徵》，北京：中华书局，1986年，第373页。此外，马承源释"还廪"为"园林"，"林"释为官职名"林衡"，参见马承源主编：《商周青铜器铭文选》第3卷，第180页。

③ 李家浩：《先秦文字中的"县"》，《著名中年语言学家自选集·李家浩卷》，合肥：安徽教育出版社，2002年，第15—34页。

本职的延伸。免簋（《铭图》5268）所记册命内容为：

> 唯十又二月，王在周，昧爽，王格于大庙，井叔右免即命，王授作册尹书，俾册命免：令汝胥周师嗣廪，赐汝赤⊙市，用事。免对扬王休，用作尊簋，免其万年永宝用。

"胥"，《集韵》"助也，待也"，《广韵》"相也"。免簋中免的职事是辅佐周师管理仓廪。免簋所载册命应发生在免簋之前，此时免当为周师佐官，到作免簋时已升任嗣土，职官等级提高，职事亦有所增加。免簋所载册命中"嗣郑还廪"应是延续此前已受的职事。管理吴（虞）和牧是免簋册命新增加的职事。"吴"可读为"虞"，虞本为兽名，后引申为兽出没的山林之地，继而引申为管理山林之地的官吏，金文所见担任虞官的有西周晚期散氏盘（《铭图》14542）铭文提到的"虞芳"；"牧"指畜牧业，管理畜牧业之职官亦称"牧"，如见于西周中期后段的儠匜（《铭图》15004）中的"牧牛"。由此可见，管理虞、牧并非指免亲自从事虞、牧之事，而是指管理职官等级较低的负责虞、牧事务的官吏。因此，免簋记录的册命对受命者的官职名称、职事内容和管理对象皆有明确说明：其官职是"嗣土"，职事是管理郑地诸县的仓廪，管理对象有虞、牧之官。

敔簋盖铭文为：

> 唯正月乙巳，王格于大室，穆公入右敔，立中廷，北向，王曰：敔，命汝作嗣土，官嗣耤田。赐汝织衣、赤⊙市、鋚旂、楚走马，取償五锊，用事。拜稽首，对扬王休，用作朕文考宝簋，其子子孙孙永用。

判断该器时代的线索主要为右者"穆公"。"穆公"又见于盠方尊和穆公簋盖，二器时代约在穆恭时期，据此可推测敔簋盖的时代应在恭王早期。[①] 敔的职事是"官嗣耤田"，耤田即"王田"，归周王室所有，借民力耕种，供王室和贵族消费，

---

① 相关研究参见韩巍：《𫚈簋年代及相关问题》，北京大学中国考古学研究中心、北京大学震旦古代文明研究中心编：《古代文明》第 6 卷，北京：文物出版社，2007 年，第 155—170 页。

也是周王举行耤礼之处。如令鼎（《铭图》2451）所载"王大耤农于諆田"，即周王在性质为耤田的諆田上举行耤礼。

旽簋王命中周王称先王为"丕显考共王"，可知时王为懿王。其铭文为：

> 唯十年正月初吉甲寅，王在周［般］大室，旦，王格庙，即位，畧（瓒—赞）王，康公入门右旽立中廷，北向。王呼作册尹册命旽。曰："戈（载）䢔乃祖考諴有功于先王，［先王］亦弗忘乃祖考，登里毕典，奉于服。今朕丕显考共王既命汝更乃祖考事，作嗣徒。今余唯醽先王命，命汝䢉嗣西偏嗣徒，讯讼，取償十锊。敬勿废朕命。赐汝鬯卣、赤市、幽衡、攸勒。"旽拜稽首，对扬天子休，用作朕烈考幽叔宝尊簋。用赐万年，子子孙孙其永宝。

旽的职事是"䢉嗣西偏嗣徒，讯讼"。"西偏"之称又见于师獸簋"䢉嗣我西偏、东偏仆、驭、百工、牧臣妾"，陈梦家释东西偏为"城之东西厢"。[1]《左传》隐公十一年载"乃与郑人、郑伯使许大夫百里奉许叔以居许东偏"，杜预注"东偏，东鄙也"。据此，"䢉（總）嗣西偏嗣徒"指总管职官等级相对更低一级的西鄙嗣徒。"讯讼"指赋予受命者审理狱讼之权，[2] 此职事与管理"西偏嗣徒"为并列关系。

由以上诸铭文可见，"嗣土（徒）"的职事包括管理仓廪、耤田等多个具体方面，因此册命时，任命受命者担任"嗣土"官职的同时，还要说明其具体职事，以明确其责权范围。蔡簋、趞簋、扬簋等在任命受命者担任"宰"、"嗣马"和"嗣工"等官职时，亦具体说明其职事，可见职官相同、职事不同的情况，普遍存在于各职官中。由此，西周官职名称与职事的关系类似于总括与细说。如"嗣土"是管理土地的职官，因此管理不同地区、不同类型的土地，乃至负责土地延伸事务的职官都可称为"嗣土"。其职事内容依职官等级高低而有总括和具体的区别，等级较低的职官往往只负责某一细项，当然也不排除一些职事是临时任命的情况。

---

① 陈梦家：《西周铜器断代》，第 238 页。
② 朱凤瀚：《西周金文中的"取徽"与相关诸问题》，李宗焜主编：《古文字与古代史》第 1 辑，台北：台湾"中研院"历史语言研究所，2007 年，第 191—211 页。下文所引与"讯讼"有关观点皆出自此文，不再出注。

2. 官职名称不同、职事相同

除"官职名称相同、职事不同"的情况外，还有一些职事为不同官职所共有，在册命时须特别说明。这些职事在扬簋铭文中较为明显和集中。

扬簋器口微敛，鼓腹，圈足下增设三条象鼻形足，一对衔环兽首耳。口下和圈足均饰云雷纹衬底的窃曲纹，腹饰瓦纹。从器形特征上看，扬簋应作于西周中期。册命仪式中的史官与蔡簋相同，皆为史宏，时代应与蔡簋相近，约为夷王时期。其铭文内容为：

> 唯王九月既生霸庚寅，王在周康宫，旦，格大室，即位，嗣徒单伯入右扬，王呼内史史宏册命扬，王若曰：扬，作嗣工，官嗣糧田甸、眔嗣应、眔嗣刍、眔嗣寇、眔嗣工事。赐汝赤⊘市、銮旂。讯讼，取償五锊。扬拜手稽首，敢对扬天子丕显休，余用作朕烈考宪伯宝簋，子子孙孙其万年永宝用。

扬所任官职为"嗣工"，具体职事有"官嗣糧田甸、眔嗣应、眔嗣刍、眔嗣寇、眔嗣工事"和"讯讼"。以往学者理解此句的误区在于将"糧田甸"、"嗣应"、"嗣刍"等皆释作官职名称，造成扬官职与职事的混乱。陈絜、李晶认为，"官嗣"以下皆为动宾结构短句，"嗣应"、"嗣刍"等可以理解为"官嗣应"、"官嗣刍"之省，[1] 此解释是正确认识扬职事的基础。《周礼·考工记》郑玄注："嗣工掌营城郭建都邑，立社稷宗庙，造宫室车服器械，监百工。"扬的职事可以分为两部分，其中"嗣应"、"嗣刍"与"嗣工事"三者皆与"嗣工"官职有密切联系，是"嗣工"独有的职事。而"官嗣糧田甸"、"嗣寇"和"讯讼"三项职事在册命铭文中亦可由其他官职掌管。"应"，郭沫若释为"居"，陈梦家释为"廣"，即行屋。[2] 该字又见于静方鼎（《铭图》2461），周王命"师中眔静省南国，相执应"，可释为周王命师中与静巡行南国，经营行宫。"嗣应"负责管理行宫的建造，相当于郑玄所提"造宫室"。"刍"，《说文》称"刈草也，象报束草之形"。张亚

---

① 陈絜、李晶：《弇季鼎、扬簋与西周法制、官职研究中的相关问题》，《南开学报》2007年第2期。

② 郭沫若：《两周金文辞大系图录考释》，上海：上海书店出版社，1999年，第118页；陈梦家：《西周铜器断代》，第193页。

初、刘雨认为，"刍薪"一类可能是古人盖房的必备材料，① 可从。"嗣刍"指管理"刍薪"，与"嗣工"营造都邑宗庙的职事相关。"嗣工事"中的"工"应是指"嗣工"属下的百工，"嗣工事"即管理百工之事，相当于郑玄所说"监百工"。

根据目前所见材料，以上职事为"嗣工"官职独有，而以下扬所受的三项职事则为不同官职所共有。

一是"官嗣糧田甸"。糧田，裘锡圭引《周礼·地官·廩人》"凡邦有会同师役之事，则治其糧与食"，郑玄注"行道曰糧，谓糗也"，释为生产军粮或其他行道所用之粮的公田，② 可从。"甸"即甸人。"官嗣糧田甸"即负责管理糧田的甸人。管理甸人的职事，还可由任其他官职者负责。除扬外，册命铭文所见受命管理甸人者见表 2。

表 2 中，"斲"和"塱"的职事皆包含管理甸人一项。柞所受职事为"嗣五邑甸人事"，"五邑"与"糧田"均指甸人的服事之地，"嗣五邑甸人事"与扬"嗣工事"同为动宾结构短语，指管理服事于五邑的甸人。"斲"和"塱"受命辅佐的对象皆为师某，塱在铭文中亦被称为"师塱"。"师"在这些铭文中应为官职名。柞的右者是仲大师，柞可能是其佐官。由此可见，管理甸人的职事除由"嗣工"负责外，还可由师类职官负责。

表 2　其他册命铭文中管理甸人职事统计表

器名	时代	册命内容
斲簋（《铭图》5295）	西周中期前段	王令作册宪尹赐斲銮旂，用胥师敔嗣甸人
师塱簋（《铭图》2481）	西周中期	王呼作册尹册命师塱：胥师俗嗣邑人，唯小臣、膳夫、守、〔友〕、官、犬，眔甸人、膳夫、官、守、友，赐赤舄
柞钟（《铭图》15343）	西周晚期	仲大师右柞，柞赐载市、朱衡、銮，嗣五邑甸人事

二是"嗣寇"。陈絜、李晶研究认为，扬所受诸职事中的"嗣寇"非官职名，而是动宾结构短句，指管理捕盗之事。③ 除扬簋外，此职事还见于牧季鼎铭文：

① 张亚初、刘雨：《西周金文官制研究》，第 26 页。
② 裘锡圭：《西周糧田考》，《裘锡圭学术文集》第 5 卷，上海：复旦大学出版社，2015 年，第 193—201 页。
③ 陈絜、李晶：《牧季鼎、扬簋与西周法制、官职研究中的相关问题》，《南开学报》2007 年第 2 期。

"唯五月既生霸庚午，伯俗父右奔季，王赐赤⊗市、玄衣黹纯、銮旂，曰：用左右俗父嗣寇"。铭文中奔季的官职没有明确，表明"嗣寇"职事可由"嗣工"或其他职官负责。

三是"讯讼"。"讯讼"亦为册命铭文中的常见职事。《尔雅·释言》："讯，言也。"邢昺疏："讯问以言也。"《说文》："讼，争也。以手曰争，以言曰讼。""讯讼"指审理狱讼。册命铭文中与此职事相近的表述还有"谏讯有粦"、"讯讼罚"、"讯小大有粦"、"讯庶人有粦"等。"粦"可读作"遴"，有贪意，与"吝"同音通假。① 册命铭文中受命负责讯讼及相近职事者见表3。

表3 册命铭文中的讯讼及相近职事统计表

器名	时代	册命内容
觐簋（《铭图》5362）	西周中期前段	王呼作册尹龢命觐曰：更乃祖服作冢嗣马，汝乃谏讯有粦，取𧷒十锊。赐汝赤市、幽衡、金车、金勒、旂，汝乃敬夙昔勿废朕命
黔簋（《铭图》5258）	西周中期	瀗叔右黔立中廷，作册尹册命黔，赐銮，令邑于郑，讯讼，取𧷒五锊
盷簋（《铭图》5386）	西周中期	王乎作册尹册命盷：……今朕丕显考恭王既命汝更乃祖考事，作嗣徒。今余唯龢先王命，命汝总嗣西偏嗣徒，讯讼，取𧷒十锊，敬勿废朕命
趩簋	西周中期偏晚	密叔右趩即立，内史即命。王若曰：命汝作酅师冢嗣马，适官仆、射、士，讯小大有粦，取𧷒五锊。赐汝幽衡、銮旂，用事
册三年逨鼎（《铭图》2501）	西周晚期	嗣马寿右虞逨入门立中廷，北向，史减授王令书，王呼尹氏册命逨，王若曰：……琴乃讯庶人有粦，毋敢不中不型……

根据表3，受命负责讯讼及相近职事的官职除"嗣工"外，还包括"冢嗣马"、"嗣徒"、"酅师冢嗣马"以及"虞"。朱凤瀚认为，讯讼是西周基层行政与

---

① 朱凤瀚：《西周金文中的"取𧷒"与相关诸问题》，李宗焜主编：《古文字与古代史》第1辑，第191—211页。此字晁福林读为怜，释哀也；陈斯鹏释为谮，释为起诉、诉讼；陈剑释为讼；马楠提出这是一个与狱讼相关的词，读作嫌，训为嫌疑、嫌犯。参见晁福林：《北京师范大学藏敀甗试释——兼论彝铭"有粦""取遄"和"用事"》，北京大学出土文献研究所编：《青铜器与金文》第6辑，上海：上海古籍出版社，2021年，第1—10页；陈斯鹏：《旧释"粦"字及相关问题新解》，《文史》2019年第4辑；陈剑：《试为西周金文和清华简〈摄命〉所谓"粦"字进一解》，李学勤主编：《出土文献》第13辑，上海：中西书局，2018年，第29—39页；马楠：《释"粦明"与"有吝"》，中国古文字研究会、吉林大学中国古文字研究中心：《古文字研究》第32辑，北京：中华书局，2018年，第515—517页。

军事官吏必须负担的重要职事，而非兼职。由此可见，负责讯讼职事的官职并非唯一。西周晚期曶盨记王命言："厥非正命，乃敢疾讯人。"此句意为周王申明，若非受到正式任命，不能随便审讯人。可见讯讼及相近职事必须由周王特别赋予。当周王赋予某些职官讯讼之权时，一般会在册命内容中体现。

根据扬簋等册命铭文，西周官职设置尚未达到与职事一一对应的程度，一些官职掌领的职事除了与官职名称直接相关的专有职事外，还有与之密切关联的职事，如"嗣寇"、"讯讼"等，这些职事并非特定职官独有。因此，西周的官职与其职事范围不能直接等同，在命官后说明具体授职内容便十分必要。当册命铭文中的册命内容同时包含命官、授职和赐物三项时，应最接近册命文书原貌。

（二）仅有命官未见授职的文例

册命铭文中仅有命官未见授职的数量较少，目前所见主要有 4 篇。西周官职名称与职事之间存在一定程度的对应关系，一般而言，命其官必有其职，只是这些铭文中未记，或是原册命文书未讲，抑或作铭文时省略了相关内容。具体铭文内容详见表 4。

表 4 仅有命官未见授职册命铭文统计表

器名	时代	册命内容
免尊（《铭图》11805）	西周中期前段	唯六月初吉，王在郑，丁亥，王格大室。井叔右免。王蔑免历，令史懋赐免缁市、同衡。作嗣工。对扬王休，用作尊彝。免其万年永宝用
左右簋（《铭续》30449）①	西周中期后段	唯正月初吉丁亥，王格于穆宫。桓伯右左右即位。王命左右曰："更乃祖考作冢嗣工于蔡，赐汝幽衡、鍪勒、銮旂，用事。"敢对扬王休命，用作宝簋，其万年子子孙孙永宝用享
郜智簋（《铭图》5215）	西周中期	唯元年三月丙寅，王格于大室，康公右郜智，赐织衣、赤◎市，曰：用嗣乃祖考事，作嗣土。郜敢对扬王休，用作宝簋，子子孙孙其永宝
采隻簋（《铭图》5154）	西周中期	王曰：采隻，命汝作嗣土，赐汝织衣、赤◎市、銮旂，用事。采隻对天子休，用作姜母尊簋，其万年永宝用

---

① 吴镇烽编著：《商周青铜器铭文暨图像集成续编》，上海：上海古籍出版社，2016 年，简称《铭续》。

表4铭文中册命内容的结构以"命官＋赐物"为主，也有"赐物＋命官"的文例，在表意上并无本质差别。其中，仅有命官未见授职文例中受命者的官职主要是"三有嗣"类职官。免尊所记册命中，受命者免被任命担任"嗣工"，却未说明具体职事内容。免尊王命中有"王蔑免历"一句，即周王赞扬和嘉勉受命者免。① 由此句看，此次册命的背景可能是免对王朝有功，周王任命其担任"嗣工"，意在嘉奖，具体职事内容可能因此被弱化；左右簋和郘智簋铭文中分别有"更乃祖考"和"用嗣乃祖考事"文句，皆为任命受命者继承其父祖职事之意，受命者所得职事可能双方已明，无须再特别强调；采隻簋体量较小，铭文可能因器型限制省略了原命书中的授职内容。

综上所述，仅有命官而未见授职的结构，应是有较特殊原因或作器者删改册命文书所成，非册命铭文正例，因此出现较少。

（三）仅有授职未见命官的文例

仅有授职未见命官的文例在册命铭文中最为常见，目前所见共59篇。缺少命官内容有两种可能：一是册命铭文未录；二是原册命文书即无。由前文分析可知，西周担任同一官职者职事各有不同。相对而言，授职的内容更有针对性，因此显得更为重要。笔者倾向于认为，仅有授职而无命官的铭文，原册命文书中即无命官内容的可能性较大。由此引出的问题是，仅有授职无命官册命情况的出现是否有其特定背景？西周官员的职事由哪些方面构成？

1. 仅授职未见命官册命的背景

综观仅有授职未见命官册命的具体内容，可将其背景大致划分为四种情况。

一是受命者已任官职，册命中如无变动，则仅提授职，不再重复其官职名称。如西周中期宰兽簋（《铭图》5376）：

唯六年二月初吉甲戌，王在周师录宫，旦，王格大室，即位。嗣土荣伯右

---

① 学者主要将"蔑历"释为勉励劳绩和赞美功劳，参见唐兰：《"蔑曆"新诂》，故宫博物院主编：《唐兰先生金文论集》，北京：紫禁城出版社，1995年，第224—235页；于省吾：《释"蔑曆"》，《吉林大学社会科学学报》1956年第2期；晁福林：《金文"蔑曆"与西周勉励制度》，《历史研究》2008年第1期。

宰兽入门立中廷，北向。王呼内史尹仲册命宰兽曰："昔先王既命汝，今余唯或（又）龘（申）橐（就）乃命，更乃祖考事，毅（總）嗣康宫王家臣妾，奠庸外内，毋敢无闻知。赐汝赤市幽衡、攸勒，用事。"兽拜稽首，敢对扬天子丕显鲁休命，用作朕烈祖幽仲益姜宝匜簋，兽其万年子子孙孙永宝用。

王命开篇言"昔先王既命汝，今余唯或（又）龘（申）橐（就）乃命"，表明兽在先王时期已受册命担任王官，此次册命是时王重申先王之命，非兽首次接受册命。册命仪式部分介绍受命者时言"嗣土荣伯右宰兽入门立中廷"，采用了私名前冠职官名的称呼方式，因此受命者在此次册命前即已担任"宰"这一官职，册命中授予其"毅（總）嗣康宫王家臣妾"，即总管康宫王家臣妾职事，此职事为"宰"本职，此次册命受命者官职未变，故不再重复。

周王对执政公卿和师类职官的册命亦属此种情况，然执政公卿原任官职非固定，师类职官职事构成复杂，下文专门讨论。

二是受命者在此前已受册命，新命提及前命。如西周中期谏簋（《铭图》5336）：

唯五年三月初吉庚寅，王在周师录宫。旦，王格大室，即位。嗣马共右谏入门立中廷。王呼内史敖册命谏曰："先王既命汝毅（總）嗣王宥，汝无不有闻，毋敢不善。今余唯或（又）嗣命汝。赐汝攸勒。"谏拜稽首。敢对扬天子丕显休，用作朕文考惠伯尊簋。谏其万年子子孙孙永宝用。

谏簋与宰兽簋的相似之处在于所记册命皆是时王对先王册命的重申，册命类型属于重命，不同之处在于谏之官职未见于铭文。谏所受职事的具体内容为"毅（總）嗣王宥"，即总管王家苑囿，可以判断其官职可能是负责管理王室事务的宰类官职。由于是重命，官职已经明确，故册命中不再出现官职名。

三是受命者继承其父祖职事，如西周中期引簋（《铭图》5299）：

唯正月壬申，王格于莽（共）大室。王若曰："引，余既命汝更乃祖毅（總）嗣齐师，余唯龘（申）命汝。赐汝彤弓一、彤矢百、马四匹，敬乃御，

毋败绩。"引拜稽首，对扬王休。同随追，俘吕（莒）兵，用作幽公宝簋，
子子孙孙宝用。

此次册命，周王命引继承其父祖职事总管齐师，也就相应地继承其父祖官职，在
册命中或是为了强调其职事的重要性，故只提职事而不重复官职名称。

　　四是受命者的职事为担任某人佐官。当册命中出现"胥"、"左"、"左胥"、
"左右"某人等词时，表示任命受命者辅佐某人，即受命者的官职是担任某人佐
官。董珊认为，册命佐官时大多不会提及受命者官职名，① 可从。目前所见册命
铭文中受命担任佐官的文例可整理为表5。

表5　任命受命者担任佐官的册命铭文统计表

器名	时代	册命内容
申簋盖（《铭图》5312）	西周中期前段	更乃祖考胥大祝，官嗣丰人眔九戜祝。赐汝赤市紫衡、銮旂，用事
蒯簋	西周中期前段	令作册宪尹赐断銮旂，用胥师教嗣甸人
免簋	西周中期后段	令汝胥周师嗣廪，赐汝赤◎市，用事
戚簋（《铭续》30450）	西周中期后段	赐汝赤市朱衡、攸勒，用官嗣霍馼，用胥乃长
弈季鼎（《铭图》2432）	西周中期	王赐赤◎市、玄衣黹纯、銮旂，曰：用左右俗父嗣寇
走簋（《铭图》5329）	西周中期	王呼作册尹册赐走：赦（總）胥益，赐女汝赤市朱衡、旂，用事
同簋（《铭图》5322）	西周中期	左右吴（虞）大父嗣场、林、吴（虞）、牧，自虎东至于河，乓逆（朔）至于玄水。世孙孙子子左右吴大父，毋汝又（有）闲
善鼎（《铭图》2487）	西周中期	王曰：善，昔先王既令汝左胥彖侯，今余唯肇醓先王命，命汝左胥彖侯，监嘺师戍，赐汝乃祖旂，用事

受命担任佐官者与其长官所任应为同一系统的官职。表5所见担任佐官者所
任官职各异：申继承其父祖职事辅佐大祝，其本人及其家族可能世代担任祝官；
蒯和免所辅佐的长官为师教、周师，此二人应为师类职官；弈季的长官"俗父"
在其他铭文中又称"师俗父"，二人亦应为师类职官，"嗣寇"为周王赋予师俗父
和弈季管理军队中盗寇之事的权力；同的长官吴（虞）大父应是受"嗣土"管辖
的虞官，同应为职官等级更低的虞官；善是周王派往彖侯处辅佐彖侯的诸侯之臣。

---

① 董珊：《韩伯丰方鼎铭文新论》，杨荣祥、胡敕瑞主编：《源远流长：汉字国际学术研讨
　　会暨 AEARU 第三届汉字学文化研讨会论文集》，北京：北京大学出版社，2017 年，第
　　46—64 页。

诸佐官的职官等级可由其所受赐物反映出来，如申所受赤市絲衡，戚和走所受赤市朱衡，免和秦季所受赤◎市。这些命服皆非最低等级的册命赐物。因此，担任佐官者职官等级未必低。册命中无论官职为何、等级高下，凡为佐官皆不提官职名称，可能是由于受命者与其长官官职属于同一系统，无须特别说明。

由以上四种情况可见，"仅授职无命官"的册命并非偶然出现，而是具有一定规律。可以推测，此类册命出现的原因主要在于避免重复，当受命者官职未发生变动（第一、二种情况），或受命者官职已为册命、受命双方所明知（第三、四种情况）时，册命中不再说明受命者官职。当然，也不能排除铭文节选册命文书，有所省略的可能。

2. 西周官员职事的构成

由于西周时期官职名称和职事尚未达到一一对应程度，且在特定情况下受命者的官职会被省略，说明受命者职事是册命中最重要的内容。册命铭文所见西周职官的职事并非仅由官职名称决定，其构成因素复杂，有多个组成部分，且因人而异。如蔡簋：

> 唯元年既望丁亥，王在减庭。旦，王格庙，即位。宰訇入右蔡，立中廷，王呼史寿册命蔡。王若曰：蔡，昔先王既命汝作宰，嗣王家，今余佳（唯）嗣（申）豪（就）乃命，命汝眔訇糓（總）胥对，各从嗣王家外内，毋敢有不闻。嗣百工，出入姜氏命。畢有见有即令，厥非先告蔡，毋敢庚有入告。汝毋弗善效（教）姜氏人，勿使敢有庚，止从（纵）狱。赐汝玄袞衣、赤舄。敬夙夕勿废朕命。蔡拜手稽首，敢对扬天子丕显鲁休，用作宝尊簋，蔡其万年眉寿，子子孙孙永宝用。

由王命首句"昔先王既命汝作宰"可知，蔡在先王时期已担任"宰"，册命中不加官职名称应是为了避免与右者宰訇相混淆。此次册命在"元年既望丁亥"，可能是新王继位后对旧臣的重新册命，以此建立起新王与旧臣的王臣关系。蔡的右者宰訇职官亦为"宰"，宰訇又见于大师虘簋（《铭图》5280）"王呼宰訇赐大师虘虎裘"。宰訇主要活动于周王身边，既担任蔡之右者，职官等级应高于蔡。

新命中"命汝眔訇糓（總）胥对各从嗣王家外内"，学者断句和解释各有不同。郭沫若断为"命汝罘启毅（總）胥对、各，死嗣王家外内"，将"对"和"各"皆视为人名。[1] 按此断法，该句应理解为周王命蔡和启辅佐对与各，管理王家内外事务。但郭沫若在下文又提出启为"大宰"，蔡为"内宰"。两人已是宰官中的两个最高阶位，若再将"对"和"各"皆理解为人名，那么二人的官职和职官等级很难落实。马承源断为"命汝罘曰，毅（總）胥对，各从，嗣王家外内"。将启隶定作"曰"，[2] 仍将"对"理解为人名，是蔡的高阶长官。但将"各"读为"恪"，释为敬，与从相连。"恪从"即服从、敬从。马承源将此句释为"任命你辅佐于对，须敬而从之"。如此解释则右者启非蔡的直系长官，对的职官等级在启之下、蔡之上。"嗣王家外内"与"嗣王家"意同，加"外内"是为了强调职责的全权和完整。"王家"指一个有固定规模的政治与经济实体，词义近同于一般所说的王室。[3]

"毋敢有不闻"是周王对蔡提出任官的要求，其下诸句是对蔡职事更细致的说明。"嗣百工，出入姜氏命"是对"从嗣王家外内"职事的具体说明。《国语·晋语四》言"工商食官"，西周时期工匠皆由政府统一管理。"百工"即为王室服务的各类工匠，属于宰的管辖范围。"姜氏"当为王后的代指。"垂有见有即令，厥非先告蔡，毋敢庶有入告"，即如果有来觐见或听候命令的，必须先报告给蔡，否则不得进入，告于内宫。此句与毛公鼎（《铭图》2518）中周王册命毛公厝时言"出入専（敷）命于外，厥非先告父厝，父厝舍（捨）命，毋有敢态（慝）専（敷）命于外"一段意近。毛公为王朝重臣，负责传达王命，王命只有通过毛公才能向外传布；蔡则以宰的身分传达王后之命，外廷之事只能通过蔡传达给姜后。"姜氏人"指由王后所辖的内官，"效"读为"教"。"汝毋弗善效姜氏人，勿使敢有庶，止从（纵）狱"，此处的"庶"，马承源释为有"恶"意，与上文"善"相对。[4] 此句意为周王命蔡好好教导内宫百官，不要让他们行恶，要慎刑罚。

根据分析，周王所授蔡的职事可分为两个层次。第一个层次是"嗣王家"、

① 郭沫若将此句中的"从"隶定作"死"。原文字体残泐，难以判断。参见《两周金文辞大系图录考释》，第102—104页。
② 马承源主编：《商周青铜器铭文选》第3卷，第264页。
③ 朱凤瀚：《商周家族形态研究》，北京：商务印书馆，2022年，第398页。
④ 马承源主编：《商周青铜器铭文选》第3卷，第264页。

"嗣王家外内"，全权管理王家内外事宜。此为宰这一职官的基本职事，即职事的基本范围。此范围适用于每一位担任此职官者，也是在没有出现职官名称的情况下，判断受命所任官职的重要依据。如康簋、槐簋、衍簋3篇册命铭文中皆提到授予受命者"嗣王家"这一职事，据此可判断三人所任职官应为"宰"。3篇册命铭文内容见表6。

表6　含有"嗣王家"职事的文例

器名	册命内容
康簋（《铭图》2440）	唯三月初吉甲申，荣伯入右康，王命死嗣王家，命汝幽衡、鋚勒
槐簋（《铭续》30453）	唯正月初吉丁亥，王在宗周，格于大室，卿事（士）入右槐，命作册尹册命槐曰：赐汝幽衡、鋚勒，用死嗣王家
衍簋（《铭续》30455）	唯三月初吉戊寅，王在宗周，格于大室，荣伯入右衍，王命汝曰：死嗣王家，赐汝冋衣、赤舄、幽衡、鋚勒，赐汝田于盍、于小水

由于职事的基本范围对受命者而言不具有针对性，在一些铭文中可能被省略。如望簋（《铭图》5319）和宰兽簋亦是周王对"宰"的册命，铭文所见仅有对受命者具体职事的说明，而未出现"嗣王家"这一基本的职事范围。2篇铭文内容见表7。

表7　望簋和宰兽簋册命内容

器名	册命内容
望簋	唯王十又三年六月初吉戊戌，王在周康新宫。旦，王格大室，即位。宰倗父右望入门立中廷，北向。王呼史年册命望：死嗣毕王家，赐汝赤◎市、銮，用事
宰兽簋	唯六年二月初吉甲戌，王在周康彔宫，旦，王格大室，即位。嗣土荣伯右宰兽入门立中廷，北向。王呼内史尹仲册命宰兽曰：昔先王既命汝，今余唯或（又）鬴（申）橐（就）乃命，更乃祖考事，繛（總）嗣康宫王家臣妾，莫庸外内，毋敢无闻知。赐汝赤市幽衡、鋚勒，用事

第二个层次是"嗣百工"至"止从（纵）狱"几句，即职事的具体内容。这是册命中最重要的部分，较为琐碎零散，因人而异。其他担任宰的职官中，此部分内容亦各有不同，如望簋所载受命者望的具体职事是"死嗣毕王家"，即负责管理在毕地的王家之宫室居址；宰兽簋所载宰兽的具体职事是"繛（總）嗣康宫王家臣妾"，即负责管理康王宗庙区中的王家家内隶臣隶妾。

不同职事受命者所受赐物等级也不同，望所受为赤◎市、銮旂，宰兽所受为赤市幽衡、鋚勒。赐物的等级是受命者职官等级的象征。据此可知，西周官员职事的具体内容有区分受命者职官等级的作用。

册命赐物铭文中，赤市的级别高于赤⊗市，据此可推测宰兽的职官等级应高于望。蔡所受无市衡，可能是因为以往已授，此次册命所得命服中玄衮衣的级别较高，赤舄一般放在命服的最后赏赐。因此蔡的职官等级应较望和宰兽更高。

以上所言职事的基本范围和具体内容皆与受命者所任官职相关，为特定职官所独有。还有一些与特定权力相关的职事非某一职官所特有，而是周王在册命中根据实际需要授予其选定的受命者，即上文所提，职事相同而职官名称不同的情况，如讯讼、司寇等。这些内容是西周官员职事构成的第三方面。

此外，周王还会根据具体需要，通过册命赋予受命者一些更具体的任务，如士山盘（《铭图》14536）所载周王对士山的册命：

> 唯王十又六年九月既生霸甲申，王在周新宫，王格大室，即位，士山入门立中廷，北向。王呼作册尹册命山曰：于入夆侯。徙逞都荆𢆶服，眔大虘服、𩁹服、六孳服；夆侯、都、𢆶宾贝、金。山拜稽首，敢对扬天子不显休，用作文考釐仲宝尊盘盂，山其万年永用。

铭文开篇即有册命仪式的相关记录，将之界定为册命铭文已基本为学界共识。但由于铭文所载册命内容较为特殊，学者在铭文断句和释读方面尚存争议。

目前学界关于周王对士山任命内容的断句方式有二。一是朱凤瀚、黄锡全断为"于入夆侯，徙逞都荆𢆶。服眔大虘、服𩁹、服六孳、服夆侯、都、𢆶宾贝、金"。[①] 朱凤瀚释"于"意为"往"，"入"为"进入"，"徙"读为"出"，"逞"读为"惩"、"荆"读为"刑"，为惩治之意。士山任务的第一项内容为进入夆侯的领地，惩治都、𢆶两国。"服"，意为职事，指士山此行的其他任务共有四项："大虘"读为"大葘"，相当于"大藉"，即大规模的藉田；"𩁹"读为"履"，可理解为受王命巡视管治的区域或勘定地界；"孳"读为"粢"，指各种农产品；

---

① 朱凤瀚：《士山盘铭文初释》，《中国历史文物》2002 年第 1 期；黄锡全：《士山盘铭文别议》，《中国历史文物》2003 年第 2 期。

"宾"，即以纳贡的方式表示宾服。按此方式断句可将士山的任务分为五项：第一，惩治都、𢏪；第二，管理藉田；第三，巡视勘定地界；第四，为王室征调农产品；第五，管理𣃭侯及都、𢏪等侯国、属国所贡纳的贝与铜。

二是董珊、陈英杰断为"于入𣃭侯，徥遑都荆𢏪服，柰大虘服、顜服、六孳服；𣃭侯、都、𢏪宾贝、金"。① 董珊释"于入𣃭侯"指送𣃭侯归国。可能的原因有二：其一如李学勤之意见，② 相当于《春秋》经传中"纳某侯"之例，即𣃭侯由于某种原因失政出国，周王朝作为𣃭侯的保护者扶植他重新入境为政；其二，𣃭侯可能曾朝见于周，之后周王命令士山护送其归国，是一种礼遇。此为士山的第一项任务。"徥"读为"遂"。"遑"读为"征"，指征收。"荆"读为"荆"。"顜"读为"眉"，即金文所见"眉敖"之"眉"。此后的都荆方服、大虘服、顜服、六孳服等都是"遑"的宾语，"遑"的对象是都、荆、𢏪、大虘、顜、六孳诸国的"服"，也就是所应缴纳的职贡。此为士山的第二项任务。董珊将最后一句理解为𣃭侯和都、𢏪为答谢士山以金、贝回赠。按此解释，此部分内容已经超出册命文书的范围，属于事后补录。然朱凤瀚指出，在廷礼类（包括廷礼册命、赏赐）的铭文中，"拜手稽首"是作者在移录廷礼册命或赏赐文书语句后，对本人在现场向册命者或赏赐者行致谢礼仪行为的实录。③ 因此，"𣃭侯、都、𢏪宾（傧）贝、金"应为册命文书原句，而非补录。"𣃭侯、都、𢏪宾贝、金"亦应是"征"的宾语。宾仍须取职贡意，即收取𣃭侯及都、𢏪所贡纳的贝与铜。此为士山的第三项任务。或许是因为𣃭侯、都、𢏪所纳贝与铜非常重要，与其他职贡种类不同，故单独列出。按此方式断句可将士山的任务分为三项：第一，送𣃭侯入境；第二，征收都、荆等国职贡；第二，征收𣃭侯及都、𢏪贡纳的贝与铜。

无论哪种理解，此次册命周王赋予士山的任务均非长久职事，而是具有一定时效性，属于临时指派。这些内容是西周官员职事构成的第四方面。

---

① 董珊：《谈士山盘铭文的"服"字义》，《故宫博物院院刊》2004年第1期；陈英杰：《士山盘铭文再考》，《中国历史文物》2004年第6期。
② 此为裘锡圭向陈剑转述李学勤之意见，参见董珊：《谈士山盘铭文的"服"字义》，《故宫博物院院刊》2004年第1期，第78页。
③ 朱凤瀚：《也论西周金文中的"拜手稽首"》，北京大学出土文献研究所编：《青铜器与金文》第3辑，上海：上海古籍出版社，2019年，第1—16页。

综上所论，册命铭文所见西周官员的职事主要有四方面：基本范围（如宰类职官职事的基本范围即"嗣王家"）、具体内容（如宰兽的具体职事是"𩫌（總）嗣康宫王家臣妾"）、与特定权利相关的公有职事（如"讯讼"等）和周王临时指派任务（如士山所受诸职事）。前两项在册命铭文中最为常见；第三项是受命者职事的重要补充，需特别授予；第四项出现较少，目前所见最有代表性的文例即是士山盘。此种职事构成出现的原因，可能与职官设置上官职名称与具体职事尚未达到一一对应有关，体现出西周职官有分工进一步细化的倾向，也与不同职官等级职事范围不同有关。

二、执政公卿的职事与地位

"授职"是册命的重要内容，仅有授职未见命官类型册命的出现有其特定背景，但还有一类仅授职未见命官类型的册命较为特殊，即是对执政公卿的册命。

学者在对西周职官制度的研究中认识到，周王之下存在"首席执政大臣"群体，负责总领百官，辅佐周王处理政治事务。文献所见康王时期的周公、召公以及穆王时期的祭公等，是其代表。[1] "首席执政大臣"没有明确固定的或可对应的职官名称，更倾向于一种身分与地位的表述。学者在研究中一般将具有此身分的王臣称为"执政公"、"执政卿"或"执政公卿"。此类王臣主要出身卿事，在获得相应地位后多称"公"。本文亦称之为执政公卿。

执政公卿在王朝中所任官职各不相同，但其职事却有极高相似度。目前所见记录或反映周王册命执政公卿的铭文，主要有矢令方尊（《铭图》13548）、班簋（《铭图》5401）、番生簋盖（《铭图》5383）和毛公鼎 4 篇，皆属于仅有授职未见命官类型。执政公卿居于西周职官系统顶端，分析与辨识册命铭文中和执政公卿有关的内容，有助于进一步明确执政公卿职责，认识执政公卿在西周职官系统中的地位。

（一）矢令方尊铭文所见执政公卿的职事

矢令方尊是作器者矢在受明公赏赐祭祀之物后，为祭其父而作。铭文记录了

---

[1] 杨宽：《西周中央政权机构剖析》，《历史研究》1984 年第 1 期；《西周王朝公卿的官爵制度》，《西周史研究》，西安：人文杂志编辑部，1984 年，第 93—129 页；何景成：《西周王朝职官制度研究》，博士后出站报告，南开大学历史学系，2007 年，第 121—127 页；王治国：《金文所见西周王朝官制研究》，第 91—95 页。

周王册命明公以及明公受命之后的一系列活动（赏赐矢是其中之一），其中周王对明公的册命是周王册命执政公卿的实例。矢令方尊铭文内容为：

> 唯八月，辰在甲申，王令周公子明保尹三事四方，受卿事寮。丁亥，令矢告于周公宫。公令出同卿事寮。
>
> 唯十月初吉癸未，明公朝至于成周，出令舍三事令，眔卿事寮、眔诸尹、眔里君、眔百工。眔诸侯：侯、田、男，舍四方令。既咸令。甲申，明公用牲于京公；乙酉，用牲于康宫，咸既，用牲于王。明公归自王。
>
> 明公赐亢师鬯、金、小牛，曰：用禚；赐令鬯、金、小牛，① 曰：用禚。乃令曰：今我唯令汝二人亢眔矢爽左右于乃寮与乃友事。
>
> 作册令敢扬明公尹厥宦，用作父丁宝尊彝。敢追明公赏于父丁，用光父丁。𠭰册。

铭文主体可以分为三部分，即上面的前3个段落。第一部分记周王派遣矢向明保传达册命内容。第二部分记录明公受命后的一系列活动，包括亲至成周、向受其管辖的百官颁布政令、用牲祭告宗庙等。这些活动皆是为了彰显其通过此次册命获得的新身分，落实"尹三事四方"之权。此部分内容表明，西周重臣在受到册命后还会进行一系列活动彰显其通过册命获得的新身分。第三部分记明公赏赐作器者矢祭物，并对其进行勉励，是第二部分活动的余绪。

矢令方尊的时代应为西周早期的昭王时期。② 在断代的基础上，可对铭文中

---

① 参见蒋玉斌：《令方尊、令方彝所谓"金小牛"再考》，华东师范大学中国文字研究与应用中心编：《中国文字研究》第13辑，郑州：大象出版社，2010年，第75—83页。

② 以往学者对矢令方尊的时代有成王和昭王两种不同看法。陈梦家认为二器作于成王时期，铭文中的王是成王，参见《西周铜器断代》，第35—40页。唐兰、李学勤认为王是昭王，参见唐兰：《西周青铜器铭文分代史徵》，第209—217页；李学勤：《论卿事寮、太史寮》，《松辽学刊》1989年第3期。陈梦家提出"宫"为生人之居，铭文中出现"周公宫"说明当时周公尚在人世；而目前唐兰释"康宫"为康王宗庙的观点已为多数学者接受，矢令方尊和方彝铭文中出现"康宫"，说明其时代不能早于康王。"周公宫"是祭祀周公的宗庙，或周公曾居之处。明公其人又见于鲁侯簋（《铭图》4955）"王令明公遣三族伐东国"，此器所记之事亦当在昭王时。本文从唐兰之说。

人物身分和关系作出几点说明。

第一，铭文中的王为昭王，"明公"当是周公旦之子。朱凤瀚认为，明公既冠以"周公子"之称，而不是径称"周公"，是为了表示其名门出身。故这里的周公很可能是指周公旦，似不会是指君陈，因为君陈在成、康时期地位并不高，①可从。目前所见文献和古文字材料中，"周公"一般皆指周公旦，其后嗣若继任周公一般会在"周公"二字之后加私名，如桓王时期的"周公黑肩"。"明"是私名，"明公"是尊称，"保"应是其官职。称"明保"说明其在受命前已担任"保"，可能接替了周初与周公"分陕而治"的召公奭的官职。

第二，"令矢告于周公宫"指周王在八月丁亥，命矢将任命"周公子明保尹三事四方"之事传达给明公。"周公宫"是明公当时所在之地，可能不在成周，而是在周原或宗周，故到十月初吉癸未，明公才到达成周。

第三，明公此次赏赐的对象是亢师和作册矢两人。"亢"为人名，"师"是其官职名。"令"是作器者之名，"矢"是其字，"作册"是其官职。"爽"读为"接"，为会合之意，② 即明公要求亢师与作册矢二人共同尽力于执掌之事。以亢师为代表的师类职官和以作册矢为代表的史类职官，皆归明公管理，从侧面体现出明公职权之大。

铭末出现的"明公尹"是矢对明公的尊称，并非指明公此次受命担任尹。③此次册命后明公的官职没有变化，仍是"保"。一般来说，金文中只有明确获得某职官或身分之后，才会把此职官或身分置于私名之前。如七年趞曹鼎（《铭图》2433）作器者在受册命之前称趞曹，在受册命之后称史趞曹（见十五年趞曹鼎，《铭图》2434）。该铭中明公可称"明保"虽不能完全排除矢事后追记的可能，但王命中没有出现任命明公为保的具体内容，赏赐物也较简单，只是赋予明公较大的职权，表明应非明公首次受到册命，亦非在此次受命中才担任保，明公在此次册命前已为保的可能性更大。明保的地位可能相当于召公所任大保，但召公以

---

① 朱凤瀚：《商周家族形态研究》，第 464 页。

② 唐兰：《西周青铜器铭文分代史徵》，第 212 页。

③ 唐兰在"尹三事四方"的注释中将"尹"释为动词，但在文末的总说中又提出此次册命明公被任命为尹，君奭、君陈其实都是尹，尹和君是一字（《西周青铜器铭文分代史徵》，第 212、216 页）。然金文中尹作名词一般是对长官或上级的泛指，并非特定官职之称。"明公尹"中尹作名词是对长官的尊称，并非明公的职官之称。

后似未有人再能称"大保"。

此次册命是昭王增命当时已为保的周公之子"尹三事四方，受卿事寮"，使其在"保"职权的基础上，增加掌管卿事寮的权力。该铭文为认识西周执政公卿的具体职事提供重要参照。《说文》"尹，治也"，此处有统辖、管理意，与大克鼎"畯尹四方"意近。"三事"指司土、司马、司工等王朝中的执事官员，"四方"指四方诸侯。"三事"与"四方"并举，泛指王朝和四方所有周人统治阶层。"卿事寮"是周初由众卿组成的执政机构，周王命明公"受卿事寮"，即任命其主掌卿事寮。主管卿事寮之权当是承继自周公。

周公在周初的职官没有明确记载，后人追索，计有"大宰"、"大师"两说。陈梦家释矢令方彝时提出，"周公当成王时为大师"。① 然《诗经·大明》言武王伐纣时"维师尚父，时维鹰扬"，说明师尚父在武王伐纣时为辅佐武王的主要将领，周初之"大师"当为师尚父，此后金文中出现"大师氏"与召公后裔为"大保氏"一样，皆是以祖先曾任职官为氏，因此周初师尚父担任"大师"一职的可能性更大。周公为大宰之说见《左传》定公四年："武王之母弟八人，周公为大宰。"其时已到春秋，各官职的权力与地位和周初相比已发生较大变化，金文所见"宰"这一官职在周初地位不彰，到西周后期才逐渐握有大权。春秋时期"宰"的地位提升、权力进一步扩大，在一些诸侯国中成为重臣之首。定公四年"周公为大宰"，可能是以当时的职官情况指称周公在周初时的政治地位，而非周公在周初实际担任的官职为"宰"。就目前材料看，周公所任具体职官难以明确，但可以肯定的是，周公与召公"分陕而治"，又代成王主政，其地位至少应不低于召公，很可能是执掌政事的卿事寮之长。明公此前已继召公之职担任保，此次册命继周公之权又主管卿事寮，获得了更大的政治权力，明公执政公卿的地位经由此次册命正式确立。

根据上文分析，矢令方尊所记周王对明公的册命，说明西周执政公卿可由保和卿事寮之长兼任，"尹三事四方"是册命铭文所见西周执政公卿的职事之一。

（二）班簋铭文所见执政公卿的职事

班簋是作器者毛班为祭祀其父所作，铭文记录其父受周王册命接替虢城公的职

---

① 陈梦家：《西周铜器断代》，第 38 页。

事，担任执政公卿，并率领吴伯、吕伯和其本人征伐东国等事。班簋铭文反映了受命者通过册命获得执政公卿身分的过程，同时对执政公卿的职事作了具体描述：

> 唯八月初吉，在宗周。甲戌，王令毛伯更虢城公服。屏王位，作四方极。秉繁、蜀、巢令，赐铃、勒。咸。王令毛公以邦冢君、徒驭、戜人伐东国痟戎。咸。王令吴伯曰：以乃师左比毛父；王令吕伯曰：以乃师右比毛父；遣令曰：以乃族从父征，徝（出）城卫父身。
>
> 三年靖东国。亡不成尤天威，否畀纯。陟公，告厥事于上，唯民亡延哉，彝昧天命，故亡，允哉显，唯敬德，亡攸违。班拜稽首曰：呜呼，丕杯杋皇公，受京宗懿釐，后文王、王姒圣孙，登于大服，广成厥功，文王孙亡弗怀型，亡克竞厥烈，班非敢觅，唯作昭考爽，谥曰大政，子子孙孙，多世其永宝。

铭文内容分为前后两部分。前半部分是作器者毛班追述3年前周王命其父"更虢城公服"，并率领吴伯、吕伯和其本人出征东国痟戎等事；后半部分是伐东国之战经过3年取得胜利。毛班总结此次战役获胜原因，并作器告祭其父。

此处重点讨论前半部分，涉及周王对执政公卿的册命和执政公卿职事的描述。班簋铭文的特点是在追述往事时以"咸"作为分别事件的标记。根据铭文中"咸"字出现的位置，可将前半部分所记内容分为三事：第一是周王命毛伯"更虢城公服"的册命；第二是周王对毛公率军出征东国痟戎的任命；第三是周王任命吴伯、吕伯和毛班随从毛公出征。

周王对毛伯册命的主要内容是令其"更虢城公服"。其中"更"当读为"赓"，有接续、继承之意；"服"作名词，可释为"职事"。全句意为周王任命毛伯接续虢城公在王朝中的职事。毛伯当是文王之子、武王同母弟毛叔郑的后代，称"毛伯"说明其当时为毛氏宗子，在此次册命后改称"毛公"。称某公者多为地位显赫的重臣，如成王时期的周公、穆王时期的祭公。由"毛伯"改称"毛公"，表明其在王朝的政治身分和地位因此次册命而得到提高。关于虢城公的身分，郭沫若认为"虢城"是"城虢"的倒文，城虢即西虢。[①] 目前学者多据元

---

① 郭沫若：《班簋的再发现》，《文物》1972年第9期。

年师兑簋（《铭图》5324）"皇祖城公"之称认识到"城"实际上是谥号，①毛伯受册命时虢城公已逝，这也正是毛伯接续虢城公职事的原因。此句与册命铭文中常见的"更乃祖考服"句式相同，是周王命受命者接替某人的职事。此种情况下，受命者所受一般为接替其祖先职事，是西周世官的表现。②但毛伯接替的是虢城公而非其祖先之职，说明此职事较为特殊，并非一般的家族传承类职事。

"虢城公服"的具体内涵主要由下两句"屏王位，作四方极"体现出来，是周王对毛伯继承的虢城公在王朝所任职事的具体说明。"屏"有"蔽"意，即拱卫、保护，③"王位"代指周王和王权。"屏王位"与金文中常见的"左右文武"意义相近，皆指王臣辅佐周王之功。但"屏"的使用级别似高于"左右"。清华简《祭公》"佳我后嗣，方建宗子，丕为周之厚屏"，《左传》僖公二十三年"昔周公吊二叔之不咸，故封建亲戚，以蕃屏周"，皆以"屏"指诸侯对周王室的拱卫作用。《左传》哀公十六年哀公诔孔子言"旻天不吊，不慭一老，俾屏一人以在位"，用"屏"表达了对孔子至高的尊重。可见"屏"与"左右"的不同在于：使用"屏"字表明其人具有相当的政治能力、实力和影响力，是王的助力而非从属；周王对其敬重、信任和倚重的程度亦高于一般的"左右"之臣。在王朝职官中，具有此特点的王臣主要是执政公卿。"作四方极"中的"极"有标准、准则意，《尚书·君奭》"作汝民极"是周公追述武王对自己和召公所讲的话，二人在武王时期的身分亦为执政公卿，刘起釪认为"作……极"是周王专门赋予执政公卿的权力中的一项，④可从。周王命毛公"作四方极"即要其为天下作准则，⑤也就是负责颁布政令，治理四方。此句与矢令方尊中周王命明公"尹三事

---

① 参见彭裕商：《班簋补论》，张懋镕等编：《追寻中华古代文明的踪迹——李学勤先生学术活动五十年纪念文集》，上海：复旦大学出版社，2002 年，第 26 页；韩巍：《西周金文世族研究》，博士学位论文，北京大学中国语言文学系，2007 年，第 25、28 页。

② 有时"更乃祖考服"亦是虚指，即受命者亦不直接继承其祖先之职官，而是担任与祖先同一系统地位较低的职官，或仅是因祖先获得为官资格，未必与祖先担任同一系统职官。

③ 冯时：《班簋铭文补释》，清华大学出土文献研究与保护中心编：《出土文献》第 3 辑，上海：中西书局，2012 年，第 129—134 页。

④ 顾颉刚、刘起釪：《尚书校释译论》，北京：中华书局，2018 年，第 1587 页。

⑤ 唐兰提出"作四方极"是指毛伯夹辅王位，使王位为四方之极。而《君奭》中周公对召公追述武王当年对他们二人的讲话，言"作汝民极"，汝指周公、召公。由此推测"作民极"的主语还是毛伯而非指王位、王权。

四方"的任命相近，表现出毛伯所接任职事具有较高的政治地位。

将这两句结合起来看，可知毛伯此次册命实际上也是受命担任执政公卿，周王将虢城公的政治权力转向毛伯，其称呼也由此从"毛伯"改为"毛公"。原铭第二部分班对其父功绩的称颂中"登于大服，广成厥功"一句应基于此。"大服"意为显职，"登于大服"是指毛伯继承虢城公成为执政公卿之事。"广成厥功"即赞颂毛公成为执政公卿后对周王朝贡献颇大，其功绩当包括下文所见率领军队取得东征瘠戎的胜利。

与矢令方尊中的大保明公不同的是，铭文未记毛伯在此次册命前的具体职官，根据下文所见此次册命赐物较少和此后周王命其出征伐东国瘠戎看，此次册命并非毛伯初次受命，① 毛伯此前在王朝中的职官当与军事相关。相较而言，穆王时期毛伯在朝中的地位可能略低于昭王时期明公在朝中的地位。经过此次册命，毛伯承接了虢城公的职事，获得了更大的政治权力，正式位列执政公卿。

"秉繁、蜀、巢令，赐铃、勒"意为周王命毛伯掌管繁、蜀、巢三地的政令。此次册命赐物亦是搭配此任命而来。以往研究中有学者认为毛伯所继承虢城公的职事是"秉繁、蜀、巢令"，如此解释是将"屏王位，作四方极"视作套话虚指，由上文分析可知，此句并非简单的勉励之言，而是代表周王赋予毛公执政公卿的权力，因此，毛伯所继承的虢城公职事为"屏王位，作四方极"而非"秉繁、蜀、巢令"。前者权力范围覆盖整个王朝，而后者执掌三地政令仅限于一隅，两者在权力大小和范围上皆不匹配。繁、蜀、巢三地皆在周之东方，② 周王在令毛伯继承虢城公职事后再授予此职事，是为命其出征伐东国瘠戎作铺垫。据此可知，毛伯获得执政公卿地位的契机除虢城公逝世外，还同周人与瘠戎冲突的政治形势和出征东国的军事需要有关。

最后出现的"咸"字是事件记述完成的标志，为作铭时的补记。因此周王命毛伯继承虢城公服的册命与下文周王任命毛公出征东国是两件事。

这两件事性质不同，前者是周王通过册命使毛伯获得王朝执政公卿的权力，

---

① 一般而言，册命铭文中初次受命赐物较为丰富，种类更为齐全。

② 唐兰考证此三地皆在淮水流域，"繁"即晋姜鼎中的"繁汤"，其地待考；"蜀"为《汉书·地理志》齐郡浊水，在今山东益都、寿光一带；巢在安徽巢县（今巢湖市）（《西周青铜器铭文分代史徵》，第361页）。

是政治行为；后者是周王任命地位因册命而提高的毛公率领三军出征东国，是军事活动。两件事之间存在一些联系：铭文未记周王命毛公出征东国的时间，其事可能发生在周王册命毛伯之后，与册命在同一天进行；而周王授予毛伯掌管繁、蜀、巢三地政令的任命正是为接下来再命其出征东国所作的铺垫。

根据上文分析，班簋铭文前半部分所记第一事是周王任命毛伯为执政公卿的册命，从中可见西周执政公卿职事包括"屏王位，作四方极"。经此册命，毛伯得以改称毛公，统领吴伯、吕伯和毛班征伐猾戎。由此可见执政公卿还具有率军出征的职能。周初周公即率领军队东征平叛，应是执政公卿有此职能的渊源。

（三）从职事特点辨识册命执政公卿的文例

由上文对矢令方尊和班簋中所见执政公卿所受册命的分析可知，王命中有一些词语专门适用于执政公卿这一级别，如"屏王位，作四方极"；一些描述职事之词也是针对执政公卿的，如"尹三事四方"和管理卿事寮。受命者的称谓变化也是一条重要标准，如"明保"受命之后称"明公"，毛伯受命之后称"毛公"，说明大臣受命为执政公卿后可改称公。我们可以根据这些特定用语的出现推测受命者的身分地位，以此辨识出册命铭文中还有一些是周王对执政公卿的册命。较为典型的有番生簋盖和毛公鼎。

1. 番生簋盖铭文所见周王对执政公卿之册命

番生簋盖以作器者（受命者）的口吻自述了周王的册命：

> 丕显皇祖考穆穆克哲厥德，严在上，广启厥孙子于下。擢于大服。番生不敢弗帅型皇祖考丕环元德，用龘（申）固大命，屏王位，虔夙夜，溥求不潜德，用谏四方，柔远能迩。
>
> 王命毅（總）嗣公族、卿事、太史寮，取徵廿锊。赐朱市、葱衡、鞶鞶、玉环、玉琮、车：电轸、雕缋较、朱鞹帐斲、虎幂缥里、道（错）衡、玄軛、画鞞、画輴、金貆、金軑、金篳彌（韍）、鱼箙、朱旂旜、金萃二铃。番生敢对天子休，用作簋，永宝。

该铭文以作器者番生口吻统摄全篇，主要内容可以分为两部分。前一部分表达番生对先祖父荫庇后代的感激，表明自己踵继先祖之德、勤勉于政的心迹。后一部分是对周王册命的转述。此结构显示出两部分之间具有因果联系，即番生认为祖先的荫庇和自己的勤勉是获得册命的原因。番生经此次册命获得执政公卿的身分，原因如下。

其一，第一部分番生自述中的一些用词与其地位相关。"擢于大服"与班簋"登于大服"中的"大服"，皆指执政公卿之位，班簋言"登于大服"是描述其父成为执政公卿之事，番生簋盖"擢于大服"是番生自言在祖先的庇佑下被周王拔擢成为执政公卿。"屏王位"亦见于班簋，上文已证此词适用于执政公卿级别。"用谏四方"，《周礼·地官·司谏》郑玄注"司谏"，"谏，犹正也，以道正人行"；"谏四方"即辅佐周王匡正四方，相当于矢令方尊中的"尹三事四方"和班簋中的"作四方极"。

其二，通过番生所受册命的具体职事和待遇，亦可判断其政治地位。此次册命周王授予番生的职事是"毄嗣公族、卿事、太史寮"。"毄"可读为"總"，即总掌、总管。① "公族"作为职官名又见于师酉簋（《铭图》5346）、牧簋（《铭图》5403），番生"司公族"，当是管理担任公族职官者，并由此掌管公族事务。"卿事"，此处指众卿，即众位执政官员，番生总管卿事相当于执掌卿事寮。从周初开始，太史寮和卿事寮即是负责王朝执政的两寮。此句意为周王命番生全权掌管公族、卿事寮和太史寮三方面的事务，也就是赋予番生总掌宗族和王朝的大权。番生的职事可与矢令方尊中的明公相参照，明公是以太保的身分通过册命取得管理卿事寮之权力，从而获得执政公卿的地位。番生所受职事是全权执掌公族、卿事寮和太史寮，职权涵盖宗族和王朝两方面事务。番生在王朝中的地位应与明公相当，同为执政公卿。

其三，册命在说明职事后，还有"取徵廿锊"一项。"取徵"是与职务相关的俸禄，授予受命者相当于若干锊的财物，② 亦是一种与身分相匹配的待遇，与

---

① 林沄：《华孟子鼎等两器部分铭文重释》，吉林大学古籍研究所编：《吉林大学古籍研究所建所三十周年纪念论文集》，上海：上海古籍出版社，2014 年，第 12—18 页；李学勤：《由沂水新出盂铭释金文"總"字》，清华大学出土文献研究与保护中心编：《出土文献》第 3 辑，第 119—121 页。

② 朱凤瀚：《西周金文中的"取徵"与相关诸问题》，李宗焜主编：《古文字与古代史》第 1 辑，第 191—211 页。

一般的一次性赏赐物不同，故铭文将"取償"与赐物分开，先言"取償"，再言赐物。"二十锊"在目前所见册命铭文中数量较多，亦可表明番生政治地位之高。综合以上几点基本可以确定，番生簋盖铭文所记是周王任命其担任执政公卿的册命。

2. 毛公鼎铭文所见周王对执政公卿之册命

与番生簋盖铭文内容相近的还有毛公鼎铭。毛公鼎为西周晚期宣王时期青铜器，其铭文为：

王若曰：父厝，丕显文武，皇天引厌厥德，配我有周，膺受大命，率怀不廷方，亡不闻于文武耿光。唯天壮集厥命，亦唯先正罗辥厥辟，恭勤大命，肆皇天亡斁，临保我有周，丕巩先王配命，旻天疾威，司余小子弗及，邦将曷吉，翩翩四方大纵不靖，呜呼，邎余小子圂湛于艰，永巩先王。

王曰：父厝，今余唯肇经先王命，命汝辥我邦我家内外，忝于小大政，屏朕位，虩许上下若否于四方，死毋童（动）余一人在位。引唯乃智，余非庸又昏。汝毋敢妄荒宁，虔夙夕惠我一人，雍我邦小大猷，毋折缄，告余先王若德，用仰昭皇天，申國大命，康能四国，欲我弗作先王忧。

王曰：父厝，雩之庶出入事于外，敷命敷政，艺小大楷赋，无唯正昏，引其唯亡智，乃唯是丧我国。历自今，出入敷命于外，厥非先告父厝，父厝舍命毋有敢态敷命于外。

王曰：父厝今余唯黼先王命，命汝极一方，圂我邦、我家，毋推于政，勿雍律庶人贾，毋敢靠橐，乃侮鳏寡，善效乃友正，毋敢湎于酒，汝毋敢惰在乃服，圙夙夕敬念王威不易，汝毋弗帅用先王作明型，欲汝弗乃以乃辟陷于艰。

王曰：父厝，已曰，抄兹卿事寮、太史寮，于父即尹。命汝𣪏（總）嗣公族粤三有嗣、小子、师氏、虎臣，与朕褒事，以乃族捍敬王身。

取償卅乎（锊），赐汝秬鬯一卣，裸圭瓒宝，朱市葱衡、玉环、玉瑞、金车：雕緟较、朱鞹𩋹靳、虎幎缠里、玄軎、画轉、画鞴、金甬（桶）、道（错）衡、金𣪣（蹱）、金豪（𫐓）、约、盛、金簟弼（茀）、鱼箙、马四匹、攸勒、金𪆠、金膺、朱旂二铃，赐汝兹剌，用岁用征。

毛公厝对扬天子皇休，用作尊鼎，子子孙孙永宝用。

毛公鼎铭文篇幅较长，当是全篇转录册命中的王命原文，其中一些内容表明此亦是宣王命作器者毛公厝为执政公卿的册命。

首先，宣王册命毛公厝用语中可与上述矢令方尊等3篇命辞相对比的一段为："命汝辥我邦我家内外，忝于小大政，屏朕位，虩许上下若否于四方，死毋蓥（动）余一人在位。""辥"从"辥"声，可读为"臬"，[1]《康诰》"汝陈时臬事"，即治事。"忝"从心，春省声，可读为"拥"，"拥"有持意，"拥于小大政"即执持各种政事。[2] 西周晚期政治中家国一体的特点明显被强调，王命重臣时往往邦、家并举。此句与下文"命汝极一方，㪅我邦、我家"意近。"极一方"指作一方之中极，《说文》"极，栋也"。"㪅"有保卫之意。[3]"屏朕位"即见于矢令方尊和班簋的"屏王位"，由此亦可证矢令方尊和班簋中"屏王位"所指对象是周王。

其次，宣王命毛公厝的职事为："抄兹卿事寮、太史寮，于父即尹。[4] 命汝毅（總）嗣公族雩三有嗣、小子、师氏、虎臣，与朕褱事，以乃族捍敌王身。"毛公厝的职掌范围包括与矢令方尊、番生簋盖同样的"卿事寮、太史寮"以及"三有司"等行政机构、公族及其掌管的"小子"（即小宗）等宗族事务；此外还有管理师氏、虎臣等军事权力以及周王之"褱事"，此"褱事"当是指周王近身起居安危之事，因此下文宣王命毛公厝以毛氏宗族的军事力量保卫其身，可见周王对其的倚重。

最后，此次册命还赋予毛公厝"取瞏卅孚（钅子）"的待遇，为目前金文中所见"取瞏"最大数额，比番生更多，可能是由于毛公厝辈分更大，更受尊重和优待。毛公厝所受赐物中朱市葱衡、玉环、玉瑹等与番生相同，所受赐车的装饰也基本相似，亦可说明二人地位相当。

综言之，从册命用语、执掌范围和赐物等方面看，毛公鼎中的册命亦是周王对执政公卿的册命。经过此次册命，毛公厝的身分当与明公、毛伯、番生等人相

---

① 陈梦家：《西周铜器断代》，第293页。
② 马承源主编：《商周青铜器铭文选》第3卷，第318页。
③ 陈梦家：《西周铜器断代》，第296页。
④ "于父即尹"意为卿事寮、太史寮诸人需到毛公厝处接受其管理，参见马承源主编：《商周青铜器铭文选》第3卷，第319页。

同，是王朝的执政公卿。

西周晚期宣王对毛公厝的册命在用词、职事内容乃至赐物等方面，与西周中期后段孝王对番生的册命皆有相似之处，而番生与毛公厝所受职事又可与西周早期昭王之明公、穆王之毛公相对照。相关对比详见表8、表9。

表 8　西周执政公卿相似册命用词和相近职掌对比表

器名	时代	册命中的受命者	相似用词	职掌范围
矢令方尊	西周早期	明公	尹三事四方	卿事寮、诸尹、里君、百工、诸侯
班簋	西周中期前段	毛班之父毛公	屏王位，作四方极	卿事寮、诸尹、里君、百工、诸侯
番生簋盖	西周晚期	番生	屏王位	卿事、太史寮、公族
毛公鼎	西周晚期	毛公厝	屏朕位，虩许上下若否于四方	卿事寮、太史寮、公族

表 9　西周执政公卿相近赐物对比表

器名	取徸	市衡组合	赏赐玉器	车及车饰描述
番生簋盖	廿锊	朱市葱衡	玉环玉琮	车：电轸、雕緅较、朱鞹鞃靳、虎幂缠里、造（错）衡、玄軝、画轉、画輯、金䡅、金軐、金簟弼（茀）、鱼葡、朱旂旃、金莽二铃
毛公鼎	卅锊	朱市葱衡	玉环玉琮	金车：雕緅较、朱鞹鞃靳、虎幂缠里、玄軝、画轉、画輯、金甬（桶）、造（错）衡、金𢀾（踵）、金豪（轙）、金簟弼（茀）、鱼葡、朱旂二铃

由表8、表9可知，周王对明公、毛班之父毛公、番生和毛公厝的任命中皆有"屏王位"、"作四方极"等意义相近的文句，即任命受命者拱卫周王，管理四方；诸受命者的执掌范围基本包含管理卿事寮、太史寮、公族等王朝各级官员；所受赐物中市衡组合、玉器赏赐、车之装饰皆非常接近，取徸数量在册命铭文所见中亦皆属于较高等级。

由此可见，西周不同时期执政公卿的职掌基本相近。在西周王朝职官系统中，执政公卿因其相对固定职事的范围，故可以构成独立的职官等级，周王对执政公卿的册命词亦有连续性。从西周中后期起，执政公卿的政治地位、王朝职事、身分待遇和赐物已经基本固定。高度制度化，是西周册命和职官制度发展完善的表现。

三、师类职官的职事与等级

除册命执政公卿外，王命中仅有授职未见命官的情况在"师类职官"的册命铭文中亦有较为明显的体现。为了更进一步认识师类职官的职事与性质，本节对记录册命师类职官的铭文作一专门讨论。

西周金文中有大量与"师"相关的称谓，如"大师"（或伯、仲＋大师）、"周师"（地名＋师）、"师某"（师＋私名）、"师某父"（师＋字）、"师氏"等。这些官职执掌多样，彼此间还存在复杂的统属关系，张亚初、刘雨统称为"师类职官"或"师官类官"，认为是西周时期最常见、最重要的官职之一，值得高度重视并加以研究。① 本文沿用"师类职官"的称呼。

学者对师类职官在王朝职官系统中的地位意见不一。陈梦家将"师氏"列为司马属官，部分称"师某"的官职列为司寇或司土属官、"辅师"列为宗之属官，未将师类职官视作一个独立的职官类型。② 张亚初、刘雨将师类职官分为"大师"、"师"、"地方诸师"和"其他诸师"四类，职官等级依次降低，强调师的执掌不仅限于军事，而是可以分为军事、行政、教育三个方面。此结论侧重于对师类职官整体职事的归纳，而师类职官军事、行政、教育三方面职事的主次关系还可以进一步讨论。汪中文考释西周官职时未涉及"大师"和"师"，似未将二者视为官职名称。③

职事对认识师类职官地位和性质具有重要参考价值，分析册命铭文所见师类职官职事，可对其性质和职官等级进行讨论。

（一）师类职官的职事与性质

以往研究中，张亚初、刘雨对师类职官职事进行了较为完备的归纳，认为西周金文所见师类职官的职事共有七项：第一，为军事长官，率领军队参加战争；第二，为周王的禁卫部队长官；第三，为周王出入王命，巡视四方，在锡命礼中作傧右；第四，为王之司寇及司士；第五，为王管理王室事务；第六，为王管理旗帜；第七，为王管理教育之事。④ 上述诸项职事又可归纳为三个方面，即第一、二、六项属于军事；第三、四、五项属于行政；第七项属于教育方面。

近年来学界对铭文内容有了不同理解，张、刘文之结论尚有可商榷之处。其

---

① 张亚初、刘雨：《西周金文官制研究》，第3—7页。
② 陈梦家：《西周铜器断代》，第442—445页。
③ 汪中文：《西周册命金文所见官制研究》，台北：台湾编译馆，1999年，第150—192页。
④ 张亚初、刘雨：《西周金文官制研究》，第3—7页。

中第三项"巡视四方"，张、刘文所举之例为小臣传簋（《铭图》5226）：

> 唯五月既望甲子，王在莽京，令师田父殷成周年。师田父令小臣传绯余
> （琤），传□朕考卫。师田父令余嗣□官。伯俎父赏小臣传□，扬伯休，用作
> 朕考日甲宝。

小臣传簋主要记师田父对小臣传的任命和伯俎父对他的赏赐。师田父受王命殷成
周与此事无直接联系，应属于大事纪年。"殷"当是指殷见礼。周王令师田父殷成
周即是命其到成周主持殷见礼。唐兰认为师田父可能时任大师。① 此处受命是
一项临时性任务，非师类职官固定职事。张、刘文所举"出入王命"之例为师望
鼎（《铭图》2477）：

> 大师小子师望曰：丕显皇考宽公，穆穆克明厥心，哲氒德，用辟于先王，
> 得纯无愍，望肇帅型皇考，虔夙夜出内（入）王命，不敢不夙不夔，王用弗
> 忘圣人之后，多蔑历赐休，望敢对扬天子丕显鲁休，用作朕皇考宽公尊鼎，
> 师望其万年子子孙孙永用。

此处"出入王命"非周王通过册命明确授予师望的职事，而是其表忠心所言，表
示要以其父为榜样，服侍周王。"出入王命"指传达王之命令，当是泛言，亦非
师类职官之固定职事。

第四项"为王之司寇"，张、刘文所举之例为奔季鼎（《铭图》2432）：

> 唯五月既生霸庚午，伯俗父右奔季，王赐赤⊗市、玄衣黹纯、銮旂，曰：
> 用左右俗父嗣寇，奔季拜稽首，对扬王休，用作宝鼎，其万年子子孙孙永
> 宝用。

俗父在永铭文中又称为"师俗父"。陈絜、李晶认为，奔季鼎中的司寇非官职名，

---

① 唐兰：《西周青铜器铭文分代史徵》，第 366 页。

而是动宾结构短语，当为职事内容，指管理盗寇，① 可从。

第五项"为王管理王室事务"，张、刘文所举之例为望簋和师毁簋。望簋铭文中未称受命者望为"师望"，其右者为宰倗父，此处望的职官应是宰，与师类职官无关。师毁簋的册命者非周王而是伯龢父，师毁为其家臣而非王官，亦不能作为师类职官管理王家事务之例。

第六项"为王管理旗帜"，张、刘文所举之例为虎簋盖"载先王既命乃祖考事，适官嗣左右戏繁荆"，将"繁荆"理解为旗帜。笔者以为，此处"繁荆"当从林沄之说，释为以"繁"和"荆"两族组成的左右偏军。② 因此，"嗣左右戏繁荆"仍属于"为军事长官"的职事。

第七项"为王管理教育之事"，张、刘文所举之例是师嫠簋"既命汝更乃祖考嗣小辅"，文中将小辅理解为少傅，以为傅保类职官。笔者以为，此处当从陈梦家、马承源之说，释"辅"为"镈"之假借，"嗣小辅"为掌管小镈这类乐器，③ 与傅保类职官无涉。

综上所论，师类职官的职事及不同职事之间的关系，还有进一步讨论的空间。册命铭文中对师某职事的说明，是反映师类职官职事最直观的资料。册命铭文所见"师某"所受职事主要可以分为四项：管理师氏、虎臣、走马、邑人和甸人，下面分别对诸项职事的文例和具体内涵进行辨析与说明。

1. 管理师氏

册命铭文中王命师某管理师氏之例有二，分别见师虎簋与元年师旋簋，西周中晚期皆见。西周中期前段的师虎簋盖（《铭图》5338）铭文内容为：

唯二月初吉戊寅，王在周师司马宫，格大室，即位。嗣马井伯親入右师虎入门立中廷。王呼内史吴册命师虎曰："先王既命汝，今余唯龖（申）先

---

① 陈絜、李晶：《莽季簋、扬簋与西周法制、官制研究中的相关问题》，《南开学报》2007年第2期。

② 林沄：《商代兵制管窥》，《林沄学术文集》，北京：中国大百科全书出版社，1998年，第154页。

③ 陈梦家：《西周铜器断代》，第196页；马承源主编：《商周青铜器铭文选》第3卷，第265页。

王命，命汝官嗣邑人、师氏。赐汝金勒。"痀拜稽首，痀敢对扬天子丕显休，用作朕文考外季尊簋。痀其万年孙孙子子其永宝用享于宗室。

西周晚期元年师旋簋（《铭图》5331）铭文内容为：

> 唯王元年四月既生霸，王在减应，甲寅，王格庙，即位，遟公入右师旋，即立中廷，王呼作册尹克册命师旋曰：備于大左，官嗣丰還（苑）左右师氏，赐汝赤市同衡、丽殿，敬夙夕用事，旋拜稽首，敢对扬天子丕显鲁休命，用作朕文祖益仲尊簋，其万年孙孙永宝用。

师痀的职事包括管理"邑人"和"师氏"两项。师旋的职事"備于大左，官嗣丰还（苑）左右师氏"，"左右"之称同于师克盨（《铭图》5680）"左右虎臣"和七年师兑簋（《铭图》5302）"左右走马"中之"左右"，指左右两部分。师旋所掌应是驻扎在丰苑两侧的军队。有学者认为师氏即师某。[①] 但此说难以解释上述诸铭中师某受命管理师氏的情况。笔者以为，"师氏"有作为个体名词和作为集体名词两种情况。作集体名词时指军队，作个体名词时指军队的长官。《尚书·顾命》载"成王将崩，召大保奭、芮伯、彤伯、毕公、卫侯、毛公、师氏、虎臣、百尹、御事"，前 6 位是执政卿事，是个人之称，从师氏起转为集体身分。师氏与虎臣相连，说明师氏与虎臣一样，皆是周人军队之称，师氏位列虎臣之前，地位可能高于虎臣。此处的"师氏"与"虎臣"也可能指称个人，即师氏和虎臣的统领者。

册命铭文中出现的"师某"与"师氏"在一些情况下亦有所区别，铭文中"师氏"常作集体名词，与其他集体名词并列，如令鼎"王大耤农于諆田，觞，王射，有司眔师氏、小子合射"，记师氏与有司、小子一同参加周王射礼，即是将师氏作为集体名词而特指非个人。此处的师氏指"几位师氏"，正如前文"有司"指"几位有司"。彔惑尊（《铭图》11803）记"戠淮夷敢伐内国，汝其以成周师氏戍于由师"，即为抵御淮夷的进攻，周王命惑率领成周师氏驻扎于由师，

---

① 赵林认为，"师氏"指拥有"师"这一官衔的人，参见《论"氏"的造字成词》，宋镇豪主编：《甲骨文与殷商史》新 1 辑，北京：线装书局，2009 年，第 1—18 页。

簪鼎（《铭图》2365）"唯王伐东夷，遟公令簪眔史旟曰：以师氏眔有司、后国娈伐貊"，即在周王征伐东夷时，遟公令簪和史旟率领师氏和有司等攻打貊。此两例皆是师氏为军队之证。

此外，由一些铭文内容可见"师氏"是"师某"管理的对象。此种情况下"师某"是人名，"师氏"指军队。如师遽簋盖（《铭图》5236）铭文内容为：

> 佳（唯）王三祀四月既生霸辛酉，王在周，格新宫，王征（诞）正师氏，王呼师朕（朕）赐师遽贝十朋，遽拜稽首，敢对扬天子丕杯休，用作文考旄叔尊簋，世孙子永宝。

铭文记周王在新宫整顿师氏，并命师朕赏赐师遽十朋贝。周王此次整顿的师氏当是由师遽管辖，师遽是以师氏长官的身分接受周王赏赐。师某与师氏的关系相当于军事长官和众兵士。

综上所论，当"师氏"作为集体名词时，是指地位略高于虎臣的周人军队，是师的管理对象；而作个体名词时，则是指军队长官。管理师氏是师军事职能的重要方面。

2. 管理虎臣

册命铭文中师某受命管理虎臣之例有三，西周中晚期皆见，详见表10。

表10　册命铭文所见师某管理虎臣之例

器名	时代	受命者职事与赏赐
师酉簋	西周中期	嗣乃祖啻官邑人、虎臣：西门夷、𩁹夷、秦夷、京夷、𢍰狐夷。新赐汝赤市朱衡、中裳、攸勒
询簋（《铭图》5378）①	西周晚期	适官嗣邑人，先虎臣后庸：西门夷、秦夷、京夷、𩁹夷、师笭侧薪、□华夷、𢍰狐夷、𢊁人、成周走亚、戍、秦人、降人、服夷，赐汝玄衣黹纯、缁市冋衡、戈琱威、缑柲、彤绥、銮旂、鋚勒
师克盨	西周晚期	更乃祖考毂（總）嗣左右虎臣。赐汝秬鬯一卣，赤市五衡、赤舄、牙糜、驹车、雕较、朱鞹𩍂靳、虎冟缰里、画轉、画轖、金簟、朱旂、马四匹、攸勒，素钺

① 同一作器者在师旬簋(《铭图》5402)中被称为"师旬"。

师酉受命管理虎臣。具体职事内容为"嗣乃祖啻官邑人、虎臣：西门夷、蠹夷、秦夷、京夷、巤狐夷"。其中"秦夷"指居于周西陲的秦人，其他"西门夷、蠹夷、京夷、巤狐夷"也应是指以居地为称的归属周人的外族。询的执掌更为复杂，周王命其"啻官嗣邑人，先虎臣后庸：西门夷、秦夷、京夷、蠹夷、师笭侧薪、□华夷、巤狐夷、厞人、成周走亚、戍、秦人、降人、服夷"，管理范围包括邑人、虎臣和庸。其中西门夷、秦夷、京夷等亦见于师酉之命，唯"降人、服夷"新见，推测二者身分为庸，此外可能皆为虎臣。师克受命管理"左右虎臣"。陈梦家认为，金文之官名冠以"左右"者，"俱指亲侍于王左右之官"，[①] 因此"左右虎臣"是指居于周王身边、近身保卫周王的虎臣。师酉与师克的册命辞中皆有"嗣乃祖啻官"、"更乃祖考"等言，说明管理虎臣之职事主要来自世袭。

综合分析，虎臣是由归属于周人的外族所组成的军队，分为多支，有些专门负责近身保卫周王。管理虎臣是师类职官军事方面执掌的重要内容之一，此职事多来自家族世袭。

3. 管理走马

走马是负责管理马政事务的职官。马是重要的军事资源，因此相关职官归入师某管辖。册命铭文中王命师某管理走马之例有三，西周中晚期皆见。

西周中期虎簋盖（《铭图》5399）铭文为：

> 唯卅年四月初吉甲戌，王在周新宫，格于大室，密叔入右虎，即位。王呼内史曰："册命虎。"曰："戡乃祖考事先王，嗣虎臣，今命汝曰：更乃祖考，胥师戏嗣走马驭人眔五邑走马驭人，汝毋敢不善于乃政。赐汝缁市幽衡、玄衣黹纯、銮旂五日，用事"。虎敢拜稽首，对扬天子不（丕）杯鲁休。[②]

西周晚期元年师兑簋铭文为：

> 唯元年五月初吉甲寅，王在周，格康庙，即位，凡仲右师兑入门立中

---

① 陈梦家：《西周铜器断代》，第 316 页。
② 同一作器者在师虎簋（《铭图》5371）中被称为"师虎"。

廷，王呼内史尹册命师兑：胥师龢父嗣左右走马、五邑走马。赐汝乃祖巾五衡、赤舄，兑拜稽首，敢对扬天子丕显鲁休，用作皇祖城公龚簋。师兑其万年，子子孙孙永宝用。

西周晚期三年师兑簋（《铭图》5374）铭文为：

> 唯三年二月初吉丁亥，王在周，格大庙，即位，醒伯右师兑，入门立中廷，王呼内史尹册命师兑：余既命汝胥师龢父，嗣左右走马，今余唯鼶（申）豪（就）乃令命，命汝鞥（總）嗣走马，赐汝秬鬯一卣、金车：雕较、朱鞹帐靳、虎幂缥里、玄軏、画鞞、画幭、金甬（箭）、马四匹、攸勒。师兑拜稽首，敢对扬天子丕显鲁休，用作朕皇考釐公龚簋，师兑其万年，子子孙孙永宝用。

虎簋盖记师虎受命继承其父祖之职，辅佐师戏管理走马驭人和五邑走马驭人。驭人与走马是与马政相关的职官，负责训练和驾驭马。元年师兑簋中师兑先受命辅佐师龢父管理左右走马和五邑走马。三年师兑簋再受命总管走马。由此可知走马为总称，其下可再分左右走马、五邑走马等多支。

与师氏、虎臣等师某管理对象不同的是，铭文中有走马接受周王册命之例，见于走马休盘（《铭图》14534）：

> 唯廿年正月既望甲戌，王在周康宫，旦，王格大室，即位，益公右走马休，入门立中廷，北向，王呼作册尹锡休：玄衣黹纯、赤市朱衡、戈：琱戚彤绣、縵柲、鋚旂，休拜稽首，敢对扬天子丕显休命，用作朕文考日丁尊盘，休其万年，子子孙孙永宝。

周王对走马休的册命中无职事任命，只有赏赐，表明其职事未变。由上举诸例可知走马的上一级长官应为师某，但册命中走马休的右者为益公，可见为了彰显礼仪的隆重，右者可能由比上一级长官地位更高者担任，走马休所受命服"玄衣黹纯、赤市朱衡"与师龢具有一定的相似性，其职官虽为走马，所受命服却与师相近，可能是周王的特殊嘉赏。

4. 管理邑人与甸人

册命铭文中周王命师某管理邑人之事有五例，常与管理甸人、虎臣等其他职事组合，如上文所列师瘨簋盖"官嗣邑人、师氏"、询簋"适官嗣邑人，先虎臣后庸"、师酉两次受命继承其祖管理邑人和虎臣。西周中晚期皆见。① 册命铭文所见师单纯管理邑人或甸人的有师毀鼎，其铭文内容如下：

　　唯三年三月初吉甲戌，王在周师象宫，旦，王格大室，即位，嗣马共右师毀入门立中廷，王呼作册尹册命师毀：胥师俗嗣邑人，唯小臣、膳夫、守、[友]、官、犬，眔甸人、膳夫、官、守、友，赐赤舃。毀拜稽首，敢对扬天子丕显休命，用作朕文祖辛公尊鼎，毀其[百]世子子子孙孙，其永宝用。

师毀的职事为辅佐师俗，具体执掌包括管理邑人和甸人两项。"邑人"是邑中事务之官的总称，包括小臣、膳夫、守、友、官、犬等。② 小臣和膳夫皆可用于称呼不同等级职官，王朝中有服侍周王的小臣、膳夫，学者已多有研究，本文不再赘述；此处的小臣和膳夫是邑中的职官。"守"当是负责守御的小官，职责类似于王官中的守宫；"犬"应是执犬一类养犬之人，犬有守卫、田猎等用途，因此也与邑中守卫有关。"官"和"友"可能是师某自辟的属官，师奎父鼎（《铭图》2476）周王命其"嗣乃父官、友"，即管理其父的属官和寮友。可见这些类属官和寮友也可以继承。

师俞簋盖（《铭图》5330）记周王册命师俞之职事为"毅（總）嗣佳人"，③佳可能是地名，兼作位于该地之邑名或居于其地之上的族名，"佳人"即"佳邑

① 西周晚期师类职官管理邑人与甸人之例有无更鼎和柞钟，详见下文。
② 以"某人"作职官名多见于《周礼》，当可反映西周一类职官的命名方式。
③ 毅（總）嗣后二字《商周青铜器铭文选》写作"保氏"，《铭图》写作"佳人"。"保氏"与师类职官职事无涉，且未出现在其他铭文之中，从字形上看原篆亦更接近"佳人"，因此本文采用《铭图》释文。

人"的简称，为佳邑的事务之官。① 师俞的职事从大类上来说仍是管理邑人。在与邑相对的甸中，同样存在一套管理甸中事务的对应职官，称为"甸人"。管理甸人之事三见。根据师毂鼎，甸人亦包括膳夫、官、守、友等职官。邑人与甸人皆非军事性职官，师某管理邑人和甸人是师类职官行政方面的具体表现。

结合以上分析，可知册命铭文所见"师"的职事主要包括管理师氏、虎臣、走马、邑人与甸人等，前三项均与军事有关，后两项则属于行政类职事。各项职事在西周中晚期皆有所见，较为均衡。可见师类职官的诸项职事并非随时代发展累加而成，而是在职官出现之时执掌即比较多样，师类职官职事的时代性发展还有待更细致的研究。

此外还有师嫠，负责管理小辅、钟鼓，为乐师。张垚对铭文所见称"师"者执掌多样的原因进行了解释，提出"职事复杂的师，如果寻求一个共同点，可以如杨宽、刘源等先生的观点，归纳到教师上来。军事与教育功能可能长期共存，后来社会分工进一步细化，各种专业性教育逐渐独立，乐师和此后春秋战国时期多见的工师衍生出来，师类职官逐渐分化为不同的群体"。② 此观点具有一定的启发性。

根据册命金文师类职官职事特点可见，一般而言，称"师某"者职事多以军事和行政职能为主，二者可能并存，如师瘨的职事是"官嗣邑人、师氏"，即兼管邑人、师氏；询的职事是"适官嗣邑人，先虎臣后庸"，兼管邑人与虎臣。而非军事行政类职官，如师嫠，主要职事是管理小辅、钟鼓，专为乐事，较独立，执掌内容与军事行政不并存。由此，西周时期作为军事兼及行政类职官的"师"职事相对较为稳定，职官名称与职事有一定的对应关系，职事内容和范围与"乐师"、"工师"相区别且不并存。可以作为一个独立的职官类型存在。

（二）册命师类职官铭文的判断

师类职官在作为受命者时又可使用单用私名的称呼方式，③ 为辨识其官职造

---

① 散氏盘中立誓的两方分别为"矢人有嗣"和"堆人有嗣"，矢和堆皆为族名，"佳人"亦可能为"佳人有嗣"之省，两种解释皆指佳邑的事务之官。

② 张垚：《西周师类群体研究》，博士学位论文，中国社会科学院大学研究生院，2022 年，第 199 页。

③ 如虎在虎簋盖中自称私名虎，而在师虎簋中称师虎；訇在訇簋中自称訇，而在师訇簋中称师訇。

成一定困难。确定受命者身分对有效提取册命铭文历史信息、认识西周职官与职事关系具有重要意义。根据上文分析册命铭文所见师类职官主要职司等内容，本文提出在册命铭文中未出现职官名的情况下，受命者为师类职官的两项判断标准。①

第一，师类职官之下级当属师类职官，即在册命中任命受命者为"胥"、"左"、"左右"、"左胥"师某者，其本人亦为师类职官。

第二，职事与师类职官所辖内容相合者应为师类职官，上文归纳师类职官的主要职司包括管理邑人、甸人、师氏、虎臣、走马等。

此两项标准可以相互配合使用，同时符合则证据更为充足。由此可初步判断册命内容仅有授职的蔪簋、免簋等 5 篇册命铭文之受命者应为师类职官，详见表 11。

表 11　师类职官册命统计表

器名	时代	册命内容
蔪簋	西周中期前段	唯廿又八年正月既生霸丁卯，王在宗周，格大室，即位。毛伯入右蔪立中廷，北向。王令作册宪尹赐蔪銮旟，用胥师毅嗣甸人。蔪拜手稽首，对扬天子休，用作朕文考敏父宝簋，孙子万年宝用
免簋	西周中期后段	唯十又二月，王在周，昧爽，王格于大庙，井叔右免。即命，王授作册尹书，俾册命免曰：令汝胥周师嗣敼（廪），赐汝赤⊙巿，用事。免对扬王休，用作尊簋，免其万年永宝用
吕簋（《铭图》5257）	西周中期	唯九月初吉丁亥，王格大室，册命吕。王若曰："吕，更乃考毅（總）嗣甸师氏，赐汝玄衣黹纯、缁巿同衡，戈琱威、缑柲、彤绥、旂銮，用事。"吕对扬天子休，用作文考尊簋，万年宝用
无叀鼎（《铭图》2478）	西周晚期	唯九月既望甲戌，王格于周庙，赐于图室，嗣徒南仲右无叀入门立中廷，王呼史翏册命无叀曰：官嗣穆王正侧虎臣，赐汝玄衣黹纯、戈：琱威、缑柲、彤绥、攸勒、銮旂。无叀敢对扬天子丕显鲁休，用作尊鼎，用享于朕烈考，用匄眉寿万年，子孙永宝用
柞钟	西周晚期	唯三年四月初吉甲寅，仲大师右柞，柞赐缁[巿]朱衡，銮，嗣五邑甸人事。柞拜手，对扬仲大师休，用作大林钟，其子子孙孙永宝

① 下文所言主要指西周时期军事兼及行政类职官，乐师、工师等其他称"师"者的情况暂不讨论。

表 11 中，周王任命斱"胥师毂嗣甸人"，即担任师毂佐官管理甸人，受命者既为师类职官师毂的下级又负责管理甸人，同时符合两项标准；免受命"胥周师嗣嚣（廪）"，即担任周师佐官，管理仓廪，符合第一项标准；吕受命"更乃考毅（總）嗣甸师氏"，即继承其父管理驻扎在甸的师氏，此处师氏为集合名词，指军队，管理师氏为师类职官常见职事，符合第二项标准；无叀之职事为"官嗣穆王正侧虎臣"，可能是指管理穆王宗庙正门和侧门的虎臣，管理虎臣亦属于师类职官职事范围，符合第二项标准。柞钟所载册命仪式中的右者为仲大师，文末又有"对扬仲大师休"一句，表达对仲大师的感激，柞应为仲大师属下，其职事"嗣五邑甸人事"，即管理五邑中的甸人，亦与师类职官执掌相应，同时符合两项标准。因此，以上 5 位受命者所任当皆为师类职官。

（三）师类职官等级的表达方式与影响因素

师类职官之中，等级最高者当为"大师"。[①]"大师"为众师之长，正如祝之长称"大祝"，宰之首称"大宰"，皆是在职官名称前加修饰词表示特殊强调。《诗经·节南山》言"尹氏大师，维周之氐"，《诗经·常武》言"王命卿事，南仲大祖，大师皇父，整我六师，以修我戎"，表明大师主掌军队，身分为王朝卿事，甚至一些大师（如师皇父）可能同时是执政公卿。

除职官名称为"大师"这类特殊情况外，其他师类职官的等级主要通过册命赐物表现出来。这种表达方式虽较为直观，但其背后的职官等级影响因素还可进一步讨论。上文已经说明，师类职官的职事主要有管理师氏、虎臣、走马、邑人和甸人。不同职事受命者所受赐物可总结如表 12。

由表 12 可知，同一职事的师类职官赐物可以不同，如管理师氏的师旂所受为赤市同衡，吕所受为缁市同衡；不同职事的师类职官赐物可以相同，如职事为管理师氏的吕和管理虎臣的询皆受玄衣黹纯、缁市同衡。因此，师类职官的职官等级与其职事无明显对应关系。担任师类职官者可以经过多次册命，如师兑元年所受为市衡舄，七年所受为秬鬯和金车。影响师类职官等级的主要因素应是受命者的为官资历。

---

① 此处所指是作为职官名称出现的"大师"。金文中"大师"也有可能作为氏名出现，见大师氏姜匜（《铭图》14999），可能是家族中有先祖曾任大师者，以官为氏。

表 12　师类职官职事与赐物对照表

职事	受命者	赐物
管理师氏	师痶	金勒
	师旌	赤市同衡、丽毁
	吕	玄衣黹纯、缁市同衡、戈：琱威、缑秘、彤緌、旂銮
管理虎臣	师克	秬鬯一卣、赤市五衡、赤舄、牙僰、驹车：雕较、朱鞹靳、虎幂缥里、画轉、画鞴、金箭，朱旂，马四匹、攸勒，素钺
	师酉	赤市朱衡中𪘫、攸勒
	师酉	赤市攸勒
	询	玄衣黹纯、缁市同衡、戈：琱威、缑秘、彤緌、銮旂、攸勒
	无吏	玄衣黹纯、戈：琱威、缑秘、彤緌、攸勒、銮旂
管理走马	师兑	乃祖市五衡、赤舄
	师兑	秬鬯一卣、金车：雕较、朱鞹靳、虎幂缥里、厷軨、画轉、画鞴、金箭、马四匹、攸勒
	虎	缁市幽衡、玄衣髹纯、銮旂五日
管理甸人	柞	缁市朱衡、銮
	㪔	銮旂

结　　语

综上，由册命铭文所记载的情况看，西周官职与职事虽存在一定对应关系，但并非一一对应。西周官员的职事大致可分为"基本范围"、"具体内容"、"与特定权力相关的职事"和"具体任务"四个方面。职事的基本范围一般与官职名称严格对应，较为简练，体现了西周职官设置的稳定性。职事的具体内容为册命重点说明的部分，因人而异，体现出西周职官设置的专业性。与特定权力相关的公有职事，如"讯讼"，可适用于不同官职，是受命者职事的重要补充，需特别授予；册命铭文中有关任命受命者执行具体任务的文例较少，目前所见最有代表性的是士山盘，受命者本身在王朝已有官职。这些任务并非长久职事，而是有一定时效，属于临时指派。

册命铭文中的任命内容可分为"命官与授职并见"、"仅有授职未见命官"和"仅有命官未见授职"三类。从中可知，正是由于西周的官职与职事未必直接等同，故在命官之后再说明具体授职内容十分必要。在对执政公卿和师类职官的册命中，"仅有授职未见命官"的情况尤其明显。本文分析认为，册命铭文所见执政公卿在王朝中所任官职各不相同，但其职事却有极高的相似度。在西周王朝职官系统中，执政公卿因具有相对固定的职事，故可以构成独立的职官等级，周王对执政公卿的册命词在不同时期亦有连续性。从西周中后期起，执政公卿的政治地位、王朝职事、身分待遇和赐物已经基本固定，高度制度化是西周册命和职官制度发展完善的表现。

册命铭文所见单称"师"的职官，其职事主要包括管理师氏、虎臣、走马、邑人与甸人等，前三项均与军事有关，后两项则属于行政类职事。可见师类职官的职事当以军事和行政职能为主。同为师类职官的，彼此间也有职官等级的区别，等级高低似与具体职事内容无明显对应关系，影响师类职官等级的主要因素应是受命者的为官资历。

〔作者刘梦扬，河北师范大学历史文化学院教师。石家庄　050024〕

（责任编辑：周　政）

晋成帝时期皇帝礼仪变异[*]

赵永磊

摘　要：东晋皇帝礼仪绝非西晋旧礼的简单移植，其政治仪式的变异展现出东晋政治权力的镜像。东晋初年，王导权倾朝野，也是皇帝礼仪的缔造者与支配者，皇帝礼仪成为凝合君臣政治权力的重要方式。晋成帝与王导之间的"殊礼"，实际上是将东汉至西晋时期君臣"殊礼"推向极致，变异的政治仪式体现并调节着错位的君臣关系。咸和八年新定南郊从祀神祇，象征帝后的太微、轩辕与代表宰辅的三台、文昌并立，体现出王导权力在皇帝礼仪层面的有力渗透。东晋皇帝礼仪在君、臣礼仪上展现出双相的变异，映照出琅邪王氏与司马氏共治天下的鲜明时代特征。

关键词：晋成帝　王导　郊祀礼　君臣礼仪　政治礼仪

　　田余庆以"祭则司马、政在士族"八字揭示东晋门阀政治的基本特征，^① 对于理解东晋政治与皇帝礼仪的关系问题尤为关键。细绎之，"祭则司马"与"政在士族"并不相悖，"政在士族"体现出东晋政治权力的支配问题，学者则从皇帝权威与门阀贵族权力的维度进行解读；^② 而"祭则司马"中，"祭"主要代指东晋皇帝的郊庙祭礼，反映出门阀士族维护东晋的君臣名分。在政治权力发生变

---

*　本文系国家社科基金青年项目"礼学、政治与唐代郊庙礼制变迁研究"（20CZS018）阶段性成果。

①　田余庆：《东晋门阀政治》，北京：北京大学出版社，2005 年，第 6、149 页。
②　张学锋：《东晋的哀帝——东晋前中期的政治与社会》，《汉唐考古与历史研究》，北京：三联书店，2013 年，第 45 页；李济沧：《东晋贵族政治史论》，南京：江苏人民出版社，2016 年，第 111—112、117、120—121 页。

异的背景下，东晋皇帝礼仪的走向令人玩味。

这一问题的提出并非空穴来风，东晋初年宗庙格局展现出变异的特征。建兴五年（317）三月，司马睿去琅邪王号，即晋王位，下诏改元建武，在建康城宣阳门外建立象征"奉先帝，传晋祚"的宗庙、二社一稷。① 但东晋宗庙在地理空间层面存在显著变化，至太兴三年（320）郭璞卜迁宗庙改立于御道以东、秦淮河之侧。② 而在宗庙方位调整过程中，宗庙格局也存在显著变更。司马睿妻虞妃薨逝于晋怀帝永嘉六年（312），建武初年围绕宗庙如何升祔虞妃神主及如何安设晋惠帝、晋怀帝神主，尚书令刁协议七庙神主"以兄弟为世数"，③ 晋惠帝、晋怀帝均在宗庙之中，戴渊以虞妃神主立于别室，太常贺循则议"兄弟不相为后，不得以承代为世"，以"上后世祖，不继二帝（案：晋惠帝、晋怀帝），则二帝之神行应别出"，虞妃神主升祔正位，王导、司马睿先后从贺循之议。④ 至太兴三年正月，晋元帝、王导等从太常华恒"庙室当以容主为限，无拘常数"，⑤ 西晋皇室神主均升祔秦淮河侧的宗庙，确立八世十室之制。

为彰显出司马睿直接承袭晋武帝大统，东晋初年宗庙建置采用两种方案：一是建武元年（317）宗庙建置采用"天子七庙"说，直接舍弃晋惠帝、晋怀帝神主，在视觉上制造晋武帝—司马睿的皇统传承谱系；二是太兴三年宗庙建置不拘

① 《晋书》卷6《元帝纪》，北京：中华书局，1974年，第145页；许敬宗编，罗国威整理：《日藏弘仁本文馆词林校证》卷668《东晋元帝即位改元大赦诏》、卷695《东晋元帝改元赦令》，北京：中华书局，2001年，第333、440页；许嵩：《建康实录》卷5《中宗元皇帝》，张忱石点校，北京：中华书局，1986年，第127页；《宋书》卷17《礼志四》，北京：中华书局，2018年，第523页。
② 刘淑芬注意到东晋宗庙初位于宣阳门外，后改立于秦淮河之侧。参见《六朝的城市与社会》（增订本），南京：南京大学出版社，2021年，第38页。今推定东晋宗庙方位的调整，与太兴三年晋元帝改定宗庙格局相关，"郭璞卜迁之"尤为关键。参见许嵩：《建康实录》卷5《中宗元皇帝》，第127页。
③ 《宋书》卷16《礼志三》，第486页；《晋书》卷19《礼志上》，第603页。《宋书》《晋书》均以司马睿建武初年庙制沿用刁协之议，但其说不足为据。
④ 《晋书》卷68《贺循传》，第1828—1830页；《通典》卷47《后妃庙》，北京：中华书局，1988年，第1318—1319页；《通典》卷51《兄弟不合继位昭穆议》，第1424—1426页。
⑤ 《宋书》卷16《礼志三》，第488页；《晋书》卷19《礼志上》，第604页；《通典》卷48《兄弟相继藏主室》，第1349—1350页。

"天子七庙"说,以兄弟昭穆相同,晋惠帝、晋怀帝神主的存在并不妨碍司马睿君统直接上承晋武帝。司马睿为彰显权力的正统性,不惜改造西晋旧制,体现出君权对于礼制建置具有决定性影响,即东晋皇帝礼仪并非简单沿承西晋旧制,而是展现出极强的可塑性与变异性特征。问题在于东晋政治权力由皇帝与门阀士族共同支配,东晋皇帝礼仪在不同历史阶段是否均存在变异的面相,又如何体现,引人深思。

事实上,学者早已关注到晋成帝与王导之间的"殊礼",① 表明东晋皇帝礼仪是正礼与殊礼共存,但有关殊礼问题未及深入展开。晋成帝与王导之间不同寻常的君臣礼仪,凸显出明显的变异色彩,暗示晋成帝时期可能是东晋殊礼最为发达的时期。该时期皇帝礼仪的变异可能并不仅仅体现在君臣礼仪层面,东晋初年庙制的变异问题提醒我们有必要关注郊庙祭礼,而《文馆词林》所收《东晋成帝郊祀大赦诏》,目前学界关注不够,恰恰为我们进入这一议题提供了关键性史料。

本文选取东晋郊祀礼、君臣礼仪为主要研究对象,在具体研究时段选取上,鉴于晋成帝咸和八年（333）郊祀礼存在天地合祀至天地分祀的明显变革,因此以晋成帝咸和元年至咸和八年为主要研究时段,以《文馆词林·东晋成帝郊祀大赦诏》为切入点,详绎晋成帝诏书所见东晋特殊的君臣关系,并以此为契机,分析晋成帝与王导之间君臣"殊礼"的历史渊源,进而讨论晋成帝咸和八年郊祀礼的变异问题。在具体研究维度上,本文更为关注政治仪式如何塑造政治权力,透过礼仪与权力之间共生相生的关系,重新审视东晋政治史。

一、晋成帝郊祀诏与王导的宰辅形象

《晋书·卞壸传》载:"（明）帝崩,成帝即位,群臣进玺,司徒王导以疾不

① 参见王炎平:《关于王导与东晋政治的几个问题》,中国魏晋南北朝史学会编:《魏晋南北朝史研究》,成都:四川省社会科学院出版社,1986 年,第 253—254 页;田余庆:《东晋门阀政治》,第 2、58 页;甘怀真:《中国古代君臣间的敬礼及其经典诠释》,《台大历史学报》总第 31 期,2003 年,第 66—67 页;渡边信一郎:《元会的建构——中国古代帝国的朝政与礼仪》,沟口雄三、小岛毅主编:《中国的思维世界》,孙歌等译,南京:江苏人民出版社,2006 年,第 379 页;王心扬:《东晋士族的双重政治性格》,北京:中华书局,2021 年,第 78—79、225 页。

至。壶正色于朝曰：'王公岂社稷之臣邪！大行在殡，嗣皇未立，宁是人臣辞疾之时！'导闻之，乃舆疾而至。"① 太宁三年（325）闰八月晋成帝在宫中太极殿行即位礼，王导未及时预礼，遭礼法旧族卞壶所讥弹，只得出席晋成帝即位礼，从侧面透露出王导的特殊政治地位。

《文馆词林》卷665《东晋成帝郊祀大赦诏》载：

> 制诏：仰凭先训，傍赖宰辅，虽自勖励，恒惕于心。有司修典，虔奉郊祠。燔柴既缩，芳气清穆，诚君子勤礼，氓力普存，祖宗神灵，天地歆类。奚犹朕躬，荷斯休祐。思与兆庶，共同斯庆，其大赦天下，咸得自新。②

王彪之称"中兴以来，郊祀往往有赦"，③ 此即其例。晋成帝时期所行郊祀礼主要有三：其一，齐武帝建元四年（482）秋尚书令王俭奏议，"其年（即晋明帝太宁三年——引者注）九月崩，成帝即位，明年改元即郊"，而晋成帝大赦改元在咸和元年二月；其二，晋成帝咸和八年正月分设南北郊（详见本文第三节）；其三，晋成帝咸康元年（335）正月初二"亲祠南郊"，并下诏大赦天下。④ 晋成帝咸康元年郊祀诏书，略见于徐坚《初学记》，⑤ 与《文馆词林》所收者显然不同。要知晓晋成帝诏书的颁布年月，有必要明确东晋郊祀制度。

《晋书·礼志上》载：

> 元帝渡江，太兴二年始议立郊祀仪。尚书刁协、国子祭酒杜夷议，宜须旋都洛邑乃修之。司徒荀组据汉献帝都许即便立郊，自宜于此修奉。骠骑王导、仆射荀崧、太常华恒、中书侍郎庾亮皆同组议，事遂施行，立南郊于巳

---

① 《晋书》卷70《卞壶传》，第1870页。
② 许敬宗编，罗国威整理：《日藏弘仁本文馆词林校证》卷665《东晋成帝郊祀大赦诏》，第257页。
③ 《晋书》卷76《王虞附王彪之传》，第2007页。
④ 《南齐书》卷9《礼志上》，北京：中华书局，2017年，第131—132页。
⑤ 徐坚：《初学记》卷20《政理部·赦一》，北京：中华书局，1962年，第471页。

地。其制度皆太常贺循所定，多依汉及晋初之仪（《宋书》作"依据汉、晋之旧也"，《通典》作"多依汉及晋初仪注"——引者注）。三月辛卯，帝亲郊祀，绘配之礼一依武帝始郊故事。是时尚未立北坛，地祇众神共在天郊。①

《晋书·礼志上》载太兴二年在建康修立郊祀倡议者为荀组，《晋书·华表附华恒传》则作华恒。② 在郊祀集议过程中，刁协等主张返旧都洛阳立郊，荀组、华恒、王导则坚持在建康建神坛，最终在建康建立郊祀神坛。

在皇帝礼仪中，郊天礼赋予皇权神圣性、神秘性与正统性。晋元帝建武二年（太兴元年——引者注）告代祭天坛的方位，唐玄宗开元十一年（723）中书令张说奏称："晋元帝建武二年定郊兆于建业之南，去城七里"；③ 贺循奏上郊坛制度，引据卫宏《汉旧仪》"南郊，圆坛八陛，于宫南七里"。④ 据此，可知建武二年晋元帝采纳贺循奏议，仿效东汉旧制，郊天坛距都城约7里。至太兴二年郭璞卜立南郊坛，改立"在宫城南十五里"，⑤ 即距都城约13里。⑥ 此与建武元年东晋宗庙位于宣阳门外，太兴三年郭璞卜迁于秦淮河之侧如出一辙。

《大唐郊祀录》引贺循云："汉武祭地于河东汾阴一坛之上，尊卑杂位，千有

---

① 《晋书》卷19《礼志上》，第584页；《宋书》卷16《礼志三》，第462页；《通典》卷42《郊天上》，第1174页。《晋书·礼志上》所载郊祀时日太兴二年三月辛卯，校勘记称"三月壬寅朔，无辛卯"，并据《太平御览》卷527《礼仪部六·郊丘》引《晋起居注》"元帝中兴，以二月郊"，以为《晋书·礼志上》所载太兴二年郊祀"三月"当为"二月"之误。见《晋书》卷19《礼志上》，第610页校勘记3。

② 《晋书》卷44《华表附华恒传》，第1262页。

③ 《册府元龟》卷589《掌礼部二七·奏议一七》，北京：中华书局，1960年，第7038页；王泾：《大唐郊祀录》卷4，道光二十六年（1846）钱氏刻《指海》本，第11页b—12页a；周应合：《景定建康志》卷44《祠祀志一》引《唐会要》，《宋元方志丛刊》，北京：中华书局，1990年，第2册，第2044页。

④ 《艺文类聚》卷38《礼部上·郊丘》，上海：上海古籍出版社，1965年，第682页。贺循奏上郊坛制度时间，王泾《大唐郊祀录》作"太兴中"（卷4，第13页a）；而贺循奏议恰为东晋采纳，"太兴中"宜为太兴元年（即建武二年）。

⑤ 许嵩：《建康实录》卷5《中宗元皇帝》，第133页。

⑥ 佐川英治依据《景定建康志》，已认识到晋元帝初年"存在两个南郊"的问题，但未关注东晋两个南郊坛设立时间有所不同，故以为两处南郊分别为郭璞及贺循所定，则有未允（《论六朝建康在中国古代都城史上的地位》，张学锋编：《"都城圈"与"都城圈社会"研究文集：以六朝建康为中心》，南京：南京大学出版社，2021年，第98—99页）。

五百神。"① 贺循议定汉武帝后土之祀，"尊卑杂位，千有五百神"，而上文引晋元帝告代祭天坛所祀神祇"尊卑杂位，千有五百神"。东晋南郊从祀神祇，亦不免"尊卑杂位，千有五百神"之讥。光武帝建武二年（公元 26 年）未设北郊，合祀天地于南郊，从祀神祇"凡千五百一十四神"。② 《大唐郊祀录》引史氏阙云："晋氏江左之初，亦［仍］（为）光武故事。"③ 寥寥数语，揭示出东晋初年合祀天地于南郊及其从祀神祇，均因仍光武帝旧事。

晋元帝"始镇建业，公私窘罄"，④ 晋康帝建元元年（343）诏声称"府库之储，唯当以供军国之费耳"，⑤ 东晋国库用于军事建设，而非皇帝礼仪，故东晋初年行南郊合祀天地礼，自然也在情理之中。东晋初年郊祀礼，"多依汉及晋初之仪"，汉制特就合祀天地及从祀神祇而论，晋制主要以配享制度为说。可见晋成帝诏书所言"祖宗神灵，天地歆类"，"祖宗"包括配享帝晋高祖司马懿在内，而"天地歆类"表明晋成帝所行郊祀制度仍为天地合祀。不难理解，晋成帝郊祀诏书的颁布时间，当在晋成帝咸和八年之前。而自咸和二年十一月至咸和四年二月，苏峻、祖约作乱，晋成帝身陷石头城，自然不及行郊祀礼。更据诏令"仰凭先训"云云，明确言及晋明帝遗训，则其颁布时间宜在咸和元年，⑥ 应是晋成帝即位后初行南郊合祀天地礼，以显示皇权的合法性。

《白虎通·号》载："王者自谓一人者，谦也。"⑦ 学者袭用此意，以先秦文献中"予一人"（或作"余一人"）为君主的谦称。⑧ 而在皇帝诏书的具体语境中，"予一人"彰显皇权的威严。汉章帝元和二年（公元 85 年）二月大赦诏，

---

① 王泾：《大唐郊祀录》卷 8，第 3 页 b。

② 《续汉书·祭祀志上》，《后汉书》，北京：中华书局，1965 年，第 3159—3160 页。

③ 王泾：《大唐郊祀录》卷 2，第 15 页 a。

④ 《晋书》卷 79《谢安附谢混传》，第 2079 页；《建康实录》卷 10《安皇帝》引何法盛《晋中兴书》，第 337 页。

⑤ 《宋书》卷 14《礼志一》，第 366 页。

⑥ 本文成稿后，获读林家骊、邓成林《日本影弘仁本〈文馆词林〉校注》（北京：中国社会科学出版社，2021 年，第 494 页），知该书已推定晋成帝郊祀诏在咸和元年。其说具体论证不详。

⑦ 陈立：《白虎通疏证》卷 2《号》，吴则虞点校，北京：中华书局，1994 年，第 47 页。

⑧ 宁镇疆：《也论"余一人"问题》，《历史研究》2018 年第 2 期。

"予一人空虚多疚，篡承尊明，盥洗享荐，惭愧祗慄"，① "予一人"权威独显。汉代所行诏令文书程式，晋武帝即位诏沿承之。泰始元年（265）十二月晋武帝即位诏，"予一人畏天之命，用弗敢违，遂登坛于南郊，受终于文祖。燔柴班瑞，告类上帝"，② 仍彰显"予一人"的权威。

晋元帝太兴元年三月即位诏书扬言北伐，《文馆词林》载"缮甲修兵，补结天网，将以雪皇家之耻，荡鲸鲵之害"，③ 至于"余一人畏天之威，用弗敢违，遂登坛南岳，受终文组，焚柴颁瑞，告类上帝"云云，④ 近乎全袭晋武帝即位诏书。

晋元帝行告代祭天礼，即位诏书仍以"予一人"为辞，表明伸张皇权之意。在晋成帝郊祀礼中，宰辅在具体礼仪中如何出场已难以窥见，不过晋成帝咸和元年郊祀诏已无"予一人"之语，申明"傍赖宰辅"，展示出晋成帝与"宰辅"的特殊君臣关系，有意凸显"宰辅"的特殊形象。

东晋录尚书事在制度及实际政治中掌控大权，"被称作宰相"。⑤ 晋成帝诏书中的"宰辅"可能并不专指王导，但与王导关系密切。晋成帝即位后，王导录尚书事。《晋书》载后秦韦华称："晋主虽有南面之尊，无总御之实，宰辅执政，政出多门，权去公家，遂成习俗。"⑥ 从一侧面揭示出东晋时期"宰辅"主要指代主政的门阀士族，咸康元年后赵石虎侵扰东晋，《晋书》载"王导以宰辅之重请自讨之"，⑦ 也以宰辅与王导并题。

今所存晋成帝诏书中，仍不乏"予一人"之语。如咸和六年大旱，王导上疏逊位，晋成帝下诏云："朕荷祖宗之重，托于王公之上，不能仰陶玄风，俯洽宇

① 《后汉书》卷 3《肃宗孝章帝纪》，第 150 页。

② 许敬宗编，罗国威整理：《口藏弘仁本文馆词林校证》卷 668《西晋武帝即位改元大赦诏》，第 331 页。

③ 许敬宗编，罗国威整理：《日藏弘仁本文馆词林校证》卷 668《东晋元帝即位改元大赦诏》，第 332—333 页。

④ 许敬宗编，罗国威整理：《日藏弘仁本文馆词林校证》卷 668《东晋元帝改元大赦诏》，第 333 页；《晋书》卷 6《元帝纪》，第 149 页。

⑤ 祝总斌：《两汉魏晋南北朝宰相制度研究》，北京：中国社会科学出版社，1990 年，第 194—195 页。

⑥ 《晋书》卷 7《成帝纪》，第 169 页；卷 117《姚兴载记上》，第 2980 页。

⑦ 《晋书》卷 83《袁瑰附袁耽传》，第 2170 页。具体时间，见《晋书》卷 78《孔愉附孔坦传》，第 2057 页。

宙，亢阳逾时，兆庶胥怨，邦之不臧，惟予一人。……而猥崇谦光，引咎克让，元首之愆，寄责宰辅，只增其阙。"① 然而晋成帝诏书"予一人"威严逊色，反而更衬托出"讬于王公之上"、"寄责宰辅"的"王公"、"宰辅"的威望。

王敦作乱，郭璞以"穆穆皇帝，固灵所授"劝阻之，梅陶宣称晋成帝"生而神明，诞质珪璋"。② 可见，经过政治舆论造作与皇帝礼仪的宣示，司马氏皇权的神圣性与合法性获得士族的政治认同。皇帝诏令是"王言"的载体，郊祀诏以塑造皇权神圣性为中心，吊诡的是，晋成帝郊祀诏则彰显"宰辅"的地位，传达出特殊的政治信号，"宰辅"在晋成帝诏书中具有极高的使用频次。晋成帝咸康元年正月初一日加元服诏云"赖祖宗之灵，宰辅之训"；③ 咸康二年四月，晋成帝纳杜皇后，诏称"赖祖宗之重，宰辅元勋、群公卿士之力"。④ "傍赖宰辅"、"宰辅之训"、"宰辅元勋"等成为晋成帝诏书的习用语，"予一人"代称皇帝与"宰辅"代指王导并存，王导在东晋皇帝礼仪中的地位不能不引起重视。

二、咸和年间晋成帝与王导间的特殊君臣礼仪

"尊君卑臣"是君臣关系的核心，体现出儒学"法家化"的明显特征。上文所论晋成帝咸和元年郊祀诏有意凸显王导的特殊地位，显然与"尊君卑臣"的政治观念相悖。下面就东晋君臣礼仪的正礼与"殊礼"略作讨论。

（一）跪坐时代的君臣正礼

学者主要依据《仪礼·燕礼》，强调"先秦的拜礼作为一种敬礼，在礼经中并不限定为卑者礼敬尊者之仪节"，⑤ 揭示出拜礼的一个侧面。不过《仪礼·燕

① 《晋书》卷65《王导传》，第1751—1752页。
② 许敬宗编，罗国威整理：《日藏弘仁本文馆词林校证》卷157郭璞《与王使君》，第51页；卷157梅陶《赠温峤》，第53页。
③ 许敬宗编，罗国威整理：《日藏弘仁本文馆词林校证》卷666《东晋成帝加元服改元大赦诏》，第293页。此诏令颁布年月，今据《晋书》卷7《成帝纪》，第179页。
④ 许敬宗编，罗国威整理：《日藏弘仁本文馆词林校证》卷666《东晋成帝立皇后大赦诏》，第282页。
⑤ 甘怀真：《中国古代君臣间的敬礼及其经典诠释》，《台大历史学报》总第31期，2003年，第47—55、72页。

礼》主要侧重主宾礼仪，《周礼·秋官·司仪》载"及礼、私面、私献，皆再拜稽首，君答拜"，① 均属此类，不足以涵盖君臣礼仪的全部内涵。朝觐为申明君臣关系的重要礼仪，《仪礼·觐礼》所记侯氏（觐见的诸侯）在文王庙觐见天子，堂下、堂上"再拜稽首"为主要仪节。② 而"再拜稽首"恰恰为臣向君行礼的常规仪节。③ 在仪式过程中，天子行揖之礼，《周礼》载，"诏王仪，南乡（向）见诸侯，土揖庶姓，时揖异姓，天揖同姓"，"孤卿特揖，大夫以其等旅揖，士旁三揖"，④《白虎通·朝聘》载，"朝礼奈何？君出居内门之外，天子揖，诸侯持揖，卿大夫膝下至地。天子特揖三公，面揖卿，略揖大夫士。所以不拜何？为其屈尊者"，⑤ 均以揖礼定朝仪中群臣之位。朝觐礼申明君臣关系，天子并未"屈尊"拜臣，君揖臣拜可以视为跪坐时代君臣礼仪的正礼。

先秦时期天子御座为"敷重篾席"，⑥ 而后演变为御榻或御床。1980 年山东省济宁市嘉祥县满硐乡（今满硐镇）宋山出土的东汉晚期画像石中，拜谒者俯伏执板拜，受礼者坐于榻上，或正襟危坐（图 1），或身体微微前倾（图 2），所描绘者与朝觐礼中臣拜礼的场景相近。

（二）汉晋时期君臣礼仪中的"殊礼"

西晋江统《谒拜议》称："古者见宾主皆拜，今自非君臣、上下，则不拜。"⑦ 不可否认，东汉以来天子拜臣现象仍有遗存。东汉所行养老礼，依应劭

---

① 《周礼注疏》卷 38《秋官·司仪》，《十三经注疏》，台北：艺文印书馆，2001 年，第 579 页。

② 《仪礼注疏》卷 26 下《觐礼》，《十三经注疏》，第 322 页。

③ 凌廷堪：《礼经释例》卷 1《周官九拜解》，彭林点校，北京：北京大学出版社，2012 年，第 23 页；孙诒让：《周礼正义》卷 49《春官·大祝》，北京：中华书局，1987 年，第 2008 页。

④ 《周礼注疏》卷 38《秋官·司仪》、卷 31《夏官·司士》，《十三经注疏》，第 575、471 页。

⑤ 《太平御览》卷 543《礼仪部二二·揖》，北京：中华书局，1960 年，第 2462 页。陈立《白虎通疏证·朝聘》据此辑佚，而"为其屈尊者"作"为其屈尊也"，参见陈立：《白虎通疏证》卷 12《阙文》，第 585 页。今仍据《太平御览》录文。

⑥ 《尚书正义》卷 18《顾命》，《十三经注疏》，第 278 页。

⑦ 《太平御览》卷 542《礼仪部二一·拜》，第 2460 页。

图1　拜谒图

图2　拜谒图

资料来源：中国画像石全集编辑委员会编：《中国画像石全集》（2），济南：山东美术出版社、郑州：河南美术出版社，2000年，第96页，图103、104。

《汉官仪》"天子独拜于屏"以及谯周《五经然否》"三老答天子拜"云云，① 可知养老礼中确有皇帝拜三老环节。西晋未行养老礼，而其元会仪不乏册拜三公的特殊仪节。元会仪作为象征性的君臣礼仪，② 其中小会并未引起学界充分关注。西晋挚虞《决疑要注》载"汉制，会于建始殿。晋制，大会于太极殿，小

---

① 应劭：《汉官仪》，孙星衍等辑：《汉官六种》，北京：中华书局，1990年，第182页；《续汉书·礼仪志中》"刘昭注"，《后汉书》，第3109页。

② 渡边信一郎：《元会的建构——中国古代帝国的朝政与礼仪》，沟口雄三、小岛毅主编：《中国的思维世界》，第379页。

会于东堂"，① 学者据蔡质《汉仪》以为东汉元会仪在东汉北宫德阳殿，② 而"汉制，会于建始殿"云云，又表明元会仪或在东汉南宫建始殿。③ 西晋承用汉魏元会仪分设大会、小会之制，太极殿行元会仪大会，太极殿东堂行元会仪小会。

太康六年（285）之前，西晋礼拜上公（太宰、太傅、太保）在太极殿元会仪正会，太极殿东堂礼拜上公并未成为定制。《晋书·安平献王孚传》载："及元会，诏孚乘舆车上殿（太极殿——引者注），帝于阼阶迎拜。既坐，帝亲奉觞上寿，如家人礼。帝每拜，孚跪而止之。"④ 王隐《晋书》载此事有"四年，正会，上见太宰，身执子孙之礼"云云，⑤ 即晋武帝礼拜太宰司马孚在泰始四年正会，"身执子孙之礼"六字，更为形象表明晋武帝在元会仪中礼拜司马孚，具有鲜明的"家人之礼"色彩。

围绕元会仪礼拜上公、三公等问题，晋武帝太康六年太常张华上书："按旧事，拜公建始殿，因以小会。今拜公于太极殿，亦宜因以小会，盖所以崇宰辅也。"⑥《晋书·石鉴传》载："前代三公册拜，皆设小会，所以崇宰辅之制也。自魏末已后，废不复行。至鉴，有诏令会，遂以为常。"⑦ 晋武帝从张华、石鉴奏议，太康七年即行此礼，⑧ 西晋最终确立太极殿东堂小会礼拜上公、三公之制。

---

① 《艺文类聚》卷 39《礼部中·朝会》，第 710 页；《初学记》卷 14《礼仪部下·朝会》，第 344 页；《太平御览》卷 538《礼仪部一七·朝聘》，第 2442 页。

② 《续汉书·礼仪志中》注引蔡质《汉仪》，《后汉书》，第 3131 页；渡边信一郎：《元会的建构——中国古代帝国的朝政与礼仪》，沟口雄三、小岛毅主编：《中国的思维世界》，第 372 页。

③ 建始殿位于东汉洛阳城南宫，参见徐松辑：《河南志》，高敏点校，北京：中华书局，1994 年，第 44 页。

④ 《晋书》卷 37《安平献王孚传》，第 1084 页。

⑤ 《艺文类聚》卷 45《职官部一·诸王》，第 804 页；《北堂书钞》卷 70《设官部二二·诸王》，京都：中文出版社，1979 年，第 310 页。

⑥ 《艺文类聚》卷 39《礼部中·朝会》引《晋起居注》，第 711 页。《太平御览》卷 539《礼仪部一八·宴会》引文脱漏（第 2443 页），今仍据《艺文类聚》录文。张华任太常年代，今据刘雅莉：《张华年谱汇考》，硕士学位论文，上海师范大学人文与传播学院，2015 年，第 108—110 页。

⑦ 《晋书》卷 44《石鉴传》，第 1266 页。

⑧ 《北堂书钞》卷 50《设官部二·三公》引徐广《车服仪制》，第 195 页。

（三）晋成帝与王导之间的"殊礼"

在特定历史条件下，晋元帝与王导"共天下"，在权力分配与君臣尊卑名分上呈现与一般君臣不同的关系。① 王导在笼络江左士族、协调南北士族利益上成效显著。② 晋元帝登祚后所行元会仪，拢揽宗室诸王，特为西阳王司马羕"设床"，③ 而《世说新语·宠礼》载："元帝正会，引王丞相登御床，王公固辞。"④ 在元会仪中，晋元帝尤为褒崇王导，以彰显王导特殊的政治地位。

东晋皇帝礼仪的"殊礼"，不仅表现在元会仪上，也体现在礼拜师傅礼上。在汉魏故事中，"太傅不称臣，少傅称臣"，"太子于二傅执弟子礼"，为太子事太子太傅的"不臣之礼"。⑤ 晋武帝泰始三年"始置太子二傅"，泰始五年诏曰："太子拜傅，如事师之礼。"⑥ 在具体礼仪中，"皇太子先拜，诸傅然后答之"，⑦ 至唐代仍然如此。⑧ 学者以为太子拜傅毕竟与"皇帝没有直接关系"，⑨ 不过东晋则出现微妙变化。建武元年四月晋元帝册立司马绍为皇太子，册文宣称："钦翼师傅，以丕崇大化，可不慎欤？"⑩ 可谓与晋武帝诏书如出一辙。汉魏故事及西晋旧制，太子即位之前拜师傅，而东晋太子即位后仍行拜师傅之礼，成为皇帝礼

---

① 田余庆：《东晋门阀政治》，第 2 页。

② 陈寅恪：《述东晋王导之功业》，《金明馆丛稿初编》，北京：三联书店，2001 年，第 59—61 页；《东晋南朝之吴语》，《金明馆丛稿二编》，北京：三联书店，2001 年，第 307—308 页。

③ 《晋书》卷 59《汝南王亮附司马羕传》，第 1594 页。

④ 刘义庆撰，刘孝标注，余嘉锡笺疏：《世说新语笺疏》卷下《宠礼》，北京：中华书局，2015 年，第 797 页。

⑤ 《北堂书钞》卷 65《设官部一七》引《汉魏故事》，第 286、288 页；《唐六典》卷 26《太子三师》，北京：中华书局，2014 年，第 660 页；《通典》卷 30《太子六傅》，第 820 页。

⑥ 《北堂书钞》卷 65《设官部一七·太子太傅》引《晋起居注》，第 286 页；《宋书》卷 40《百官志下》，第 1359 页。

⑦ 《晋书》卷 24《职官志》，第 742 页。

⑧ 《大唐开元礼》卷 113《皇太子与师傅保相见》，北京：民族出版社，2000 年，第 533 页。

⑨ 尾形勇：《中国古代的"家"与国家》，张鹤泉译，北京：中华书局，2010 年，第 107 页注 2。

⑩ 《太平御览》卷 148《皇亲部一四·太子》引何法盛《晋中兴书》，第 723 页。

拜师傅的"殊礼"。何法盛《晋中兴书》载，"（王导）以骠骑将军、仪同三司，领太子太傅"，其具体时间在太兴元年四月以后，[①] 表明王导具有宰辅、太子师傅双重身分。晋明帝承继晋元帝拢揽宗室、礼敬师傅的策略，太宁元年诏称，"夫崇亲尊贤，先帝所重，朕见四君（即王敦、王导、司马羕、薛兼——引者注）及书疏仪体，一如东宫故事"，映照出晋明帝登祚后仍向宗室诸王、师傅行"殊礼"。庾亮虽然一度"侍讲东宫"，[②] 但并非晋明帝礼敬对象。尤其是王导，太宁二年十月王敦之乱枚平后，"（王导）进太保，不拜"，[③]《通典》载晋成帝时期卞壶等奏议"至于先帝之拜司徒导"云云，[④] 印证晋明帝已行礼拜王导之礼。

在东晋皇帝拜师傅的礼仪中，师傅是否答拜，史无明文。而司马氏与王导之间变异的君臣礼仪，在晋成帝时期臻至巅峰。东晋拢揽宗室、礼敬师傅的政策仍在晋成帝时期延续，在元会仪中，晋成帝仿效司马孚故事，亲迎拜司马羕，荀崧曾为太子太傅，[⑤] 也受晋成帝礼敬。晋成帝与王导之间君臣礼仪更为弱化，尊卑失序，晋成帝以五岁冲龄即位，"见导，每拜"。[⑥] 晋成帝即位，庾太后临朝称制，政事由中书令庾亮裁决，[⑦] 王导的地位受到挑战。《通典》载：

晋成帝诏曰："曲陵公（即荀崧——引者注）等，宣力前朝，致勋皇家，以德义优弘，兼保傅朕躬。朕遭家不造，奄在哀疚，禀训未究，悟事穷感。其一遵先帝尊崇师傅之教，拜敬加旧，以明崇德，永奉遗范。"尚书令卞壶等奏曰："臣历观纪籍礼经，无拜臣之制。唯汉成帝拜张禹，庸主凡臣，不足为轨。或说师臣友臣，师模其道，又未是其拜也。至于先帝之拜司徒导，

① 《北堂书钞》卷 65《设官部一七·太子太傅》，第 287 页。具体时间参见《晋书》卷 6《元帝纪》，第 150 页。
② 《晋书》卷 68《薛兼传》，第 1832 页；卷 73《庾亮传》，第 1915 页。
③ 庾元规：《让中书令表》，萧统编，李善注：《文选》卷 38，上海：上海古籍出版社，1986 年，第 1718 页。
④ 《通典》卷 67《天子拜敬保傅》，第 1869 页。
⑤ 《晋书》卷 59《汝南王亮附司马羕传》，第 1594 页；卷 75《荀崧传》，第 1979 页。
⑥ 《晋书》卷 65《王导传》，第 1751 页。何法盛《晋中兴书》作"见导恒拜"，参见《太平御览》卷 542《礼仪部二一·拜》，第 2459 页。
⑦ 《晋书》卷 73《庾亮传》，第 1918 页；田余庆：《东晋门阀政治》，第 48 页。

特以元皇帝兴自藩国，布衣之交，拜在人臣之日，故率而不改。陛下尊顺先典，伏膺礼中，不宜降南面之尊，拜北面之臣。大教有违，名体不顺，事应改正。"太后诏："尊师重道，帝王之所宜务，况童幼方赖师训之成。宜令一尊先帝崇贤之礼。"壶又奏："臣考先典之极，无过于周公，而周史无拜敬之礼。《礼记》称'王者入学，躬拜三老'。此一朝之敬，犹子冠而母拜之，岂可终身行焉。"太后诏："须帝成人，更详师傅之礼。"①

《通典》所记"太后"即庾太后，具体礼议与庾太后临朝相关。卞壶、庾太后先后在咸和三年二月、三月故去，② 晋成帝诏书"朕遭家不造，奄在哀疚"，表明《通典》所记庾太后、卞壶等议定皇帝拜师傅之礼，当在咸和元年晋成帝甫即帝位以后。庾太后初次下诏之后，卞壶等又作固争，今本《通典》在史料剪裁中略去具体细节，《尚书逸令》作"壶等又固争云云，'臣期不奉诏'，又反覆乃从外奏"，③ 透露出晋成帝即位后，礼法旧族尚书令卞壶强烈申明正君臣礼仪，议废君礼拜师傅之礼，若此礼废止，礼拜王导之礼随之亦废。在微妙的政治格局中，庾太后并未轻易废止礼拜师傅之礼，几经周旋之后，庾太后申明"先帝崇贤"之义，以俟"帝成人"为辞，晋成帝、王导之间的"殊礼"仍然延续。

咸和四年王导重新执政以后，晋成帝礼拜王导成为突出的政治问题。晋成帝即位后，庾太后临朝称制，庾亮凭借帝舅之资执掌朝政，苏峻之乱平定后，咸和四年三月，庾亮引咎出镇芜湖，中枢政柄又为王导所掌控。④ 咸和五年十月，晋成帝"驾幸司徒王导宅，置酒大会，下车入门先拜"。⑤ 而晋成帝临王导府，并非仅礼敬王导，而且"拜导妻曹氏，有同家人"，⑥ 王导妻曹氏亦为晋成帝礼拜对象，且成为常制。何法盛《晋中兴书·悬象说》载："咸和六年三月壬戌朔，日有食之。是时显宗已长，幸司徒第，犹出入见王导夫人曹氏，如子弟之礼。以

---

① 《通典》卷67《天子拜敬保傅》，第1869页。
② 《晋书》卷7《成帝纪》，第172页。
③ 《太平御览》卷542《礼仪部二一·拜》，第2460页。
④ 田余庆：《东晋门阀政治》，第48、51页。
⑤ 许嵩：《建康实录》卷7《显宗成皇帝》，第180页。
⑥ 《晋书》卷78《孔愉附孔坦传》，第2058页；卷70《卞壶传》，第1871页。

人君而敬人臣之妻，有亏君德。"① 为规正君臣礼仪，天文家巧妙结合天象，取天变应验人事，以为警戒。

咸和六年冬，蒸祭太庙，晋成帝"使太常丞张放归胙于王导，诏无下拜。导不敢当，辞以疾"。② 张放"归胙"即《国语·鲁语上》所谓"致君胙"，③ 充分彰显出王导的政治地位。元会仪中晋成帝是否礼拜王导，也成为集议的焦点。《晋书·荀勖附荀奕传》云：

> 时又通议元会日，帝应敬司徒王导不。博士郭熙、杜援（瑗）等以为礼无拜臣之文，谓宜除敬。侍中冯怀议曰："天子修礼，莫盛于辟雍。当尔之日，犹拜三老，况今先帝师傅。谓宜尽敬。"事下门下，（荀）奕议曰："三朝之首，宜明君臣之体，则不应敬。若他日小会，自可尽礼。又至尊与公书手诏则曰'顿首言'，中书为诏则云'敬问'，散骑优册则曰'制命'。今诏文尚异，况大会之与小会，理岂得同！"诏从之。④

《晋书》所记集议元会仪，《资治通鉴》记其时间在咸和六年冬。⑤ 《晋书》载"博士郭熙、杜援等以为礼无拜臣之文，谓宜除敬"，《尚书逸令》则作"成帝拜王公，时议曹疑于仪注，博士杜瑗及陈舒议礼无以君拜臣下也，小会崇让，非臣下所知，无在仪注之制"。⑥ 太极殿东堂小会皇帝礼拜上公、三公，此为西晋旧制，博士郭熙、杜瑗、陈舒等闪烁其词，径以"无在仪注之制"为托词，体现出礼法之士试图重正君臣之礼的政治努力。不过郭熙等之议并未推行。荀奕以"今

---

① 瞿昙悉达：《唐开元占经》卷 9《日占五》，北京：中国书店，1989 年，第 77 页。《宋书·天文志》无此语，《晋书·天文志》取材于何法盛《晋中兴书·悬象说》，见《晋书》卷 12《天文志中》，第 340 页。

② 《太平御览》卷 542《礼仪部二一·拜》引何法盛《晋中兴书》，第 2459 页。具体时间参见《晋书》卷 65《王导传》，第 1751 页。

③ 徐元诰：《国语集解》（修订本），王树民、沈长云点校，北京：中华书局，2002 年，第 163 页。

④ 《晋书》卷 39《荀勖附荀奕传》，第 1161 页。

⑤ 《资治通鉴》卷 94，晋成帝咸和六年，北京：中华书局，2011 年，第 3030 页。

⑥ 《太平御览》卷 542《礼仪部二一·拜》，第 2460 页。

诏文尚异，况大会之与小会，理岂得同"，则其意仍在于大会朝天子，正君臣名分，小会则可礼敬王导，其论仍不出大会、小会之范畴。《晋书·王导传》载："自后元正，导入，帝犹为之兴焉。"① 元会仪大会拜王导之议虽废，而晋成帝见王导起身为之兴，礼敬王导之义仍存。

"君臣之礼"与"家人之礼"代表皇帝礼仪的"公"与"私"，② 东晋皇帝礼仪的"殊礼"主要与宰辅、宗室、师傅相关，晋明帝、晋成帝与王导之间的"殊礼"更近于皇帝宗室亲族间的"家人之礼"。东晋延续西晋元会仪小会礼拜王公的旧制，司马氏与王导的君臣名分在元会仪中得以维持，而东晋君臣礼仪具有微妙变异，晋明帝、晋成帝即位后仍礼拜王导等，晋成帝礼拜王导夫妇成为常制。东晋变异的君臣礼仪，推动着王导的政治权力臻于巅峰，更进一步彰显王导的特殊政治身分。然而司马氏与王导之间的"殊礼"，不仅不为礼法之士见容，也遭到门阀士族如庾亮等讥弹，重正君臣礼仪、促使王导归政，成为东晋政坛的重要呼声。

三、咸和八年东晋郊祀礼的变异及其与王导的关系

学者讨论琅邪王氏自王祥以下"家传礼学"，史料所见王导议礼也是王导习于礼学的佐证。③ 而东晋初年王导深度参与皇帝礼仪的制定与决策，东晋皇帝礼仪中不乏宰辅的踪影。东晋初年皇帝礼仪的变异不仅体现在君臣礼仪层面，也反映在郊祀礼上。

（一）东晋南北郊合祀百神礼的创建

晋元帝建国初国库空竭，又遭王敦构乱，礼制建设相对滞后，反而不及十六国君主，尤其是两赵君主在华夏礼制营建上的强劲势头。晋元帝太兴二年六月前赵刘曜修缮西汉长安城的宗庙、社稷及南北郊旧址，并行郊天礼，④ 太兴四年十

---

① 《晋书》卷65《王导传》，第1751页。

② 尾形勇：《中国古代的"家"与国家》，第154页。

③ 苏绍兴：《两晋南朝琅琊王氏之经学》，《两晋南朝的士族》，台北：联经出版事业公司，1987年，第231、234页。

④ 《太平御览》卷119《偏霸部三》引《十六国春秋·前赵录》，第576—577页。

一月后赵石勒建立"郊祀宗庙，皆用醴酒"的制度。[①] 两赵政权在德运问题上均改行水德，宣告西晋金德的终结，对东晋政治合法性形成直接威胁，[②] 在礼制的营建上，两赵相继建立南北郊制度，也构成对东晋的直接挑战，营建北郊成为东晋迫在眉睫的政治要务。太宁二年七月，王敦之乱荡平，晋明帝在东府城后"置廪牺署，养天地宗庙牺牲"，[③] 至太宁三年"亲祠"南郊。[④] 七月诏云：

> 郊祀天地，帝王之重事。自中兴以来，惟南郊，未曾北郊，四时五郊之礼都不复设，五岳、四渎、名山、大川，载在祀典，应望秩者，悉废而未举。（居其官者举其职，司其事，勿令一代之典阙而不备）主者其依旧详处，（以时置祭）。[⑤]

晋明帝锐意设立北郊、五郊及岳渎等祀，但遗憾的是，他积极营建礼制建筑的宏愿，因英年早逝未能付诸实践。

东晋彰显政权正统性的政治努力，集中体现在晋成帝咸和年间。司马睿即晋王位以后，未遑营建，宫室是陈敏在孙吴太初宫基址上所建府舍。[⑥] 至苏峻之乱，宗庙宫室丘墟，王导力排迁都豫章或会稽之议，自咸和五年九月至咸和七年十二月，主持规划建康城，任用其从弟王彬负责建设，修缮宣阳门，营建建康宫以及陵阳门、开阳门、建春门、清明门、西明门等城门。[⑦] 东晋初年宫殿太极殿、宫

---

① 《资治通鉴》卷 91，晋元帝太兴四年，第 2940 页。
② 李磊：《东晋初年的国史叙事与正统性建构》，《史林》2018 年第 5 期，第 36—37 页。
③ 许嵩：《建康实录》卷 6《肃宗明皇帝》，第 161 页。
④ 《太平御览》卷 527《礼仪部六·郊丘》引《晋起居注》，第 2394 页。
⑤ 《晋书》卷 6《明帝纪》，第 164 页。晋明帝诏书据《晋书》录文，并据《建康实录》《晋起居注》订补。参见许嵩：《建康实录》卷 6《肃宗明皇帝》，第 162 页；《太平御览》卷 527《礼仪部六·郊丘》引《晋起居注》，第 2394 页。
⑥ 许嵩：《建康实录》卷 5《中宗元皇帝》，第 122、128 页；卢海鸣：《六朝都城》，南京：南京出版社，2002 年，第 44 页；贺云翱：《六朝瓦当与六朝都城》，北京：文物出版社，2005 年，第 141 页注 2。
⑦ 刘淑芬：《六朝的城市与社会》（增订本），第 40—42 页。迁都豫章或会稽，分别反映出温峤、三吴（吴、吴兴、会稽）之豪的政治意图。参见王铿：《东晋南朝时期"三吴"的地理范围》，《中国史研究》2007 年第 1 期，第 73 页。

门云龙门、城门宣阳门等命名开启模仿魏晋洛阳城的先河，至咸和八年建康城初步建立，东晋宫殿太极殿、显阳殿、式乾殿，禁苑华林园以及城门开阳门、建春门、清明门、西明门等，方位及命名均极力模仿魏晋洛阳城。① 十六国并无建都洛阳的政权，而东晋建康城极力模仿魏晋洛阳城，重塑华夏正统。

在苏峻之乱中，苏硕焚毁"太极东堂、祕阁"，晋成帝暂以"建平园为宫"，宫殿格局不免"逼狭"。在晋成帝迁入建康宫之后，咸和八年正月辛亥（初一日）诏称："昔犬贼纵暴，宫室焚荡，元恶虽翦，未暇营筑。有司屡陈朝会逼狭，遂作斯宫，子来之劳，不日而成。既获临御，大飨群后，九宾充庭，百官象物。"② 咸和八年元会仪，具体方位当在新修太极殿。在历经政治动乱之后，晋成帝"朝万国于新宫，四夷列次"，③ 更新君臣关系与华夷关系，塑造皇帝权威。

在苏峻之乱时期，北方政治局势发生显著的变化。咸和三年十二月石勒斩杀前赵刘曜，次年九月，石虎擒获前赵太子刘熙等，前赵覆亡，④ 后赵成为北方与东晋对峙的主要政权。咸和六年正月石勒亲祀南郊，⑤ 是年夏，石勒继续在礼制建筑上发动对东晋正统性攻势，在襄国城西，"起明堂、辟雍、灵台"，⑥ 后赵争夺华夏正统的态势构成对东晋的严峻挑战。晋成帝咸和五年诏："平天、通天冠，并不能佳，可更修理之"，⑦ 重定冕服制度。为重塑正统，补救东晋正统性受到挑战的不利地位，象征天命在晋的南北郊制度最终付诸实践。《晋书·礼志上》载：

成帝咸和八年正月，追述前旨，于覆舟山南立之。天郊则五帝之佐（即五帝、五官之神——引者注）、日月、五星、二十八宿、文昌、北斗、三台、

① 钱国祥：《魏晋洛阳都城对东晋南朝建康都城的影响》，刘庆柱主编：《考古学集刊》第18集，北京：科学出版社，2010年，第398—401页。

② 《晋书》卷7《成帝纪》，第174、177页。

③ 许嵩：《建康实录》卷7《显宗成皇帝》，第182页。

④ 《资治通鉴》卷94，晋成帝咸和三年及咸和四年，第3015、3021—3022页。

⑤ 《太平御览》卷120《偏霸部四》引《十六国春秋·后赵录》，第579页。

⑥ 《晋书》卷105《石勒载记下》，第2748页；《资治通鉴》卷94，晋成帝咸和六年，第3029页。

⑦ 《隋书》卷12《礼仪志七》，北京：中华书局，2019年，第289页。

司命、轩辕、后土、太一、天一、太微、勾陈、北极、雨师、雷电、司空、风伯、老人，凡六十二神也。地郊则五岳、四望、四海、四渎、五湖、五帝之佐、沂山、岳山、白山、霍山、医无闾山、蒋山、松江、会稽山、钱唐（塘）江、先农，凡四十四神也。江南诸小山，盖江左所立，犹如汉西京关中小水皆有祭秩也。是月辛未（即二十一日——引者注），祀北郊，始以宣穆张皇后配。①

咸和八年晋成帝是否亲祀南郊，史料无明文记载。晋成帝"追述前旨"，承用晋明帝遗意，最终废止合祭天地之制，在覆舟山（今小九华山）南立北郊坛，"制度一如南郊"。② 东晋北郊坛壝形制是否全同南郊，仍有疑义，③ 不过东晋至此确立南北郊制度，应为的论（图 3）。

晋武帝泰始元年以高祖宣帝司马懿、宣穆张皇后配享南、北郊，④ 泰始二年，"北郊又除先后配祀"。⑤ 在咸和八年议立北郊过程中，博士陈舒、徐乾等仍"以天地至尊无配"，⑥ 晋成帝未从之。是年正月二十一日，晋成帝服"黑介帻，通天冠，平冕"，⑦ 御法驾，出宣阳门，亲祀北郊。东晋沿用泰始元年之制，以张皇后配享北郊，标榜郊祀制度承用西晋旧制。

在后赵争夺正统的刺激下，晋成帝营建北郊，迈出东晋礼制建设的关键步

① 《晋书》卷 19《礼志上》，第 584—585 页；《宋书》卷 16《礼志三》，第 462、470 页。《晋书·礼志上》校勘记据《通典》卷 42《郊天上》，以"五帝之佐"应作"五帝及佐"（第 610 页），此说可从。《晋书·礼志上》载咸和八年北郊从祀凡 44 神，但史志仅具 37 神，"五帝之佐"，《隋书·礼仪志一》载萧梁旧制作"五官之神"（第 122 页）。卢文弨称"五帝之佐"当作"五人帝，五人帝之佐"［《晋书·礼志》校语，收入《群书拾补初编》，乾隆五十五年（1790）刊本，第 1 页 a—b］，但北郊从祀神祇总数为 42，仍不足 44。或疑四望即六宗，代指"日月星河海岱"（牛敬飞：《〈晋书·礼志〉补释两则》，《文史》2013 年第 4 辑，第 256—263 页），仍非确诂。

② 许嵩：《建康实录》卷 7《显宗成皇帝》，第 183 页。

③ 晋成帝咸和八年北郊坛固非由贺循议定，而王泾《大唐郊祀录》称东晋北郊，"贺循采东汉之制而用之"（卷 8，第 4 页 b）。若如其说，东晋北郊坛形制显然与南郊坛不同。

④ 《太平御览》卷 527《礼仪部六·郊丘》引《晋起居注》，第 2394 页。

⑤ 《宋书》卷 16《礼志六》，第 461 页；《晋书》卷 19《礼志上》，第 583—584 页。

⑥ 王泾：《大唐郊祀录》卷 8，第 3 页 a。

⑦ 《晋书》卷 25《舆服志》，第 765 页。

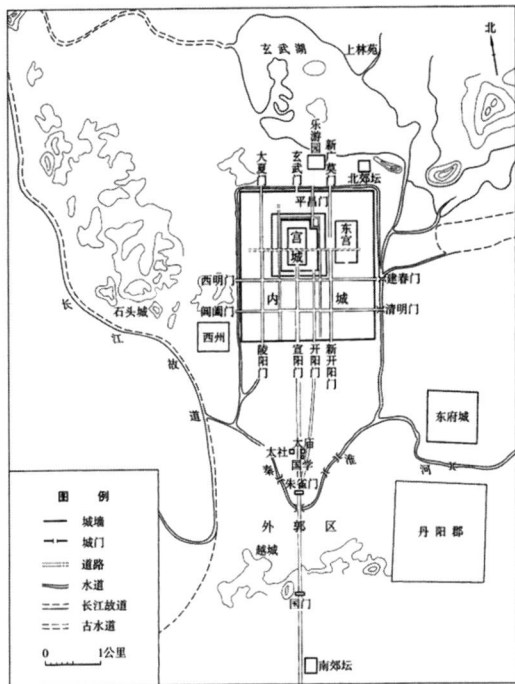

图 3　东晋南北郊方位示意图

资料来源：中国社会科学院考古研究所编著：《中国考古学·三国两晋南北朝卷》，北京：中国社会科学出版社，2018 年，第 70 页。

伐。东晋初年南郊所祀神祇，"千有五百神"，而晋成帝咸和八年南北郊所祀神祇仅 108 神座（包括南北郊主祀天地神祇），显然有所省并。

东晋南郊主祀昊天上帝，自然无疑。《大唐郊祀录》载"晋曰皇地祇"，[1] 即东晋北郊主祀"皇地祇"。西晋傅玄《云中白子高行》载"超登元气攀日月，遂造天门将上谒。阊阖辟……童女掣电策，童男挽雷车"，[2] 尚无雷公、电母之说，[3] 而东晋分别从祀雷、电，至少反映出雷神、电神观念已经产生。《周礼·春官·大宗伯》载，"以槱燎祀司中、司命、风师、雨师"，[4] 而东晋、萧梁南郊

---

① 王泾：《大唐郊祀录》卷 8，1915 年刻《适园丛书》本，第 2 页 a。《指海》本《大唐郊祀录》作"皇皇后地"，今不从之。

② 逯钦立辑：《先秦汉魏晋南北朝诗》，北京：中华书局，2017 年，第 564 页。

③ 牛龙菲以为雷公、电母即由童男、童女演变而来。参见《雷公电母考》，《中国文化研究集刊》第 3 辑，上海：复旦大学出版社，1986 年，第 248—249 页。

④ 《周礼注疏》卷 18《春官·大宗伯》，《十三经注疏》，第 270 页。

均从祀司空，① 而无司中。司空为"危东六星"，② 而司空祭祀并非常见。今疑司空即司中，因避晋惠帝讳而改，《大唐郊祀录》明确称"晋成帝咸康（应为咸和——引者注）八年于覆舟山南郊从祀之（即司中、司命——引者注）"，③ 恰恰印证此说。东晋南北郊从祀神祇，不避繁复，萧梁朱异、王僧崇等已议四望与岳镇海渎烦重，风师、雨师与二十八宿中箕、毕重复。④ 若依郑玄《周礼·春官·大宗伯》注"司中、司命，文昌第五、第四星，或曰中能（台）、上能也"，⑤ 则司中、司命又与文昌或三台相冲突。兹列咸和八年南北郊所祀神祇如下表所示。

咸和八年南北郊所祀神祇表

南北郊	主祀神祇	从祀神祇
南郊	昊天上帝	五帝、五官之神、日、月、五星、二十八宿、文昌、北斗、三台、司命、轩辕、后土、太一、天一、太微、勾陈、北极、雨师、雷、电、司空（中）、风伯、老人
北郊	皇地祇	五岳、四望、四海、四渎、五湖、五帝之佐、沂山、岳山、白山、霍山、医无闾山、蒋山、松江、会稽山、钱唐（塘）江、先农

东晋南郊从祀星辰，北斗之外，多为东晋新定。文昌、北斗、三台、轩辕、太一、天一、太微、勾陈、北极均属北天空恒星，仅老人星（船底座 α）为南天空恒星，赤纬度最低。恒星是否能被观测到，取决于其在天球上的位置及观测点的地理纬度。洛阳、长安位于北纬 34.5° 左右，故老人星只可能出现在南方距地平 3° 处，⑥ 由于受限于浊气、日光等因素，在洛阳、长安观测老人星极为不易。至晋室南渡之后，由于建康位于北纬 32°，老人星出现在南方距地平 6.5° 处，观

---

① 萧梁之制，参见《隋书》卷 6《礼仪志一》，第 122 页。
② 《史记》卷 27《天官书》，北京：中华书局，2014 年，第 1562 页。
③ 王泾：《大唐郊祀录》卷 7，第 9 页 b。
④ 《隋书》卷 6《礼仪志一》，第 124 页。
⑤ 《周礼注疏》卷 18《春官·大宗伯》，《十三经注疏》，第 270 页。
⑥ 据江晓原推算，梁武帝中大通二年（530）老人星赤纬为 −52.43°，参见《天学史上的梁武帝》，《江晓原自选集》，桂林：广西师范大学出版社，2001 年，第 222 页。此处约取 −53.5°。老人星地平高度，参见陈久金：《老人星的故事》，《中国国家天文》2009 年第 9 期，第 61—62 页。

测老人星较易，故其在东晋南朝正史中频繁出现。①

晋成帝未致力于明堂、五郊迎气礼等礼制的建设，似乎仅仅设立北郊而已。《晋书》载晋康帝建元元年太常顾和上表称晋初"合七郊于一丘"，②"七郊"即代称南北郊、五郊。东晋南北郊祭祀的意涵，在咸和八年南北郊所祀神祇中又有集中体现。

光武帝建武二年合祀天地，从祀神祇主要有五帝、五官神、日、月、北斗、五星、五岳、二十八宿、雷公、先农、风伯、雨师、四海、四渎、名山、大川等。③ 东晋南北郊从祀神祇，部分明显袭用东汉旧制。不同的是，东晋以五帝、五官之神从祀南郊固然合乎东汉旧制，但又以五帝、五官之神为北郊从祀神祇。岳镇海渎、星辰、先农等不仅为东汉南郊从祀神祇，也为东汉别祀主神。东晋初年，熊远曾议"躬耕帝藉，以劝农功"，晋元帝初命贺循拟《藉田仪》以祀先农，但未行之，也并未别祀风伯、雨师、老人星等，④ 具体神祇仅在南北郊从祀。东晋南北郊从祀神祇，透露出东晋微妙的设计，即东晋未行明堂、五郊迎气祭礼，亦未别祀岳镇海渎、星辰、先农等，但明堂、五郊迎气礼、岳镇海渎等所祀神祇化身为南北郊从祀神祇，表明东晋试图以南北郊从祀代替别祀，东晋南北郊祭礼化身为合祀百神之礼，在东晋祀典中具有举足轻重的地位。

（二）咸和八年南北郊从祀神祇所见星空与地理秩序

东晋以明堂、五郊迎气礼、藉田、星辰等郊社所祀神祇悉位南北郊神坛，充分反映出东晋彰显政权正统性的政治心态。不过东晋南北郊从祀神祇的来源不仅仅限于东汉故事及《周礼》，尤其是新定从祀神祇，具有直接的现实根源，富有极强的政治隐喻。

---

① 具体记录，详见陈鹏：《老人星与南朝政权》，《国学研究》第 36 卷，北京：北京大学出版社，2015 年，第 248—249 页。

② 《晋书》卷 19《礼志上》，第 585 页；《宋书》卷 16《礼志三》，第 463 页。

③ 《续汉书·祭祀志上》，《后汉书》，第 3159—3160 页。

④ 《晋书》卷 19《礼志上》，第 589、597 页；卷 71《熊远传》，第 1885 页。贺循《藉田仪》仅存两条，参见《续汉书·礼仪志上》"刘昭注"，《后汉书》，第 3106、3107 页。

1. 咸和八年南郊从祀星辰的星空秩序

东晋南郊承用东汉旧制从祀二十八宿，《荆州占》载，"南斗，太宰位也"，[①]《晋书·天文志上》载，"南斗六星，天庙也，丞相太宰之位"，[②] 表明魏晋时期南斗也被视为宰相之象。咸康元年，"荧惑守南斗经旬"，王导欲"逊位以厌天谴"，[③] 王导取天变占验人事，反映出星占学在晋成帝时期已经深入人心。星占学关乎帝后、公卿等的命运，不免隐晦难测，不易勘破其中阃奥，而由星辰之象切入，或可窥见其中的规律。

在星占学中，北极、勾陈均在紫宫中，"北极，北辰最尊者也，其纽星，天之枢也。……钩陈，后宫也，大帝之正妃也，大帝之常居也"，[④] 即紫宫为昊天上帝（即北极）的日常居所，勾陈为后宫。在紫宫门右侧，太一、天一顺次南北排列，天一"主战斗，知人吉凶者也"，太一"主使十六神，知风雨水旱、兵革饥馑、疾疫灾害所在之国也"。[⑤] 由此，北极、勾陈、天一、太一构成紫宫的基本格局。

从自上而下视角言之，学者指出隋唐长安城太极殿"乃代替天帝君临人间的天子之日常所居，被认为是直接连接着宇宙在地上的中心"。[⑥] 而从自下而上视角而言，张衡《西京赋》载："正紫宫于未央，表峣阙于闾阖。"孙吴薛综注："天有紫微宫，王者象之。紫微宫门名曰闾阖。"[⑦] 在古人观念中，紫宫为皇帝宫城在北天空的投影。不难理解，皇帝宫城、紫宫存在直接的对应关系，北极、勾陈、天一、太一位列南郊从祀神祇，反映出东晋拱卫建康宫的政治理念。

马续《汉书·天文志》沿承刘向《皇极论》的体例，确立星占学在《天文志》的编纂中以"天变—占辞—事验"为基本模式。[⑧] 而透过司马彪《续汉书》以及《宋书》《南齐书》《魏书》的《天文志》（或《天象志》），星占学逐渐形

---

① 瞿昙悉达：《唐开元占经》卷 61《北方七宿占二·南斗》，第 425 页。
② 《晋书》卷 11《天文志上》，第 301 页；《隋书》卷 20《天文志中》，第 607 页。
③ 《晋书》卷 78《陶回传》，第 2066 页；《资治通鉴》卷 95，晋成帝咸康元年，第 3051 页。
④ 《晋书》卷 11《天文志上》，第 289 页；《隋书》卷 19《天文志上》，第 584 页。
⑤ 《晋书》卷 11《天文志上》，第 290 页；《隋书》卷 19《天文志上》，第 585 页。
⑥ 妹尾达彦：《长安的都市规划》，高兵兵译，西安：三秦出版社，2021 年，第 110 页。
⑦ 张平子：《西京赋》，萧统编，李善注：《文选》卷 2，第 52 页。
⑧ 陈侃理：《儒学、数术与政治：灾异的政治文化史》，北京：北京大学出版社，2015 年，第 136—139 页。

成相对固定的占辞与事应，乃至"月犯轩辕大星"的星象为北魏元乂所利用，成为宫廷政变的诱因。① 星空中的君臣之象，引起了东晋关注。

建武二年三月纪瞻劝晋元帝即帝位，"帝犹不许，使殿中将军韩绩徹（撤）去御坐。瞻叱绩曰：'帝坐上应星宿，敢有动者斩!'"② 晋元帝御座所应星辰为何，纪瞻未具体言之。《宋书·天文志二》载"是时虽（石）勒、虎僭号，而其强弱常占于昴，不关太微、紫宫也"，③ 若据此推论昴为胡主之象，太微、紫宫则为华夏君主之象。不过紫宫代表天帝之居，星辰犯紫宫，往往为君主之凶兆，汉昭帝、汉宣帝、汉章帝等崩皆其事应，④ 在星占学中，更多视太微为君主之象。

东汉郗萌称，"太微之宫，天子之廷，上帝之治，五帝之座也"，⑤ 太微主要星辰为五帝座。星辰犯太微，往往君主之凶兆，太微入占较早的事应，即《汉书·天文志》载汉昭帝元平元年（前74年）三月丙戌，"流星出翼、轸东北，干太微，入紫宫"，四月癸未，汉昭帝崩。⑥ 在汉晋时期星占事应中，"太白赢而北入太微，是大兵将入天子廷也"，"彗星入太微，天下易主"，"彗星扫太微宫，人主易位"，"岁星入太微，人主改姓。镇星入太微，内有兵乱，人主以弱"，"荧惑入太微……'人主有大忧'"，"客星出太微，有兵丧"等成为太微入占的

---

① 《魏书》载"正光元年正月戊子，月犯轩辕大星"（卷152《天象志二》，北京：中华书局，1974年，第2377页），元乂利用此星象，囚禁灵胡太后。参见 Lillian Lan-ying Tseng（曾蓝莹）， "Visual Replication and Political Persuasion：The Celestial Image in Yuan Yi's Tomb," 巫鸿主编：《汉唐之间的视觉文化与物质文化》，北京：文物出版社，2003年，第385—387、419页。

② 《晋书》卷68《纪瞻传》，第1821页。具体时间参见许嵩：《建康实录》卷5《中宗元皇帝》，第126—127页。

③ 《宋书》卷24《天文志二》，第770页。学界关于昴为胡星的研究，参见胡鸿：《能夏则大与渐慕华风——政治体视角下的华夏与华夏化》，北京：北京师范大学出版社，2017年，第91—103页。

④ 《汉书》卷26《天文志》，北京：中华书局，1962年，第1308、1309页；《续汉书·天文志中》，《后汉书》，第3232页。

⑤ 瞿昙悉达：《唐开元占经》卷66《石氏中官二》引郗萌说，第470页。案：北魏温子昇《阊阖门上梁祝文》称，"维王建国，配彼太微"，正明此意。参见《艺文类聚》卷63《居处部三·门》，第1129页。

⑥ 《汉书》卷26《天文志》，第1308页。

主要占辞。① 尤其是晋明帝太宁三年正月，"荧惑逆行（即由东向西——引者注）入太微"，② 也是太宁三年闰八月晋明帝崩之凶兆。

与太微相应，轩辕为"女主之廷也"，③《续汉书·天文志上》以为"轩辕者，后宫之官，大星为皇后"，轩辕为女主之象。光武帝建武九年，"七月乙丑，金犯轩辕大星。十一月乙丑，金又犯轩辕。……是时郭后已失势见疏，后废为中山太后，阴贵人立为皇后"。④ 光武帝郭皇后被废为轩辕入占的较早事应，部分事例也被视为君主的凶兆，⑤ 但主要与皇后（或皇太后）相关，在汉晋时期星占学中，太白、岁星、月等犯轩辕均为"女主忧"的主要征兆。⑥

《后汉书·刘玄传》载李淑曰："夫三公上应台宿，九卿下括河海。"李贤注引《春秋汉含孳》曰："三公在天为三台，九卿为北斗。"⑦《黄帝占》载："三能（三台——引者注）近文昌宫者曰太尉、司命为孟，次星曰司徒、司中为仲，次星为司空、司禄为季"。⑧ 刘叡《武陵太守星传》所记更为明晰："三台，一名天柱。上台司命为大尉，中台司中为司徒，下台司禄为司空。"⑨ 汉代三公称谓略有不同，三台以三公固定为太尉、司徒、司空，则始于光武帝建武二十七年五月。⑩ 汉顺帝永和六年（141）二月彗星"光言及三台"，汉桓帝建和元年（147）十月前太尉李固、杜乔下狱死为三台入占的较早事应。⑪ 王隐《晋书》载：

---

① 《续汉书·天文志上》，《后汉书》，第3219页；《续汉书·天文志下》，《后汉书》，第3259、3261页；《宋书》卷23《天文志一》，第740、751页；《宋书》卷27《符瑞志上》，第850页。

② 《宋书》卷24《天文志二》，第769页。

③ 瞿昙悉达：《唐开元占经》卷66《石氏中官二》引郗萌说，第469页。

④ 《续汉书·天文志上》，《后汉书》，第3220页。

⑤ 《续汉书·天文志上》载光武帝建武三十一年十月，"（火）犯轩辕大星"，"客星居之为死丧。其后二年，光武崩"（《后汉书》，第3223页）。

⑥ 《续汉书·天文志下》，《后汉书》，第3256、3257页；《宋书》卷23《天文志一》，第740、742页。

⑦ 《后汉书》卷11《刘玄传》注，第472页。三公所应星辰，学者也注意到三公与三公星的关系，参见祝总斌：《两汉魏晋南北朝宰相制度研究》，第21页。

⑧ 瞿昙悉达：《唐开元占经》卷67《石氏中官三·三台占》，第472页。

⑨ 《周礼注疏》卷18《春官·大宗伯》疏，《十三经注疏》，第271页。

⑩ 安作璋、熊铁基：《秦汉官制史稿》，济南：齐鲁书社，2007年，第8页。

⑪ 《续汉书·天文志中》，《后汉书》，第3246页。

"（张）华少子建，晓仰占，云：'中台坼内惧'，遂劝华逊位。"①《宋书·天文志二》言之凿凿，"晋惠帝永康元年三月，妖星见南方，中台星坼"，并以赵王伦杀司空张华为事应。② 而檀道鸾《续晋阳秋》则以"张华死后，中台遂坼"，③ 其前后次第，适与前两者所记相反，具体事实如何，今暂不论，但此事反映出三台为三公之象在魏晋时期已深入人心。

《春秋汉含孳》以北斗为九卿之象，这一学说在后世流传不广。《史记·天官书》以文昌为将相之象，"一曰上将，二曰次将，三曰贵相，四曰司命，五曰司中，六曰司禄"，④《黄帝占》《武陵太守星传》均承用其说。⑤ 史料所记汉晋时期文昌入占的事应，主要与三公相关。如《汉书·天文志》载汉成帝建始元年（前32年）九月"流星出文昌"，并以河平四年（前25年）四月大司马王商之死为事应。⑥《续汉书·天文志下》记汉灵帝熹平二年（173）四月"有星出文昌"，并以光和二年（179）十月司徒刘郃下狱死为事应。⑦

不可否认，天文家参考"先前天变发生之后的事情，而不断地在占书中增添入较具体的内容"，"再配合部分假造的天象记录"，⑧ 增强星占的可信度。太微、轩辕、三台、文昌为君主、女主、三公、将相的星辰之象，在汉晋时期星占事应中，太微、轩辕、三台、文昌主要与帝后、宰辅的命运息息相关。东晋选择太微、轩辕、三台、文昌为南郊从祀神祇，固然体现出东晋试图稳定君臣政治秩序的初衷，而象征帝后的太微、轩辕与代表宰辅的三台、文昌并立，说明皇帝与门阀士族平衡的政治秩序再次得以维持。

---

① 瞿昙悉达：《唐开元占经》卷67《石氏中官三·三台占》，第473页。

② 《宋书》卷24《天文志二》，第762页。

③ 瞿昙悉达：《唐开元占经》卷67《石氏中官三·三台占》，第473页。

④ 《史记》卷27《天官书》，第1544页。

⑤ 《周礼注疏》卷35《秋官·司民》疏，《十三经注疏》，第534页；瞿昙悉达：《唐开元占经》卷67《石氏中官二·文昌星占》，第475页。李淳风说取诸《黄帝占》，又以"四曰司禄、司中……五曰司命、司怪……六曰司寇"（《晋书》卷11《天文志上》，第291页；《隋书》卷19《天文志上》，第587页），不免凌乱，今不据之。

⑥ 《汉书》卷26《天文志》，第1309页。

⑦ 《续汉书·天文志下》，《后汉书》，第3258页。

⑧ 黄一农：《制天命而用：星占、术数与中国古代社会》，成都：四川人民出版社，2018年，第40页。

2. 咸和八年北郊从祀神祇的地理秩序

梁武帝天监六年（507）北郊从祀神祇废止"松江、浙江（即钱塘江——引者注）、五湖"等，透露出就东晋北郊从祀神祇的政治寓意而言，萧梁与之已隔膜较深，遑论后世。天监六年，"议者以为北郊有岳镇海渎之座"，① 而东晋北郊从祀神祇，虽无岳镇海渎之名，而有岳镇海渎之实。东晋北郊从祀神祇，在东汉所祀五岳、四海、四渎基础上，增祀沂山、岳山、霍山、医无闾山、会稽山，而沂山等五山镇即《周礼·夏官·职方氏》"九州九镇"中的五镇。② 可见东晋大体已基本确立五岳、五镇、四海、四渎之制，仍坚持以九州为天下观，不过北郊从祀神祇，折射出东晋天下观存在微妙的浮动。

在彰显文化正统过程中，建康位于东南边境为东晋南朝"极难突破的阻碍"，③ 而东晋重定北郊从祀神祇具有鲜明的地域指向。孙吴南郊从祀"罗阳妖神"，④ 显示出江东政权地域化的显著特征。东晋北郊以白山、蒋山（钟山）为从祀神祇，宋张敦颐称之为"望祭山"。⑤ 清卢文弨《群书拾补初编》以为白山即《隋书·礼仪志一》所载萧梁北郊所祀白石山。⑥ 不过史料所记六朝建康城附近的白山、白石山，分属不同的地理方位。关于白山的具体位置，陈朝顾野王《舆地志》以"白山、雁门山、竹堂山并连带，在建康县东北，绵连三四十里"，南宋周应合《景定建康志》引《旧志》基本沿承《舆地志》之说，以白山"在城东三十里"。⑦ 清代吕燕昭、姚鼐等纂修《重刊江宁府志》则以白山即与幕府山相连之石灰山，并举《晋书·成帝纪》载咸和三年"司徒王导奔于白石"以

---

① 《隋书》卷 6《礼仪志一》，第 124 页。

② 《周礼注疏》卷 33《夏官·职方氏》，《十三经注疏》，第 499—500 页。

③ 卢川贵行：《刘宋孝武帝礼制改革同建康天下中心观之关系考论》，北京大学中国古代史研究中心等编：《中国中古史研究：中国中古史青年学者联谊会会刊》第 4 卷，北京：北京大学出版社，2014 年，第 70 页。

④ 《宋书》卷 33《五行志四》，第 1036 页。

⑤ 张敦颐：《六朝事迹编类》卷 6《山冈门》，张忱石点校，北京：中华书局，2012 年，第 100 页。

⑥ 《隋书》卷 6《礼仪志一》，第 122 页。卢文弨说见其《晋书·礼志》校语，收入《群书拾补初编》，第 1 页 b。

⑦ 周应合：《景定建康志》卷 17《山川志》，《宋元方志丛刊》第 2 册，第 1567、1564 页。

及《晋书·陶侃传》"监军部将李根建议，请立白石垒"等为证。①《同治上江两县志》仍袭《景定建康志》之说，并不以"吕志"为是。② 学界的聚讼，确切表明白山、白石山指代殊异，东晋南郊从祀"白山"当为临近石头城的白石山。关于白石山的具体方位，或以白石山即北固山，③ 或以白石垒所在白石山即象山，④ 近年学者更为倾向于指代狮子山。⑤

建康城山峦环绕，蒋山（钟山）、白石山由地方淫祀升格为国家正祀，其地位与岳镇海渎相埒。东晋在诸多山岳中，仅仅选择蒋山、白山为北郊从祀神祇，值得玩味。刘宋山谦之《丹阳记》称蒋山"隆崛峻异，其形象龙，实杨（扬）都之镇也"。⑥ 在晋室南渡以后，蒋山成为东晋宣扬符命的点缀。《宋书·符瑞志上》载，"吴亡后，蒋山上常有紫云，数术者亦云，江东犹有帝王气"，⑦ 体现出此意。蒋山、白石山的共性在于均与敉平苏峻之乱相关。《建康实录》引《晋书》载："（咸和三年二月）苏峻初营钟山前，祈钟山之神，许画朱须、紫蹄马、碧盖、朱络车。后郗鉴入援，又祈钟山，神谓鉴曰：'苏峻为逆，人神共愤，当与蒋子文共诛锄之。且峻亦祈我，岂可助之为虐。今以疏相示，及按收而疏见。'"⑧《晋书》等凸显钟山神作为地方保护神的形象，⑨ 无疑为平定苏峻之乱时期东晋的重

---

① 吕燕昭、姚鼐等纂修：《重刊江宁府志》卷6《山水》，《中国地方志集成·江苏府县志辑》，南京：江苏古籍出版社，1991年，第1册，第57页。

② 莫祥芝等修，汪士铎等纂：《同治上江两县志》卷3《山》，《中国地方志集成·江苏府县志辑》第4册，第91页。

③ 叶楚伧、柳诒徵主编，王焕镳编纂：《首都志》卷4《山陵下》，南京：正中书局，1935年，第346—347页；朱偰：《金陵古迹图考》，上海：商务印书馆，1936年，第27页。

④ 南京市地方志编纂委员会编纂：《南京建置志》，深圳：海天出版社，1994年，第72页；卢海鸣：《六朝都城》，第113页。

⑤ 吕思勉：《两晋南北朝史》，上海：上海古籍出版社，2020年，第123页；杨国庆、王志高：《南京城墙志》，南京：凤凰出版社，2008年，第86页。

⑥ 《艺文类聚》卷7《山部上·钟山》，第136页；《太平御览》卷41《地部六·蒋山》，第197页。

⑦ 《宋书》卷27《符瑞志上》，第855页。

⑧ 许嵩：《建康实录》卷7《显宗成皇帝》，第174页。今本《晋书》无此语。参见《北堂书钞》卷139《车部·总载篇》引萧芳《三十国春秋》，第659页；张敦颐：《六朝事迹编类》卷12《庙宇门》，第156页。

⑨ 蔡宗宪以为郗鉴所祀钟山神，具有道教性质。参见《六朝军事史上的钟山——以龙尾与白土冈为中心的考察》，《早期中国史研究》总第11卷，2019年，第316页。

要政治宣传。

咸和三年五月以陶侃为盟主的联军等自寻阳沿长江顺流至建康西南茄子浦（加子洲），郗鉴自广陵渡江会师诸军，[1] 其"祈钟山之神"当在咸和三年五月以后。蒋山在讨平苏峻之乱中的作用，史料所记未明，白石山则具有举足轻重的地位。白石山毗邻苏峻盘踞的石头城，军事战略地位尤为重要。咸和三年六月，陶侃从李根之议，连夜在白石山筑白石垒，使庾亮守之，温峤"立行庙于白石"以振军心，白石垒成为进据石头城、牵制苏峻兵力的前方根据地，此后陶侃等利用白石垒解郗鉴大业垒之围，并斩杀苏峻于白石陂。[2] 方士戴洋谓庾亮曰："昔苏峻事，公于白石祠中许赛车下牛，从来未解。"[3] 即庾亮据守白石垒，白石山神也为消灾祈福的神祇。可见东晋北郊从祀的白山，当即石头城附近的白石山。在平定苏峻之乱以后，蒋山、白石山由地方淫祀升格为国家正祀，成为拱卫台城、石头城的象征。

东晋北郊从祀蒋山、白石山，凸显出东晋鲜明的地域性，而五湖、松江、钱唐（塘）江升入东晋祀典，更是如此。三江、五湖为孙吴的代称，[4] 《宋书·五行志四》讥刺孙吴郊祀，"三江、五湖、衡、霍、会稽，皆吴、楚之望，亦不见秩"，[5] 不过三江、五湖赫然在东晋北郊从祀神祇之列。《晋书·地理志下》载："元帝渡江，建都扬州。"[6] 在《尚书·禹贡》《周礼·夏官·职方氏》中，扬州"三江既入震泽"，[7] "其川三江，其浸五湖"。[8] 五湖之具体所指，学界众说纷

---

[1] 《资治通鉴》卷 94，晋成帝咸和三年，第 3007 页；《太平御览》卷 69《地部三四·洲》引《丹阳记》《三十国春秋》，第 328 页。

[2] 《资治通鉴》卷 94，晋成帝咸和三年，第 3009、3012—3013 页；许嵩：《建康实录》卷 7《显宗成皇帝》，第 174 页；《晋书》卷 66《陶侃传》，第 1774—1775 页；《晋书》卷 67《温峤传》，第 1793—1794 页；《宋书》卷 16《礼志三》，第 486 页。

[3] 刘义庆撰，刘孝标注，余嘉锡笺疏：《世说新语笺疏》卷下之上《伤逝》注引干宝《搜神记》，第 707 页；《晋书》卷 95《艺术·戴洋传》，第 2475 页。

[4] 《三国志》卷 13《魏书·王朗传》裴注引鱼豢《魏略》，北京：中华书局，1982 年，第 408 页；《晋书》卷 56《孙楚传》，第 1541 页。

[5] 《宋书》卷 33《五行志四》，第 1036 页。

[6] 《晋书》卷 15《地理志下》，第 463 页。

[7] 《尚书正义》卷 6《禹贡》，《十三经注疏》，第 82 页。

[8] 《周礼注疏》卷 33《夏官·职方氏》，《十三经注疏》，第 498 页。

绖,① 东晋未析言之,此暂不具论。东晋三江说作何,史料不明,而东晋北郊仅从祀松江、钱唐(塘)江,透露出蛛丝马迹。东晋的山川祭祀,"王略之内"是重要的标准。② 韦昭《国语》注:"三江,松江、钱塘、浦阳江。"③ 若如韦昭之说,浦阳江在东晋王畿之内,不应独阙其祀。郭璞称:"三江者,岷江、松江、浙江也。"④ 在汉晋人观念中,岷江是长江的代称,由于长江已在北郊从祀神祇四渎之中,故东晋不再以岷江升入祀典,其三江说很有可能依用郭璞说。

问题在于咸和八年郊祀礼的设计问题,史料不明,而从新定南郊从祀神祇有意凸显宰辅的政治身分,不难推测王导是咸和八年郊祀礼的重要决策者。东晋中期以后,侨姓士人心态逐渐由认同北方转向认同江东本土,⑤ 而东晋政治心态在北郊从祀神祇上已经有所反映。东晋以蒋山、白石山、五湖、松江、钱塘江等升列祀典,无疑体现出东晋政权江东化的重要政治策略,蒋山、白石山拱卫建康城,五湖、钱塘江守护东晋政权,咸和八年晋成帝设立并亲祀北郊,释放出东晋以建康为天下中心的政治信号。

结　　语

在琅邪王氏与皇帝司马氏共治天下的政治背景下,透过礼仪与权力的共生相生所展现出的皇帝礼仪镜像,东晋初年的礼仪秩序、星空秩序、地理秩序以及皇帝礼仪在郊庙祭礼、君臣礼仪等层面,均呈现出变异的色彩,展现出鲜为人知的政治文化侧面。

晋成帝诏书频频彰显宰辅王导的特殊政治地位,引人关注。晋元帝时期郊庙祭礼的决策,频繁闪现王导的身影,晋成帝咸和八年精心设计的南北郊制度,自

---

① 孙诒让:《周礼正义》卷 63《夏官·职方氏》,第 2647—2648 页。
② 《宋书》卷 17《礼志四》,第 525 页。
③ 徐元诰集解:《国语集解》(修订本),第 568—569 页;《史记》卷 2《夏本纪》索隐,第 74 页。徐元诰改浦阳江作浙江,今不从之。
④ 郦道元注,杨守敬、熊会贞疏:《水经注疏》卷 29《沔水下》,南京:江苏古籍出版社,1989 年,第 2453 页。
⑤ 张学锋:《南京象山东晋王氏家族墓志研究》,《汉唐考古与历史研究》,第 369 页;胡宝国:《晚渡北人与东晋中期的历史变化》,《将无同——中古史研究论文集》,北京:中华书局,2020 年,第 144—146、149 页。

然也离不开王导的裁决，王导成为缔造东晋初年郊庙祭礼变异的核心人物，同时也是皇帝礼仪的支配者，皇帝礼仪充当凝合东晋君臣政治权力的有力方式。王导在皇帝礼仪中的支配地位，体现在君臣礼仪层面。需要明确的是，晋成帝与王导间的"殊礼"并非仅仅适用于王导。在跪坐时代，君揖臣拜是君臣礼仪的正礼，而在东汉至西晋时期，养老礼、元会仪小会也存在君拜臣的特殊礼仪，同时有太子拜师傅的礼仪。而东晋延续汉魏故事及西晋旧制，将君臣"殊礼"发挥至最大化，东晋宗室、师傅均为皇帝礼敬的对象，东晋皇帝与王导间的礼仪，更是将君臣"殊礼"推向极致。晋明帝、晋成帝均礼拜王导，乃至晋成帝礼拜王导夫妇成为常制，君臣礼仪呈现出极为弱化的状态。

东晋初年王导备受崇重并非孤立个案，从这一维度出发，为晋成帝咸和八年郊祀礼的变异寻得重要解释：晋成帝咸和八年新定南郊从祀神祇，象征帝后的太微、轩辕与代表宰辅的三台、文昌并立，不难理解是晋成帝与王导共天下在星空秩序上的投影，也是王导权力在皇帝礼仪层面的有力渗透，变异的君臣礼仪维持着皇帝与王导之间的权力平衡。名教以君臣与父子两伦为核心秩序，在忠孝问题的讨论中，东晋"儒家的忠君观念已经表现出不断加强的趋势"。[①] 而东晋君臣礼仪回归君臣正礼，在仪式上也传达出君臣秩序的归位。

在晋元帝以后，王导政治地位不断攀升。咸和五年陶侃谋废王导，无果而终。[②] 而咸康元年正月晋成帝行加冠礼，[③] 宣告成年，成为东晋"更详师傅之礼"以及"复子明辟"的重要契机。晋成帝加冠以后，王导并无还政之意，仍然试图维持君臣间的"殊礼"。咸康元年三月，晋成帝临司徒王导府，"与群臣宴于内室，拜导并拜其妻曹氏。侍中孔坦密表切谏，以为帝初加元服，动宜顾礼，帝从之"，[④] 孔坦又建言晋成帝"宜博纳朝臣，谘诹善道"，[⑤] 由此触怒王导，出孔坦为廷尉。咸康四年王导声望臻至巅峰，乃至有论者称"百僚宜为降礼"，[⑥] 即东晋君臣均向

---

① 王心扬：《东晋士族的双重政治性格》，第 194、232 页。
② 田余庆：《东晋门阀政治》，第 55—57 页。
③ 《晋书》卷 7《成帝纪》，第 179 页。
④ 《资治通鉴》卷 95，晋成帝咸康元年，第 3050 页。
⑤ 《晋书》卷 78《孔愉附孔坦传》，第 2058 页。
⑥ 《晋书》卷 88《孝友·颜含传》，第 2287 页；《资治通鉴》卷 96，晋成帝咸康四年，第 3074 页。

王导行拜礼。庾亮取《尚书·洛诰》周公"复子明辟"为喻，以王导未还政并享"殊礼"为口实，意图废黜王导。庾亮起兵之谋虽未实现，对王导而言已构成政治压力。《宋书·五行志二》："（咸康）四年，王导固让太傅，复子明辟，是后不旱，殆其应也。""复子明辟"四字透露出咸康四年王导已还政的实情。王导极为重视星占学，试图通过凸显象征宰辅的星辰的地位，以免除咎祸。然而晋成帝咸康二年九月庚寅，"太白犯南斗，因昼见。占曰：'斗为宰相，又扬州分，金犯之，死丧象'"，咸康五年王导薨即为事应，[①] 王导执政时代至此终结。

东晋初年君臣尊卑名分存在微妙的异动，而东海国弘据称，"昔元、明二帝崩时，朝臣皆服斩缞，诸国臣穗缞七月"，[②] 即从君臣义服的服叙层面映射出东晋仍然试图维持君臣名分的常态。一方面，东晋初年王导具有特殊的政治地位，君臣礼仪在琅邪王氏与司马氏共天下时期突破了君臣正礼的常态。另一方面，历经东晋初年政治秩序与皇帝礼仪的构建，司马氏皇权的神圣性与合法性获得普遍政治认同，士族忠君观念的凸显及重建君臣秩序的政治诉求，在政治仪式上表现为东晋君臣礼仪逐渐回归到君臣正礼的基本轨道。东晋初年变异的郊庙祭礼形成固定的礼仪模式，其中的政治隐喻逐渐被遮蔽、遗忘，而太和六年（371）桓温废海西公司马奕，谢安称，"未有君拜于前，臣揖于后"，[③] 透露出在王导之后，君臣间的"殊礼"已为君臣正礼所替代，并未再度成为士大夫热议的议题。

〔作者赵永磊，中国人民大学历史学院副教授。北京　100083〕

（责任编辑：窦兆锐　刘　丽）

---

① 《宋书》卷31《五行志二》，第991页；卷24《天文志二》，第771页。
② 《通典》卷81《蕃国臣为皇后服议》，第2217页。
③ 《晋书》卷98《桓温传》，第2577页。

《辨奸论》真伪问题考述*

顾宏义

摘　要： 署名苏洵、指斥王安石为"奸"的《辨奸论》，其真伪一直存有争议。通过考辨史料可知：苏洵文集北宋诸版本皆未收载《辨奸论》，王安石与苏氏父子关系并未至破裂程度，北宋无人提及《辨奸论》，邵伯温《邵氏闻见录》不是最早提及《辨奸论》的宋人笔记。《辨奸论》、托名张方平的《文安先生（苏洵）墓表》及托名苏轼的《谢张太保撰先人墓碣书》，不仅存在撰作年月、称呼、用典等讹误，而且某些叙述与史实严重不符。《辨奸论》既非苏洵等作，又不是两宋之际邵伯温伪作，而应是北宋末期苏门子弟托名伪作。

关键词：《辨奸论》　苏洵　王安石　苏轼　张方平

署名苏洵（字明允）《辨奸论》一文，因其以"奸"指斥王安石，故自面世伊始便争议纷起。学界一般认为，直到清代，李绂、蔡上翔才提出《辨奸论》是他人托名伪作，其实不然。明代王世贞《书老苏文后》中有云：

> 且夫《辨奸》一论……夫口孔、老之言，而身夷、齐之行，即使造作语言，私立名字，衣巨卢，食犬彘，囚首垢面而谈《诗》《书》，何以知其必用，用之何以知其必为天下患也？或以明允在永叔席，尝与介甫押"而"字韵诗而屈；或曰韩、富与永叔扬明允不容口，而介甫独不及，故恨之；或曰明允未尝作此文也，子瞻后见介甫之乱政而拟之，以归名于明

---

* 本文系国家社科基金青年项目"两宋之际杂史辑佚与研究"（20CZS009）阶段性成果。

允也。①

可知明万历年间，已有人因《辨奸论》所言不合逻辑，而质疑其作者真伪的。清代李绂作《书辨奸论后》，② 首次明确提出《辨奸论》是两宋之际邵伯温托名苏洵所作。蔡上翔在《王荆公年谱考略》中，又进一步发挥李说。③ 后人论争《辨奸论》真伪，也大多自李、蔡二人质疑处展开。20 世纪 80 年代以来，章培恒、邓广铭、王水照等就《辨奸论》著者真伪展开激烈探讨，④ 为此后相关问题的辨析奠定了扎实基础，但仍留有不少不易解答之处。

宋代文献收有《辨奸论》一文者，除苏洵文集外，还有托名张方平的《文安先生（苏洵）墓表》（以下简称《墓表》）及邵伯温《邵氏闻见录》等。北宋仁宗、英宗及神宗、哲宗、徽宗三朝，除托名苏轼的《谢张太保撰先人墓碣书》（以下简称《谢书》）外，没有提及《辨奸论》者。两宋之际，始有方勺《泊宅编》、叶梦得《避暑录话》、朱弁《曲洧旧闻》等野史笔记提及此文，内容多为探寻苏洵撰作《辨奸论》动机及王安石与苏洵的嫌隙如何形成等。后世有关《辨奸论》作者真伪的讨论，基本围绕上述宋代文献记载展开。

《辨奸论》作者真伪涉及宋代官制、礼制与文人交游风尚等多方面内容，又与文体、文献编纂乃至版本流传等情况密切相关。故本文先细致考辨《辨奸论》

---

① 王世贞：《读书后》卷4《书老苏文后》，景印文渊阁《四库全书》，台北：台湾商务印书馆，1986 年，第 1285 册，第 48 页。

② 李绂：《穆堂初稿·书辨奸论后二则》，蔡上翔：《王荆公年谱考略》卷 10，《王安石年谱三种》，裴汝诚点校，北京：中华书局，1994 年，第 376—379 页。后文引述李绂《穆堂初稿·书辨奸论后二则》的内容均出自蔡上翔《王荆公年谱考略》。

③ 蔡上翔：《王荆公年谱考略》卷 10，《王安石年谱三种》，第 363—376 页。

④ 章培恒：《〈辨奸论〉非邵伯温伪作——兼论〈王荆公年谱考略〉中的有关问题》，《献疑集》，长沙：岳麓书社，1993 年，第 29—84 页；邓广铭：《〈辨奸论〉真伪问题的重提与再判》，袁行霈主编：《国学研究》第 3 卷，北京：北京大学出版社，1995 年，第 425—450 页；邓广铭：《再论〈辨奸论〉非苏洵所作——兼答王水照教授》，王元化主编：《学术集林》第 13 卷，上海：上海远东出版社，1998 年，第 74—90 页；王水照：《再论〈辨奸论〉真伪之争——读邓广铭先生〈再论《辨奸论》非苏洵所作〉》，王元化主编：《学术集林》第 15 卷，上海：上海远东出版社，1999 年，第 234—262 页；王水照：《〈辨奸论〉真伪之争》，《王水照自选集》，上海：上海教育出版社，2000 年，第 743—770 页。

文本内容，然后再梳理与之有关的学术史研究，以揭橥迄今相关问题的讨论，进而就《辨奸论》真伪及撰者为何人等问题提出个人意见。

一、20 卷本苏洵文集未收《辨奸论》

传世苏洵文集收有《辨奸论》一文。宋代苏洵文集主要有 20 卷本、15 卷本和 16 卷本 3 种不同版本。

欧阳修《故霸州文安县主簿苏君墓志铭》、[①] 曾巩《苏明允哀辞》[②] 与《国史·老苏本传》、[③]《东都事略·苏洵传》、[④]《宋史·苏洵传》[⑤] 皆称苏洵有《文集》20 卷。晁公武《郡斋读书志》、[⑥] 陈振孙《直斋书录解题》[⑦] 著录苏洵《嘉祐集》15 卷。《宋史·艺文志》别集类著录《苏洵集》15 卷、《别集》5 卷。[⑧] 郑樵《通志·艺文略》著录苏洵《老苏集》5 卷、《嘉祐集》30 卷。[⑨] 上海图书馆藏宋刊《嘉祐集》15 卷，任光亮《影印宋本嘉祐集说明》认为此宋本"当为蜀刻巾箱本之精品"。其卷 4 末有清人乔松年跋，云此本"定为北宋刻无疑也"。[⑩]

明嘉靖年间，张镗据宋刊本刻印者，为 15 卷，题曰《嘉祐集》；清蔡士英所刊本与中华书局《四部备用》本即据明嘉靖本校刊。此 15 卷本未收录《辨奸论》一文。

---

① 《欧阳修全集》卷 35《故霸州文安县主簿苏君墓志铭》，李逸安点校，北京：中华书局，2001 年，第 513 页。

② 《曾巩集》卷 41《苏明允哀辞》，陈杏珍、晁继周点校，北京：中华书局，1984 年，第 561 页。

③ 苏洵：《嘉祐集》附录卷上引《国史·老苏本传》，景印文渊阁《四库全书》第 1104 册，第 978 页。

④ 王称：《东都事略》卷 114《苏洵传》，景印文渊阁《四库全书》第 382 册，第 745 页。

⑤ 《宋史》卷 443《苏洵传》，北京：中华书局，1977 年，第 13097 页。

⑥ 晁公武撰，孙猛校证：《郡斋读书志校证》卷 19，上海：上海古籍出版社，1990 年，第 996 页。

⑦ 陈振孙：《直斋书录解题》卷 17，徐小蛮、顾美华点校，上海：上海古籍出版社，1987 年，第 502 页。

⑧ 《宋史》卷 208《艺文志七》，第 5365 页。

⑨ 郑樵：《通志》卷 70《艺文略》，景印文渊阁《四库全书》第 374 册，第 398 页。"三十卷"，疑是分十五卷的一卷为二卷，或"三十卷"为"二十卷"之讹。

⑩ 祝尚书：《宋人别集叙录》卷 5《嘉祐集》，北京：中华书局，1999 年，第 215 页。

《四库全书总目》著录《嘉祐集》16卷、《附录》2卷，称宋时苏洵文集除上述15卷、20卷两种版本以外，尚有：

> 徐乾学家传是楼所藏，卷末题"绍兴十七年四月晦日婺州州学雕"，纸墨颇为精好；又有康熙间苏州邵仁泓所刊，亦称从宋本校正。然二本并十六卷，均与宋人所记不同。徐本名《嘉祐新集》，邵本则名《老泉先生集》，亦复互异，未喻其故。或当时二本之外，更有此一本欤？今世俗所行又有二本：一为明凌濛初所刊朱墨本，并为十三卷。一为国朝蔡士英所刊任长庆所校本，凡十五卷，与晁氏、陈氏所载合。然较徐本，阙《洪范图论》一卷；《史论》前少引一篇，又以《史论中》为《史论下》，而阙其《史论下》一篇；又阙《辨奸论》一篇，《题张仙画像》一篇，《送吴侯职方赴阙序》一篇，《谢欧阳枢密启》一篇，《谢相府启》一篇，《香诗》一篇。朱彝尊《经义考》载洵《洪范图论》一卷，注曰"未见"，疑所见洵集，当即此本。中间缺漏如是，恐亦未必晁、陈著录之旧也。①

据此可知，南宋初绍兴十七年（1147）婺州州学刊刻的16卷本《嘉祐新集》收载《辨奸论》。

对苏洵文集诸本卷帙之异，李绂辨析云：

> 盖马贵与《文献通考》列载苏明允《嘉祐集》十五卷，而世俗所刻不称"嘉祐"，书名既异，又多至二十卷，并刻入《洪范》、《谥法》等单行之书，又增附录二卷，意必有他人赝作阑入其中。近得明嘉靖壬申年太原守张镗翻刻巡案御史澧南王公家藏本，其书名、卷帙并与《经籍考》同，而诸论中独无所谓《辨奸论》者，乃益信为邵氏赝作，确然而无疑。②

---

① 《四库全书总目》卷153，北京：中华书局，1965年，第1324—1325页。
② 蔡上翔：《王荆公年谱考略》卷10，《王安石年谱三种》，第378—379页。吴小如《说〈辨奸论〉真伪问题》一文赞同此说（《读人所常见书日札》，北京：中华书局，1958年，第132—134页）。

此处所谓邵氏，即李绂认为伪作《辨奸论》的邵伯温。

周本淳发表《〈辨奸论〉并非伪作》一文质疑李绂这一说法。周氏认为，虽然"南京图书馆所藏孙氏祠堂藏的旧钞本《嘉祐集》十五卷，也无《辨奸论》"，但苏洵文集有 20 卷，而李绂仅据"原非全璧"15 卷本《嘉祐集》立论，"未免颟顸"。[1] 章培恒稍后发表《〈辨奸论〉非邵伯温伪作——兼论〈王荆公年谱考略〉中的有关问题》，也认为苏洵有文集 20 卷"行于世"，而"十五卷本《嘉祐集》并非苏洵文集"，南宋绍兴年间所刻 16 卷本《嘉祐新集》，虽说"《嘉祐新集》应在《嘉祐集》之后"，不过收有《辨奸论》及《洪范图论》等文的《嘉祐新集》可能编纂于 15 卷本以前，"确较现存十五卷本接近苏洵文集原貌，而现存十五卷本较之苏洵文集原本已亡佚甚多，《四库》馆臣疑其'未必晁、陈著录之旧'，不是没有道理的。然则不因比较接近苏洵文集原貌的十六卷本收有《辨奸论》而信其为真，反因较之苏洵原集已亡佚甚多的十五卷本失收《辨奸》而断言其为伪作，显系本末倒置之论"。较接近苏洵原集的 16 卷本，书名要增一"新"字的原因，"疑即因增收了二卷《附录》的缘故"。[2]

针对章氏之说，邓广铭撰《〈辨奸论〉真伪问题的重提与再判》进行了反驳。邓氏认为，《嘉祐新集》有附录 2 卷，收录张方平《墓表》与苏轼《谢书》，却未收欧阳修所撰《故霸州文安县主簿苏君墓志铭》与曾巩所作《苏明允哀辞》，"显然是作伪心虚，故弄此一障人神志的玄虚"。[3] 裴汝诚针对苏洵文集的各种版本，认为按一般文献编纂常识，15 卷本的《嘉祐集》应在前，16 卷本的《嘉祐新集》当在后。[4]

对于宋代苏洵文集各版本的书名、卷数之异，曾枣庄《〈辨奸论〉真伪考》认为"苏洵最早的集子是二十卷本"，也不称作《嘉祐集》，"把苏洵文集改称《嘉祐集》，疑是南宋人所为，可能是因为苏洵于嘉祐年间以这些文章闻名而取名

① 周本淳：《〈辨奸论〉并非伪作》，《南京大学学报》1979 年第 1 期。
② 章培恒：《〈辨奸论〉非邵伯温伪作——兼论〈王荆公年谱考略〉中的有关问题》，《献疑集》，第 38—39 页。
③ 邓广铭：《〈辨奸论〉真伪问题的重提与再判》，袁行霈主编：《国学研究》第 3 卷，第 436 页。
④ 裴汝诚：《苏洵文集与〈辨奸论〉》，《半粟集》，保定：河北大学出版社，2000 年，第 164 页。

为《嘉祐集》的",而"南宋流行的苏洵集子除十五卷的《嘉祐集》外,还有十六卷本的《嘉祐新集》《老泉先生集》"。因此 20 卷本所收之文未被收载于 15 卷本之中,也是有可能的,不能将"缺漏如是"、"未必晁、陈著录之旧"的 15 卷本作为"否定《辨奸论》为苏洵所作"的"重要的立论根据的"。①

综合上述诸家之说,16 卷本《嘉祐新集》收有《辨奸论》,15 卷本《嘉祐集》则未收载。不过,欧阳修、曾巩等人所说的 20 卷本苏洵文集是否收载《辨奸论》,章氏、曾氏二文虽未有明言,但一则称 20 卷本为"苏洵文集原本",一称"苏洵最早的集子是二十卷本",实际默认 20 卷本是收载《辨奸论》的。情况是否如章、曾二文所述?邓广铭为此特撰文说明,据欧阳修、曾巩所撰《故霸州文安县主簿苏君墓志铭》《苏明允哀辞》,20 卷本当时已"行于世",故"假如其中已收录了《辨奸》一文",何以邵伯温《邵氏闻见录》中"还特别指出全文'独张文定公表先生墓,具载之'"呢?一个最合乎逻辑的答案自应为:在最初编成的二十卷本老苏文集中必无《辨奸》在内"。此后,邓广铭《再论〈辨奸论〉非苏洵所作——兼答王水照教授》中再次申述此说,进而认为,倘若 20 卷本苏洵文集已收录《辨奸论》,"何以通过仁宗、英宗、神宗、哲宗诸朝,竟未引致任何人的任何反应"?②

通检南宋初年述及《辨奸论》诸文献,可知情况大多同于邵伯温所言,其所据者大都出自张方平(字安道)所撰《墓表》。如南宋初叶梦得《避暑录话》卷上云:

> 明允作《辨奸》一篇密献安道……《辨奸》久不出,元丰间,子由从安道辟南京,请为明允墓表,特全载之。苏氏亦不入石,比年少传于世。③

---

① 曾枣庄:《〈辨奸论〉真伪考》,《三苏研究——曾枣庄文存之一》,成都:巴蜀书社,1999 年,第 124—126 页。

② 邓广铭:《〈辨奸论〉真伪问题的重提与再判》,袁行霈主编:《国学研究》第 3 卷,第 435—436 页;《再论〈辨奸论〉非苏洵所作——兼答王水照教授》,王元化主编:《学术集林》第 13 卷,第 83 页。

③ 叶梦得:《避暑录话》卷上,徐时仪整理,《全宋笔记》第 2 编第 10 册,郑州:大象出版社,2006 年,第 247 页。

又如胡仔《苕溪渔隐丛话》言及《辨奸论》，也称"余观张安道作《老苏墓表》"云云。[①] 确实，若 20 卷本苏洵文集已收载《辨奸论》，便颇难解释上述现象，由此可推定 20 卷本苏洵文集应未收载《辨奸论》一文。

20 世纪 80 年代初，刘尚荣所撰《〈类编老苏大全文集〉初探》一文，利用残本《类编增广老苏先生大全文集》来讨论《辨奸论》的最早出处，为辨析《辨奸论》著者真伪提供了新材料。[②] 此本今藏国家图书馆，原为常熟瞿氏铁琴铜剑楼旧藏。《铁琴铜剑楼藏宋元本书目》记载此书"不见诸家书目，亦无序跋，原本卷数无考"，今残存 4 卷，"'殷'、'徵'、'匡'缺笔，而'桓'字不改作'威'，亦不缺笔，疑是北宋麻沙本也"。[③]

王水照认为，北京图书馆（现国家图书馆）藏宋刻孤本《类编增广老苏先生大全文集》收有《辨奸论》全文，因此本不讳"桓"字，故应定为宋钦宗以前麻沙刊本。[④] 对于此说，邓广铭撰文回应，据邓氏征求北京大学图书馆沈乃文意见，麻沙本《类编增广老苏先生大全文集》版式、字体等特征，与北京大学图书馆藏黄庭坚文集《类编增广黄先生大全文集》全同。《类编增广黄先生大全文集》目录后有刊记："麻沙镇水南刘仲吉宅近求到类编增广黄先生大全文集五十卷，比之先印行者增三分之一，不欲私藏，庸镂木以广其传，幸学士详鉴焉。乾道端午藏。"邓氏认为，比对两本，"显然均出此麻沙镇刘仲吉宅"，并推知两书刊刻时间"相去不远，以定在宋孝宗在位期间较合事理"。[⑤] 对于麻沙本《类编增广老苏先生大全文集》是否为北宋刻本，王水照经考证相关材料及北大图书馆藏《类编增广黄先生大全文集》后，也承认北宋刻本之说"存有疑点"。[⑥]

---

① 胡仔：《苕溪渔隐丛话》后集卷 27《东坡二》，王云五主编：《万有文库》，上海：上海商务印书馆，1937 年，第 617 页。

② 刘尚荣：《〈类编老苏大全文集〉初探》，《社会科学战线》1983 年第 1 期。

③ 《铁琴铜剑楼藏宋元本书目·集部》，清光绪丁酉元和江氏辑刻《江刻书目三种》，第 5 页上。

④ 王水照：《〈辨奸论〉真伪之争》，《王水照自选集》，第 740 页。

⑤ 邓广铭：《再论〈辨奸论〉非苏洵所作——兼答王水照教授》，王元化主编：《学术集林》第 13 卷，第 84—86 页。

⑥ 王水照：《再论〈辨奸论〉真伪之争——读邓广铭先生〈再论《辨奸论》非苏洵所作〉》，王元化主编：《学术集林》第 15 卷，第 255 页。

宋刻本苏洵文集，除上海图书馆所藏 15 卷孤本《嘉祐集》、国家图书馆藏《类编增广老苏先生大全文集》以外，尚有绍熙间吴炎刻吕祖谦摘录、郎晔注《老泉先生文集》12 卷本等。《宋史·艺文志》著录《苏洵集》15 卷、《别集》5卷，未详与 20 卷本苏洵文集是否为一本。郑樵《通志·艺文略》著录苏洵《老苏集》5 卷、《嘉祐集》30 卷，此 5 卷本《老苏集》或即指《别集》5 卷本。

此外，王应麟《困学纪闻》称"《大乐十二均图》，杨次公作也，编于《老苏集》"。[①] 传世本《嘉祐集》中并未载录此《大乐十二均图》，且据杨杰（字次公）《无为集·上言大乐七事》，[②] 他于元丰二年（1079）著《大乐十二均图》，故推知王应麟所言《老苏集》，当非欧阳修、曾巩等所说 20 卷本，应为南宋人所编纂，而误收杨杰此文。宋人名家文集，往往出现多种版本，有的是作者生前所编，如为某一个时期诗文编纂"小集"之类。但据文献所载可知，苏洵文集编纂并未存在类似现象。

由于刊印于南宋绍兴年间的《嘉祐新集》已收有《辨奸论》一文，故需加讨论在此之前编纂、刊印的版本。《类编增广老苏先生大全文集》是否刊于北宋颇存疑问，因为麻沙本对避讳一向不谨严。至于 20 卷本、15 卷本苏洵文集，据考辨，可大抵确认编纂、刊刻于北宋时，但此二版本皆未收《辨奸论》。

二、张方平《乐全集》的编纂

张方平为苏洵所撰《墓表》见于《乐全集》，《墓表》中载《辨奸论》全文。[③] 因《墓表》所说王安石事迹与史实不相符，且称谓也与宋人习俗相异，故李绂遂"疑《墓表》与《辨奸》皆邵氏于事后补作也"。蔡上翔在李绂所疑之外，又认为张方平被时人誉为"天下奇才，子瞻（苏轼——引者注）序其文集，亦谓诗文清远雄丽，读者可以想见其人。亦乌有此《表》补缉旧语，辞不成句，

① 王应麟撰，阎若璩、何焯、全祖望注：《困学纪闻》卷 17《评文》，栾保群、田松青校点，上海：上海古籍出版社，2015 年，第 496 页。

② 杨杰：《无为集》卷 15《上言大乐七事》，景印文渊阁《四库全书》第 1099 册，第777 页。

③ 张方平：《乐全集》卷 39《文安先生墓表》，景印文渊阁《四库全书》第 1104 册，第486 页。

乱杂无章，尚可言文事哉？所最可怪者，无如掺入命相制词，明允卒于治平三年，至熙宁三年，安石始同平章事，是时安道同朝，安得错缪至此？而六七百年来，未有斥其非者，唯穆堂李氏一及之"。①

1957 年，李清怡发表《试论〈辨奸论〉的真伪问题》一文，主张张方平《墓表》"写于苏洵死后不久，是时邵伯温还在童年时代"，不可能撰写《辨奸论》，且使张方平在《墓表》中特载《辨奸论》一文。② 此后，同样认为张方平《乐全集》在《辨奸论》真伪问题论证起关键作用的周本淳，也撰文认为"《乐全集》《经进东坡文集事略》二书决非元祐及其道学党徒所能伪作，两书李氏均未提及"，故认定《辨奸论》著者应属苏洵，并非邵伯温伪造。③ 针对周本淳所言，刘乃昌提出，据《四库全书珍本初集》影印《乐全集》，"慎"字下均注有"今上御名"四字，证明其刻刊于宋孝宗时期（宋孝宗名"眘"，古同"慎"字），故仍有羼入伪文的可能。④

章培恒后据《四库全书》本《乐全集》卷首《提要》，认为"此本底本系自宋孝宗时旧本抄出"，其卷数也无可疑处。苏轼曾为《乐全集》撰序，因序中"以孔融、诸葛亮相拟，方平认为过当，'虚饰已甚，愧不自遑'"，故退还序文，请苏轼"深裁损之"，但苏轼"并未遵嘱改动"。而检此本卷首并无苏轼《序》，当是"方平既认为此《序》不敢当而退回苏轼，则其集中自不当有苏轼《序》。故宋孝宗旧本之无轼《序》，实系此本忠实于原本、不任意增补的一个佐证"。⑤ 但章氏此说并不成立。

据《乐全集》所附王巩《行状》载，张方平有"文四十卷，号曰《乐全集》，内外辞制、杂著二十卷，号曰《玉堂集》"；⑥ 苏轼《张文定公墓志铭》、王

---

① 蔡上翔：《王荆公年谱考略》卷 10，《王安石年谱三种》，第 377、374 页。
② 李清怡：《试论〈辨奸论〉的真伪问题》，《光明日报》1957 年 3 月 17 日，"文学遗产"专栏。
③ 周本淳：《〈辨奸论〉并非伪作》，《南京大学学报》1979 年第 1 期。
④ 刘乃昌：《苏轼同王安石的交往》，《东北师范大学学报》1981 年第 3 期。
⑤ 章培恒：《〈辨奸论〉非邵伯温伪作——兼论〈王荆公年谱考略〉中的有关问题》，《献疑集》，第 34—35 页。
⑥ 王巩：《行状》，张方平：《乐全集》附录，景印文渊阁《四库全书》第 1104 册，第 540 页。

称《东都事略·张方平传》皆称《乐全集》40 卷、《玉堂集》20 卷。① 赵希弁《读书附志》著录张方平《玉堂集》20 卷，云其"出入两禁垂二十年，一时大典多出其手。刘忠肃尝序其《玉堂集》二十卷，乃在东坡所序《乐全集》四十卷之外，淳熙九年锡山尤袤重刻于江西漕台"。②《直斋书录解题》著录《乐全先生集》40 卷、《玉堂集》20 卷。③《宋史·艺文志》别集类著录张方平《玉堂集》20 卷、《张方平集》40 卷、《进策》9 卷。④

张方平《谢苏子瞻寄乐全集序》：

> 凡所经述，或率意，或应用，每有稿草，投之篑中，未尝再阅。若再阅，辄不如意，自鄙恶之。故积两篑，不曾有所改窜。熙宁中，得南京留台，无事，有一吏颇敏利，亦稍知文章体式，因付两篑，令编次之。便依篇目，各成伦类，亦不曾亲阅。有书吏三数人，抄录成卷帙，其间差错脱漏，悉不曾校对改证。前年子瞻觌止见索，鄙拙欣然呈纳，因而面告为删除其繁冗，芟夷其芜秽，十存三四，聊以付子孙而已。⑤

苏轼《乐全先生集叙》述称，张方平"自庆历以来讫元丰四十余年，所与人主论天下事，见于章疏者多矣，或用或不用，而皆本于礼义，合于人情，是非有考于前，而成败有验于后"。其又云：

> 轼年二十，以诸生见公成都，公一见，待以国士，今三十余年，所以开发成就之者至矣。而轼终无所效尺寸于公者，独求其文集，手校而家藏之，且论其大略，以待后世之君子……公今年八十一，杜门却扫，终日危坐，将

---

① 张志烈等校注：《苏轼全集校注》卷 14《张文定公墓志铭》，石家庄：河北人民出版社，2010 年，第 1496 页；王称：《东都事略》卷 74《张方平传》，景印文渊阁《四库全书》第 382 册，第 479 页。

② 赵希弁：《读书附志》卷下，晁公武撰，孙猛校证：《郡斋读书志校证》，第 1177 页。

③ 陈振孙：《直斋书录解题》卷 17，第 497 页。

④《宋史》卷 208《艺文志七》，第 5354、5367 页。

⑤ 张方平：《乐全集》卷 34《谢苏子瞻寄乐全集序》，景印文渊阁《四库全书》第 1104 册，第 381 页。

与造物者游于无何有之乡，言且不可得闻，而况其文乎！凡为文若干卷、若干首。①

张方平《谢刘莘老寄玉堂集序》：

> 英宗治平中，复召充学士承旨，辞不得命，又还内禁，居玉堂东阁。自惟孤陋，三入承明之庐，暇日阅两禁词册，因俾两院史翻录前后所当内外制告、命令、书诏及禁中诸词语，类次为二十卷……玉堂者，太宗皇帝神笔飞白大书"玉堂之署"四字，揭于中楣，备于翰林旧志，故以命篇云。②

综上可知，其一，张方平文集在《乐全集》40 卷外，尚有《玉堂集》20 卷。其二，据张方平《谢刘莘老寄玉堂集序》，《玉堂集》编纂于宋英宗治平年间。刘挚（字莘老，谥忠肃）撰《玉堂集序》，有"自庆历至于熙宁，维仁祖恭俭宽大，英祖克笃前烈，主上长驾远驭，略不世出，三朝政绩，巍巍焕焕"，③ 则该序当撰于神宗熙宁时。而《乐全集》编纂于熙宁中，时张方平知应天府、南京留守，命一吏"编次"已积聚之旧文，又命"书吏三数人，抄录成卷帙"，最后经苏轼之手编成。苏轼《乐全先生集叙》说张方平"今年八十一，杜门却扫"，据《张文定公墓志铭》，张方平卒于元祐六年（1091）十二月，享年 85 岁，④ 可推知苏轼为张方平编定文集当在元祐二年。其三，《玉堂集》所收是张方平"前后所当内外制告、命令、书诏及禁中诸词语"，即张方平所撰的"两禁词册"。刘挚《玉堂集序》也说，仁宗、英宗、神宗三朝"典册告命，多出公（张方平——引者注）手"。⑤ 故赵希弁《读书附志》说"刘忠肃尝序其《玉堂集》二十卷，乃在东坡所序《乐全集》四十卷之外"。王巩《行状》也称张方平有"文四十卷，

---

① 张志烈等校注：《苏轼全集校注》卷 10《乐全先生集叙》，第 972—973 页。

② 张方平：《乐全集》卷 34《谢刘莘老寄玉堂集序》，景印文渊阁《四库全书》第 1104 册，第 380 页。

③ 刘挚：《玉堂集序》，曾枣庄、刘琳主编：《全宋文》卷 1677，上海：上海辞书出版社、合肥：安徽教育出版社，2006 年，第 77 册，第 97 页。

④ 张志烈等校注：《苏轼全集校注》卷 14《张文定公墓志铭》，第 1495 页。

⑤ 刘挚：《玉堂集序》，曾枣庄、刘琳主编：《全宋文》卷 1677，第 77 册，第 97 页。

号曰《乐全集》，内外辞制、杂著二十卷，号曰《玉堂集》"。由此可知，王巩《行状》、苏轼《张文定公墓志铭》所云及苏轼所序《乐全集》40卷中，并不包含《玉堂集》所收"两禁词册"。

传世40卷本《乐全集》，《四库全书总目》说"其集流传甚少。此本首尾颇完善，'慎'字下皆注'今上御名'四字，盖从孝宗时刊本钞出，惟不载苏轼原序，疑传写者偶遗之"。又云：

> 方平在翰林时代言之文，如立太子、除种谔节度使、韩琦守司徒、吕公弼枢密使、李昭亮殿前副都指挥使诸制，见于《宋文鉴》者，此集皆无之。考王巩作《方平行状》，称别有《玉堂集》二十卷，《东都事略》所载亦同，盖制草别为一编，故集中不载耳。[①]

据此知张方平任两制时所撰"典册告命"及"供奉歌颂、祠祝赞戒"等，皆收入《玉堂集》。但今传世本《乐全集》所载庆历八年（1048）《祭故夏国主文》，庆历五年《故入内副都知赠振武军节度使堂祭文》《故入内副都知赠振武军节度使坟所祭文》《故入内副都知赠振武军节度使堂攒祭文》等文，皆张方平为翰林学士时"代天子立言"之文；所载《祭滕龙图文》一文，撰于元祐五年十一月，晚于苏轼编纂《乐全集》的元祐二年。因此，推知此"孝宗时刊本"似已非苏轼所编纂且"家藏之"的张方平文集"旧本"，而颇有后人添补入集者。

南宋前期高宗、孝宗两朝成书的邵伯温《邵氏闻见录》、王称《东都事略·苏洵传》、朱熹《五朝名臣言行录·老苏先生》等皆引录《辨奸论》一文，但经比勘文字，可知皆抄自张方平《墓表》；郑樵南宋绍兴中编成的《通志·艺文略》，所依据的主要有四部书目，其一即为徽宗政和年间编撰的《秘书省续编到

---

① 《四库全书总目》卷153《乐全集》，第1324页。自"考王巩作"至"故集中不载耳"，《四库全书》书前《提要》作"知当在《玉堂集》中，而今已亡佚，所存惟此集而已"。瞿启甲辑《铁琴铜剑楼藏书题跋集录》卷4著录张方平《乐全先生文集》40卷，认为"郡中席初白以汪氏所藏宋本来，始十七，止三十四卷，版刻清朗，字劲纸坚，尚是初印佳本，每叶二十四行，行二十二字，'构'字注'太上御名'，'慎'字注'今上御名'，是为淳熙初年刻本无疑"（上海：上海古籍出版社，2019年，第261—262页）。

四库阙书目》。① 经检《通志·艺文略》别集书目，北宋后期较为著名的文士文集，如晚于张方平的王安石、吕惠卿、张商英、苏轼兄弟与苏门四弟子等诸人文集皆有著录，但未收载张方平文集，可知北宋后期张方平文集流传不广，直至两宋之际方传布于士大夫间。故有"《辨奸》久不出"，张方平"为明允墓表，特全载之。苏氏亦不入石，比年少传于世"之说。② 收有《辨奸论》的《墓表》，因张方平文集逐渐流传于世，遂为邵伯温、叶梦得等人所知见，进而纷纷予以引用。

三、《东坡集》版本之间的关系

苏轼在《谢书》不仅有"伏蒙再示先人《墓表》，特载《辨奸》一篇"，还言：

> 而先人之言，非公表而出之，则人未必信。信不信何足深计，然使斯人用区区小数以欺天下，天下莫觉莫知，恐后世必有秦无人之叹。此《墓表》之所以作，而轼之所以流涕再拜而谢也。③

所谓"特载《辨奸》一篇"，乃指张方平《墓表》中特意全文载录《辨奸论》。

对此，李绂认为苏轼《谢书》与苏洵《辨奸论》、张方平《墓表》皆属邵伯温伪作，"《墓表》有'蜀无人'之语，而东坡《谢书》又云'秦无人'，辞既重复，文气又相类，则亦邵氏所赝作耳"。蔡上翔赞同李绂之说，认为欧阳修为苏洵撰写《故霸州文安县主簿苏君墓志铭》，曾巩撰《苏明允哀辞》，皆未言及《辨奸论》，欧、曾二人文集的其他篇中也全未提及，故张方平《墓表》、苏轼《谢书》"若专为《辨奸》而作"，"原作伪者之意，以为非有安道《墓表》，不足以实明允之果有是《辨》，非有子瞻《谢书》，不足以实安道之果有是《表》，而不知皆作伪者一人之言，一时之笔也"，并据"比年少传于世"一语，推断

---

① 张固也、李秋实：《郑樵所引〈四库书目〉考》，《图书馆》2009年第6期。
② 叶梦得：《避暑录话》卷上，《全宋笔记》第2编第10册，第247页。
③ 张志烈等校注：《苏轼全集校注》卷49《谢张太保撰先人墓碣书》，第5319页。

《辨奸论》《墓表》"必伪作于元祐以后"。①

章培恒质疑李、蔡之说，理由如下。

（1）陈振孙《直斋书录解题》著录《东坡集》40卷、《后集》20卷、《内制集》10卷、《外制集》3卷、《奏议》15卷、《和陶集》4卷、《应诏集》10卷，"杭、蜀本同，但杭无《应诏集》"。又著录《东坡别集》46卷，云：

> 坡之曾孙给事峤季真刊家集于建安，大略与杭本同。盖杭本，当坡公无恙时已行于世矣。麻沙书坊又有《大全集》，兼载《志林》、杂说之类，亦杂以颍滨及小坡之文，且间有讹伪剿入者。有张某为吉州，取建安本所遗尽刊之，而不加考订，中载应诏、策论。盖建安本亦无《应诏集》也。②

可知麻沙本《大全集》中存在"伪作"，而在苏轼生前"已行于世"的杭本"不可能羼入伪作"。

（2）苏辙为苏轼所作墓志铭称苏轼"有《东坡集》四十卷、《后集》二十卷、《奏议》十五卷，《内制》十卷、《外制》三卷，公诗本似李、杜，晚喜陶渊明，追和之者几遍，凡四卷"。因其中"所列举集名、卷数，与杭本悉同。更可证明杭本的编次实出于苏氏之意。《东坡集》且系轼手自编定，所以，其中绝不容有伪作窜入"。

（3）虽然"宋刊杭本苏轼集今不可得见"，但现存明成化刊本《东坡七集》前6集出自宋代曹训刊本，比较曹本与《直斋书录解题》所著录的苏轼集，可知曹本非麻沙本《大全集》，也非杭本、建安本，更非吉州本，除缺少《和陶集》4卷外，其集名、卷数与《直斋书录解题》所云蜀本相同，所以曹本"当即据蜀本覆刻"。根据《直斋书录解题》"杭、蜀本同，但杭无《应诏集》"的记载，则"蜀本除多《应诏集》外，其他六集（包括《东坡集》在内——引者注）都与杭本同"。因苏轼《谢书》"既收于据蜀本覆刻的曹训本《东坡集》卷二十九，自当出于蜀本"，故苏轼《谢书》"自必亦收入杭本《东坡集》卷二十九"，"杭本

---

① 蔡上翔：《王荆公年谱考略》卷10，《王安石年谱三种》，第378、370页。
② 陈振孙：《直斋书录解题》卷17，第502—503页。

《东坡集》不可能窜入伪作，故此篇亦不可能为伪作"。

针对"曹训本虽出自蜀本，安知其不曾擅自增入蜀本所无的作品"之问，章氏回应："当时收轼诗文数量最多的为《大全》《备成》，曹训本若欲以多取胜，何不据该二本覆刻？若不欲以多取胜，又何至擅自增入蜀本所无的作品？"他又认为"宋人之从事苏轼作品辨伪者，举出伪作甚多，如《苕溪渔隐丛话》后集提及《老人行》等，《容斋五笔》提及《登州上殿三札》，《避暑录话》言及《杜处士传》等，《扪虱新话》言及《醉乡记》等，无一篇见于曹训本；确系苏轼所作，且在当时十分有名，但为轼手编《东坡集》时所未收的作品，如御史府诸诗，也都不见于曹训本。足见曹训本确很忠实于其底本，不但无伪作窜入，且无原未收入集中的真作、名作窜入"。[①]

对于章氏有关苏轼《东坡集》各版本因袭情况的辨述，邓广铭质疑章文所说明成化本《东坡七集》"前六集，卷帙悉依宋时曹训所刻旧本，一无增减"，而曹训本"当即据蜀本覆刻"且亦"一无增减"，其"蜀本又与杭本相同，是则见于成化刻本《东坡文集》卷二十九之《谢张太保撰先公墓表书》，必即为杭本之《东坡文集》卷二十九所收录者，而杭本在东坡无恙时已行于世，则此《谢书》必系东坡的真品"，认为章氏如此层层推断，并无实据，"全都是不能不令读者置疑的"，因为"只凭了书名和卷数的相同而即作出'一无增损'的断语"，是"极为粗率、绝难见信于人的。试想，仅仅羼入一封《谢书》，何至会改书名和卷数呢"？邓氏进一步推断，如"《乐全集》中之老苏《墓表》既系张方平身后某妄人托名之伪作，则东坡《谢书》必亦系某妄人托名之作，乃北宋末方出现者，何得见之于'坡公无恙时已行于世'之杭本、蜀本坡集之内呢"？[②]

邓文质疑确实颇有力，但其所辨述者主要出自推论，而未提出新证。针对章、邓二文涉及的《东坡集》版本讨论，王水照撰有《〈辨奸论〉真伪之争》一文，主张北京图书馆与日本内阁文库、宫内厅书陵部分藏有宋刻孤本《东坡集》3 个残本，其避讳至"慎"字，当刻于宋孝宗时，从刻工姓名及其所在地区考

①　章培恒：《〈辨奸论〉非邵伯温伪作——兼论〈王荆公年谱考略〉中的有关问题》，《献疑集》，第 32—34 页。

②　邓广铭：《〈辨奸论〉真伪问题的重提与再判》，袁行霈主编：《国学研究》第 3 卷，第 441 页。

察，"内库本实属杭本范围，而宫内本和北图本乃同一版本，或说江西地区官版，或说建安版本，尚无定论。但从编次体例和版刻款式来看，与杭本均属同一版本系统"，而宋人曾言及"杭本当坡公无恙时已行于世"，"世传《前集》（即《东坡集》——引者注）乃东坡手自编者，随其出处，古律诗相间，谬误绝少，如御史府诸诗，不欲传之于世，《老人行》《题申王画马图》非其所作，故皆无之"，而"今验此本，均确如此"，"至今无人能指出其中有任何一篇伪作羼入"，"最为善本"。王水照认为"若无确证，就不能断定苏轼此篇《谢书》为伪"，因此赞同章培恒之说，进而判定《辨奸论》《墓表》也非伪作。①

邓广铭为此再撰文回应，主张此南宋孤本《东坡集》即使确属杭本系统，但也"不能把它与'东坡手自编'的北宋时已经版行的杭本《东坡集》等同起来，认为南宋刻本的《东坡集》卷二十九收有《谢张太保书》，就断言由东坡自编的北宋杭州刻本《东坡集》中必已收入"。邓氏举司马光《传家集》之例说明，司马光曾编定《传家集》，"其中所收文章，大都于题下注出写作时间，确实是一部详明且便于使用的本子"，南宋初年，由其裔孙知泉州司马伋刻印行世。不久就被洪迈《容斋五笔》予以纠弹，认为司马光治平四年（1067）已罢御史中丞，如何又能在熙宁三年（1070）以御史中丞头衔上奏章弹劾王安石？他以为，司马伋所刻《传家集》中载司马光《弹王安石章》显然是后人伪作，司马伋"为妄人所误而不能察耳"。因此，"根据这同一道理，又怎能因南宋刻本《东坡集》收有《谢张太保书》而即断言东坡手自编定，并在他无恙时已经在杭州版行的《东坡集》中必已收有此《谢书》呢"？②

王水照遂再撰文回应，认为即使司马伋刻印《传家集》中羼入一篇伪作，"也不一定能证明此南宋《东坡集》重印本中必有伪作"；同时也申辩其"并没

---

① 王水照：《〈辨奸论〉真伪之争》，《王水照自选集》，第 741 页。今国家图书馆藏南宋孝宗时刊大字本《东坡集》，行 18 字，存 30 卷。日本宫内厅书陵部藏南宋孝宗时刊大字本《东坡集》存 37 卷、《后集》8 卷，亦行 18 字，与国家图书馆所藏本当"系同一雕板所印"。日本内阁文库藏南宋孝宗时刊《东坡集》，行 20 字，存 23 卷，"前有乾道九年御制序"，傅增湘后记云此本行款版式"自是南渡以后浙杭风度"（祝尚书：《宋人别集叙录》卷 9《东坡集》，第 413—418 页）。

② 邓广铭：《再论〈辨奸论〉非苏洵所作——兼答王水照教授》，王元化主编：《学术集林》第 13 卷，第 80—81 页。

有把《东坡集》的南宋本和北宋苏轼手自编本（杭本——引者注）简单等同起来，只是正面论证此南宋本保存了'杭本'的原貌"；进而据《苕溪渔隐丛话》后集、近人傅增湘《藏园群书经眼录》等所记涉及此南宋刻本《东坡集》文字，再次肯定此本的"权威版本地位"，强调"若无确证，就不能断定苏轼此篇《谢书》为伪"。①

章培恒及邓广铭、王水照围绕《东坡集》的苏轼手自编本、北宋杭州刊本与南宋孝宗时刻本间渊源关系进行辨析，对苏轼《谢书》乃至《辨奸论》、张方平《墓表》真伪讨论颇为深入，不少论说为学界接受。所以此后论及《辨奸论》真伪者，很少再就《东坡集》版本问题展开论辩。

但上述讨论，仍留存不少疑问且不易解释之处。如持苏轼《谢书》为伪作说一方，对于有关传世《东坡集》与苏轼手定文集、杭本等关系问题的解说，虽不无可取之处，但多属推论，较难服人。而持苏轼《谢书》非伪者一方，对苏轼文集诸版本关系之论证，也存在如邓广铭所批评的，"只凭了书名和卷数的相同"而下出南宋孝宗时刻本与苏轼手自编本"一无增损"的断语。而且上述论证，似未充分考虑到北宋后期苏轼所遭际的政治境遇问题。

（1）《谢书》撰于何时？邓广铭据苏轼《谢书》称张方平为太保，且《宋史·张方平传》"哲宗立，加太子太保"，遂推定张方平《墓表》作于"元丰末或元祐时"。但王水照认为此文当撰于神宗元丰元年至三年间，因为"元丰初张方平任南京留守时已摄太尉，元丰二年张氏致仕则已'检校太保'，见王巩《行状》：'以宣徽南院使、检校太保、太傅、太子少傅致仕，遣使臣赍诰敕至第赐之'；又，范祖禹《赐新除宣徽南院使太子少傅、检校太傅依前太子太保致仕张方平辞免恩命不允诏》（《范太史集》卷二十八）等亦可证，因而元丰初称张方平为'太保'也无不可"。②

王说似不能成立。其一，苏轼《张文定公墓志铭》有熙宁年间"乃以（张方平）为宣徽南院使、检校太傅判应天府"，元丰初"（张方平）拜太子少师，

---

① 王水照：《再论〈辨奸论〉真伪之争——读邓广铭先生〈再论《辨奸论》非苏洵所作〉》，王元化主编：《学术集林》第 15 卷，第 246—247 页。
② 王水照：《再论〈辨奸论〉真伪之争——读邓广铭先生〈再论《辨奸论》非苏洵所作〉》，王元化主编：《学术集林》第 15 卷，第 242 页。

以宣徽使致仕。官制行，罢宣徽院，独命公领使如旧。今上即位，执政辄罢公使，以太子太保致仕"。① 《续资治通鉴长编》（以下简称《长编》）载元丰二年七月甲戌，"宣徽南院使、检校太傅、东太一宫使张方平为太子少师、宣徽南院使致仕"。② 《宋史·张方平传》称"数请老，以太子少师致仕。官制行，废宣徽使，独命领之如故。哲宗立，加太子太保"。③

张方平元丰二年七月二十九日《祭蔡资政文》署衔为"宣徽南院使、光禄大夫、检校太傅、太子少师致仕、上柱国张某"；元丰六年四月十六日《祭赵少师文》署衔为"宣徽南院使、检校太傅、太子少师致仕、上柱国张某"。④ 故岳珂《宝真斋法书赞》所载《苏文忠金丹帖》，为苏轼"谪黄时"所撰，称张方平为"少师先生文丈执事"，⑤ 而不称"太保"。范祖禹《赐新除宣徽南院使检校太傅依前太子太保致仕张方平辞免恩命不许诏》，撰于元祐六年七月二十四日。⑥ 可证张方平是以宣徽南院使、检校太傅、东太一宫使为太子少师、宣徽南院使致仕。王巩《行状》云张方平"以宣徽南院使、检校太保、太傅、太子少师致仕"，⑦ 按宋朝官制，不可能同时授张方平检校太保、检校太傅，可知"太保"二字当属衍文。

其二，王巩《行状》述张方平历官"谏议大夫，给事中，礼、吏、户部侍郎，尚书左丞，工、礼、刑、户部尚书，宣徽北院、南院使，检校太保、太傅，以太子少师致仕"，是其曾授官检校太保。然据《长编》所载，张方平以宣徽南院使判应天府在熙宁八年十月，⑧ 则其时已官检校太傅，官品高于检校太保，衡

① 张志烈等校注：《苏轼全集校注》卷 14《张文定公墓志铭》，第 1494、1495 页。
② 《续资治通鉴长编》卷 299，元丰二年七月甲戌条，北京：中华书局，2004 年，第 7267 页。
③ 《宋史》卷 318《张方平传》，第 10358 页。
④ 张方平：《乐全集》卷 35《祭蔡资政文》《祭赵少师文》，景印文渊阁《四库全书》第 1104 册，第 391、392 页。
⑤ 岳珂：《宝真斋法书赞》卷 12《苏文忠金丹帖》，景印文渊阁《四库全书》第 813 册，第 701 页。
⑥ 范祖禹：《范太史集》卷 28《赐新除宣徽南院使检校太傅依前太子太保致仕张方平辞免恩命不许诏》，景印文渊阁《四库全书》第 1100 册，第 321 页。
⑦ 王巩：《行状》，张方平：《乐全集》附录，景印文渊阁《四库全书》第 1104 册，第 539 页。
⑧ 《长编》卷 269，熙宁八年冬十月壬辰条，第 6591 页。

之以宋时官场习俗，元丰初年，苏轼尊称张方平当为"张太傅"，而不当称"张太保"。

或以为此是据宋人惯例，以张方平元祐间终官太子太保致仕而称其曰"张太保"。但在苏轼集中，诗文之题称呼张方平多为"张安道"，如诗有《次韵张安道读杜诗》《送张安道赴南都留台》《张安道乐全堂》《张安道见示近诗》《乐全先生生日二首》等，文有《上张安道养生诀论》；称"张太保"者除《谢书》外，仅有《与张太保安道》一文，有"某以不善俯仰，屡致纷纷，想已闻其详。近者凡四请郡，杜门待命几二十日。文母英圣，深照情伪，德音琅然，中外耸服。几至有所行遣，而诸公燮和之。数日有旨，与言者数君皆促供职，明日皆当见"，乃撰于元祐二年正月二十六日。[1] 此时张方平已改以太子太保致仕，故可以尊称曰"张太保"。苏轼若在元丰初年称张方平为"张太保"，则颇不合乎宋时官私礼俗。

王文认为苏轼《谢书》撰于元丰元年至三年间的另一重要理由，《谢书》"收入宋孝宗时所刊《东坡集》卷二十九……此书前后诗文，大致编年。收入卷二十九之文，《谢书》之前的《答舒焕书》《答黄鲁直书》作于苏轼任职徐州时期，《谢书》之后的《与章子厚书》《答李端叔书》则乃贬官黄州时所作。苏轼于元丰二年三月罢徐州任，又于元丰三年二月到黄州，因而，也可以大致推测《谢书》应作于这一阶段（约元丰元年至三年）"；并称孔凡礼《苏轼年谱》"即系此《谢书》于元丰元年条"。[2]

宋人确实也说《东坡前集》内诗文大体依时间编排，如《欧阳修全集》卷 96 有南宋人注释曰："今用苏文忠手编《东坡前集》法，凡表状，悉以迁拜为序。"[3] 检南宋孝宗时所刊的《东坡集》卷 29 收文计 10 篇，依次为：《上韩丞相论灾伤手实书》《上文侍中论强盗赏钱书》《上文侍中论榷盐书》《答舒焕书》《答黄鲁直书》《答宋寺丞书》《黄州上文潞公书》《谢书》《与章子厚书》《答李

---

① 张志烈等校注：《苏轼全集校注》卷 49《与张太保安道书一首》，第 5389 页。

② 王水照：《再论〈辨奸论〉真伪之争——读邓广铭先生〈再论《辨奸论》非苏洵所作〉》，王元化主编：《学术集林》第 15 卷，第 242 页；孔凡礼：《苏辙年谱》卷 7，北京：学苑出版社，2001 年，第 182 页。

③ 《欧阳修全集》卷 96 末附注，第 1487 页。

端叔书》。①

《上韩丞相论灾伤手实书》是上书当时宰相韩绛，有"史馆相公执事：轼到郡二十余日矣"语，韩绛熙宁七年四月以吏部侍郎为同平章事、监修国史，八年八月罢；② 苏轼熙宁七年九月自杭州移知密州，十二月三日抵密州。《上文侍中论强盗赏钱书》《上文侍中论榷盐书》二书，皆是在密州上书文彦博，当时文彦博以河东节度使、守司徒兼侍中判大名府、兼北京留守。《答舒焕书》《答黄鲁直书》作于徐州。《答宋寺丞书》记载"轼自假守彭城，即欲为一书以问左右，久苦多事，竟为足下所先，惭悚不可言也"，亦作于苏轼在徐州时。③

《黄州上文潞公书》《与章子厚书》《答李端叔书》三书，据内容可知皆是苏轼"乌台诗案"后贬官黄州时所作。因《谢书》在《黄州上文潞公书》之后，依南宋杭本《东坡集》"前后诗文，大致编年"之例，则《谢书》也当撰作于苏轼在黄州时，系之于元丰元年似不妥。

北宋刘安世曾言：

> 元丰二年秋冬之交，东坡下御史狱，天下之士痛之，环视而不敢救。时张安道致仕在南京，乃愤然上书，欲附南京递，府官不敢受，乃令其子恕持至登闻鼓院投进，恕素愚懦，徘徊不敢投。久之，东坡出狱。其后东坡见其副本，因吐舌色动久之，人问其故，东坡不答。其后子由亦见之，云："宜吾兄之吐舌也。此时正得张恕力。"或问其故，子由曰："独不见郑昌之救盖宽饶乎？其疏有云'上无许、史之属，下无金、张之托'，此语正是激宣帝之怒尔。且宽饶正以犯许、史辈有此祸，今乃再讦之，是益其怒也。"且东坡何罪，独以名太高，与朝廷争胜耳。今安道之疏，乃云"其实天下之奇材也"，独不激人主之怒？时急救之，故为此言矣。④

---

① 有孝宗乾道九年闰正月撰序，即王文所称日本内阁文库藏本。

② 《宋史》卷 211《宰辅表二》，第 5488 页。

③ 孔凡礼：《苏轼年谱》卷 13，北京：中华书局，1998 年，第 284、302、320、321、380—381 页。

④ 马永卿：《元城先生语录》卷下，常爽爽校点，上海：上海古籍出版社，2022 年，第 47 页。

故苏轼自出诏狱、贬官黄州以后，甚为谨慎，以免肇祸，如《答李端叔书》有"自得罪后，不敢作文字"，《黄州上文潞公书》中甚至有"公一读讫，即烧之而已"之语。① 因《墓表》《谢书》中文字涉及《辨奸论》，正唯恐避祸不及的苏轼应不愿以此惹事，张方平大概也不会此时撰作攻击王安石为"奸慝"、祸乱天下的文章，以增苏轼之危。

（2）因神、哲时期党争日趋激烈，"乌台诗案"以后，苏轼在诗文撰作上更加谨慎。元祐初，"司马文正公薨，范蜀公取苏翰林《行状》作志，系之以铭。翰林当书石，以非《春秋》微婉之义，为公休谏议云：'轼不辞书，恐非三家之福。'就易名铭"。② 对此，南宋朱熹评论道："范蜀公作《温公墓志》，乃是全用东坡《行状》，而后面所作铭，多记当时奸党事。东坡令改之，蜀公因令东坡自作，因皆出蜀公名，其后却无事。若范所作，恐不免被小人掘了。"③

至哲宗亲政以后，苏轼仍屡遭贬责，身后更是入"元祐党籍"。徽宗崇宁二年（1103）四月"乙亥，毁《东坡文集》《唐鉴》《冯子才文集》《秦学士》《豫章》《三苏文集》《东斋记事》《豫章书简》《湘山录》《眉山集》《别集》《坡词》《刘贡父诗话》《晁》《张》《黄先生文集》《秦学士文》"。④ 当时"有旨，应天下碑碣榜额，系东坡书撰者，并一例除毁。盖本于淮南西路提点刑狱霍英所请"。⑤ 故时人王庭珪曾云："是时书肆畏罪，坡、谷二书，皆毁其印。"⑥

徽宗政和时，禁令稍缓。但宣和五年（1123）禁令再趋严厉，是年"七月十三日，中书省言：勘会福建等路近印造苏轼、司马光文集等。诏：今后举人传习

---

① 张志烈等校注：《苏轼全集校注》卷 49《答李端叔书》，第 5345 页；卷 48《黄州上文潞公书》，第 5203 页。

② 邵博：《邵氏闻见后录》卷 15，刘德权、李剑雄点校，北京：中华书局，1983 年，第 117 页。

③ 黎靖德编：《朱子语类》卷 130，王星贤点校，北京：中华书局，1986 年，第 3104 页。

④ 佚名：《宋史全文》卷 14，景印文渊阁《四库全书》第 330 册，第 455 页。《宋史·徽宗纪》有崇宁二年"乙亥，诏毁刊行《唐鉴》并三苏、秦、黄等文集"的记载（第 367 页）。

⑤ 吴曾：《能改斋漫录》卷 11《除东坡书撰碑额》，上海：上海古籍出版社，1979 年，第 327 页。

⑥ 辛更儒笺校：《杨万里集笺校》卷 83《杉溪居士集后序》，北京：中华书局，2007 年，第 3352 页。

元祐学术,以违制论,印造及出卖者与同罪;著为令。见印卖文集,在京令开封府,四川路、福建路令诸州军毁板"。① 六年十月庚午,又诏令"有收藏习用苏、黄之文者并令焚毁,犯者以大不恭论"。② 宣和六年冬又下诏"申严"禁书之令:"朕自初服,废元祐学术。比岁,至复尊事苏轼、黄廷坚。轼、廷坚获罪宗庙,义不戴天,片文只字,并令焚毁勿存,违者以大不恭论。"直到钦宗靖康初才废除这一禁令。③

与此同时,王安石地位如日中天。崇宁三年六月"癸酉,以王安石配飨孔子庙";政和三年(1113)正月"癸酉,追封王安石为舒王,子雱为临川伯,配飨文宣王庙"。④ 邵博《邵氏闻见后录》有言:

> 绍圣以来,权臣挟继述神宗为变者,必先挟王荆公。蔡氏至以荆公为圣人。天下正论一贬荆公,则曰:"非贬荆公也,诋神宗也,不忠于继述也。"正论尽废,钩党牢不可解,仁人君子知必为异日之祸,其烈不可向,无计策以救。陈瓘莹中流涕以问谏大夫刘安世器之曰:"叵奈何?"器之亲受司马文正公之学,胆智绝人,曰:"不自神宗,不自荆公,不可救。"故莹中反疏蔡氏所出荆公《日录》语中诋神宗事,曰《尊尧集》云。意上心不平于荆公,则蔡氏可伐,正论可出,钩党可解,异日之祸可救也。莹中坐以流窜抵死。⑤

若苏轼手自编本乃至北宋时刊行本《东坡集》中确已收录此《谢书》,云及"伏蒙再示先人《墓表》,特载《辨奸》一篇","然使斯人用区区小数以欺天下,天下莫觉莫知,恐后世必有秦无人之叹"者,哲、徽时期对苏轼文字极尽吹毛求疵以寻找罪证者,大概不至于对此熟视无睹,不可能未有只言片语论及此书。

(3)对于苏洵《辨奸论》、张方平《墓表》与苏轼《谢书》三文的联系,胡适尝撰短文解释叶梦得《避暑录话》云"明允作《辨奸》一篇,密献安道⋯⋯

---

① 《宋会要辑稿·刑法二》,刘琳等点校,上海:上海古籍出版社,2014年,第8330页。
② 《宋史》卷22《徽宗纪四》,第414页。
③ 陈均:《九朝编年备要》卷29,景印文渊阁《四库全书》第328册,第799页。
④ 《宋史》卷19《徽宗纪一》,第369页;卷21《徽宗纪三》,第390页。
⑤ 邵博:《邵氏闻见后录》卷23,第179页。

而不以示欧文忠"，乃是因为欧阳修曾为苏洵作《故霸州文安县主簿苏君墓志铭》，并不曾提及《辨奸论》。故于此特申明之，以释后人之疑。①

此三文实"各有互证之关系"，但就史料考析而言，现今论辩双方存在争议而又难以定论者是苏轼《谢书》。主张苏轼《谢书》非伪托者所凭依的关键证据，即"世传《前集》（即《东坡集》——引者注）乃东坡手自编者，随其出处，古律诗相间，谬误绝少"，而"杭本当坡公无恙时已行于世"，两者之集名、卷数"悉同。更可证明杭本的编次实出于苏氏之意"，故"其中绝不容有伪作窜入"。

简言之，他们认为南宋孝宗时所刊的南宋残本（即内库本）乃属杭本系统，苏轼在世"已行于世"的杭本"编次实出于苏氏之意"，苏轼手自编本当然"绝不容有伪作窜入"，故收在南宋残本的苏轼《谢书》自然为真。虽然"宋刊杭本苏轼集今不可得见"，今日所见涉及《东坡集》早期版本史料也颇少，且一些史料间尚存有抵牾处，但经详细辨析其相关史料，仍可发现几乎被学者默认而视作不辨自证的《东坡集》早期版本源流之解说，其实颇存疑问。

其一，宋人所称誉的据"世传《前集》乃东坡手自编者"而刊印的"最为善本"，所指为姑苏居世英家刊本，而非指苏轼在世"已行于世"的杭本。《苕溪渔隐丛话》云：

> 东坡文集行于世者，其名不一，惟《大全》《备成》二集诗文最多，诚如所言，真伪相半。其后居世英家刊大字《东坡前后集》，最为善本。世传《前集》乃东坡手自编者，随其出处，古律诗相间，谬误绝少。如御史府诸诗，不欲传之于世，《老人行》《题申王画马图》非其所作，故皆无之。②

《西塘集耆旧续闻》也称"姑胥居世英刊《东坡全集》殊有叙，又绝少舛谬，极可赏也"。③

---

① 胡适：《苏洵的辨奸》，《吴淞月刊》第 1 期，1929 年 4 月。
② 胡仔：《苕溪渔隐丛话》后集卷 28《东坡三》，王云五主编：《万有文库》，第 624 页。
③ 陈鹄：《西塘集耆旧续闻》卷 3《洪玉父所编豫章集前后抵牾》，孔凡礼点校，北京：中华书局，2002 年，第 313 页。

居世英字彦实，苏州人，曾官枢密院编修官。① 《吴郡志》载居世英宣和六年进士登第。② 居世英家所刊《东坡集》虽未传于后世，然仍可推知其刊印《东坡前后集》约在南宋初年，在北宋杭本之后。

居世英家本《东坡前集》据称是东坡手自编者而被称为"最为善本"，似不能顺便移来用在北宋杭本身上。至于北宋杭本，陈振孙《直斋书录解题》称其"当坡公无恙时已行于世"，乃指刊印时间早于南宋时所刊印的诸本，虽暗含其编次质量较为可靠，却无以"证明杭本的编次实出于苏氏之意"。

其二，苏轼所作诗文，当其生前便在社会上广为传布，且多有为其编纂集子者，③ 但内中颇有错讹及误收他人之作。苏轼曾自言："然世之蓄轼诗文者多矣，率真伪相半，又多为俗子所改窜，读之使人不平。"④ 据苏轼《答陈传道五首之二》：

> 钱塘诗皆率然信笔，一一烦收录，只以暴其短耳。某方病市人逐利，好刊某拙文，欲毁其板，矧欲更令人刊耶？当俟稍暇，尽取旧诗文，存其不甚恶者为一集。以公过取其言，当令录一本奉寄。今所示者，不惟有脱误，其间亦有他人文也。⑤

《答陈传道五首之三》云：

> 顷作神道碑、墓志数篇，碑盖被旨作，而志文以景仁丈世契不得辞。欲写呈，又未无暇，闻都下已开板，想即见之也。⑥

---

① 何薳：《春渚纪闻》卷3《居四郎丹》，张明华点校，北京：中华书局，1983年，第42页。

② 范成大：《吴郡志》卷28《进士题名》，陈振岳点校，南京：江苏古籍出版社，1999年，第411页。

③ 祝尚书：《宋人别集叙录》卷9《东坡集》条，第402—403页。

④ 张志烈等校注：《苏轼全集校注》卷49《答刘沔都漕书》，第5330—5331页。

⑤ 张志烈等校注：《苏轼全集校注》卷53《答陈传道五首之二》，第5905页。

⑥ 张志烈等校注：《苏轼全集校注》卷53《答陈传道五首之三》，第5907页。

此二书皆作于元祐四年五月苏轼离京师出知杭州时。世称《东坡七集》中之《前集》为苏轼"手自编者"，但由《答陈传道五首之二》"当俟稍暇，尽取旧诗文，存其不甚恶者为一集"，知苏轼此时尚未汇编诗文成集。《答陈传道五首之三》乃称苏轼"欲写呈（《范景仁墓志铭》），又未无暇，闻都下已开板，想即见之也"。当指京师此时已"开板"刊印由他人所编纂、已收录此《墓志铭》的苏轼诗文集。

《邵氏闻见后录》所说"误以'春醪'为'香醪'"的"京师印本《东坡集》"，[①] 此诗全句为"边城岁暮多风雪，强压春醪与君别"，出自苏轼《送曾仲锡通判如京师》首联，当撰于元祐八年末苏轼知定州时，[②] 载录于今传世本《东坡后集》卷3。可知邵氏所云"京师印本《东坡集》"，乃在元祐间京师所刊印苏轼文集基础上又有所增益。

苏轼"手自编"的《前集》编成于何时？检《东坡集·前集》收录有苏轼知杭州时的诗文，更精确而言，下迄元祐五年、六年之际，如《贺坤成节表》撰于元祐五年七月，《祭英烈王文》撰于是年中。《宸奎阁碑》写于元祐六年正月三日，其撰成当在此前不久。《苏轼年谱》称"今传四十卷本《东坡集》，收诗止于《浑令公燕鱼朝恩图》，元祐六年春在杭作"。苏轼元祐六年正月二十六日除吏部尚书，二月四日改翰林学士承旨，累上奏状辞免，朝廷不允，故三月上旬离杭州北上入京。[③] 检《前集》中并未收录苏轼辞免吏部尚书、翰林学士承旨奏状等，推知此《前集》当编成于元祐六年初。

宋人也有称《东坡后集》为苏轼自编者，如周必大云"本朝苏氏自编《东坡前后集》，亦先列诗篇"。[④] 两宋之际孙觌《与苏守季文》记载："《栾城三集》，黄门手自编次，固无遗矣。《东坡后集》，或云即刘元忠所集二十卷，则容

① 邵博：《邵氏闻见后录》卷 19，第 148 页。

② 孔凡礼：《苏轼年谱》卷 32，第 1123 页。

③ 孔凡礼：《苏轼年谱》卷 29，第 923、944 页；卷 30，第 947—948 页；卷 39，第 1373 页；卷 30，第 951—952、965 页。

④ 周必大撰，王瑞来校证：《周必大集校证》卷 54《杉溪居士文集序》，上海：上海古籍出版社，2020 年，第 796 页。

有未尽也。《奏议》《制诰》，世间所传初无定本，公家集可以一见乎?"① 此刘元忠，当指与苏轼有书札往来的都漕刘沔。② 苏轼于《答刘沔都曹书》略云:

> 蒙示书教及编录拙诗文二十卷。轼平生以言语文字见知于世，亦以此取疾于人，得失相补，不如不作之安也。以此常欲焚弃笔砚，为喑默人，而习气宿业，未能尽去，亦谓随手云散鸟没矣。不知足下默随其后，掇拾编缀，略无遗者。览之惭汗，可为多言之戒……今足下所示二十卷，无一篇伪者，又少谬误。③

可知刘沔所编纂 20 卷本《东坡后集》也经苏轼审订，"无一篇伪者，又少谬误"，周必大或据此认为"苏氏自编《东坡前后集》"。《东坡后集》卷 8 收有《天庆观乳泉赋》，四库本《东坡全集》卷 33《天庆观乳泉赋》末注:"某在海南作此赋，未尝示人，既渡海，亲写二本，一以示秦少游，一以示刘元忠。建中靖国元年三月二十一日。"④ 苏轼当将此赋与《答刘沔都曹书》同时寄与刘沔。

苏轼卒于建中靖国元年（1101）七月二十八日。检今传世《东坡后集》中，有数篇诗文作于是年三月至七月间，如卷 15《顺济王庙新获石砮记》撰于"建中靖国元年四月甲午"以后;卷 20《观世音菩萨颂》撰于"建中靖国元年五月

---

① 孙觌撰，李祖尧注:《内简尺牍》卷 7《与苏守季文》，景印文渊阁《四库全书》第 1135 册，第 536 页。

② 《苏轼全集校注》据郎晔注云刘沔"字沔之"，并据吕陶《枢密刘公墓志铭》称刘沔为刘庠子，此说不确。据吕陶《净德集》卷 21《枢密刘公墓志铭》，刘沔为刘庠之孙，而刘庠卒于元祐元年三月，官枢密直学士、知渭州（景印文渊阁《四库全书》第 1098 册，第 170、176 页）。按宋人习俗，苏轼当称刘庠曰"枢密公"，而非如《答刘沔都漕书》中称"吾同年兄龙图公"。且元祐二年吕陶撰《枢密刘公墓志铭》时刘沔"假承务郎"，至此仅过十三四年，已升任都转运使，也似过速。故推断此刘沔是同名异人，郎晔所注有误。明代汪砢玉《珊瑚网》卷 4《坡翁九歌卷真迹》云，"松年自蚤岁尊慕先生，家藏先生之文甚富，近年购先生之书尤多，独此乃先生旧所书耳，信可宝也。宣和四年二月初八日刘沔书"，则此刘沔北宋末犹在（景印文渊阁《四库全书》第 818 册，第 59 页）。

③ 张志烈等校注:《苏轼全集校注》卷 49《答刘沔都漕书》，第 5330—5332 页。

④ 苏轼:《东坡全集》卷 33《天庆观乳泉赋》，景印文渊阁《四库全书》第 1107 册，第 471 页。

日，自海南归至金陵"；卷 4《答径山琳长老》作于七月二十六日，属苏轼绝笔，① 显然是此后补入。② 史载崇宁二年四月，宋徽宗"诏焚毁苏轼《东坡集》并《后集》印板"，③ 则此《后集》当编成于崇宁二年四月之前。

据宋人所言，《东坡集》确实存在增补现象，且所补入诗文中还存在误收伪作者。如胡仔《苕溪渔隐丛话》："《东坡集》中有《申王画马图》诗，即天启作，气格有类东坡，世因误收入。其后姑苏居世英家刊《东坡前后集》，遂删去。"④ 则居世英家刊刻《东坡前后集》时，所据底本误收有蔡天启所撰《申王画马图》诗。胡仔又云：

> 《东坡后集》有《题织锦图上回文三首》，其一云："春晚落花余碧草，夜凉低月半枯桐。人随远雁边城暮，雨映疏帘绣阁空。"其二云："红手素丝千字锦，故人新曲九回肠。风吹絮雪愁萦骨，泪洒缣书恨见郎。"其三云："羞看一首回文锦，锦似文君别恨深。头白自吟悲赋客，断肠愁是断弦琴。"《淮海集》载东坡跋云："余少时见一江南本，其后有人题诗十余首，皆奇绝，今记其三首。"然则此诗非东坡所作也。少游又云："子瞻记江南所题诗本不全，余尝见之，记其五绝，今以补子瞻之遗。"即《丛话前集》所载《回文诗五首》是也。世以为少游所作，亦非也。⑤

今传世本《东坡前集》卷 12 收有《题织锦图上回文三首》，南宋孝宗时刊印的《东坡集》残本卷 12 也收录此诗。胡仔所云"东坡后集"，或为"前集"之讹。秦观所云，载于《淮海集》后集卷 2，题《苏子瞻记江南所题诗本不全余尝见之记其五绝今以补子瞻之遗》。据后人考证，秦观所记录 5 首诗"系孔毅父诗，见

---

① 孔凡礼：《苏轼年谱》卷 40，第 1418 页。
② 祝尚书《宋人别集叙录》卷 9《东坡集》条也认为，20 卷本《东坡后集》"即由刘沔编录本增补而成，收罢杭州知州以后至北归途中所作诗文"（第 401 页）。
③ 杨仲良：《皇宋通鉴长编纪事本末》卷 121《禁元祐党人上》，南京：江苏古籍出版社，1988 年，第 3774 页。
④ 胡仔：《苕溪渔隐丛话》前集卷 37《蔡天启》，王云五主编：《万有文库》，第 243 页。
⑤ 胡仔：《苕溪渔隐丛话》后集卷 40《丽人杂记》，王云五主编：《万有文库》，第 744 页。

《清江三孔集》，题作《题织锦璇玑图》"。① 显然此诗不可能是"东坡手自编者"所误收，而是在流传中窜入。

因此，北宋杭本是否"羼入伪作"、"与杭本均属同一版本系统"的南宋孝宗时所刊之《东坡集》残本是否与北宋杭本一致，今日似已无从证实或证伪，但被誉为今日"最为善本"的南宋残本，确实存在至少"一篇伪作羼入"。由此所谓"至今无人能指出其中有任何一篇伪作羼入"，并以之作为证明南宋残本所收《谢书》为真的前提条件，显然已无法成立。

此外，《直斋书录解题》载《东坡集》"杭、蜀本同，但杭无《应诏集》"。又著录《东坡别集》46 卷，云"坡之曾孙给事峤季真刊家集于建安，大略与杭本同"，而"麻沙书坊又有《大全集》，兼载《志林》、杂说之类，亦杂以颍滨及小坡之文，且间有讹伪剿入者。有张某为吉州，取建安本所遗尽刊之，而不加考订，中载应诏、策论。盖建安本亦无《应诏集》也"。而《苕溪渔隐丛话》后集卷 28《东坡三》也云居世英家刊《东坡前后集》之前，有"《大全》《备成》二集诗文最多"，但其间"真伪相半"。

南宋谢谔淳熙四年（1177）九月朔所作《黄御史集原序》，曾言"余尝得眉山旌善院《东坡》《大全》两集，乃其孙蜀守仲虎与弟季文所较而刊者，比之他处，最为无误，今之所传，皆以此本为准的"。② 仲虎是苏轼之孙苏符字。史载绍兴十四年，苏符知遂宁府；绍兴二十五年正月，新知饶州苏符乞奉祠。高宗曰："顷朝廷初议休兵，符颇以为然。及王伦被留，遂复二三，今不复肯出蜀矣。"乃以苏符提举台州崇道观。绍兴二十六年五月，敷文阁直学士、提举台州崇道观苏符知邛州。十月，新知邛州苏符卒，③ 则推知苏符刊印《东坡集》约在绍兴十六年前后知遂宁府时。

洪迈《容斋五笔》记《东坡集》"今苏氏眉山功德寺所刻大小二本，及季真

① 秦观撰，徐培均笺注：《淮海集笺注》后集卷 2《苏子瞻记江南所题诗本不全余尝见之记其五绝今以补子瞻之遗》，上海：上海古籍出版社，1994 年，第 1404—1405 页。

② 谢谔：《黄御史集原序》，黄滔：《黄御史集》，景印文渊阁《四库全书》第 1084 册，第 90 页。

③ 《建炎以来系年要录》卷 151，绍兴十四年五月己巳条，上海：上海古籍出版社，2018 年，第 2581 页；卷 168，绍兴二十五年正月甲戌条，第 2902 页；卷 172，绍兴二十六年五月辛丑朔条，第 3007 页；卷 175，绍兴二十六年十月乙亥条，第 3057 页。

给事在临安所刻，并江州本、麻沙书坊《大全集》"。① 季真指苏轼曾孙苏峤。余嘉锡据《容斋随笔》，认为苏峤所刊《东坡集》，"自建安本外，又尝刻于临安"。②《日本汉籍考》记日本内阁文库藏本有"乾道九年闰正月望选德殿书赐苏峤题记"，③ 似即此本。雍正《福建通志》载苏峤孝宗淳熙年间曾知建州，则建安本应刻于此时。洪迈所言"苏氏眉山功德寺所刻大小二本"，今存残卷，是南宋宁宗时刊印。④

可知姑苏居氏《东坡前后集》在麻沙书坊《大全集》《备成》之后刊印，苏符兄弟所刊印在绍兴中后期，时间皆在今存"最为善本"南宋孝宗时所刊《东坡集》残本之前，苏峤所刻建安本则稍迟。江州本情况不明，傅增湘《藏园群书经眼录》著录《东坡集》10 卷（卷 6—15）、《后集》9 卷（卷 1—3、卷 5—10），"避宋讳至'慎'字止，审其字体，疑江西刻本"，⑤ 未详是否即此本。张氏所刊吉州本，即赵希弁《读书附志》所云"淳祐甲辰庐陵郡庠刻"者，乃补建安本"删略"者，实为建安本之"补遗耳"。⑥ 因此，认为现存明成化刊本《东坡七集》前 6 集出自南宋曹训刊本，曹本"当即据蜀本覆刻"，而"蜀本除多《应诏集》外，其他六集（包括《东坡集》在内——引者注）都与杭本同"的说法，其依据并不充分。

钦宗即位后，解除针对元祐党人的禁令，故南宋以后，世人颇有收集苏轼散佚诗文编纂入集并刊印者，其间往往误收"伪作"者。如南宋初王铚《四六话》"上卷之末，载其父素为滕甫辨谤乞郡札子误刻苏轼集中。铚据素手迹，殆必不

---

① 洪迈：《容斋随笔·五笔》卷 9《擒鬼章祝文》，上海：上海古籍出版社，1978 年，第 909 页。

② 余嘉锡：《四库提要辨证》卷 22《东坡全集一百十五卷》，北京：中华书局，1980 年，第 1361 页。

③ 祝尚书：《宋人别集叙录》卷 9《东坡集》条，第 417 页。

④ 祝尚书：《宋人别集叙录》卷 9《东坡集》条，第 419—421 页。苏轼文集尚有黄州本，"北宋末刻、南宋递修本"，今存《东坡后集》《奏议集》《外制集》《和陶诗》残本，"分藏数地"，因《前集》已佚，故本文未加讨论，参见祝尚书《宋人别集叙录》卷 9《东坡集》条，第 409—413 页。

⑤ 傅增湘：《藏园群书经眼录》卷 13，北京：中华书局，2009 年，第 1164 页。

⑥ 余嘉锡：《四库提要辨证》卷 22《东坡全集一百十五卷》，第 1361 页。

诬。今轼集仍载此文，盖失于厘正"。① 按王铚云："先子为滕作陈情表，手简尚在，今乃误印在东坡市本文内。"② 此文载今传本《东坡七集》的《奏议集》卷15，题曰《代滕甫辨谤乞郡状》。

陈善《扪虱新话》也记载："《东坡集》有《叶嘉传》，此吾邑陈表民作也……予尝恨荆公、东坡文字至今无全集……予观《坡集》中如《醉乡》《睡乡记》之类，鄙俚浅近，决非坡作。或云坡只有《江摇柱传》，它皆非是。今市肆往往逐时增添改换，以求速售，而官不之禁也。虽《欧公集》已经东坡纂类，至今犹有续添之文，况未编者乎？"③

这一现象不仅存在于《东坡集》，在南宋初年编纂刊印的欧阳修、王安石、司马光等文集中也同样存在。此乃宋代社会文化需求颇盛，图书刊印技术普及，以至文人文集一编再编，在传抄刊印中往往"续添"诗文篇什，也实属普遍，宋人对此多有记录。

综上可知，北宋杭本久已亡佚，宋人除陈振孙《直斋书录解题》云及"盖杭本，当坡公无恙时已行于世矣"外，并未留下多少记载。由于杭本《东坡集》有前集、后集，而今传世本包括南宋孝宗时刊本《东坡后集》收入苏轼卒前不久之文，故知其成编当在其身后，也可推断所谓北宋杭本不可能在苏轼身前"已行于世"。因此，不能因苏辙为苏轼所作墓志铭所列举苏轼文集的"集名、卷数，与杭本悉同"，就认为"杭本的编次实出于苏氏之意。《东坡集》且系轼手自编定"，以至断定苏轼在世"已行于世"的杭本"就不可能羼入伪作"。

四、《邵氏闻见录》是否最早述及《辨奸论》

成书于两宋之交的邵伯温《邵氏闻见录》，不仅收载苏洵《辨奸论》一文，而且称《辨奸论》"独张文定公（张方平）表先生墓具载之"，并述及苏洵撰作

① 《四库全书总目》卷195《四六话》，第1783页。
② 王铚：《四六话》卷上，景印文渊阁《四库全书》第1478册，第950页。
③ 陈善：《扪虱新话》卷6《陈表民叶嘉传》，查清华整理，《全宋笔记》第5编第10册，郑州：大象出版社，2012年，第54页。

《辨奸论》的缘起与其影响。① 但仔细辨析《邵氏闻见录》内容，可见其也非全录自张方平《墓表》，如《墓表》称苏洵撰《辨奸论》在嘉祐八年（1063）王安石之母死后不久，而邵伯温则改在嘉祐初王安石、苏洵初识时。又"虽其二子，亦有嘻其甚矣之叹"一语，显然自苏轼《谢书》"《辨奸》之始作也，自轼与舍弟皆有'嘻其甚矣'之谏"而来。

因邵伯温此条记录中疑问颇多，清人李绂遂称《辨奸论》一文"始见于《邵氏闻见录》中。《闻见录》编于绍兴二年，至十七年，婺州学教授沈斐编老苏文集，附录二卷，有载张文定公方平所为《老泉墓表》，中及《辨奸》。又有东坡《谢张公作墓表书》一通，专序《辨奸》事。窃意此三文皆赝作，以当日情事求之，固参差而不合也"，故"疑《墓表》与《辨奸》皆邵氏于事后补作也"。② 蔡上翔根据邵伯温此书中多诋毁王安石之语，进而推断此《辨奸论》《墓表》《谢书》三文皆邵氏伪作。

李、蔡二人之说，论证并不充分，空发议论，仅从文辞语气类似断言，故疑窦也多，但由此开启后人对《辨奸论》著者真伪的论争。李绂、蔡上翔以下持伪作说者，大多以为苏洵《辨奸论》、张方平《墓表》与苏轼《谢书》三文皆出自邵伯温所为，因而在相当程度上，遂将《辨奸论》是否伪作之论辩转向《辨奸论》是否为邵伯温伪作的讨论。

早在 1908 年，梁启超撰《王荆公》（后名《王安石传》），其论述《辨奸论》真伪问题，基本祖述李绂、蔡上翔之说，称其为邵伯温之伪作，"夫明允非圣人，就令其尝为此文以诋荆公，亦何足为荆公病！然伪者自伪，不得以为真也。邵氏之流，以诬荆公并诬明允"。③ 胡适也说"《辨奸论》之为伪作，李绂辨的最为明白"。④

邓广铭在《王安石》"前记"中说："《辨奸论》冒称是北宋苏洵的作品，实际却是南宋初年的一个文人捏造的。南宋初年，在政治方面正充满了反对新党和新法的空气，而一般文人学士又正对苏洵、苏轼的作品极其崇拜"，于是"北宋

---

① 邵伯温：《邵氏闻见录》卷 12，李剑雄、刘德权点校，北京：中华书局，1983 年，第 130—131 页。张方平字安道，谥文定。

② 蔡上翔：《王荆公年谱考略》卷 10，《王安石年谱三种》，第 376—378 页。

③ 梁启超：《王安石传》，海口：海南出版社，1993 年，第 61—62 页。

④ 胡适：《苏洵的辨奸》，《吴淞月刊》第 1 期，1929 年 4 月。

时代守旧党徒邵雍的儿子邵伯温，便假借苏洵的名义，装扮成预言家的模样，捕风捉影地罗列了一些事件"，撰作《辨奸论》，"断定王安石如一旦当政，必然要为祸天下"。故此《辨奸论》乃是代替反对王安石变法"豪绅大地主们……泄愤而作，所以在伪造成功之后，立即普遍哄传起来"。①

而章培恒、王水照等学者认为，早在邵伯温《邵氏闻见录》前，方勺所撰《泊宅编》已述及《辨奸论》。

方勺《泊宅编》分 3 卷本、10 卷本两个系统，述及《辨奸论》之文字仅载于 3 卷本系统。《宋史·艺文志》、陈振孙《直斋书录解题》所著录的《泊宅编》仅有 10 卷本，且现见南宋诸书所引述《泊宅编》者皆出自 10 卷本。"其三卷本记事一一〇条，虽较十卷本少八十一条，然亦有二十六条为十卷本所不载"，故有学者推断此 3 卷本"可能是方勺勒成此编前的初稿本，当时并未付梓"，明万历年间刻入《稗海》后，"才广泛流布开来"。② 章培恒则认为"十卷本实为三卷本之增订本，既有所补充，也有所删订"，考证"三卷本成书当宣和七年"，"十卷本之成书当在绍兴八年以后"。至于邵伯温绍兴二年才"开始作《闻见录》"，大抵据张方平《墓志》述及《辨奸论》一文，"宋人笔记中述及《辨奸》的，当以此为最早"。③

章文认定邵伯温于绍兴二年撰作《闻见录》，乃基于邵伯温《闻见录自序》与其子邵博之《序》。邵伯温《自序》：

> 伯温蚤以先君子之故，亲接前辈，与夫侍家庭，居乡党，游宦学，得前言往行为多。以畜其德则不敢当，而老景侵寻，偶负后死者之责，类之为书，曰《闻见录》，尚庶几焉。绍兴二年十一月十五日壬申，河南邵伯温书。④

① 邓广铭：《王安石》，北京：三联书店，1953 年，"前记"，第 5 页。因受体裁、篇幅等限制，邓广铭未就此问题展开进一步论证。
② 方勺：《泊宅编》，许沛藻、杨立扬点校，北京：中华书局，1983 年，"点校说明"，第 2 页。
③ 章培恒：《〈辨奸论〉非邵伯温伪作——兼论〈王荆公年谱考略〉中的有关问题》，《献疑集》，第 76—81 页。
④ 邵伯温：《原序》，《邵氏闻见录》，第 1 页。

邵博《序》云："先君……此书独晚出，虽客寓疾病中，笔削不置，其心可悲矣。先君既不幸，上得其平生之言，有制褒扬甚备。博不肖，终无以显先君之令德。类次其遗书既成，于绝编断简之中得《闻见录》，为次第二十卷，并传于代。"但《闻见录》卷 5 载"（元祐）后于艰难中辅成上圣德为多。后崩，上哀悼甚，不能视朝者累日，下诏服齐衰，谥曰昭慈圣献"。① 因元祐皇后崩于绍兴元年四月，谥曰昭慈献烈，至绍兴三年四月改谥曰昭慈圣献。② 故章文认为"邵伯温的《闻见录》当于绍兴二年十一月开始写作，至绍兴四年伯温死时尚未定稿，后由其子邵博为之分卷编次，遂行于世"；"绍兴二年之序当非成书后所撰，而为着手著书时之作"。③

邓广铭同意章文有关《泊宅编》3 卷本成于宣和七年的观点，但认为邵伯温《闻见录自序》中"类之为书，曰《闻见录》"之"类"字乃"编次之意"，而"'之'字则必指已经写成的若干条记事而言"，"倘非已经积累了许多条目，邵伯温将要把什么编类为书呢？而今硬要把'类之为书'解释为'着手著书'之时，岂非有意改变其语义吗？"

邓氏进而推测，"如有关《辨奸论》等条乃是绍兴二年的七八年前乃至十来年前，亦即早于三卷本《泊宅编》中那条记事两三年所写成，而且在写成之后，为求扩大其影响而广为散布、宣扬，致使方勺在闻悉之后立即笔之于《泊宅编》中，这不是极为顺理成章的事吗？如邵博《序》中所说，《闻见录》的刊行乃是邵伯温逝世以后的事，但未印全书之前，并不排除有某些条目先已采用了传抄或刻印的办法而流行于世"。邓氏举王安石《与孙子高书》为例，证明宋代"刊印篇页不多的文章或文献资料，乃是极容易、极常见的事。所以，不能把《闻见录》印行于绍兴四年以后，用来反证邵伯温关于《辨奸论》的那篇记事并非在宣和七年之前早已流传于世"。

邓氏进而认为，"张方平撰作老苏《墓表》和苏轼函谢张方平撰《墓表》的信息，既然也都是在邵伯温这同篇记事中第一次透露出来，当然也就可以断言其

---

① 邵伯温：《邵氏闻见录》附录《邵博河南邵氏闻见录序》，第 231 页；卷 5，第 41 页。
② 《宋史》卷 26《高宗纪三》、卷 27《高宗纪四》，第 487、504 页。
③ 章培恒：《〈辨奸论〉非邵伯温伪作——兼论〈王荆公年谱考略〉中的有关问题》，《献疑集》，第 30—31 页。

为邵伯温所伪为了"。① 但王水照撰文支持章氏之说，认为邓文所云"邵氏伪造
《辨奸论》后，先单篇流传，此说惜无证据"。② 邓广铭再撰文重申己说，主张将
"类之为书"曲解为"着手著书"是"完全错误的"。③ 王水照也再撰文申述己
说，并举宋建炎元年（1127）朱弁奉使金朝被羁留 17 年，直至绍兴十三年始南
归，次年卒。《四库全书总目》考定朱弁于"留金时"撰写笔记《曲洧旧闻》，
"追述北宋遗事，无一语及金，故曰'旧闻'"，于书中述及苏洵撰《辨奸论》
事，因当时朱弁"在北方也很难能看到绍兴四年以后才刊行的《邵氏闻见
录》"，其"关于苏洵作《辨奸论》的记述，当是使金前所得之'旧闻'，亦与
邵书无涉"。④

综上诸说，章文以为"类之为书"一语乃指邵伯温于"绍兴二年十一月开始
写作"《闻见录》，似失之拘泥。邓文关于《邵氏闻见录》成书经过以及《泊宅
编》涉及《辨奸论》文字抄录自邵伯温的解释则显见勉强。从现见史料及宋人撰
写笔记的一般情况看，大抵可认定方勺《泊宅编》3 卷本成书在《邵氏闻见录》
之前，《邵氏闻见录》并非最早述及《辨奸论》的宋人笔记。

此外，方健又因 3 卷本《泊宅编》卷上云及宗泽"靖康中为副元帅，后尹开
封卒"，称宗泽卒于建炎二年，故"方勺是编，最早定稿于南宋初无疑"，章培恒
考订 3 卷本《泊宅编》成书于宣和七年"不无小误"。⑤ 方健此说实有疑问。检
《泊宅编》点校本，是以《读书斋丛书》本为底本，于"泽靖康中为副元帅，后
尹开封卒"一句下出校记云："按《稗海》本、《金华丛书》三卷本无此十三
字。"⑥ 章文亦举书中 7 条证据以证明 3 卷本《泊宅编》成书于宣和七年，并强

---

① 邓广铭：《〈辨奸论〉真伪问题的重提与再判》，袁行霈主编：《国学研究》第 3 卷，第
444—446 页。

② 王水照：《〈辨奸论〉真伪之争》，《王水照自选集》，第 741 页。

③ 邓广铭：《再论〈辨奸论〉非苏洵所作——兼答王水照教授》，王元化主编：《学术集林》
第 13 卷，第 77 页。

④ 王水照：《再论〈辨奸论〉真伪之争——读邓广铭先生〈再论《辨奸论》非苏洵所
作〉》，王元化主编：《学术集林》第 15 卷，第 257—258 页。

⑤ 方健：《〈辨奸论〉伪作说新证——纪念徐规先生归道山一周年而撰》，《徽音永著：徐规
教授纪念文集》，上海：华东师范大学出版社，2012 年，第 284 页。

⑥ 方勺：《泊宅编》卷上，第 77 页。

调："三卷本以明《稗海》本为依据；四库本及《读书斋丛书》等清刊三卷本《泊宅编》，已据十卷本作过增改，非三卷本原貌，不可从。"[1] 经对勘 3 卷本、10 卷本诸相关文字，章氏之说可从，即上述"泽靖康中为副元帅，后尹开封卒" 13 字，当自 10 卷本补入。

五、《辨奸论》撰写时间、动机及苏氏、王氏之关系

关于《辨奸论》撰作时间，据诸书所云，大抵有嘉祐初与嘉祐末两种说法。张方平《墓表》云：

> 嘉祐初，王安石名始盛，党友倾一时，其命相制曰："生民以来，数人而已。"造作言语，至以为几于圣人。欧阳修亦善之，劝先生与之游，而安石亦愿交于先生。先生曰："吾知其人矣，是不近人情者，鲜不为天下患。"安石之母死，士大夫皆吊之，先生独不往，作《辨奸论》一篇。

又称"先生既没三年而安石用事，其言乃信"。[2] 王安石母吴氏嘉祐八年八月卒于京师。[3] 若《辨奸论》撰于嘉祐八年，因苏轼、王安石初识于嘉祐元年，如此则颇失苏洵"能见微而知著"，即一见王安石便能识别其为"大奸慝"的"先见"之明。更为关键的是，如后人所言，苏洵"此举未免太不合情理，交游之母丧，不仅不往吊，反作《辨奸》一文恶攻之，除非两人有深仇大恨或作者心理变态，常人决不会有此出格得匪夷所思之举"。[4]

据《默记》记载，王安石"丁母忧，已五十矣，哀毁过甚，不宿于家，以藁秸为荐，就厅上寝于地"。[5] 此类行为是世俗传统大加称誉的孝德。《辨奸论》强

---

① 章培恒：《〈辨奸论〉非邵伯温伪作——兼论〈王荆公年谱考略〉中的有关问题》，《献疑集》，第 76 页。
② 张方平：《乐全集》卷 39《文安先生墓表》，景印文渊阁《四库全书》第 1104 册，第 488 页。
③ 蔡上翔：《王荆公年谱考略》卷 9，《王安石年谱三种》，第 355 页。
④ 方健：《〈辨奸论〉伪作说新证——纪念徐规先生归道山一周年而撰》，《徽音永著：徐规教授纪念文集》，第 270 页。
⑤ 王铚：《默记》卷下，朱杰人点校，北京：中华书局，1981 年，第 48 页。

调"凡事之不近人情者，鲜不为大奸慝"，而苏洵如此之行为也显属"事之不近人情者"，则亦当归入"大奸慝"之列？鉴于此，宋人著述中将撰作《辨奸论》之时间提前至嘉祐初年者。方勺《泊宅编》云：

> 温公在翰苑时，尝饭客，客去，独老苏少留，谓公曰："适坐有囚首丧面者何人？"公曰："王介甫也，文行之士，子不闻之乎？"洵曰："以某观之，此人异时必乱天下，使其得志立朝，虽聪明之主，亦将为其诳惑。内翰何为与之游乎？"洵退，于是作《辨奸论》行于世。是时介甫方作馆职，而明允犹布衣也。①

《泊宅编》所载颇有舛误：其一，温公即司马光，神宗治平四年三月方拜翰林学士，四月除御史中丞，九月复为翰林学士，至熙宁三年九月出知永兴军。② 欧阳修于至和元年（1054）九月除翰林学士，嘉祐五年十一月拜枢密副使。③ 可见《泊宅编》"温公"当作"欧公"。其二，嘉祐四年五月，"度支判官、祠部员外郎王安石累除馆职，并辞不受，中书门下具以闻，诏令直集贤院。安石犹累辞乃拜"。④ 可证嘉祐初王安石尚未为馆职。

邵伯温《邵氏闻见录》据张方平《墓表》引录《辨奸论》全文，并述及其撰写时间：

> 眉山苏明允先生，嘉祐初游京师，时王荆公名始盛，党与倾一时，欧阳文忠公亦善之。先生，文忠客也，文忠劝先生见荆公，荆公亦愿交于先生。先生曰："吾知其人矣，是不近人情者，鲜不为天下患。"作《辨奸论》一篇，为荆公发也……后十余年，荆公始得位为奸，无一不如先生言者。⑤

① 方勺：《泊宅编》卷上，第65—66页。
② 马峦、顾栋高：《司马光年谱》，冯惠民点校，北京：中华书局，1990年，第106、107、118、158页。
③ 刘德清：《欧阳修纪年录》，上海：上海古籍出版社，2006年，第258、349页。
④ 《长编》卷189，嘉祐四年五月壬子条，第4566页。
⑤ 邵伯温：《邵氏闻见录》卷12，第130—131页。

邵氏不取张方平《墓表》所云《辨奸论》撰于嘉祐末之说，而改称此文作于嘉祐初，疑是参考方勺之说，并增加"后十余年，荆公始得位为奸"，似是为遮掩《墓表》之失。

《墓表》又称《辨奸论》写成后，"当时见者多不谓然"。《泊宅编》则说此文成于嘉祐初并"行于世"，《邵氏闻见录》也说"斯文出，一时论者多以为不然"。以上说法虽不尽同，但皆称《辨奸论》撰成后曾传于世。然而考诸当时或稍后之人，未曾有人提及《辨奸论》（《墓表》《谢书》二文除外），甚至连以搜集当代史料闻名一时的司马光，人称其"闻新事，即录于册，且记所言之人"，故当时民谚有"今事勿告君实"之语，[1] 其所撰《涑水记闻》就载录不少当时士大夫（包括苏洵）言行，却无只言片语述及《辨奸论》一文。为此，针对司马光"吕献可之先见，余不及也"之语，邵伯温颇为不解道："若明允先生，其知荆公又在献可之前十余年矣，岂温公不见《辨奸》耶？"[2] 此也可作为《辨奸论》不撰于嘉祐年间乃至英宗、神宗朝之一证。

如《泊宅编》《邵氏闻见录》等所载，苏洵初识王安石，即断定其为"大奸慝"，专撰一文攻讦之，自然使人觉得不可思议。为此，众人纷纷寻找其中缘由。如叶梦得《避暑录话》卷上：

> （苏洵）嘉祐初来京师，一时推其文章。王荆公为知制诰，方谈经术，独不嘉之，屡诋于众，以故明允恶荆公甚于仇雠。会张安道亦为荆公所排，二人素相善，明允作《辨奸》一篇，密献安道。[3]

叶梦得所云大概也是出自传言，并加以自己的推测。如王安石为知制诰在嘉祐六年六月，[4] 而"会张安道亦为荆公所排"，据方勺《泊宅编》"王荆公当国，欲逐

---

① 周必大撰，王瑞来校证：《周必大集校证》卷 182《二老堂杂志·记陆务观二说》，第 2778 页。

② 邵伯温：《邵氏闻见录》卷 12，第 131 页。

③ 叶梦得：《避暑录话》卷上，《全宋笔记》第 2 编第 10 册，第 247 页。

④ 蔡上翔：《王荆公年谱考略》卷 9，《王安石年谱三种》，第 351 页。

张方平",① 时在熙宁间。故叶氏言"明允作《辨奸》一篇，密献安道"，乃与下文"《辨奸》久不出"之语相呼应。

又如龚颐正《芥隐笔记》云：

> 荆公在欧公坐，分韵送裴如晦知吴江，以"黯然消魂，唯别而已"分韵。时客与公八人，荆公、子美、圣俞、平甫、老苏、姚子张、焦伯强也。时老苏得"而"字押"谈诗究乎而"。荆公乃又作"而"字二诗："采鲸抗波涛，风作鳞之而。"盖用《周礼·考工记》："梓人深其爪，出其目，作其鳞之而。"（原注：之而，颊颔也。）又云："春风垂虹亭，一杯湖上持。傲兀何宾客，两忘我与而。"最为工。君子不欲多上人，王、苏之憾，未必不稔于此也。②

苏洵于嘉祐元年五六月间抵京师，十月中裴煜（字如晦）出知吴江县。③ 时王安石在京任群牧判官，王、苏初识当在是年。

文人雅士于酒宴上分韵作诗，乃是宋代士大夫间交游常态。嘉祐元年，众人曾于席上赋《虎图》诗，"或言王介甫、欧阳永叔、梅圣俞与一时闻人，坐上分题赋虎图。介甫先成，众服其妙，永叔乃袖手"。④ 如此雅量，允为文坛佳话。方健考证，嘉祐元年王安石、苏洵同时参与的聚会酬唱至少还有2次：一次是以欧阳修家中白兔为题的唱酬，参与者除欧阳、王、苏外，尚有梅尧臣、刘敞、刘攽、韩维，凡七人；另一次是李大临知邛州离京之际的饯行宴集诗会，与会者除王安石、梅尧臣外，尚有苏洵、苏颂等人。

在苏洵初至汴京的嘉祐元年，其与王安石在宴集唱酬活动中至少有3次交游经历，"如初识即已结怨，就不可能有一而再、再而三的交往。在汴京官场社会

---

① 方勺：《泊宅编》卷7，第41页。

② 龚颐正：《芥隐笔记·荆公押而字》，李国强整理，《全宋笔记》第5编第2册，郑州：大象出版社，2012年，第92—93页。

③ 刘成国：《王安石年谱长编》卷3，北京：中华书局，2018年，第367—368页。

④ 李壁笺注：《王荆文公诗笺注》卷7《虎图》，高克勤点校，上海：上海古籍出版社，2010年，第164页。

的文人交友圈中，二人堪称常客，如因诗而交恶，实乃不可想象"。① 确实，饯别李大临的诗会，据苏颂《即席分韵送李才元学士守临邛》诗有"岁晏风惨惨，行役心欣欣"句，推知其宴集时在是年末。② 方健又据苏洵嘉祐四年《自尤》诗序"予生而与物无害。幼居乡间，长适四方，万里所至，与其君子而远其不义。是以年五十有一，而未始有尤于人，而人亦无以我尤者"，以为苏洵当不至于初识王安石，即因诗会雅集产生不快乃至怨尤，甚而撰作《辨奸论》以刺之。且嘉祐八年吴中复出知潭州时，王安石、苏洵等皆有送行之诗，可见至此时王、苏并未绝交。③

显然，将苏洵撰作《辨奸论》系于嘉祐元年其与王安石初识之时，仍不合情理。为此，朱熹对苏洵撰作《辨奸论》的动机提出另一解释：

> 老苏《辨奸》，初间只是私意如此，后来荆公做不著，遂中他说。然荆公气习，自是一个要遗形骸、离世俗底模样，吃物不知饥饱。尝记一书，载公于饮食，绝无所嗜，惟近者必尽。左右疑其为好也，明日易以他物，而置此品于远，则不食矣。往往于食未尝知味也……近世吕伯恭亦然，面垢身污，似所不恤，饮食亦不知多寡。要之，即此便是放心。《辨奸》以此等为奸，恐不然也。老苏之出，当时甚敬崇之，惟荆公不以为然，故其父子皆切齿之。④

朱熹所言，显然是看出世人所传苏洵撰《辨奸论》的时间与动机不合情理，但其言"老苏《辨奸》，初间只是私意如此，后来荆公做不著，遂中他说"，仍似不然。稍早于朱熹的朱弁，在《曲洧旧闻》中记载道：

---

① 方健：《〈辨奸论〉伪作说新证——纪念徐规先生归道山一周年而撰》，《徽音永著：徐规教授纪念文集》，第 269 页。
② 参见刘成国：《王安石年谱长编》卷 3，第 375—376 页。
③ 方健：《〈辨奸论〉伪作说新证——纪念徐规先生归道山一周年而撰》，《徽音永著：徐规教授纪念文集》，第 269—270 页。
④ 黎靖德编：《朱子语类》卷 130，第 3109 页。

王荆公性简率，不事修饰奉养，衣服垢污，饮食粗恶，一无所择，自少时则然。苏明允著《辨奸》，其言衣臣虏之衣、食犬彘之食、囚首丧面而谈诗书，以为不近人情者，盖谓是也。然少喜与吕惠穆、韩献肃兄弟游。为馆职时，玉汝常率与同浴于僧寺，潜备新衣一袭，易其敝衣，俟其浴出，俾其从者举以衣之，而不以告，荆公服之如固有，初不以为异也。及为执政，或言其喜食獐脯者，其夫人闻而疑之，曰："公平日未尝有择于饮食，何忽独嗜此？"因令问左右执事者曰："何以知公之嗜獐脯耶？"曰："每食不顾他物，而獐独尽，是以知之。"复问："食时，置獐脯何所？"曰："在近匕箸处。"夫人曰："明日姑易他物近匕箸。"既而果食他物尽，而獐脯固在，而后人知其特以其近故食之，而初非有所嗜也。人见其太甚，或者多疑其伪云。①

可见朱熹所谓"尝记一书"，似即指朱弁此书。不过，朱熹的说法，世人少有呼应者。宋末周密就曾批评朱熹此说：

苏明允《辨奸》，尝见直斋陈先生言此虽为介甫发，然间亦似及二程，所以后来朱晦庵极力回护云："老苏《辨奸》初间只是私意，后来荆公做不著，遂中他说。然荆公气习，自是要遗形骸、离世俗的规模，要知此便是放心。《辨奸》以此为奸，恐不然也。"②

后世对于周密所言颇有应和者。如张家驹 1961 年撰文认为，在北宋后期党争激烈背景下，属于洛党的邵伯温"在《辨奸论》文中，还用'收召好名之士'和'以为颜渊、孟轲复出'等句语，装成苏氏口吻来影射二程"，其"不但假造了一篇《辨奸论》，更假造了苏轼《谢张方平书》，作为苏洵著《辨奸论》的伪证。说明他之所以假借名义攻讦王安石，固然是想借重这位文人的大名，更重要的是

---

① 朱弁：《曲洧旧闻》卷 10，孔凡礼点校，北京：中华书局，2002 年，第 230—231 页。
② 周密：《浩然斋雅谈》卷上，黄宝华整理，《全宋笔记》第 8 编第 1 册，郑州：大象出版社，2017 年，第 137 页。

含有中伤苏氏父子之意"。① 其云《辨奸论》"影射二程"，似源出于《浩然斋雅谈》，进而以为邵伯温伪托苏洵作《辨奸论》，"固然是想借重这位文人的大名，更重要的是含有中伤苏氏父子之意"，却是发前人所未言。此后，吴孟复、詹亚园也认为《辨奸论》不似专门针对王安石，"如果说它是针对北宋理学家而言，似更惬当"。② 不过上述诸说法大抵皆出自猜度，无法证实。

此外，刘少泉《苏老泉年谱》将《辨奸论》系于嘉祐五年，"是时，王安石的名声始盛，欧阳修劝苏洵与之交游。洵则说：'是不近人情者，鲜不为天下患。'乃作《辨奸论》"。③ 不过刘少泉之说缺少依据，乃要附会"党友倾一时"之说，曾枣庄已撰文批评此说。④

虽然苏洵自称年过半百而从未与人有过怨尤，但因《辨奸论》一文，宋人文献中多有述及王安石与苏洵交往乃至交恶的记载。如张方平《墓表》、方勺《泊宅编》、邵伯温《邵氏闻见录》，虽未直接记载苏洵与王安石交恶，但称二人于嘉祐元年初识时，苏洵便"吾知其人矣，是不近人情者，鲜不为天下患"。只是《墓表》称二人虽初识于嘉祐初，苏洵撰作《辨奸论》却在嘉祐末王安石母死之际。至于龚颐正《芥隐笔记》推断王、苏二人乃因宴会赋诗不相下而交恶；叶梦得《避暑录话》乃称苏洵"嘉祐初来京师，一时推其文章。王荆公为知制诰，方谈经术，独不嘉之，屡诋于众，以故明允恶荆公甚于仇雠"。⑤ 所言虽各异，大都出于推测。

对于苏洵初识王安石之时，即断定其为"奸慝"，并预言若干年后其将"为天下患"的原因，曾枣庄认为两人在嘉祐元年以前，"由于观点的分歧和友人的影响，苏洵对王安石就形成了不好的看法"，所撰《衡论》《权书》等，议论"似乎是专门针对王安石而发的"，《田制》所批评的"天下之士"恢复井田的"迂论"，无疑包括主张恢复井田制的王安石。故曾文据张方平《墓表》、方勺

---

① 张家驹：《〈辨奸论〉的伪造为北宋末年党争缩影说——并略论邵伯温及其〈闻见录〉》，《文汇报》1961 年 4 月 4 日。

② 吴孟复、詹亚园：《苏洵思想新探》，《安徽大学学报》1982 年第 3 期。

③ 刘少泉：《苏老泉年谱》，成都：四川省中心图书委员会，1981 年，第 100 页。

④ 曾枣庄：《刘少泉〈苏老泉年谱〉商榷》，《四川图书馆学报》1983 年第 4 期。

⑤ 叶梦得：《避暑录话》卷上，《全宋笔记》第 2 编第 10 册，第 247 页。

《泊宅编》所载，直称王、苏初次会面时，"就互相鄙视、诋毁"。而王、苏二人矛盾如此"深沉"，绝非"仅仅是由作诗引起"，而与二人"政治、学术主张的不同是分不开的"：主要在于苏洵"本好言兵"，其"《机论》《衡策》文甚美，然大抵兵谋权利机变之言也"，[①] 而王安石则"方谈经术"，故对苏洵"独不嘉之"。

嘉祐三年，两人皆向宋仁宗上书言法治之事，但其持论正相反。嘉祐六年，苏轼应制科试所作《进策》，内有反驳王安石论议之说，故王安石有苏轼策文"全类战国文章，若安石为考官，必黜之"之语。其后撰作授苏轼大理评事制词中隐含教训之词，且不愿撰写授苏辙商州军事推官制词，即王安石认为苏辙策文之意在"右宰相，专攻人主，比之谷永，不肯撰词"。曾文并称苏辙由此"只好请求在家侍父，未能赴任"。因此，随着矛盾尖锐化，王安石"声望又越来越高"，而士大夫且不能"辨奸"，故而苏洵"最终产生写作《辨奸论》的冲动"。[②]

对于曾氏此说，徐文明通过引证大量材料证明苏洵与王安石思想中的相同处，主张二人"基本立场和政治主张是非常接近的，假造苏、王思想冲突以说明《辨奸论》成立的根据是不能成立的"，并称"为了攻击王安石和变法运动，为了说明《辨奸论》为真，苏洵总是被后人刻意打扮成保守派的代言人，这与真实的苏洵相去甚远"。[③]

宋人确有《辨奸论》乃"苏氏宿憾之言也"的说法，[④] 但曾文为论证苏洵、王安石交恶的部分史料，并未辨别其记载失实等情况，且存在随意发挥之处。故其有关苏、王于嘉祐元年以前的政见已多有不合，此后矛盾日趋尖锐而作《辨奸论》之说，确实颇为牵强。

对于《辨奸论》撰成之后是否为他人所知晓、传播，众人对此文的态度如何，其影响苏、王之关系又如何，诸书所载也颇相异同。张方平《墓表》云《辨奸论》写成，"当时见者多不谓然，曰'嘻其甚矣'"。[⑤] 而苏轼《谢书》有谓

---

① 邵博：《邵氏闻见后录》卷 14，第 111 页。"《机论》《衡策》"为"《机策》《衡论》"之误。
② 曾枣庄：《〈辨奸论〉真伪考》，《三苏研究——曾枣庄文存之一》，第 116—121 页。
③ 徐文明：《苏洵与王安石思想异同论》，《清华大学学报》2002 年第 2 期。
④ 陈善：《扪虱新话》卷 6《苏明允辨奸论》，《全宋笔记》第 5 编第 10 册，第 50 页。
⑤ 张方平：《乐全集》卷 39《文安先生墓表》，景印文渊阁《四库全书》第 1104 册，第 488 页。

"伏蒙再示先人墓表，特载《辨奸》一篇……《辨奸》之始作也，自轼与舍弟皆有'嘻其甚矣'之谏，不论他人，独明公一见，以为与我意合。公固已论之先朝，载之史册。今虽容有不知，后世决不可没"。① 如此则《辨奸论》撰成之初，即已外传，故有"当时见者多不谓然"之说。邵伯温《邵氏闻见录》亦称"斯文出，一时论者多以为不然，虽其二子，亦有'嘻其甚矣'之叹"，显属据引《谢书》之语。但邵氏又云：

> 吕献可中丞于熙宁初荆公拜参知政事日，力言其奸，每指荆公曰："乱天下者，必此人也。"……温公怅然曰："吕献可之先见，余不及也。"若明允先生，其知荆公又在献可之前十余年矣，岂温公不见《辨奸》耶？②

除苏轼《谢书》外，北宋后期似无人知道还有此《辨奸论》及《墓表》。于是叶梦得《避暑录话》中遂称当时"明允作《辨奸》一篇，密献安道。以荆公比王衍、卢杞，而不以示欧文忠。荆公后微闻之，因不乐子瞻兄弟，两家之隙遂不可解。《辨奸》久不出，元丰间，子由从安道辟南京，请为明允墓表，特全载之。苏氏亦不入石，比年少传于世"，③ 欲以此来解释直至北宋后期世人尚不知有《辨奸论》《墓表》之惑。此说却与邵博《邵氏闻见后录》所言有异：

> 东坡中制科，王荆公问吕申公见苏轼制策否，申公称之。荆公曰："全类战国文章，若安石为考官，必黜之。"故荆公后修《英宗实录》，谓苏明允有战国纵横之学云。

邵博又云：

> 《英宗实录》："苏洵卒，其子轼辞所赐银绢，求赠官，故赠洵光禄寺丞。"与欧阳公之《志》"天子闻而哀之，特赠光禄寺丞"不同。或云《实

---

① 张志烈等校注：《苏轼全集校注》卷49《谢张太保撰先人墓碣书》，第5319页。
② 邵伯温：《邵氏闻见录》卷12，第131页。
③ 叶梦得：《避暑录话》卷上，《全宋笔记》第2编第10册，第247页。

录》，王荆公书也。又书"洵《机论》《衡策》文甚美，然大抵兵谋权利机变之言也"。盖明允时，荆公名已盛，明允独不取，作《辨奸》以刺之，故荆公不乐云。①

邵博盖取其父所称《辨奸论》作于嘉祐初年之说，故王安石因"不乐"苏洵作《辨奸论》，遂不取苏轼之策文，并于《英宗实录》中贬低苏洵之学为"战国纵横之学"。然据前文辨析，《辨奸论》撰于嘉祐元年之说并不成立，所谓王安石因闻知苏洵尝作《辨奸论》而"不乐"苏氏父子，于嘉祐六年不取苏轼策文及在撰作授苏轼大理评事制词中隐含教训之词，且不愿撰写授苏辙商州军事推官制词诸说，皆不成立。

嘉祐八年王安石因丁母忧而居于金陵，治平四年方起用为翰林学士，熙宁二年二月参知政事。而苏洵卒于治平三年，苏轼兄弟扶柩归蜀，约熙宁二年二月初抵汴京。二月中，苏轼以殿中丞、直史馆判官告院，兼判尚书祠部；三月中，苏辙为制置三司条例司检详文字。② 史载当时"王安石以执政与陈升之领三司条例，命辙为之属"。《宋史·职官志》"制置三司条例司，掌经画邦计，议变旧法以通天下之利。熙宁二年置，以知枢密院陈升之、参知政事王安石为之，而苏辙、程颢等亦皆为属官"。苏辙以大名府推官丁忧"服除"授任此官，显属重用。

《宋史·苏轼传》称苏轼"熙宁二年还朝，王安石执政，素恶其议论异己，以判官告院。四年，安石欲变科举，兴学校，诏两制三馆议，轼上议……安石不悦，命权开封府推官，将困之以事"。③《宋史·苏轼传》所言，源自苏辙《亡兄子瞻端明墓志铭》：

> （苏轼）服除，时熙宁二年也。王介甫用事，多所建立。公与介甫议论素异，既还朝，置之官告院。四年，介甫欲变更科举，上疑焉，使两制三馆

① 邵博：《邵氏闻见后录》卷14，第111页。
② 孔凡礼：《苏轼年谱》卷8，第158页。
③ 《宋史》卷339《苏辙传》，第10822页；卷161《职官志一》，第3792页；卷338《苏轼传》，第10802、10804页。

议之。公议上……介甫之党皆不悦，命摄开封推官，意以多事困之。①

后世学者时有据上引文字论称王安石因《辨奸论》而"不乐子瞻兄弟"，故斥而冷落之。但据《宋史·职官志》，官告院"旧制，提举一人，以知制诰充；判院一人，以带职京朝官充"。② 嘉祐六年正月，"诏判尚书考功、祠部、官告院，自今并降敕差人理合入资序，仍给添支十千。故事，尚书省诸曹，惟判刑、吏部南曹许理资序，余遇有阙，即申中书，中书判送某官，谓之送印。时以堂除差遣者众，又三曹皆有事守，故以敕差之"。③ 可见官告院也属朝廷重要职事机构，而苏轼此时任殿中丞、直史馆，正是"带职京朝官"，在一定程度上也可称为重用。

至于命苏轼为开封府推官，起因也与《辨奸论》无关，且开封府推官也属重要职事官。元丰二年苏轼陷"乌台诗案"时，"旧传元丰间，朝廷以群言论公，独神庙惜其才，不忍杀。丞相王文公曰：'岂有圣世而杀才士者乎！'当时谳议，以公一言而决"。④ 王安石此言之有无虽存疑问，但由此可知宋人认为王安石曾发声以救苏轼。⑤ 元丰七年，王安石、苏轼相会于金陵，留连唱和，"诵诗说佛"，"尽论古昔文字"，相得甚欢，王安石甚至有"不知更几百年，方有如此人物"之叹。不过，此类交往唱和偏于应酬性质，远未能消弭两人政治上的严重分歧。⑥ 但如此交往，可证王安石因"微闻"有《辨奸论》而"不乐子瞻兄弟，两家之隙遂不可解"的说法不能成立。

邵博《邵氏闻见后录》又称因苏洵作《辨奸论》，故王安石"不乐"，遂于《英宗实录》"谓苏明允有战国纵横之学云"。又称"或云《实录》，王荆公书也"。故有人以此认为王、苏"两家之隙遂不可解"。

此处需加辨析者有三，其一，《英宗实录》中涉及苏洵文字是否为王安石所

---

① 《苏辙集·栾城后集》卷 23《亡兄子瞻端明墓志铭》，陈宏天、高秀芳点校，北京：中华书局，1990 年，第 1118 页。

② 《宋史》卷 163《职官志三》，第 3841 页。

③ 《长编》卷 193，嘉祐正月丁未条，第 4662 页。

④ 周紫芝：《太仓稊米集》卷 49《读诗谳》，景印文渊阁《四库全书》第 1141 册，第 347 页。

⑤ 参见刘成国：《王安石年谱长编》卷 7，第 2014 页。

⑥ 参见章培恒：《〈辨奸论〉非邵伯温伪作——兼论〈王荆公年谱考略〉中的有关问题》，《献疑集》，第 71—72 页。

撰；其二，评议苏洵"有战国纵横之学"是否公允；其三，《英宗实录》所载"苏洵卒，其子轼辞所赐银绢，求赠官，故赠洵光禄寺丞"是否事实。

关于《英宗实录》，据《宋史·神宗纪》，熙宁元年正月"丁酉，诏修《英宗实录》"；二年二月"庚子，以王安石参知政事，命翰林学士吕公著修《英宗实录》"；七月"己丑，韩琦上《仁宗实录》，曾公亮上《英宗实录》"。① 晁公武《郡斋读书志》载曾公亮等撰《英宗实录》30 卷："熙宁元年正月，诏公亮提举，吕公著、韩维修撰，孙觉、曾巩检讨。三月，又以钱藻检讨。四月，又以王安石、吴充为修撰。二年七月，书成上之。"② 陈振孙《直斋书录解题》称《英宗实录》乃"学士寿春吕公著晦叔、长社韩维持国、知制诰浦城吴充冲卿撰"。③

除上述曾公亮提举，吕公著、韩维、王安石、吴充为修撰，孙觉、曾巩、钱藻检讨外，参与编纂《英宗实录》尚有贾黯、④ 王珪等人。⑤ 有关《英宗实录》编纂过程，王明清据"先人手记"记云："《英宗实录》，熙宁元年曾宣靖提举，王荆公时已入翰林，请自为之，兼实录修撰，不置官属，成书三十卷，出于一手。东坡先生尝语刘壮舆羲仲云：'此书词简而事备，文古而意明，为国朝诸史之冠。'"⑥ 邵博《邵氏闻见后录》"或云《实录》，王荆公书也"之"或云"，大概指王明清《挥麈录》而言。马端临《文献通考·经籍考》引录《挥麈录》时，于"请自为之"之"请"作"宣靖"，即"宣靖自为之"。⑦

宣靖为曾公亮谥号，时拜昭文相，故提举《英宗实录》，书成，乃由其上进朝廷。而王安石于治平四年九月除翰林学士，熙宁元年三月底抵京师，遂与吴充

---

① 《宋史》卷 14《神宗纪一》，第 268、270、271 页。

② 晁公武撰，孙猛校证：《郡斋读书志校证》卷 6《英宗实录》，第 230 页。

③ 陈振孙：《直斋书录解题》卷 4《英宗实录》，第 129 页。

④ 《长编》卷 378 元祐元年五月甲申条："录故翰林侍读学士贾黯亲孙一名，以黯预修撰《英宗皇帝实录》，未及推恩而卒也。"（第 9192 页）

⑤ 杜大珪《名臣碑传琬琰集校证》卷 8《王文恭公珪神道碑》称王珪曾预"修《仁宗》《英宗实录》及《正史》，多所刊定，意足而无长语。拟稿上，先帝手诏以比班、马"（顾宏义、苏贤校证，上海：上海古籍出版社，2021 年，第 176 页）。

⑥ 王明清：《挥麈第三录》卷 1，燕永成整理，《全宋笔记》第 6 编第 1 册，郑州：大象出版社，2013 年，第 253 页。

⑦ 《文献通考》卷 194《经籍考二一》，上海师范大学古籍研究所、华东师范大学古籍研究所点校，北京：中华书局，2011 年，第 5636 页。

同差修《英宗实录》。① 当时王安石曾上札子乞免："臣准阁门报，敕差臣与吴充同修《英宗皇帝实录》。窃缘臣于吴充为正亲家，虑有共事之嫌。今来实录院止阙吕公著一人，臣于讨论缀缉，不如吴充精密，若止差吴充一人以代公著，自足办事。伏望圣恩详酌指挥，所有敕牒，臣未敢受。"② 时吕公著自翰林学士权知开封府，故王安石有"实录院止阙吕公著一人"之语。但最终辞而未允，故史载王安石"在翰林，兼修实录，一日，以诗题实录院壁云……不数日，遂参知政事"，③ 在熙宁二年二月间。王安石执政后，遂又命翰林学士吕公著修《英宗实录》。至七月，《英宗实录》成。

因此，将"熙宁元年曾宣靖提举，王荆公时已入翰林，请自为之，兼实录修撰，不置官属，成书三十卷，出于一手"之文，视作《英宗实录》30 卷出自王安石"一手"并不确切。王安石仅为实录院修撰，也无自行决定"不置官属"的权力，故"宣靖自为之"的说法似不能简单否定。

邵博《邵氏闻见后录》有鉴于《英宗实录》所载苏洵之事与欧阳修《墓志》中"天子闻而哀之，特赠光禄寺丞"之语存在不同，声称"或云《实录》，王荆公书也"，盖疑似之词也。至《实录》中又书"洵《机论》《衡策》文甚美，然大抵兵谋权利机变之言也"，则言之凿凿声称"盖明允时，荆公名已盛，明允独不取，作《辨奸》以刺之，故荆公不乐云"，并于另一处记事中明言"故荆公后修《英宗实录》，谓苏明允有战国纵横之学云"，④ 予以坐实之。

《太平治迹统类》所引《丁未录》云苏洵"来游京师，翰林欧阳修一见大称叹，以其所献文著于朝，由是名动京师，士争诵其文。时王安石名始盛，党与倾一时，修亦善之，劝洵与安石游，安石亦愿交于洵。洵曰：'吾知其人矣，是不近人情，鲜不为天下患。'作《辨奸论》以刺之。文既出，安石始衔洵。至是，轼中制科，安石问吕公著：'见苏轼制策否？'公著称之，安石曰：'全类战国文

① 刘成国：《王安石年谱长编》卷 3、卷 4，第 754、770、785 页。

② 《王安石文集》卷 42《乞免修实录札子》，刘成国点校，北京：中华书局，2021 年，第 702 页。

③ 吕希哲：《吕氏杂记》卷下，夏广兴整理，《全宋笔记》第 1 编第 10 册，郑州：大象出版社，2003 年，第 284 页。

④ 邵博：《邵氏闻见后录》卷 14，第 111 页。

章，若安石为考官，必黜之。'故安石修《英宗实录》，亦言洵有战国纵横之学"，① 乃抄录自《邵氏闻见录》《邵氏闻见后录》而成。可见，世人以为《英宗实录》中涉及苏洵文字乃王安石所撰之说，尚缺史证，多属推测之词。

关于《英宗实录》"（苏）洵有战国纵横之学"，也属时人对苏洵之学一般看法。如杨时"因论苏明允《权书》《衡论》曰：'观其著书之名已非，岂有山林逸民立言垂世，乃汲汲于用兵？如此所见，安得不为荆公所薄？'"② 佚名《道山清话》也称：

> 老苏初出蜀，以兵书遍见诸公贵人，皆不甚领略。后有人言其姓名于富韩公，公曰："此君专劝人行杀戮以立威，岂得直如此要官职做！"③

叶梦得也云：

> 苏明允本好言兵，见元昊叛，西方用兵久无功，天下事有当改作，因挟其所著书，嘉祐初来京师，一时推其文章……韩魏公至和中还朝为枢密使，时军政久弛，士卒骄惰，欲稍裁制，恐其忤怨而生变，方阴图以计为之。会明允自蜀来，乃探公意，遽为书，显载其说，且声言教公先诛斩。公览之大骇，谢不敢再见，微以咎欧文忠，而富郑公当国，亦不乐之，故明允久之无成而归。④

可见邵博将"洵有战国纵横之学"一语视作王安石的怨怼之词，也是出其臆测。

关于《英宗实录》所载"苏洵卒，其子轼辞所赐银绢，求赠官，故赠洵光禄

---

① 彭百川：《太平治迹统类》卷25《苏轼立朝大概》，扬州：江苏广陵古籍刻印社，1990年，第442页。

② 杨时：《龟山先生语录》卷3《余杭所闻》，宋月阳校点，上海：上海古籍出版社，2022年，第70页。

③ 佚名：《道山清话》，赵维国整理，《全宋笔记》第2编第1册，郑州：大象出版社，2006年，第98页。

④ 叶梦得：《避暑录话》卷上，《全宋笔记》第2编第10册，第246—247页。

寺丞"，也载录于《长编》、① 宋《国史·老苏本传》、② 《宋史·苏洵传》③ 及《宋会要辑稿·选举三四》等，当属实录。欧阳修《故霸州文安县主簿苏君墓志铭》中"天子闻而哀之，特赠光禄寺丞"之语，不过是古人撰作碑传墓铭时常见饰辞。故邵博所言，实是别具微意而已。

因此，《英宗实录》述及苏洵之事，虽被后人如邵博等视作王安石攻讦、嫉恨苏洵之语，但经核验其他文献，可见其乃实录而已。有鉴《英宗实录》具有颇高的学术价值，故苏轼当时也尝誉称"此书词简而事备，文古而意明，为国朝诸史之冠"，并未因《苏洵附传》中有"洵有战国纵横之学"一语而生异辞。

六、张方平撰作《墓表》缘起及其与王安石之关系

治平三年四月，苏洵卒于京师，欧阳修撰《故霸州文安县主簿苏君墓志铭》，曾巩撰《苏明允哀辞》，云二子轼、辙"以明允之丧归葬于蜀也，既请欧阳公为其铭，又请予为辞以哀之，曰：铭将纳之于圹中，而辞将刻之于冢上也"。④ 据此，李绂认为曾巩已明确表示"《志》以纳之圹中，《哀词》则刻之墓上，是既有《哀辞》，不应复有《墓表》矣"。

蔡上翔发挥李绂之说，针对叶梦得《避暑录话》所称"《辨奸》久不出，元丰间，子由从安道辟南京，请为明允墓表，特全载之。苏氏亦不入石，比年少传于世"之语，以为其说"是尤大类穿窬所为，无一而可者也。原作伪者之意，以为非有安道《墓表》，不足以实明允之果有是《辨》，非有子瞻《谢书》，不足以实安道之果有是《表》，而不知皆作伪者一人之言，一时之笔也。盖《辨》与《表》必伪作于元祐之后，故曰'比年少传于世'"。⑤ 此后，围绕既有欧阳修《墓志铭》、曾巩《哀辞》则是否还需张方平《墓表》这一问题，诸学者进行数

---

① 《长编》卷 208，治平三年六月壬辰条，第 5054 页。
② 苏洵：《嘉祐集》附录卷上《国史·老苏本传》，景印文渊阁《四库全书》第 1039 册，第 283 页。
③ 《宋史》卷 443《苏洵传》，第 13097 页。
④ 《曾巩集》卷 41《苏明允哀辞》，第 561 页。
⑤ 蔡上翔：《王荆公年谱考略》卷 10 引李氏《穆堂初稿·书辨奸论后》，《王安石年谱三种》，第 377—378 页；《王荆公年谱考略》卷 10，《王安石年谱三种》，第 370 页。

番攻防论辩。

针对李绂、蔡上翔之说，章培恒认为"墓表与哀辞，不能混同"，引用挚虞《文章流别论》"哀辞之体，以哀痛为主，缘以叹息之词"、"古有宗庙之碑，后世立碑于墓，显之衢路，其所载者铭辞也"与刘勰《文心雕龙》之《诔碑》《哀吊》篇，来说明墓表与哀辞之功用不同。墓表为表彰墓主功绩而作，刻诸墓碑以昭示来者；而哀辞一般只用于寄托哀思，可证墓表重于哀辞。

章文并引《文章流别论》云哀辞"率以施于童殇夭折，不以寿终者"；《文心雕龙·哀吊》"以辞遣哀，盖下流之悼，故不在黄发，必施夭昏"。证明古人于碑志之文不轻作，章文认为"哀辞本施于卑幼。而轼、辙兄弟竟以哀辞刻于其父墓上，于心何安？故衡之情理，轼、辙兄弟必当代其父乞墓表，绝无乞哀辞之理"，而曾巩"少许可"，"以为苏洵无功德可纪，故以哀辞代之"。而"轼、辙兄弟，自不忍竟以哀辞刻于父墓而不为立墓表，故为苏洵别乞墓表，正是理所当然的事，何得云'既有《哀辞》，不应复有《墓表》矣'"。①

对章氏此说，邓广铭撰文辩驳，据曾巩《哀辞》有苏轼兄弟"既请欧阳公为其铭，又请予为辞以哀之，曰：'铭将纳之于圹中，而辞将刻之于冢上也。'余辞不得已，乃为其文"。邓氏认为：其一，曾巩所言已表明其是应苏轼兄弟之请而撰作《哀辞》，且"辞将刻之于冢上"，所谓"轼、辙兄弟必当代其父乞墓表，绝无乞哀辞之理"之说并无根据。其二，《文章流别论》《文心雕龙》对哀辞、碑诔定义，"全不等于政府所颁发的文章程式，对后代学者全不会起规范作用"。曾巩《哀辞》中称誉苏洵的文章"盛传于世"，京师及四方"学士大夫莫不人知其名，家有其书"，已"极尽赞扬之能事"，而非如章文所言"轼、辙兄弟，自不忍以哀辞刻于父墓而不为立墓表，故为苏洵别乞墓表"。②

邓广铭之后在答王水照之文中再申己说，强调"曾巩所写《哀辞》万无不用之理"。随后苏轼又于熙宁元年再请曾巩撰作其祖父苏序墓碣，曾巩确也应苏轼之请撰成《赠职方员外郎苏君墓志铭》，并不见"苏轼兄弟对曾巩所撰《哀辞》

---

① 章培恒：《〈辨奸论〉非邵伯温伪作——兼论〈王荆公年谱考略〉中的有关问题》，《献疑集》，第52—53页。
② 邓广铭：《〈辨奸论〉真伪问题的重提与再判》，袁行霈主编：《国学研究》第3卷，第437页。

有何不满迹象"，以至"不忍"将此篇《哀辞》"树之墓上，在隔了十多年后又去请张方平写什么《墓志》而把它树之墓上的"；进而举例设问："《哀辞》倘被弃置，曾巩怎会毫无反应？"①

于是王水照再撰回应文章，也列举说明。其一，哀辞功用原以抒写哀痛之情为主，但降至宋代，"也有叙事、韵散结合的一类，应用范围已不受'童殇夭折'的限制"，且"哀辞一般并不刻石于墓上"，故曾巩《哀辞》"上石是一种特例"。

其二，苏轼兄弟不直接向曾巩求墓表而求哀辞的原因在于，哀辞原属哀祭悼念性文字，墓表文字以赞扬墓主功业德行为主，所谓使墓主"潜德晦善，显于后世"，并树立在墓外，供世人传观瞻仰，故是不能轻易措笔的。

其三，针对"曾巩所写《哀辞》万无不用之理"的说法，认为"并无材料表明此篇《哀辞》为苏轼兄弟'弃置'，也未见有人提出《哀辞》已被'不用'的看法"；因"'哀辞'与'墓表'的文体功能原是不同的"，则两者是可以并行不悖的，即苏轼兄弟先请曾巩撰作《哀辞》，"而墓表例在下葬多年后，再物色声名隆重的'名世之士'来执笔，张方平自是合适的人选"。宋人普遍存在一现象，即"写作墓表的时间往往不与下葬同时，一般总在下葬的数年之后，目的是等待时机，尤其是等待朝廷对子孙的封赠，以便墓表上题衔上更为荣耀风光"。同时，邓文主张张方平《墓志》撰作于元丰末或元祐年间，而曾巩卒于元丰六年四月，不可能对《哀辞》"弃置"一事作出任何反应。②

与邓文认为张方平《墓表》作于元丰末、元祐年间之说不同，王水照认为《墓表》撰作于元丰初年。因为与苏氏后人交往颇密的叶梦得《避暑录话》中云："明允恶荆公甚于仇雠。会张安道亦为荆公所排，二人素相善，明允作《辨奸》一篇，密献安道……《辨奸》久不出，元丰间，子由从安道辟南京，请为明

---

① 邓广铭：《再论〈辨奸论〉非苏洵所作——兼答王水照教授》，王元化主编：《学术集林》第 13 卷，第 76、77—79 页。

② 王水照：《再论〈辨奸论〉真伪之争——读邓广铭先生〈再论《辨奸论》非苏洵所作〉》，王元化主编：《学术集林》第 15 卷，第 237—240 页。章培恒也认为"《墓志》写于哲宗时"，又称"知方平写《墓志》时已为太保，据《宋史·张方平传》，方平为太保在哲宗时"（《〈辨奸论〉非邵伯温伪作——兼论〈王荆公年谱考略〉中的有关问题》，《献疑集》，第 38、51 页）。

允墓表，特全载之。"①

熙宁十年苏辙应南京留守张方平辟任签书应天府判官，是年十一月"甲戌，祀天地于圜丘，赦天下"；十二月"甲申，以郊祀，文武官加恩"。②苏轼元丰元年所撰《祭老泉焚黄文》："乃者熙宁七年、十年，上再有事于南郊，告成之庆，覃及幽显，我先君中允赠太常博士、累赠都官员外郎。"③故王文认为宋廷祀南郊，大赦天下，苏洵得"累赠都官员外郎"，可能就是"促发苏轼兄弟求人撰作《墓表》的契机"。④

综上可知，其一，曾巩《哀辞》"上石是一种特例"，确如王文所云，在宋人文集中尚未发现第二例哀辞上石作为墓表的例子。但检诸文献，宋人将哀辞刻石以为墓志，则有其例，如刘才邵《周鲠臣哀辞并序》云周鲠臣卒后"二年，闻其襄事有期，作词哀之。会其孤尚志捧行状来求文，以志诸墓，因复掇所应载者，并书以授之，且曰：'葬之地与日，俟既定，请子自书而刻之于后'"。⑤故李绂"既有《哀辞》，不应复有《墓表》矣"之说，确非定论。

其二，章文认为"哀辞本施于卑幼……轼、辙兄弟必当代其父乞墓表，绝无乞哀辞之理"之说，也不成立。因入宋以后，哀辞兼有"叙事、韵散结合的一类，应用范围已不受'童殇夭折'的限制"，且曾巩已明言其撰作《哀辞》乃应苏氏兄弟之请。

其三，苏轼兄弟先请人撰哀辞，数年后再请人撰作墓志，可能确与当时等待朝廷封赠，"以便墓表上题衔上更为荣耀风光"的习俗有关。此当为苏轼兄弟请曾巩撰作《哀辞》的原因之一。按隋制，官僚"三品已上立碑……七品已上立

---

① 叶梦得：《避暑录话》卷上，《全宋笔记》第 2 编第 10 册，第 247 页。

② 《宋史》卷 15《神宗纪二》，第 294 页。王文以为"熙宁十年十月，朝廷祀南郊，大赦天下"，误。

③ 张志烈等校注：《苏轼全集校注》卷 63《祭老泉焚黄文》，第 7055 页。"先君中允"，诸书皆载苏洵卒，赠光禄寺丞，无有称苏洵尝赠官太子中允者，疑此处或有脱误，待考。

④ 王水照：《再论〈辨奸论〉真伪之争——读邓广铭先生〈再论《辨奸论》非苏洵所作〉》，王元化主编：《学术集林》第 15 卷，第 241—242 页。

⑤ 刘才邵：《槐溪居士集》卷 12《周鲠臣哀辞并序》，景印文渊阁《四库全书》第 1130 册，第 568 页。

碣"。① 唐制改"三品"为"五品"，故《唐律疏议》引《丧葬令》曰："五品以上听立碑，七品以上立碣。"② 宋承唐制，③ 据宋朝官制，苏洵初赠官光禄寺丞属京官，再赠太常博士则为从七品上、都官员外郎乃从六品上，④ 皆属朝官。又据宋《丧葬令》，苏洵赠官太常博士，已具资格"立碣"；此后苏洵得赠官都官员外郎，苏轼兄弟元丰初再请张方平撰作《墓表》，亦颇合情理。

其四，王水照又据苏轼《答李方叔书》，称"李廌（方叔）致书于苏轼，似要求为孙甫（之翰）作墓表（已有欧阳修为之作墓志铭），并提出将孙氏所作《唐论》'别书此文入石'（与张方平《文安先生墓表》全文采入《辨奸论》同一思路）"。⑤

王文此说若能成立，则可证张方平撰作《墓表》时全文采入《辨奸论》的做法，在当时并非只是特例。不过细检苏轼原文，王文此处似有误读之嫌。苏轼《答李方叔书》称：

> 录示孙之翰《唐论》，仆不识之翰，今见此书，凛然得其为人。至论褚遂良不谮刘洎，太子瑛之废缘张说，张巡之败缘房琯，李光弼不当图史思明，宣宗有小善而无人君大略，皆旧史所不及。议论英发，暗与人意合者甚多。又读欧阳文忠公《志》文、司马君实跋尾，益复慨然。然足下欲仆别书此文入石，以为之翰不朽之托，何也？之翰所立于世者，虽无欧阳公之文可也，而况欲托字画之工以求信于后世，不亦陋乎？

又说："《唐论》文字不少，过烦诸君写录。""独所谓未得名世之士为志文则未葬者，恐于礼未安……古之君子，有故不得已而未葬，则服不变，官不调。今足

---

① 《隋书》卷 8《礼仪志三》，北京：中华书局，2019 年，第 173 页。

② 《唐律疏议》卷 27《毁人碑碣石兽》"疏议"，《四部丛刊》三编，上海：上海商务印书馆，1935 年，第 654 页。

③ 司马光：《书仪》卷 7《碑志》，景印文渊阁《四库全书》第 142 册，第 503 页。

④ 李昌宪：《宋朝官品令与合班之制复原研究》，上海：上海古籍出版社，2013 年，第 10 页。

⑤ 王水照：《再论〈辨奸论〉真伪之争——读邓广铭先生〈再论《辨奸论》非苏洵所作〉》，王元化主编：《学术集林》第 15 卷，第 239 页。

下未葬，岂有不得已之事乎？他日有名世者，既葬而表其墓，何患焉？"①

首先，此《唐论》又名《唐史论断》《唐史要论》，《直斋书录解题》著录孙甫《唐史论断》3卷，云"（孙）甫以《唐书》烦冗遗略，多失体法，乃修为《唐史》，用编年体。自康定元年逮嘉祐元年，成七十五卷，为论九十二首。甫没，朝廷取其书留禁中，其从子察录以遗温公，而世亦罕见。闻蜀有刻本，偶未得之，今惟诸论存焉"。②《郡斋读书志》著录《唐史要论》10卷，《读书附志》著录《唐史论断》2卷。③《宋史·艺文志》著录孙甫《唐史记》75卷、《唐史论断》2卷。④

今传世为3卷本《唐论》，《四库全书总目》称"此本仅三卷，盖本从《唐纪》钞出别行，非其旧帙，故卷数多寡，随意分合，实无二本也"。⑤则"别书此文入石"的"此文"，显然非指《唐论》，故其亦不能与张方平《墓表》全文采入《辨奸论》之举作比较。

其次，"欧阳文忠公《志》文"指欧阳修《尚书刑部郎中充天章阁待制兼侍读赠右谏议大夫孙公墓志铭》，撰于嘉祐五年。⑥"司马君实跋尾"指司马光《书孙之翰墓志后》，司马光云："观欧阳公此文，其言公自初仕，以美才清德为时所重；在谏院，言宫禁事切直无所避；在陕，不饰厨传。凡当官公论，不私其所爱，淡然寡所好，外和而内劲。喜言唐事，学者终岁读史，不如一日闻公论。此皆光亲所睹闻，当时士大夫所共知，可谓实录而无愧矣。"⑦司马光对孙甫称誉备至，故李鹰特请苏轼"别书此文入石，以为之翰不朽之托"，是指请苏轼书写司马光《书孙之翰墓志后》"入石"，而非请苏轼撰孙甫墓志并"别书"孙甫

---

① 张志烈等校注：《苏轼全集校注》卷49《答李方叔书》，第5336—5337页。

② 陈振孙：《直斋书录解题》卷4《唐史论断》，第116页。

③ 晁公武撰，孙猛校证：《郡斋读书志校证》卷7《唐史要论》，第300页；《读书附志》卷上《唐史论断》，第1118页。

④ 《宋史》卷203《艺文志二》，第5095、5099页。

⑤ 《四库全书总目》卷88《唐史论断》，第752页。

⑥ 《欧阳修全集》卷33《尚书刑部郎中充天章阁待制兼侍读赠右谏议大夫孙公墓志铭》，第492—496页。

⑦ 司马光：《温国文正司马公文集》卷79《书孙之翰墓志后》，《四部丛刊》初编，上海：上海商务印书馆，1936年，第1137—1138页。

《唐论》以"入石"。

最后，苏轼所谓"独所谓未得名世之士为志文则未葬者，恐于礼未安"者，则指李廌请苏轼撰作其父李惇（字宪仲）墓志。苏轼《答李方叔》有言："示谕，固识孝心深至。然某从来不独不作不书铭志，但缘子孙欲追述祖考而作者，皆未尝措手也。近日与温公作行状、书墓志者，独以公尝为先妣墓铭，不可不报耳。其他决不为，所辞者众矣，不可独应命。想必获罪左右，然公度某无他意，意尽于此矣。"又云："阡表与墓志异名而同实，固难如教。"为此，苏轼特撰《李宪仲哀词并叙》以为谢，[①] 并劝说李廌云"他日有名世者，既葬而表其墓，何患焉"。

如上所述，苏轼兄弟确有可能在熙宁末、元丰初请张方平撰作苏洵《墓表》，但张氏为何要在《墓表》中特载苏洵《辨奸论》全文？据苏轼《谢书》"伏蒙再示先人《墓表》，特载《辨奸》一篇"，可知《墓表》初稿并未载录《辨奸论》，张氏在修改稿中特载此文，其原因何在？今人多从张方平与王安石之间存在矛盾冲突着手解释。

章培恒据《宋史·张方平传》所载神宗即位之初，张方平为参知政事，"曾公亮议用王安石（为御史中丞），方平以为不可"，认为苏轼《谢书》中"惟明公一见《辨奸》以为与我意合。公固已论之先朝，载之史册"，即指此事，"其时方平为大臣，御史中丞之任命亦为朝廷重要事件，按之当时惯例，他在这问题上所发表的意见，自当载入《实录》等史册"。

章氏又据《宋史·张方平传》所载其"守宋都日，富弼自亳移汝，过见之，曰：'人固难知也。'方平曰：'谓王安石乎？亦岂难知者？方平顷知皇祐贡举，或称其文学，辟以考校。既入院，凡院中之事皆欲纷更。方平恶其人，檄使出，自是未尝与语也。'弼有愧色。盖弼素亦善安石云"，以为此处"其所述知皇祐知贡举之事是否确实还有待研究……但无论其事是否真实，他的这段话却显然流露出对富弼等人以前赞扬王安石的不满"，[②] 认为张方平在《墓表》全文载录《辨

---

① 张志烈等校注：《苏轼全集校注》卷 53《答李方叔十七首》之八、之九，第 5918—5919
　　页；卷 25《李宪仲哀词并叙》，第 2792 页。

② 章培恒：《〈辨奸论〉非邵伯温伪作——兼论〈王荆公年谱考略〉中的有关问题》，《献疑
　　集》，第 65、55 页。

奸论》，并不存在任何可疑之处。

据王水照等人辨析，张方平《墓表》及苏轼《谢书》皆当撰于元丰前期，故章文以为"论之先朝，载之史册"乃指张方平于神宗初年反对王安石任御史中丞的说法显然有误，此不赘述。对于《宋史·张方平传》所述张方平、富弼晤面之事，邓广铭认为，"富弼之由判亳州而落使相改判汝州，为熙宁四年六月内事，倘若老苏果曾于嘉祐年间写有《辨奸论》指述王安石之奸邪而甚为张方平所赞赏，并被他评定为'定天下之臧否一人而已'，则在张、富此次对话时，张氏断不应只谈自己而抹煞老苏的先见之明，张方平既仅仅提他于皇祐年间知贡举时'恶其人，檄使出，自是未尝与语'，却绝无一言涉及《辨奸》，足可证明，直到老苏逝世五年之后，张方平还不曾知道世间有《辨奸》一文"。[1]

方健也认为张方平作为"熙丰新法的反对者，与当政时的王安石堪称政敌"，但张方平卒于元祐年间，"时当元祐党人'清算'新党之际"。其女婿王巩所撰《行状》详实记载张氏生平行实，"堪称事无巨细，对其与三苏的交往也多次述及，但却无只字提到他为老苏撰《墓表》及公开具载《辨奸》一文之事"。

方氏"遍检今存张方平全部诗文，除《墓表》外甚至未及安石只字"，因此认为张方平虽"和王安石政见有分歧，对安石本人无好感，也不至于发展到在《墓表》中首刊《辨奸论》以泄私愤"。[2] 确实，据张耒所言，王安石、张方平二人起初似无甚矛盾，"王荆公知制诰，因读张公安道旧制词，见其作《曹佾建节制》，其一联云：'世载其德，有狐赵之旧勋；文定厥祥，实姜任之高姓。'大叹伏其著题而语妙。此事某见蔡卞说"。[3] 但据司马光《日记》，张方平与王安石此后关系颇为不睦，"九月初四日，张观文判南京留台。安道素与介甫不善，上（神宗）初即位，人荐介甫之贤者甚众，上访于安道，安道曰：'是人有虚名，而无实用，晋之王夷甫。若果用之，恐败天下风俗。'介甫闻而衔之，故安道以参

① 邓广铭：《〈辨奸论〉真伪问题的重提与再判》，袁行霈主编：《国学研究》第3卷，第440页。
② 方健：《〈辨奸论〉伪作说新证——纪念徐规先生归道山一周年而撰》，《徽音永著：徐规教授纪念文集》，第272—273页。方健称张方平未曾于元丰间知应天府，又谓"如张方平确有《墓表》之作，应在熙宁三年至四年八月的近一年半之内"，皆不确。
③ 张耒：《明道杂志》，查清华、潘超群整理，《全宋笔记》第2编第7册，郑州：大象出版社，2006年，第21页。

知政事丁父忧，服除而不复旧位，知陈州，内不自安，故称疾而去"。① 不过张方平熙宁初年攻讦王安石时，王安石尚未为宰相推行新法。

《宋史·张方平传》所述张方平、富弼晤面之事，乃抄录自《邵氏闻见录》：

> 熙宁二年，富公判亳州，以提举常平仓赵济言公沮革新法，落武宁节度及平章事，以左仆射判汝州。过南京，张公安道为守，列迎谒骑从于庭，张公不出。或问公，公曰："吾地主也。"已而富公来见，张公门下客私相谓："二公天下伟人，其议论何如？"立屏后窃听。张公接富公亦简，相对屹然如山岳。富公徐曰："人固难知也。"张公曰："谓王安石乎？亦岂难知者！仁宗皇祐间，某知贡举院，或荐安石有文学，宜辟以考校，姑从之。安石者既来，凡一院之事皆欲纷更之。某恶其人，檄以出，自此未尝与之语也。"富公俯首有愧色。盖富公素喜王安石，至得位乱天下，方知其奸云。②

邵伯温此说，考诸史实，当属子虚乌有。其一，富弼两拜宰相，为熙宁初朝廷重臣，地位远高于仅做过参知政事的张方平，张方平当无如此慢待富弼之理。

其二，据《宋史·张方平传》、王巩《行状》记载，张方平于熙宁二年丁父忧服阙，入判尚书都省；三年初，知陈州，后为判南京留司御史台。据《长编》，其判南京御史台在熙宁四年八月戊寅，且判南京御史台为闲官，非为"守"（知州）。又据《长编》卷 224、卷 226，富弼熙宁四年六月落使相，以左仆射判汝州；九月戊戌，"左仆射、知汝州富弼许以西京养疾。弼至汝州，逾两月，固称疾求归。诏听之"。③ 可知富弼至迟七月中已自亳州到汝州，而张方平八月间获接新任命以后才自陈州去南京，是时富弼不可能在南京拜会守臣张方平。

其三，张方平未曾于皇祐年间知贡举。据《宋会要辑稿·选举》，庆历六年正月，以翰林学士孙抃权知贡举，御史中丞张方平等人同知贡举。张知贡举仅此一次。同月，任命"侍御史仲简、三司度支判官周陵封印卷首，王畴、葛闳、邵

---

① 《长编》卷 226，熙宁四年八月戊寅条注引司马光《日记》，第 5507 页。
② 邵伯温：《邵氏闻见录》卷 9，第 93 页。
③ 《长编》卷 226，熙宁四年八月戊寅条，第 5507 页；卷 224，熙宁四年六月甲戌条，第 5454 页；卷 226，熙宁四年九月戊戌条，第 5514 页。

必、曾公定、王安石、王淑、蔡振、沈康充点检试卷官，韦尧辅、孟开、张师颜、许遵、宁轲充诸科考试官"。①

此时王安石仅为秘书郎，是点检试卷官，在贡院内为一般属员，不可能有"凡一院之事皆欲纷更之"的职权。既使知贡举，凡作制度上的变更，按宋故事，也须奏请朝廷同意方可，实无"欲纷更之"便能"纷更之"的可能。且点检试卷官，如若因事被知贡举"檄以出"，在宋代实属耸人闻听的大事，但当时史籍全无提及，颇疑此事非真。

其四，据《长编》等记载，王安石嘉祐三年十月为三司度支判官，时三司使为张方平，二人同时供职三司。此后张方平因遭御史中丞包拯弹劾去职，王安石直至嘉祐六年拜知制诰，方离三司。② 可见《邵氏闻见录》"自此未尝与之语也"似不确。《邵氏闻见录》如此虚构伪造，乃欲证实王安石早在"官卑迹远"时，便已不安守本分，轻变朝廷法度，终于为患天下。因此，据现有史料，称张方平因政见相违而"在《墓表》中首刊《辨奸论》以泄私愤"，动机显欠充分。

王巩所撰《行状》有张方平攻讦王安石之语：

> 先一日，韩绛、邵亢除枢密副使。次日，公（张方平）与赵抃并命（参知政事）。又次日，内殿起居，阁门仪制，两府以先后入为班次，班退，宣阁门使，上亲定班著，以公为首，绛次之，抃又次之，亢又次之。至政府之次日，宰臣议以王安石补御史中丞，公曰："御史中丞秉国宪度，安石以经术为名，自处高，难居绳检之地。"赵公抃亦以为然，竟止。③

检《宋史·神宗纪》《宋史·宰辅表》《宋宰辅编年录》《长编拾补》等可知，治平四年九月辛丑，韩琦罢相，张方平、赵抃同为参知政事，韩绛、邵亢并为枢密副使；次日壬寅，御史中丞司马光上章奏劾"方平奸邪，仁宗知之，故不用"，

---

① 《宋会要辑稿·选举一》，第5252页；《宋会要辑稿·选举一九》，第5626页。
② 《长编》卷188，嘉祐三年十月甲子条，第4531页；卷193，嘉祐六年六月戊寅条，第4677页。
③ 王巩：《行状》，张方平：《乐全集》附录，景印文渊阁《四库全书》第1104册，第532页。

神宗不听。① 又次日癸卯，司马光改为翰林学士，滕甫代为御史中丞。可知王巩《行状》讹误不少。

第一，韩绛、邵亢与张方平、赵抃同日被授任两府，非前一日。

第二，据宋阁门仪制，内殿起居站位，一般以参知政事在枢密副使之前，而授任参知政事之序，张方平在赵抃之前。因此，张方平之内殿起居站位，自然居四人之首，似不需天子出面亲加调整。

第三，因司马光奏劾张方平与滕甫代为御史中丞前后仅相差一日，则讨论罢免司马光与选任滕甫似当同时进行。宋朝故事，两府大臣遭御史中丞弹劾，当居家待罪，如熙宁二年五月御史中丞吕诲弹劾王安石十事，王安石即家居上章"乞辞位"，待神宗"封还其奏，令视事如故"，② 方再入政事堂视事。此时张方平受到御史中丞司马光的上疏攻讦，即使不居家待罪，出于避嫌，似也不当在任免御史中丞一事上发言出声。张方平若当时真有攻击王安石"奸邪"、将祸乱天下之语，王巩在大反熙宁之政的元祐年间撰作《行状》，当不会仅仅记录张方平声称"安石以经术为名，自处高，难居绳检之地"数言而已。

七、张方平《墓表》中的错讹

后人辨析《辨奸论》《墓表》真伪者，大抵从二文风格与史实两方面入手。据上文辨析，可知《辨奸论》一文载录在张方平《墓表》，又因《墓表》面世为世人所知，故此处将《辨奸论》《墓表》二文合并讨论。

对于《辨奸论》《墓表》二文，蔡上翔直言《辨奸论》诸攻讦王安石的说法皆"支离不成文理"：

> 世传王介甫之奸，苏明允能先见。故其作《辨奸》曰："惟天下之静者，乃能见微知著。"则固杰然以静者自负矣。又曰："贤者有不知，则由好恶乱其中而利害夺其外。"予考嘉祐初，介甫声名甚盛，而事权未著，不知明允

① 徐自明撰，王瑞来校补：《宋宰辅编年录校补》卷 7，北京：中华书局，1986 年，第 367—368 页。
② 彭百川：《太平治迹统类》卷 14《神宗朝臣议论新法》，第 282 页。

所指贤者为何人？而贤者又何为而有"好恶乱其中而利害夺其外"之事也？是虽为《辨奸》缘起，则已支离不成文理矣。

又云：

> 既以王衍、卢杞比介甫，而嘉汾阳、叔子能知人，而又曰"二公之料二子，亦容有未必然"何也？史称卢杞有口才，体陋甚，鬼貌蓝色，谓"容貌不足以动人"可矣，谓"言语不足以眩世"可乎？史称杞贼害忠良，四海共弃，名列奸臣，为唐室大憝，则以卢杞一人比介甫足矣，而又曰合王衍、卢杞为一人始足以祸天下何也？易牙杀子，竖刁自宫，开方弃亲，此皆不近人情之尤，而其后乘人主荒淫以祸人国者。若介甫之奸未著，而明允特先为辨之，既曰合王衍、卢杞为一人，又曰非特易牙、竖刁、开方三子之比，明允见微知著，果若此乎？后来介甫之奸，果至于此乎？

蔡氏认为文中又多有抄袭、误用他人之文句，而"明允衡量古人，料度时事，偏见独识，固多有之，然能自畅其说，实为千古文豪，以《嘉祐》全集考之，亦恶有《辨奸》乱杂无章若此哉"！对于张方平《墓表》，蔡氏称其文"中间意不接，辞不成句"，而"考《安道本传》称其少颖绝伦，凡书皆一阅不再读，宋绶、蔡齐以为天下奇才，子瞻序其文集，亦谓诗文清远雄丽，读者可以想见其人。亦乌有此《表》补缉旧语，辞不成句，乱杂无章，尚可与言文事哉？所最可怪者，无如搀入命相制词，明允卒于治平三年，至熙宁三年，王安石始同平章事，是时安道同朝，安得错缪至此？"[1]

此后认定《辨奸论》《墓表》为托名伪作者，大都认为二文不类苏洵、张方平之文风。如吴小如认为，"《辨奸论》文字芜漫驳杂，很多地方有捃扯拼凑的痕迹，不似苏洵手笔"，"《墓表》与《邵氏见闻录》所记事实，文字语气大都雷同；《谢书》和《墓表》文笔语气亦多类似，如出一人之手"，判定其为托名伪

---

[1] 蔡上翔：《王荆公年谱考略》卷10，《王安石年谱三种》，第364—367、373—374页。

作。① 邓广铭《〈辨奸论〉真伪问题的重提与再判》文中单列一节"《辨奸论》不是好文章"，讨论"《辨奸论》中不合逻辑、支离不成文理的特甚之处"。②

认定苏洵、张方平二文非伪作者，则以为其文风与苏、张二人并无明显差异。如章培恒撰文辩驳蔡上翔之说，强调《辨奸论》文字脉络清晰，无自相矛盾之处，蔡上翔大加指责，只能说明"没有读懂《辨奸》"；认为《墓表》文字"并无'辞不成句，乱杂无章'之处"，而"补缉旧语"即"在作品中袭用或化用前人成句，也是当时常见现象"，不应当由此独对《墓表》"大施苛责"。虽然《墓表》"也不是上乘之作；读《乐全集》中其他文章，亦大抵如此"，故认为"《墓表》的水平跟张方平的自述和他的其他文章都是一致的，根本找不到伪作的痕迹"。③

吴孟复、詹亚园从文本解读角度，主张"《辨奸论》文辞俊伟明快，风格极似苏洵，他人未必能伪托，但文中并未涉及政见异同"。④ 金国永《苏洵》书中以《辨奸论》为例阐述苏洵作品艺术特色、风格，提出《辨奸论》"的风格和结构，应该说是与苏洵的其他文章一致的"，倾向认为《辨奸论》是苏洵所作。⑤李建明也从苏洵文风、《辨奸论》主旨以及苏、王交恶的事实看，认为《辨奸论》应为苏洵所作。⑥

曾枣庄也称"《辨奸论》的观点、用语与苏洵其他著述的一致，也说明它确实是'苏洵的手笔'"，并就《墓表》原文屡为持伪作说者所攻讦的文字，详加辩白。曾氏认为自"嘉祐初"至"党友倾一时"是讲王安石在嘉祐初的影响；自"其命相制曰"至"至以为几于圣人"是讲王在熙宁初的影响，故"党友倾一时"处"不应用逗号而应用句号，'嘉祐初'三字只是前句的时间限制词，并不包括后句（自'其命相'至'几于圣人'）"。自"欧阳修"至"一篇"是讲

---

① 吴小如：《说〈辨奸论〉真伪问题》，《读人所常见书日札》，第 132—134 页。

② 邓广铭：《〈辨奸论〉真伪问题的重提与再判》，袁行霈主编：《国学研究》第 3 卷，第 432—434 页。

③ 章培恒：《〈辨奸论〉非邵伯温伪作——兼论〈王荆公年谱考略〉中的有关问题》，《献疑集》，第 40、59、60 页。

④ 吴孟复、詹亚园：《苏洵思想新探》，《安徽大学学报》1982 年第 3 期。

⑤ 金国永：《苏洵》，北京：中华书局，1984 年，第 78—88 页。

⑥ 李建明：《〈辨奸论〉之真伪与苏王之恩怨探析》，《湖南社会科学》2019 年第 3 期。

苏、王关系，自"欧阳修"至"天下患"是讲嘉祐初的苏、王关系，自"安石之母死"至"一篇"是讲嘉祐八年的苏、王关系，"可见这段文字并没有'鲁鱼之讹'，完全文从字顺，意思清楚"。① 曾文通过辨析《辨奸论》文句结构，以证明"其命相制曰"并无"鲁鱼之讹"，确属别开思路，但此类"绕路说禅"式的解说颇为勉强。

王水照认为《辨奸论》中提及"竖刁、易牙、开方"三人名字的排列次序，"与传统说法不同，而与苏洵《管仲论》完全一致"，此可算是"苏洵个人的习惯用法"。② 但如此用例，北宋时并非仅见于苏洵，名列"新学"重要学者陈祥道《论语全解》中也曾用过，"执陈辕涛涂以致致于诸侯，亲竖刁、易牙、开方以构于国，此齐桓之谲者也"。③ 因苏洵《管仲论》当时颇著名，陈祥道书中"竖刁、易牙、开方"三人排序可能仿效苏洵此文。方健也通过《四库全书》电子本检索，认为如此用例尚无以"论定《辨奸》乃苏洵之作"，进而推测"自《辨奸》伪作南宋以来广泛流传，这种不同与众的'竖刁、易牙、开方'提法才为南宋不少文人仿效而逐渐流传"。④

综上可见，以一人文风之同异来判断《辨奸论》《墓表》是否伪作，自古以来见仁见智、圆凿方枘，难得定论。如洪迈议论苏轼《擒鬼章祝文》：

东坡在翰林作《擒鬼章奏告永裕陵祝文》云："大狝获禽，必有指踪之自；丰年多廪，孰知耘耔之劳？昔汉武命将出师，而呼韩来庭，效于甘露；宪宗厉精讲武，而河湟恢复，见于大中。"其意盖以神宗有平唃氏之志，至于元祐，乃克有成，故告陵归功，谓武帝、宪宗亦经营于初，而绩效在于二宣之世，其用事精切如此。今苏氏眉山功德寺所刻大小二本，及季真给事在临安所刻，并江州本、麻沙书坊《大全集》，皆只自"耘耔"句下，便接

① 曾枣庄：《〈辨奸论〉真伪考》，《三苏研究——曾枣庄文存之一》，第116—121页。
② 王水照：《再论〈辨奸论〉真伪之争——读邓广铭先生〈再论《辨奸论》非苏洵所作〉》，王元化主编：《学术集林》第15卷，第259—260页。
③ 陈祥道：《论语全解》卷7《宪问第十四》，景印文渊阁《四库全书》第196册，第180页。
④ 方健：《〈辨奸论〉伪作说新证——纪念徐规先生归道山一周年而撰》，《徽音永著：徐规教授纪念文集》，第282页。

"憬彼西戎，古称右臂"，正是好处，却芟去之，岂不可惜？惟成都石本法帖真迹，独得其全……二集皆出本家子孙，而为妄人所误，季真、季思不能察耳。①

费衮《梁溪漫志》却云：

> 蜀中石刻东坡文字稿，其改窜处甚多，玩味之，可发学者文思……《获鬼章告裕陵文》自"孰知耘籽之劳"而下云"昔汉武命将出师，而呼韩来廷，效于甘露；宪宗励精讲武，而河湟恢复，见于大中"，后乃悉涂去不用；"犷彼西羌"改作"憬彼西戎"；"号称右臂"改作"古称"；"非爱尺寸之疆"改作"非贪"；自"不以贼遗子孙"而下云"施于冲人，坐守成算，而董毡之臣阿里骨，外服王爵，中藏祸心，与将鬼章，首犯南川"，后乃自"与将"而上二十六字并涂去，改云"而西蕃首领鬼章，首犯南川"；"爰敕诸将"改作"申命诸将"；"盖酬未报之恩"改作"争酬"；"生擒鬼章"改作"生获"；其下一联，初云"报谷吉之冤，远同强汉；雪渭水之耻，尚陋有唐"，亦皆涂去，乃用此二事，别作一联，云"颉利成擒，初无渭水之耻；郅支授首，聊报谷吉之冤"；末句"务在服近而柔远"，改作"来远"。②

费衮所言，大抵针对洪迈。洪迈可称南宋前期"大手笔"，但其指责苏氏后人刻印苏轼文集，因为"妄人所误"而删略苏文之"好处"，其实正是苏轼自己所删修者。识文之难如此。因此，下文仅讨论苏、张二文内容与史实有违、有误之处。现择其要辨析如下。

（1）《墓表》述王安石之事："嘉祐初，王安石名始盛，党友倾一时。其命相制曰：'生民以来，数人而已。'造作言语，至以为几于圣人。"此段文字与史实大为相违，遂成为《墓表》内容争议最大者，下面依次分析。

第一，关于"嘉祐初，王安石名始盛，党友倾一时"。

---

① 洪迈：《容斋随笔·五笔》卷 9《擒鬼章祝文》，第 909 页。
② 费衮：《梁溪漫志》卷 6《蜀中石刻东坡文字稿》，金圆点校，上海：上海古籍出版社，1985 年，第 60—61 页。

李绂所言，"考荆公嘉祐之初，未为时所用，党友亦稀。嘉祐二年，始除度支判官，上万言书，并未施行。明年命修起居注，辞章八九上，始受知制诰，纠察在京刑狱，旋以驳开封尹失入为御史举奏，又以争舍人院申请除改文字忤执政，遂以母忧去，终英宗之世召不赴"。① 故《墓表》所云，"误亦甚矣"。

章培恒针对蔡上翔所云王安石自庆历二年及第入仕以来，其"德行文章为众所推"，所与交游者"皆号一时贤者，而无一人为好名之士、不得志之人也。唯吕惠卿，后人以为安石党，考嘉祐三年，欧阳公与介甫书，乃始称道其贤，是介甫识惠卿甚迟，而与之共行新法，又为明允所不及见者"，而后又辩解道，"考王安石在嘉祐元、二年，所交往的朋友已经不少"，并称于蔡上翔已述及诸人外，尚有如富弼、文彦博、欧阳修、司马光、吕公著、韩绛等人，由此称说王安石"交游倾一时"，"恐怕是不算冤枉他的"。

章氏认为，在反对新法的张方平看来，支持和拥护新法的韩绛等人自然是王安石"党友"，至于那些不赞成或反对熙丰新法的如"富弼、文彦博、欧阳修等都是在政治上拔擢安石的人，司马光、吕公著等在这方面对安石也颇有帮助"，而"衡以当时关于'党'的观念，从张方平这段话中也可以引出这样的结论：那些与王安石交游并称赞他的人，包括富弼、文彦博、欧阳修等在内，都是'有党'。换言之，王安石当时的这些朋友都是'党友'"，且张方平早在庆历新政时"就骂欧阳修等人结党了，后来跟司马光等也都处于严重对立的地位"，故张氏将他们一并斥为王安石的"党友"。②

邓广铭对此批评道：章氏此一推测近乎将这些贤人论定为"奸"，很不合理。③ 裴汝诚也认为章文对"党友倾一时"之"党友"的解释过于随意，《墓表》中的"党友"与《邵氏闻见录》中的"党与"之义相近，"都是指朋党"，章文"只解释'党'的含义，而避开了'党友'、'党与'的'朋党'含义"，令人

① 蔡上翔：《王荆公年谱考略》卷10引李氏《穆堂初稿·书辨奸论后》，《王安石年谱三种》，第377页。

② 章培恒：《〈辨奸论〉非邵伯温伪作——兼论〈王荆公年谱考略〉中的有关问题》，《献疑集》，第53—55页。

③ 邓广铭：《〈辨奸论〉真伪问题的重提与再判》，袁行霈主编：《国学研究》第3卷，第433页。

"不解"，进而强调在"嘉祐时期的北宋政坛，根本不存在王安石及其党友们组成的政治力量"。[①]

第二，关于"其命相制曰：'生民以来，数人而已'"。

李绂说王安石"命相之制辞在熙宁二年，而老泉卒于英宗治平三年，皆非其所及闻也"。蔡上翔亦云《墓表》内容"所最可怪者，无如搀入命相制词，明允卒于治平三年，至熙宁三年，安石始同平章事，是时安道同朝，安得错缪至此？而六七百年来，未有斥其非者，唯穆堂李氏一及之。及阅《名臣言行录》，亦采入《苏洵传》，云：'嘉祐初，安石名始盛，党友倾一时。'中间删去'其命相制曰'二十四字，而即继之曰'欧阳修亦善之'。夫删之，则似既知其妄矣"。[②]

王安石熙宁三年十二月拜宰相制词，由翰林学士承旨王珪秉承神宗旨意撰成，[③]制词中并无"生民以来，数人而已"8字，显见《墓表》所云大误。因此，朱熹删去"其命相制曰"以下24字，知其所述有违史实而欲"代覆其恶"。但据现见史料，最早删去此24字的当属邵伯温《邵氏闻见录》，此后李焘《长编》、朱熹《五朝名臣言行录》等皆当是因为此24字与史实严重不符，故在引录此段文字时，特予删去。

因《墓表》中将"其命相制曰"这句话系于苏洵生前显然有悖于史实，且现存王安石拜相制词中并无"生民以来，数人而已"8字。章培恒对此辩释道，张方平于《墓表》中明言苏洵"既没三年，而安石用事"，显然不会以为王安石"在苏洵生前就拜相"，若《墓表》确属他人伪作，为何要"故意留个漏洞让别人可以看出其出于伪造"？

章氏认为，曾巩曾于庆历六年作《再与欧阳舍人书》，称赞王安石"如此人古今不常有，如今时所急，虽无常人十力，不害也，顾如安石，此不可失也"。其中"古今不常有"即"生民以来不常有"，与"生民以来，数人而已"意颇相

① 裴汝诚：《〈乐全集·苏文安先生墓表〉真伪辨》，《半粟集》，第146—148页。
② 蔡上翔：《王荆公年谱考略》卷10引李氏《穆堂初稿·书辨奸论后》，《王安石年谱三种》，第377页；蔡上翔：《王荆公年谱考略》卷10，《王安石年谱三种》，第374页。
③ 王珪：《华阳集》卷26《王安石授金紫光禄大夫礼部侍郎同中书门下平章事监修国史进封开国公加食邑实封功臣制》，《四部丛刊》三编，第330—331页。该制书还载于《宋大诏令集》（卷56，北京：中华书局，1962年，第283页）、《宋宰辅编年录》（徐自明撰，王瑞来校补，卷7，第424—425页）。

近，"仅程度稍有差别"；此后至嘉祐元年约相距十年，对王安石的赞扬也可能发展成"生民以来，数人而已"。

因此，章氏以为"《墓表》'其命相制'语当有讹字"。据张氏《谢苏子瞻寄乐全集序》中自言，《乐全集》"系张方平命两个略通文墨的小吏据其历年所作文章的草稿编次抄写而成，抄完后方平也未覆阅"，故此4字中"显有鲁鱼之讹"，此"其命相制曰"诸字"当是'其党相谀曰'之类"语句，"'其'下、'相'下的这两个字在原稿中或经过涂改，或字迹太潦草，小吏看不清楚，而王安石做过宰相他们当然是知道的，所以就想当然地抄成了'其命相制曰'"。①

章文如此解释《墓表》中这一甚为突兀难解的文字，过于勉强，故受到多位学者批评。邓广铭认为张方平《谢苏子瞻寄乐全集序》所言乃其"托付一个敏利而'稍知文章体式'的'吏人加以编次'使'各成伦类'之后，便令'书吏三数人抄录成卷帙。其间差错脱漏，悉不曾校对改证'。章文把这几句话改造为《乐全集》'系张方平命两个略通文墨的小吏据其历年所作文章的草稿编次抄写而成，抄完后方平也未复阅'，于是就进而做出'其命相制'乃是抄书吏人看不清原稿中潦草字迹而想当然地抄成了几个错字云云的大胆假设"。邓文认为40卷《乐全集》中，何以其他篇章均未出现如此关系重大的抄写错误，"而独独发生在老苏的《墓表》当中？"此类"想当然"地将"其命相制曰"视作"其党相谀曰"之抄误的说法，"是不能成立的"。②

裴汝诚也主张，章培恒的猜测不能成立。因为苏轼《乐全先生文集叙》中云"独求其（张方平——引者注）文集手校而家藏之"，书吏或有抄误，张方平或疏于"复阅"，但为报答张方平"开发成就"之恩而编校张氏文集的苏轼，对于"这种一望而知的明显错误，也会随手改正，决然不会任其存在的"。

裴氏认为，"在以理校改字时，无疑应该符合事理、情理和文理，而不能根据'事出有因，而非向壁虚造'，就可以将'其命相制曰'改作'其党相谀曰'，以便与'生民以来，数人而已'相接"；且"'命'与'党'、'制'与'谀'，

---

① 章培恒：《〈辨奸论〉非邵伯温伪作——兼论〈王荆公年谱考略〉中的有关问题》，《献疑集》，第56—58页。
② 邓广铭：《〈辨奸论〉真伪问题的重提与再判》，袁行霈主编：《国学研究》第3卷，第439页。

字形、字音均无相近之处，'生民以来，数人而已'又是'如此人古今不常有'的'加码、夸大'……曾巩系向欧阳修推荐朋友，用意在褒；《墓表》作者蓄意辨奸，用心在贬，两者对立，相去天壤，怎能据以理校"。此处文字若真作"其党相谀曰"，其意遂成了王安石与其党友"相互吹捧了，这又与下文'生民以来，数人而已'相抵牾"，可见如此改字使"本句已有难解之处，更加经不起推敲，依然无法弥补破绽"。

裴氏最后认为，张方平曾任翰林学士及翰林学士承旨多年，"自然十分熟悉宰相制词与皇帝旨意的密切关系，他焉敢盗用命相制词来攻击王安石"。[①] 方健也以为曾拜翰林学士的张方平"熟知麻制的起草规范，又岂敢造作语言，伪用制词中根本没有的八字攻击王安石而授人以柄"。[②]

第三，关于"造作语言，至以为几于圣人"。

因为此语与《辨奸论》中"今有人口诵孔、老之言，身履夷、齐之行，收召好名之士、不得志之人，相与造作言语，私立名字，以为颜渊、孟轲复出"相呼应。对此，李绂认为"以荆公为圣人者，神宗也"。蔡上翔说王安石自科举入仕以来，所交游者"皆号为一时贤者，而无一人为'好名之士、不得志之人'也"，至于吕惠卿，乃因欧阳修而始识之，而且吕惠卿"与之共行新法，又为明允所不及见者"。[③]

关于王安石所交游者是"贤者"还是"党友"，上文辨析所谓"党友倾一时"时已有述及，此不赘言。关于"圣人"，章培恒以为"因颜、孟已近于圣人，故曰'至以为几于圣人'。李绂说'以荆公为圣人者神宗也'，'非其（苏洵）所及闻'，是对这两句的误解，他把'圣人'与'几于圣人'混为一谈了"。[④] 宋时一般以"圣人"称天子，有时也以之称誉大臣，如真宗朝宰相王旦

---

① 裴汝诚：《〈乐全集·苏文安先生墓表〉真伪辨》，《半粟集》，第 137—140 页。
② 方健：《〈辨奸论〉伪作说新证——纪念徐规先生归道山一周年而撰》，《徽音永著：徐规教授纪念文集》，第 273—274 页。
③ 蔡上翔：《王荆公年谱考略》卷 10 引李氏《穆堂初稿·书辨奸论后》，《王安石年谱三种》，第 377 页；蔡上翔：《王荆公年谱考略》卷 10，《王安石年谱三种》，第 365 页。
④ 章培恒：《〈辨奸论〉非邵伯温伪作——兼论〈王荆公年谱考略〉中的有关问题》，《献疑集》，第 58 页。

尝称誉前相李沆（谥文靖）曰："李文靖真圣人也。"当时称李沆为"圣相"。① 称王安石为"圣人"大抵始于神宗初年。

《朱子语类》有载："神宗尝问明道云：'王安石是圣人否？'明道曰：'"公孙硕肤，赤舄几几。"圣人气象如此。王安石一身尚不能治，何圣人为！'"② 此记载当源出程颢元丰二年与门人谈话时所言：

> 昔见上称介甫之学，对曰："王安石之学不是。"上愕然，问曰："何故？"对曰："臣不敢远引，止以近事明之。臣尝读《诗》，言周公之德，云：'公孙硕肤，赤舄几几。'周公盛德形容如是之盛，如王安石，其身犹不能自治，何足以及此！"③

熙宁变法之初，程颢曾颇得王安石信任，授任权监察御史里行，此后因对变法持不同意见而见疏，于熙宁三年七月外调。据《实录·程宗丞颢传》载，程颢任御史里行之初，"神宗素知其名，召对之日，从容咨访，比三见，遂期以大用"。④可知程颢答神宗之问当在熙宁二三年变法初始时。此当是李绂云"以荆公为圣人者，神宗也"的依据。

但从神宗、程颢问答情况看，神宗实是因有所闻而向程颢"咨访"的。然则在此之前称誉王安石为"圣人"者是谁？据《长编》等记载，当为此后极力反对王安石变法的吕公著等人。《长编》记载有哲宗绍圣四年（1097）四月乙未日章惇、曾布诸人一段议论："（章惇）徐又曰：'王荆公，惇自来只知是王介甫，如今也只见他是王介甫，却不曾唤他真人、至人、圣人。'（曾）布曰：'谁以王荆公为真人、至人、圣人？'惇曰：'吕公著等皆尝有此语，后又非之。'"⑤ 吕公著于何时称誉王安石为"圣人"，章、曾对话中并未明言。

---

① 《宋史》卷282《李沆传》，第9539页。
② 黎靖德编：《朱子语类》卷130《本朝四·自熙宁至靖康用人》，第3097页。
③ 《程氏遗书》卷2上《元丰己未吕与叔东见二先生语》，朱杰人、严佐之、刘永翔主编：《朱子全书外编》，上海：华东师范大学出版社，2010年，第32—33页。
④ 杜大珪撰，顾宏义、苏贤校证：《名臣碑传琬琰集校证》卷21《实录·程宗丞颢传》，上海：上海古籍出版社，2021年，第1295页。
⑤ 《长编》卷485，绍圣四年四月乙未条，第11532页。

　　据载吕公著（字晦叔，封申公）、王安石等人同为"嘉祐四友"，自仁宗末至神宗初，两人一直过往甚密。据邵伯温称："王荆公与吕申公素相厚，荆公尝曰：'吕十六不作相，天下不太平。'又曰：'晦叔作相，吾辈可以言仕矣。'其重之如此。"故王安石执政，"荐申公为中丞，欲得其助，故申公初多举条例司人作台官"。① 朱熹亦谓"荆公当时与申公极相好，新法亦曾商量来，故行新法时，甚望申公相助"。② 王安石执政之始，当时士大夫也都认为此时为"合变时节"，故对王安石主持变法的期望甚高。在此氛围下，吕公著为"相助"王安石，而称誉王安石为"圣人"，也是可以理解的。神宗当是因吕公著等的称誉而向程颢询问的。

　　何为"圣人"？王安石认为：

> 圣之为名，道之极，德之至也。"非礼勿动，非礼勿言，非礼勿视，非礼勿听"，此大贤者之事也。贤者之事如此，则可谓备矣，而犹未足以钻圣人之坚，仰圣人之高。以圣人观之，犹太山之于冈陵，河海之于陂泽。然则圣人之事可知其大矣……圣人之所以能大过人者，盖能以身救弊于天下耳。如皆欲为孔子之行而忘天下之弊，则恶在其为圣人哉？③

又云："孟子曰'孔子集大成者'，盖言集诸圣人之事而大成万世之法耳。"他认为孔子"贤于尧、舜"。④ 显然王安石的"圣人"标准主要在于是否"能以身救弊于天下"而"大成万世之法"，即倾向于事功。与之对应，周敦颐《通书》云："寂然不动者诚也，感而遂通者神也，动而未形、有无之间者几也……诚、神、几，曰圣人。"又言："无思，本也；思通，用也……无思而无不通为圣人。"⑤ 张载《正蒙》云："勉而清，非圣人之清；勉而和，非圣人之和。所谓圣者，不勉不思而至焉者也。"⑥ 程颐《颜子所好何学论》也说："盖圣人则不思而

---

① 邵伯温：《邵氏闻见录》卷 12，第 125 页。

② 黎靖德编：《朱子语类》卷 130《本朝四·自熙宁至靖康用人》，第 3097 页。

③ 《王安石文集》卷 64《三圣人》，第 1107—1108 页。

④ 《王安石文集》卷 67《夫子贤于尧舜》，第 1164 页。

⑤ 《通书注·圣第四》，朱杰人、严佐之、刘永翔主编：《朱子全书》，上海：上海古籍出版社、合肥：安徽教育出版社，2002 年，第 101—102 页；《通书注·思第九》，第 106 页。

⑥ 《张载集·正蒙·中正篇第八》，章锡琛点校，北京：中华书局，1978 年，第 28 页。

得，不勉而中，从容中道。颜子则必思而后得，必勉而后中。故曰：颜子之与圣人，相去一息。"① 其说更注重德性内修。

程颢所说"公孙硕肤，赤舄几几"，语见《诗经·豳风·狼跋》，称周公摄政 7 年，还政于成王。这 7 年之中，"远则四国流言，近则成王不知，周大夫美其不失其圣也"。② 周公在内外皆难的环境里，力致天下太平，故周大夫称美其为"圣人"。王安石以宰执身分辅佐初政的神宗进行熙宁变法之初，正有着甚高声誉，被时人誉为周公式的"圣人"。史载王安石"性不好华腴，自奉至俭，或衣垢不浣，面垢不洗"，③ 而儒家一直有"修身齐家治国平天下"说法，理学家更看重个人操行内修，故程颢以"王安石一身尚不能治"，来回答神宗"王安石是圣人否"之问，以此作为王安石不是"圣人"的理由。

以周公辅佐成王来比拟王安石，且誉之为"圣人"，神宗对此予以首肯，并在命翰林学士撰写的王安石拜相制词中称："王安石良心不外，德性攸尊，至学穷于圣人，贵名薄于天下。"④ 此后，因王安石、王雱父子主持撰写《三经新义》，号"新学"，盛行天下，时人因王安石"父子皆以经术进，当时颂美者多以为周、孔，或曰孔、孟。范镗为太学正，献诗云：'文章双孔子，术业两周公。'公（王安石）大喜曰：'此人知我父子。'"王安石《题雱祠堂》中也以"一日凤鸟去，千秋梁木摧"诗句，⑤ 将早卒之爱子比拟孔子而不疑。

"颂圣"之举，在当时也并非为王安石所独享。以过誉之词称道他人，或希求他人以过誉之词称道自己，实属北宋中期士大夫间的风尚之一。如苏洵《上欧阳内翰第二书》：

自孔子没，百有余年而孟子生；孟子之后，数十年而至荀卿子；荀卿子

---

① 《二程集·河南程氏文集》卷 8《伊川先生文四·颜子所好何学论》，北京：中华书局，1981 年，第 578 页。

② 《毛诗正义》卷 8 之三《狼跋》，阮元校刻：《十三经注疏》，北京：中华书局，1980 年，第 400 页。

③ 《宋史》卷 327《王安石传》，第 10550 页。

④ 徐自明撰，王瑞来校补：《宋宰辅编年录校补》卷 7，第 424 页。

⑤ 李璧笺注：《王荆文公诗笺注》卷 22《题雱祠堂》，上海：上海古籍出版社，2010 年，第 516 页。

后乃稍阔远，二百余年而扬雄称于世；扬雄之死，不得其继千有余年，而后属之韩愈氏；韩愈氏没三百年矣，不知天下之将谁与也……顷者张益州（张方平）见其（苏洵）文，以为似司马子长，洵不悦，辞焉。

可见苏洵自视之高，实以孟、荀、扬、韩四人自比，当张方平称许"其文似司马子长"时，苏洵则"不悦，辞焉"。而欧阳修称赞苏洵《六经论》为"荀卿子之文"，苏洵虽表面谦称自己"得齿于四人者之中"乃欧阳修"其戏也"，然仍不禁发出"不知天下之将谁与也"之问。①

与苏洵同时代、号称得先天之学的邵雍也尝自许道："仲尼后禹千五百余年，今之后仲尼又千五百余年，虽不敢比夫仲尼上赞尧、舜、禹，岂不敢比孟子上赞仲尼乎？"② 不同意神宗称王安石为"圣人"的程颢，其弟程颐在《明道先生（程颢）墓表》中也云："周公没，圣人之道不行；孟轲死，圣人之学不传。道不行，百世无善治；学不传，千载无真儒……先生（程颢）生（孔子）千四百年之后，得不传之学于遗经，志将以斯道觉斯民。"③ 显然，程颐是在称誉程颢为孔子之后的又一圣贤。

此后以攻讦王安石"奸邪"而闻名的陈瓘（莹中），也曾于奏疏中"以安石比于伊尹，伊尹圣人也"，并谓"安石为神考之师也"。④ 张商英在哲宗初年撰作的《嘉禾颂》，将主持"元祐更化"的宰相司马光比拟为周公，"推古验今，迹虽不同，理或胥近"。⑤ 此与王安石被誉作"周公"的原因相类同。

对于如此"颂圣"士风，苏轼在与李廌书信中表示：

足下相待甚厚，而见誉过当，非所以为厚也。近日士大夫皆有僭侈无涯之心，动辄欲人以周、孔誉己，自孟轲以下者，皆怃然不满也。此风殆不可

① 苏洵著，曾枣庄、金成礼笺注：《嘉祐集笺注》卷12《上欧阳内翰第二书》，上海：上海古籍出版社，1993年，第334页。

② 《邵雍集·观物内篇第六篇》，郭彧整理，北京：中华书局，2010年，第22页。

③ 《二程集·河南程氏文集》卷11《伊川先生文七·明道先生墓表》，第640页。

④ 邵博：《邵氏闻见后录》卷23，第180页。

⑤ 岳珂：《程史》卷7《嘉禾篇》，北京：中华书局，1981年，第82页。

长。又仆细思所以得患祸者，皆由名过其实，造物者所不能堪，与无功而受千钟者，其罪均也。深不愿人造作言语，务相粉饰，以益其疾。①

就苏轼撰作于元祐元年末的此封书信内容可知，其一，从"仆细思所以得患祸者"之句判断，苏轼反省自己罹"乌台诗案"的重要原因在于"名过其实"，朋友"见誉过当"又"以益其疾"。其二，当时士大夫在"僭侈无涯之心"驱动下，"动辄欲人以周、孔誉己，自孟轲以下者，皆忿然不满也"，可见其时士大夫间"造作言语，务相粉饰"过誉之风，其程度已较熙宁年间更为严重，故苏轼感喟曰："此风殆不可长。"

因北宋后期党争激化带来的恶果，加上注重德性内修的理学影响渐广，时人对过誉之风，尤其是随意比拟"圣人"周公、孔子现象渐持反对态度，视作"大奸"行为。如邵伯温云："崇宁中，蔡京等修哲宗史，为《王安石传》，至以王安石为圣人。"② 其子邵博更指斥"绍圣以来，权臣挟继述神宗为变者，必先挟王荆公。蔡氏至以荆公为圣人。天下正论一贬荆公，则曰：'非贬荆公也，诋神宗也，不忠于继述也。'正论尽废，钩党牢不可解，仁人君子知必为异日之祸，其烈不可向"。

故陈瓘在《尊尧集序》中一面尊"神考，尧、舜也，任用安石，止于九年而已矣"，一面攻讦王安石"傲上乱伦"、"教人诬伪"诸罪。他认为："圣人，人伦之至也，傲上乱伦，岂圣人乎？圣人，百世之师也，教人诬伪，岂圣人乎？"又指责王安石"岂可身处北面人臣之位，而甘受子雱骄僭之名乎"，③ 以王安石接受"圣人"之誉乃属"奸邪"行为。

邵伯温《邵氏闻见录》中云"（王）雱死，荆公罢相，哀悼不忘，有'一日凤鸟去，千年梁木摧'之诗，盖以比孔子也"。④ 邵博进而发挥道，"王荆公之子雱作《荆公画像赞》，曰：'列圣垂教，参差不齐，集厥大成，光于仲尼。'是圣其父过于孔子也。雱死，荆公以诗哭之曰：'一日凤鸟去，千年梁木摧。'是以儿

---

① 张志烈等校注：《苏轼全集校注》卷49《答李方叔书》，第5336—5337页。
② 邵伯温：《邵氏闻见录》卷3，第25页。
③ 邵博：《邵氏闻见后录》卷23，第179—187页。
④ 邵伯温：《邵氏闻见录》卷11，第121页。

子比孔子也。父子相圣，可谓无忌惮者矣"。①

此类攻击王安石父子比拟"圣人"的言论，虽反映出当时新旧党争日趋激烈状况，但也与社会风尚变化密切相关。时人过誉王安石为"圣人"，只不过是当时的一种普遍士风，在不同学术主张与政治见解的士人中都有所表现。王安石接受他人赞誉，与苏洵父子、程颐兄弟、邵雍之自许并无二致。至南宋初，这一社会风尚已遭逆转，于是邵伯温、邵博等人有意忽略乃祖邵雍的自许和苏家父子、程氏兄弟类似表达，利用所谓"圣人"之誉来攻讦王安石父子，自是别有用心。② 因此，就宋代士风对过誉"圣人"现象前后变化这一点而言，指责王安石"党友"、"造作语言，至以为几于圣人"之语，当不可能出现于仁宗嘉祐间至神宗熙丰年间，也不会出现在元祐时，只能出自北宋末及以后的士人之口。

（2）《辨奸论》有："夫面垢不忘洗，衣垢不忘浣，此人之至情也。今也不然，衣臣虏之衣，食犬彘之食，囚首丧面而谈《诗》《书》，此岂其情也哉？凡事之不近人情者，鲜不为大奸慝，竖刁、易牙、开方是也。"此段文字属《辨奸论》立说之本，却同样引起后人诸多争议。

王安石在日常生活中饮食无择、不事边幅，宋人笔记野史中多有记载。方勺《泊宅编》也称王安石"囚首丧面"。③ 叶梦得《避暑录话》载"荆公性固简率不缘饰，然而谓之食狗彘之食、囚首丧面者，亦不至是也"。④ 朱弁《曲洧旧闻》言"王荆公性简率，不事修饰奉养，衣服垢污，饮食粗恶，一无所择，自少时则然。苏明允著《辨奸》，其言衣臣虏之衣、食犬彘之食、囚首丧面而谈《诗》《书》，以为不近人情者，盖谓是也"，"人见其太甚，或者多疑其伪云"。⑤ 以上皆就《辨奸论》而发。

朱熹甚至举吕祖谦为例，认为《辨奸论》所云不然，"然荆公气习，自是一个要遗形骸、离世俗底模样，吃物不知饥饱。尝记一书，载公于饮食，绝无所

---

①　邵博：《邵氏闻见后录》卷 20，第 158 页。
②　参见裴汝诚、顾宏义：《王安石变法与"圣人"之辨》，北京大学中国古代史研究中心编：《邓广铭教授百年诞辰纪念论文集》，北京：中华书局，2008 年，第 243—255 页。
③　方勺：《泊宅编》卷上，第 65 页。
④　叶梦得：《避暑录话》卷上，《全宋笔记》第 2 编第 10 册，第 247 页。
⑤　朱弁：《曲洧旧闻》卷 10，第 231 页。

嗜，惟近者必尽。左右疑其为好也，明日易以他物，而置此品于远，则不食矣。往往于食未尝知味也……近世吕伯恭亦然，面垢身污，似所不恤，饮食亦不知多寡。要之，即此便是放心。《辨奸》以此等为奸，恐不然也"。① 即便如此，王安石"不事修饰奉养"，"吃物不知饥饱"、"饮食粗恶，一无所择"，似也不能苛责之"食犬彘之食"。据《辨奸论》析之，所谓"食犬彘之食"，当是暗指《邵氏闻见录》所记载王安石"食鱼饵"事：

> 仁宗皇帝朝，王安石为知制诰。一日，赏花钓鱼宴，内侍各以金碟盛鱼饵药置几上，安石食之尽。明日，帝谓宰辅曰："王安石诈人也。使误食钓饵，一粒则止矣；食之尽，不情也。"帝不乐之。②

史载仁宗嘉祐初年得病，病愈后不良于言行。邵伯温记载："帝自此御朝，即拱默不言。大臣奏事，可即首肯，不即摇首。"③ 出外活动甚少。检《长编》等所载，嘉祐年间仅六年春季曾开赏花钓鱼宴一次，"三月，幸后苑赏花钓鱼，遂宴太清楼。出御制诗一章，命从臣属和以进"。④ 据《西清诗话》："嘉祐间，开赏花钓鱼燕，介甫以知制诰预末座。"⑤

《宋史·仁宗纪》载王安石于嘉祐六年六月戊寅知制诰。⑥ 该年春开赏花钓鱼宴时，王安石尚未知制诰。真宗、仁宗时，一般每年春季于后苑开赏花钓鱼宴，君臣共娱，遂为故事。有资格预此宴会的官员颇众，据《长编》，天圣三年（1025）三月，天子"幸后苑，赏花钓鱼，遂燕太清楼，辅臣、宗室、两制、杂学士、待制、三司副使、知杂御史、三司判官、开封府推官、馆阁官、节度使至刺史皆预焉"。⑦ 此后，预宴官员范围大致相同，其中节度使至刺史为武官。预宴的文官中，官职低于知制诰（为两制官）者甚多，而以馆阁官为末座。据《宋

---

① 黎靖德编：《朱子语类》卷 130，第 3109 页。
② 邵伯温：《邵氏闻见录》卷 2，第 13—14 页。
③ 邵伯温：《邵氏闻见录》卷 2，第 15 页。
④ 《长编》卷 193，嘉祐六年三月戊申条，第 4664 页。
⑤ 胡仔：《苕溪渔隐丛话》前集卷 33《半山老人一》，王云五主编：《万有文库》，第 221 页。
⑥ 《宋史》卷 12《仁宗纪四》，第 247 页。
⑦ 《长编》卷 103，天圣三年三月己卯条，第 2378 页。

史·王安石传》，王安石时为三司度支判官、直集贤院，正是"预末座"的官衔。《邵氏闻见录》《西清诗话》称王安石时官知制诰者误。

赏花钓鱼宴，一般分赏花钓鱼和君臣同宴两个内容，赏花钓鱼在先，地点在后苑。宴会在后，地点一般在太清楼。故侍者送上鱼饵当在钓鱼之前，王安石断无不知此为鱼饵而误食之理。《涑水记闻》载，仁宗初，侍从官彭乘预钓鱼宴时，左右侍者甚多。[1] 如有人当场误食鱼饵而众多侍者却不予阻止，也无是理。

仁宗以久病之躯，于众多官员中独见"预末座"的王安石将鱼饵"食之尽"，并待至次日方告知宰相，其真实性亦大可疑问。在赏花钓鱼宴上，君臣每每赋诗娱乐，"每岁赏花钓鱼所赋诗，或预备，及是（天圣八年）出不意，坐多窘者，优人以为戏，左右皆大笑"。[2] 据《西清诗话》，王安石也尝受窘于席间。"帝出诗，群臣属和。末至介甫，日将夕矣，得'披香殿'字，未有对。郑毅夫獬顾曰：'宜对太液池。'故其诗曰：'披香殿上留朱辇，太液池边送玉杯。'翌日，都下盛传王舍人窃柳词，介甫颇衔之。"[3] 此为王安石《和御制赏花钓鱼》诗中两句，因为王诗之诗意、用字偶同柳永词意，次日京城内便作为笑谈盛传。因此，若王安石确曾在众人面前误食鱼饵，岂不即刻遍传天下？

此事除《邵氏闻见录》外，不见当时其他记载。熙宁二年，御史中丞吕诲弹劾王安石十恶时，捃拾王安石于嘉祐年间所为一小事作为一恶，吹毛求疵，极尽攻击之能事，然并未言及其食鱼饵之事。如仁宗确曾有"王安石诈人也"评语，吕诲能不加以引用，以增强其弹文力度？由此也可证明邵伯温所说王安石食鱼饵一事颇不可信。[4]

《辨奸论》攻击王安石"食犬彘之食"为"不近人情"，并提出"凡事之不近人情者，鲜不为大奸慝，竖刁、易牙、开方是也"之论。但裴汝诚提出此观点与苏洵《嘉祐集》卷8《管仲论》中所论说者有异："夫齐国不患有三子，而患

---

①　司马光：《涑水记闻》卷3，邓广铭、张希清点校，北京：中华书局，1989年，第54—55页。

②　《长编》卷109，天圣八年三月壬申条，第2537页。

③　胡仔：《苕溪渔隐丛话》前集卷33《半山老人一》，王云五主编：《万有文库》，第221页。

④　参见顾宏义：《〈邵氏闻见录〉有关王安石若干史料辨误》，《河北大学学报》1998年第3期。

无（管）仲。有仲，则三子者三匹夫耳。不然，天下岂少三子之徒……（倘管仲生前）举天下之贤者以自代，则仲虽死，而齐国未为无仲也，夫何患三子者！"两者观点正相违背，① 苏洵《管仲论》认为国有良相贤臣，虽有"不近人情"如竖刁之辈在内廷给事，固也不能害国，祸乱天下。可见"不近人情"与"大奸慝"之间，并不存在必然联系。

"凡事之不近人情者，鲜不为大奸慝"之说，亦与苏洵《上欧阳内翰第二书》中说法相冲突：

> 顷者张益州（张方平）见其（苏洵）文，以为似司马子长，洵不悦，辞焉。夫以布衣，而王公大人称其文似司马迁，不悦而辞，无乃为不近人情。诚恐天下之人不信，且惧张公之不能副其言，重为世俗笑耳。②

可见"事之不近人情者"，可能也是事出有因，并非就是"大奸慝"。如面对张方平称誉其文"似司马子长"，苏洵之"不悦而辞，无乃为不近人情"，即属一例。

对于《辨奸论》此段文字，蔡上翔辨析王安石并非"囚首丧面"，章培恒却说蔡氏所辨不对，认为"'面垢不洗，衣垢不浣'，本是魏晋名士之一，后世文人学士不修边幅者，亦不乏此等表现。只要不是庸俗、势利之辈，并不会把这看作'流庸乞丐穷饿无聊之人'的行为和'一至于此'的'罪恶'。故南丰、庐陵、潞国一再称道安石之贤，并不能证明王安石不可能有此种名士风度"。③

邓广铭以为："《辨奸论》本是作为王安石的一些不近人情的行为而加以胪举，并硬要以此为契机而推导出'凡事之不近人情者，鲜不为大奸慝，竖刁、易牙、开方是也'这一结论的，怎么可以与嵇康以及后世文人学士不修边幅者相提并论，并说成是王安石的一种'名士风度'呢？"他还认为《辨奸论》此处表述之要害在于："撰造一些莫须有的生活细节而称之为不近人情，由不近人情而生硬地推导出'大奸慝'的结论，这是完全缺乏逻辑性的推理，反映出作者文笔的

---

① 裴汝诚：《〈乐全集·苏文安先生墓表〉真伪辨》，《半粟集》，第152—153页。
② 苏洵著，曾枣庄、金成礼笺注：《嘉祐集笺注》卷12《上欧阳内翰第二书》，第334页。
③ 章培恒：《〈辨奸论〉非邵伯温伪作——兼论〈王荆公年谱考略〉中的有关问题》，《献疑集》，第42页。

过分的拙劣！"①

确实，若《辨奸论》中指斥王安石"囚首丧面"等语之原意乃属魏晋名士风度的表现之一，则其文不但不能达到辨奸之旨，反成了一种揄扬。

（3）《辨奸论》中有："以盖世之名而济其未形之患，虽有愿治之主，好贤之相，犹将举而用之，则其为天下患，必然而无疑者。"其认为"不近人情"而又合王衍、卢杞"为一人"的王安石，如若不得明君贤相"举而用之"，则不过"有不遇之叹"而无从"为天下之患"。

细推《辨奸论》此段文字隐含之义，当撰于王安石当国执政后。因为《邵氏闻见录》所云《辨奸论》撰于嘉祐末，王安石此时仅为知制诰，而知制诰之官职距离当国执政颇远，且王安石还因与宰相韩琦等宰执议事不合，颇遭抑制，如司马光所云："及介甫知制诰，言事复多为韩公所沮。会遭母丧，服除，时韩公犹当国，介甫遂留金陵，不朝参。"② 若如《墓表》所云《辨奸论》撰于嘉祐元年，则王安石时仅为太常博士、群牧判官，"官卑迹远"，更无论矣。

即使在嘉祐八年，王安石虽已名著朝野，但也无日后一定能擢拜宰执当国的把握。宋朝盛名之士而终不拜执政者，不乏其人。如时人魏泰于《东轩笔录》中记载：

> 嘉祐中，禁林诸公皆入两府。是时包孝肃公拯为三司使，宋景文公祁守郑州，二公风力久次，最著人望，而不见用。京师谚语曰："拨队为参政，成群作副枢。亏他包省主，闷杀宋尚书。"明年，包亦为枢密副使，而宋以翰林学士承旨召。③

此时王安石官职、人望远较宋祁为低，苏洵却能于六七年或十余年以前，撰作《辨奸论》准确预知王安石能拜相执政，且将为祸天下。其虽自诩有"能知微而见著"的先见，也实在太过神奇。

---

① 邓广铭：《〈辨奸论〉真伪问题的重提与再判》，袁行霈主编：《国学研究》第 3 卷，第 434 页。

② 司马光：《涑水记闻》卷 16，第 311 页。

③ 魏泰撰：《东轩笔录》卷 11，李裕民点校，北京：中华书局，1983 年，第 126 页。

（4）关于《墓表》内容与苏洵、张方平生平事迹的违忤。

《墓表》首言"仁宗皇祐中，仆领益部"。但据《长编》，张方平至和元年七月知益州，十一月方到任；至和三年八月，改任三司使。① 而皇祐六年三月改元为至和元年，至和三年九月改元为嘉祐元年。可见张方平自述其"皇祐中，仆领益部"实误，"皇祐中"当作"至和中"。②

《墓表》云苏洵卒，苏轼兄弟护丧"归葬于蜀，明年八月壬辰葬于眉州彭山县安镇乡可龙里"。治平四年八月丁未朔，是月并无壬辰日。欧阳修《故霸州文安县主簿苏君墓志铭》作"治平四年十月壬申"。③ 十月丙午朔，壬申乃二十七日。据叶梦得《避暑录话》，张方平因苏辙之请撰作《墓表》，其下葬年月日理应由苏家子弟提供，而《墓表》竟然将下葬月日弄错，未免令人生疑。④

《墓表》称苏洵"所著文集二十卷，《谥法》三卷，《易传》十卷"。欧阳修《故霸州文安县主簿苏君墓志铭》则作"有文集二十卷，《谥法》三卷"，又称"作《易传》，未成而卒"。⑤ 曾巩《苏明允哀辞》也称"所为《易传》未成"。⑥ 苏辙《亡兄子瞻端明墓志铭》云"先君（苏洵）晚岁读《易》，玩其爻象，得其刚柔、远近、喜怒、逆顺之情，以观其词，皆迎刃而解。作《易传》未完，疾革，命公（苏轼）述其志。公泣受命，卒以成书，然后千载之微言焕然可知也"。⑦ 苏籀《栾城先生遗言》言苏洵"作《易传》未完，疾革，命二公（苏轼、苏辙）述其志。东坡受命，卒以成书。初，二公少年，皆读《易》，为之解说。各仕它邦，既而东坡独得文王、伏羲超然之旨，公（苏辙）乃送所解予坡，

---

① 《长编》卷176，至和元年七月甲戌条，第4267—4268页；卷183，嘉祐元年八月癸亥条，第4435页。

② 参见方健：《〈辨奸论〉伪作说新证——纪念徐规先生归道山一周年而撰》，《徽音永著：徐规教授纪念文集》，第274页。

③ 《欧阳修全集》卷35《故霸州文安县主簿苏君墓志铭》，第514页。

④ 参见方健：《〈辨奸论〉伪作说新证——纪念徐规先生归道山一周年而撰》，《徽音永著：徐规教授纪念文集》，第273页。

⑤ 《欧阳修全集》卷35《故霸州文安县主簿苏君墓志铭》，第513、514页。

⑥ 《曾巩集》卷41《苏明允哀辞》，第561页。

⑦ 《苏辙集·栾城后集》卷23《亡兄子瞻端明墓志铭》，第1127页。

今《蒙卦》犹是公解"。①

《四库全书总目》著录苏轼《东坡易传》9 卷，称"此书实苏氏父子兄弟合力为之，题曰轼撰，要其成耳"。②《厚斋易学》附录一引《中兴书目》《宋史·艺文志·易类》著录苏轼《易传》9 卷。③《郡斋读书志》《玉海》著录苏轼《东坡易传》11 卷，④《直斋书录解题》作 10 卷。⑤

据苏轼《黄州上文潞公书》自述其"到黄州无所用心，辄复覃思于《易》、《论语》，端居深念，若有所得，遂因先子之学，作《易传》九卷，又自以意作《论语说》五卷"，因"《易传》文多，未有力装写，独致《论语说》五卷"献之文彦博。《与王定国》有云"某自谪居以来，可了得《易传》九卷、《论语说》五卷，今又下手作《书传》。迂拙之学，聊以娱老，且以为子孙藏耳"。⑥ 可知《东坡易撰》撰成于苏轼贬居黄州期间，乃 9 卷；作 10 卷或 11 卷，为晚年贬居海南期间有所增修者。⑦

因此，若张方平元丰初撰苏洵《墓表》，《易传》此时尚未成书，故不当有"《易传》十卷"之语。从《墓表》称苏洵有"《易传》十卷"推断，《墓表》撰作不应早于徽宗初苏轼自海南北归时。

（5）关于《墓表》所述苏洵与韩琦之关系。

《墓表》称苏洵入京以后"名动天下，士争传诵其文，时文为之一变，称为'老苏'。时相韩公琦闻其风而厚待之，尝与论天下事，亦以为贾谊不能过也。然知其才而不能用"。

史载嘉祐初，苏洵因欧阳修推荐而得以上书宰相富弼、枢密使韩琦（韩琦自

---

① 苏籀：《栾城先生遗言》，张剑光、李相正整理，《全宋笔记》第 3 编第 7 册，郑州：大象出版社，2008 年，第 151 页。

② 《四库全书总目》卷 2《东坡易传》，第 6 页。

③ 冯椅：《厚斋易学》附录一引《中兴书目》，景印文渊阁《四库全书》第 16 册，第 829 页；《宋史》卷 202《艺文志一》，第 5037 页。

④ 晁公武撰，孙猛校证：《郡斋读书志校证》卷 1《东坡易传》，第 39 页；《玉海》卷 36《周易传》，南京：江苏古籍出版社、上海：上海书店，1988 年，第 687 页。

⑤ 陈振孙：《直斋书录解题》卷 1《东坡易传》，第 12 页。

⑥ 张志烈等校注：《苏轼全集校注》卷 48《黄州上文潞公书》，第 5202 页；卷 52《与王定国》之十一，第 5692 页。

⑦ 参见孔凡礼：《苏轼年谱》卷 20，第 505 页；卷 39，第 1334 页。

嘉祐三年方自枢密使拜宰相）。据苏洵《上韩枢密书》自言："洵著书无他长，及言兵事，论古今形势，至自比贾谊。所献《权书》，虽古人已往成败之迹，苟深晓其义，施之于今，无所不可。"他劝说韩琦等宰执当以兵刑立威，甚至说"故天子不可以多杀；人臣奉天子之法，虽多杀，天下无以归怨"。① 苏洵所献《权书》《衡论》等"汲汲于用兵"，② 颇触朝廷之忌，所以富、韩并未厚待苏洵，当然也未如苏洵所期待的予以委用。叶梦得《避暑录话》：

> 韩魏公至和中还朝为枢密使，时军政久弛，士卒骄惰，欲稍裁制，恐其忤怨而生变，方阴图以计为之。会明允自蜀来，乃探公意，遽为书，显载其说，且声言教公先诛斩。公览之大骇，谢不敢再见，微以咎欧文忠，而富郑公当国，亦不乐之，故明允久之无成而归。③

《道山清话》也载：

> 老苏初出蜀，以兵书遍见诸公贵人，皆不甚领略。后有人言其姓名于富韩公，公曰："此君专劝人行杀戮以立威，岂得直如此要官职做！"④

《宋史·苏洵传》云苏洵献书以后，"宰相韩琦见其书善之，奏于朝，召试舍人院，辞疾不至，遂除秘书省校书郎。会太常修纂建隆以来礼书，乃以为霸州文安县主簿，与陈州项城令姚辟共同修礼书，为《太常因革礼》一百卷"。⑤ 此段文字颇有夸饰之处，据《避暑录话》，苏洵"累年始得召，辞不至，而为书上之，乃除试秘书省校书郎。时魏公已为相，复移书魏公，诉贫且老，不能从州县待改官，譬豫章橘柚，非老人所种，且言天下官岂以某故冗耶？欧文忠亦为言，遂以

---

① 苏洵著，曾枣庄、金成礼笺注：《嘉祐集笺注》卷11《上韩枢密书》，第301、304页。
② 杨时：《龟山先生语录》卷3《余杭所闻》，第70页。
③ 叶梦得：《避暑录话》卷上，《全宋笔记》第2编第10册，第246—247页。
④ 佚名：《道山清话》，《全宋笔记》第2编第1册，第98页。
⑤ 《宋史》卷443《苏洵传》，第13097页。

霸州文安县主簿，同姚辟编修《太常因革礼》云"。①

《苏轼年谱》载，苏洵嘉祐三年得召试，但"辞疾不至"。五年二月，苏洵父子三人至京师；八月，苏洵为试秘书省校书郎，以成都府路转运使赵抃的推荐。六年七月，苏洵为霸州文安县主簿，修《太常因革礼》。② 可知苏洵因不满富弼、韩琦的慢待，遂不赴舍人院试，"苟朝廷以为其言之可信，则何所事试？苟不信其平居之所云，而其一日仓卒之言，又何足信邪？"③ 后因官员举荐，苏洵被授试衔官，④ 他更为不满，遂直接上书宰相韩琦求官：

> 洵年老无聊，家产破坏，欲从相公乞一官职，非敢望如朝廷所以待贤俊，使之志得道行者，但差胜于今，粗可以养生遗老者耳。去岁蒙朝廷授洵试校书郎，亦非敢少之也。使朝廷过听，而洵侥幸，不过得一京官，终不能如汉、唐之际所以待处士者，则京官之与试衔，又何足分多少于其间，而必为彼、不为此邪……今洵幸为诸公所知似不甚浅，而相公尤为有意。至于一官，则反覆迟疑不决者累岁。嗟夫！岂天下之官以洵故冗邪？⑤

朝廷遂授苏洵官霸州文安县主簿，以为禄养。是知《墓表》所云过为美饰，与事实颇有出入。

（6）《墓表》中称呼问题及其他。

《墓表》中还存在称呼不一的问题。李绂说《墓表》中存在不合张方平、苏洵身分之称谓："考文定（张方平）镇益州，已为大臣，老泉（苏洵）始以布衣见之，年又小于文定，其卒也官止丞簿，而《墓表》以'先生'称之，北宋风气近古，必不如此。"⑥ 对此，邓广铭引元人王构《修辞鉴衡》："凡为文章，皆

---

① 叶梦得：《避暑录话》卷上，《全宋笔记》第 2 编第 1 册，第 247 页。
② 孙凡礼：《苏轼年谱》卷 3，第 62 页；卷 4，第 80、86、89 页。
③ 苏洵著，曾枣庄、金成礼笺注：《嘉祐集笺注》卷 13《答雷太简书》，第 362 页。
④ 当时苏洵所授官乃试秘书省校书郎，《宋史·苏洵传》少"试"字，误。试秘书省校书郎属试衔，而秘书省校书郎乃京官。
⑤ 苏洵著，曾枣庄、金成礼笺注：《嘉祐集笺注》卷 13《上韩丞相书》，第 352—353 页。
⑥ 蔡上翔：《王荆公年谱考略》卷 10 引李氏《穆堂初稿·书辨奸论后》，《王安石年谱三种》，第 377 页。

须凡例先定。如张安道作《苏明允墓表》，或曰苏君，或曰先生，或曰明允；言欧阳永叔，或名或字。凡例不先定，致轻重不等。"他认为王构"受时代局限，不敢轻易提出否定意见"。① 其实南宋张镃《仕学规范》已载录此段文字，注曰引《步里客谈》，②《步里客谈》乃南宋高、孝时人陈长方所撰。可见对《墓表》中称呼"轻重不等"的批评，在其传世之初即已出现。

针对《墓表》中的称谓问题，章培恒列举欧阳修曾为推举地位不如己的常秩而屡称常氏为"夫子"、"先生"之事，认为"欧阳修与常秩的关系，与张方平之于苏洵相仿佛"，故生活于同时的欧阳修可称常秩为"夫子、先生、长者"，则张方平称苏洵为"先生"亦无不可；且中国传统习惯"在墓表、墓志铭上对死者的称呼，一般比对活着的时候要尊重些"。③ 确实，张方平出于敬重而称苏洵为"先生"，与当时士风并无相悖之处，故若以此称呼来质疑《墓表》为伪作，其理由固然有欠充分。但张方平在当时亦以文学闻名，至此受人之请撰作苏洵《墓表》，其中称谓却如此"轻重不等"，确实让人奇怪。

据《墓表》中存在的"轻重不等"称谓问题，大略可分《墓表》一文为3节，即自篇首"仁宗皇祐中"至"然知其才而不能用"为第1节，叙述张方平结识父子之经过与苏洵入京师获大名之缘由。这节内，张方平称苏洵为"苏君"、"君"，称欧阳修为"欧阳永叔"、"永叔"，称韩琦为"韩公琦"，自称作"仆"。自"初君将游京师"至篇末为第3节，述及苏洵偕二子上京贡举等事。此节内，张方平称苏洵为"君"，自称为"仆"。这两节内，其称谓中规中矩，并无"轻重不等"之病。

自"初作昭陵"至"《易传》十卷"为第2节，其中称苏洵为"先生"，称韩琦或曰"琦"、或曰"韩"，欧阳修则径呼其名。所谓"轻重不等"的称谓皆

① 邓广铭：《再论〈辨奸论〉非苏洵所作——兼答王水照教授》，王元化主编：《学术集林》第13卷，第79页。
② 张镃：《仕学规范》卷34《作文》，景印文渊阁《四库全书》第875册，第171页。《仕学规范》所引文字未载于今传世本《步里客谈》。
③ 章培恒：《〈辨奸论〉非邵伯温伪作——兼论〈王荆公年谱考略〉中的有关问题》，《献疑集》，第51页。章文又云："据苏轼《谢张太保撰先人墓碣书》，知方平写《墓表》时已为太保，据《宋史·张方平传》，方平为太保在哲宗时。"章文称张方平撰作《墓表》在哲宗时，不确。

存在这节内，而后人大起争议的文字也大都存在于此节。由此颇疑《墓表》一文乃由数篇文字拼凑而成，其第 2 节文字与第 1、3 节似非属一篇。

关于《辨奸论》文句存在的谬误及因袭他人内容者，蔡上翔辨析：

> 《辨奸》曰："误天下苍生者必此人也。"本山巨源语，而《宋文鉴》及《名臣言行录》皆曰羊叔子。考《晋书》，王衍尝诣祜，祜谓宾客曰："王夷甫方以盛名处大位，然败俗伤化必此人也。"此语与巨源略同。彼作为者既援引错误，而《文鉴》、《名臣言行录》俱不及察，遂从其原本录之。及传之既久，亦有知其非而改之者，则今世所传本是也。

蔡氏又云：

> 惟"卢杞奸邪，终成大患，阴贼害物，误天下苍生者必斯人矣"，见于吕诲《十事疏》。竖习、易牙、开方三子非人情，不可近，则明允《管仲论》有之。"虽有愿治之主，好贤之相，犹将举而用之"，与方勺所纪"使其得志立朝，虽聪明之主亦将为其诳惑"无以异。此皆作伪者心老日拙，剿袭之所由来也。①

对于蔡氏这一指诘，章培恒认为这只是"苏洵父子作文深染纵横习气，本不以援引谨严著称，偶有引据错误，不足为奇"。关于该文与《上十事疏》"有些句子雷同，安知不是吕诲受《辨奸》影响？"且"古人在自己不同的文章中，引用同一典故或提及同一历史事件，本是常见的事"，苏洵《管仲论》提及竖刁三人之事，为何《辨奸论》中就不能再提到？"就算《辨奸》出于伪造"，方勺编《泊宅编》明言苏洵撰《辨奸论》"行于世"，则《辨奸论》又如何剿袭《泊宅编》中"使其得志立朝，虽聪明之主亦将为其诳惑"之语？②

蔡上翔称《辨奸论》抄袭《泊宅编》文字的说法确实存在自相矛盾，但章文

---

① 蔡上翔：《王荆公年谱考略》卷 10，《王安石年谱三种》，第 366—367 页。
② 章培恒：《〈辨奸论〉非邵伯温伪作——兼论〈王荆公年谱考略〉中的有关问题》，《献疑集》，第 48—49 页。

辨析《辨奸论》与吕诲《上十事疏》、苏洵《管仲论》的关系之说，其理由也有欠充分。对此，王水照撰文解释说，宋代文献中载录《辨奸论》文本的至少"尚存七种"，分别是麻沙本《类编增广老苏先生大全集》、《乐全集》、《邵氏闻见录》、《皇朝文鉴》、《五朝名臣言行录》（节本）、《长编》（节本）、《东都事略·苏洵传》等。对于《辨奸论》中"昔者羊叔子见王衍"一句，上述 7 种文献中，除麻沙本《类编增广老苏先生大全集》"羊叔子"作"山巨源"，其他 6 种皆误作"羊叔子"，可说明"其自有底本"。并非如蔡上翔所说，因为邵伯温作伪时的援引错误，后人知其非而改作"山巨源"，其实"宋刊麻沙本早已作'山巨源'了"。

王氏以为，《邵氏闻见录》"仅得中主"处，麻沙本作"仅得中原"，也误，然其又"显非音近、形近所致，而是别有原委"，即《皇朝文鉴》《五朝名臣言行录》无"仅得中主"4 字，是吕祖谦、朱熹"所见底本作'仅得中原'，觉其不妥而删却，还是'中主'一词作中等才能的君主讲，颇感突兀而受除，这就无法悬揣了"，但由此"似能证明其（麻沙本《老苏集》——引者注）所收《辨奸论》并非源于《邵氏闻见录》"。①

王文所论麻沙本《老苏集》"并非源于《邵氏闻见录》"，当可信从，但其他所说，实还可有补充订正者。其一，宋代文献载录《辨奸论》文本者，除上述 7 种外，至少尚有杜大珪《名臣碑传琬琰集》所引《墓表》、祝穆《古今事文类聚别集》所引《辨奸》（节本）等。

其二，《四库全书》本亦作"山巨源"。南宋后期王霆震编《古文集成》引《辨奸》，大抵据《东都事略》引录，也作"山巨源"，《钦定四库全书考证》云："刊本'山巨源'讹'羊叔子'，据《老泉集》改。"南宋后期潘自牧《记纂渊海》卷 43《识者所窥》引苏洵语作"昔者羊叔子见王衍曰"，同书卷 52《先知》引苏洵语作"昔者山巨源见王衍曰"。说明《辨奸论》在南宋时确存在作"山巨源"、"羊叔子"两个不同版本，其中作"山巨源"者当为时人据《晋书》所改，其改字时间似不早于孝宗时。

此外，李绂云："《墓表》有'蜀无人'之语，而东坡《谢书》又云'秦无

---

① 王水照：《再论〈辨奸论〉真伪之争——读邓广铭先生〈再论《辨奸论》非苏洵所作〉》，王元化主编：《学术集林》第 15 卷，第 235、253—255 页。

人'，辞既重复，文气又相类，则亦邵氏所赝作耳。"① 章培恒辩驳李绂之说，认为此二语在意义上有不同，即"蜀无人"是张方平称许苏洵为蜀地俊杰之意，而"秦无人"乃是苏轼表彰其父撰《辨奸论》"不但决定了蜀的'有人'、'无人'，而且是决定了全国的'有人'、'无人'"。李绂的批评是其"对苏轼此文没有仔细体味的缘故"。② 此处李绂以"蜀无人"、"秦无人"之"辞既重复，文气又相类"为由来论证《谢书》为伪作，确属轻易。

至于《谢书》中"黄叔度淡然无作，郭林宗一言，至今以为颜子"，方健据《后汉书·黄宪传》，辨析喻黄宪（字叔度）"为颜子的不是郭林宗，而是荀淑"，③ 亦属引典有误。《谢书》所云"《辨奸》之始作也，自轼与舍弟，皆有'嘻其甚矣'之谏，不论他人。独明公一见，以为与我意合。公固已论之先朝，载之史册"。其所谓"公固已论之先朝，载之史册"，前人已有"此语验之史实，毫无根据"之说，④ 前文已有论辩，此不赘述。

八、《辨奸论》《墓表》《谢书》皆为后人伪托

有关《辨奸论》真伪问题的论辩，因涉及相关文献的成书年代与版本、论述风格、当时士人风气等多方面，以及相关文本的比勘、文字语句含义的辨析、部分关键史料的缺失等，故而众说纷纭，迄今尚未定谳。经众多学者持续广泛的讨论和辨析，有关《辨奸论》的真伪及其著者问题的探讨取得很大进展，解答了不少疑问，但仍遗留不少疑难且不易解答之处。综上文辨析考证，简述如下。

（1）苏洵文集北宋诸版本皆未收载《辨奸论》。

南宋高宗朝及以前编纂的苏洵文集有 20 卷、15 卷、16 卷诸本。今传世 15 卷本《嘉祐集》未载录《辨奸论》，而刊于绍兴十七年婺州州学 16 卷本《嘉祐新

---

① 蔡上翔：《王荆公年谱考略》卷 10 引李氏《穆堂初稿·书辨奸论后》，《王安石年谱三种》，第 378 页。

② 章培恒：《〈辨奸论〉非邵伯温伪作——兼论〈王荆公年谱考略〉中的有关问题》，《献疑集》，第 62—63 页。

③ 方健：《〈辨奸论〉伪作说新证——纪念徐规先生归道山一周年而撰》，《徽音永著：徐规教授纪念文集》，第 289 页。

④ 吴小如：《说〈辨奸论〉真伪问题》，《读人所常见书日札》，第 132—134 页。

集》收载此文。欧阳修《故霸州文安县主簿苏君墓志铭》、曾巩《苏明允哀辞》等称苏洵有文集 20 卷"行于世"，其中是否收载《辨奸论》，史无明文。两宋之际邵伯温《邵氏闻见录》、叶梦得《避暑录话》、胡仔《苕溪渔隐丛话》等述及《辨奸论》时，皆称是据张方平《墓表》，20 卷本苏洵文集若确已收录《辨奸论》，当不至于北宋中后期除《墓表》《谢书》外，世人皆未提及，故可推定 20 卷本苏洵文集并未收载《辨奸论》。

（2）今传世 40 卷本《乐全集》非苏轼所编纂。

全文收录《辨奸论》的张方平《墓表》收载于今传世本《乐全集》卷 39，一般认为此《乐全集》源自南宋孝宗时"旧本"，即苏轼元祐二年编纂之本。今传世本《乐全集》不仅收有张方平为翰林学士时"代天子立言"之文，而且所收《祭滕龙图文》撰于元祐五年十一月，晚于苏轼编纂《乐全集》的时间。显然，此"孝宗时刊本"已非苏轼元祐二年编纂"手校而家藏之"的张方平文集"旧本"。

（3）苏轼手自编本、北宋杭本与南宋孝宗《东坡集》刊本之间关系。

因《东坡集》早期版本的史料有缺，对载于今传世本《东坡集》的《谢书》真伪，众说纷争。《东坡集》苏轼手自编本、北宋所刊杭本与南宋孝宗时刊本之间关系的论争，肯定《谢书》为苏轼所撰者与否定为苏轼所撰者的论说，皆存在主观推测之处，难有定说。

肯定者据宋人曾称《东坡集》"系轼手自编定"者，又据苏辙为苏轼所撰墓志铭称苏轼文集"所列举集名、卷数，与杭本悉同"，而北宋杭本"当坡公无恙时已行于世"，故认定其"不可能羼入伪作"。今传南宋孝宗时刊印《东坡集》残本卷 29 收载《谢书》，故其文为真。因此与苏轼《谢书》"各有互证之关系"的苏洵《辨奸论》、张方平《墓表》自然也非伪作。据前文辨析，此说并不能成立。检今传世本《东坡前集》与南宋孝宗时刊印《东坡集》残本收载的《题织锦图上回文三首》，实为孔平仲（字毅父）作品，不可能是"东坡手自编者"所误收，而是在后世流传时所羼入。

被宋人称誉"最为善本"、据"世传《前集》乃东坡手自编者"刊印的《东坡集》，乃指南宋初年刊印的姑苏居世英家刊本，实非称誉北宋杭本。宋人从未说北宋杭本是据"东坡手自编者"刊印的，其"编次"是否"出于苏氏之意"

也无从考证。

北宋后期党争激烈，尤其徽宗立"元祐党籍碑"以后，《东坡文集》屡被下诏焚毁。若苏轼手自编本乃至北宋刊本《东坡集》中收录有明显攻击王安石文字的《谢书》，当时对列为"元祐党籍碑"主要人物的苏轼文字极尽吹毛求疵寻找罪证者，当不会对此熟视无睹。

（4）方勺 3 卷本《泊宅编》成书要早于《邵氏闻见录》。

《泊宅编》分 3 卷本、10 卷本两个系统，述及《辨奸论》的是 3 卷本。据其所载诸条文字辨析，3 卷本纂修在先，成书于宣和末，"十卷本实为三卷本之增订本"。章培恒认定《邵氏闻见录》始作于绍兴二年，由其子邵博编次定稿，晚于《泊宅编》的编成。但邓广铭推测《邵氏闻见录》部分文字的撰写在"绍兴二年的七八年前乃至十来年前"，实在 3 卷本《泊宅编》之前，为求扩大其影响而广为散布、宣扬，"致使方勺在闻悉之后立即笔之于《泊宅编》中"，进而证明《墓志》与《辨奸论》皆为邵伯温"伪为"。

虽然章文以为"类之为书"一语指邵伯温"绍兴二年十一月开始写作"《邵氏闻见录》，似失之拘泥。然据邓说，则需先假设《辨奸论》《墓表》（或还包括《谢书》）早于《邵氏闻见录》七八年或十来年即已撰成，又需假设其所伪造之文随即广为传布于世，还需假设方勺正好见到此文并笔之于书，这一推测过于曲折且无从证实，显属勉强。因此，如无发现新史料，大抵认定 3 卷本《泊宅编》成书在《邵氏闻见录》之前，其所述及之《辨奸论》事当别有史源。

（5）《辨奸论》非撰作于嘉祐初年。

《墓表》称嘉祐八年王安石"母死，士大夫皆吊之，先生独不往，作《辨奸论》一篇"。在传统社会，某人居母丧，不仅不往吊，反作《辨奸论》一文恶攻之，无论从何角度而言，皆属大不近人情之举，而恰恰《辨奸论》中强调"凡事之不近人情者，鲜不为大奸慝"。为此，宋人著述中多有将撰作《辨奸论》时间提前至嘉祐初年者，如方勺《泊宅编》、邵伯温《邵氏闻见录》、叶梦得《避暑录话》等。邵伯温特意强调苏洵撰《辨奸论》"后十余年，荆公始得位为奸"，以坐实此文撰作之年。据上文考证，王安石、苏洵于嘉祐初曾数次共同参与聚会酬唱。嘉祐八年吴中复出知潭州，王安石、苏洵等皆有送行之诗，似至此时两人亦未绝交。因此，将苏洵撰作《辨奸论》系于嘉祐元年颇不合情理。

（6）北宋时世人未知有《辨奸论》。

《墓表》云《辨奸论》成，"当时见者多不谓然，曰'嘻其甚矣'"，《谢书》及《邵氏闻见录》略同。邵伯温又云司马光没见过《辨奸论》。故叶梦得《避暑录话》称"明允作《辨奸》一篇，密献安道"而"久不出"，元丰间撰成《墓表》，"苏氏亦不入石，比年少传于世"，至北宋末始为世人所知。两者所载大为矛盾。据今见文献，《辨奸论》撰成之初即已外传的说法不成立，北宋后期无人知有此《辨奸论》《墓表》。

（7）王安石与苏氏父子关系并未至破裂程度。

王安石与苏洵父子当初识于嘉祐元年。是年，同在京师的王安石与苏洵数次共同出席聚会酬唱，各自留下诗作。此后王安石与苏洵、苏轼、苏辙之间论学观点、政见等或有不合，但也未见有交恶乃至破裂记载。《邵氏闻见后录》称嘉祐六年苏轼应制科，所谓王安石因闻知苏洵曾作《辨奸论》而"不乐"，故不取苏轼策文及不撰授苏辙商州军事推官制词之说，也属误传。至于称王安石因此在撰修《英宗实录》时，"谓苏明允有战国纵横之学云"，称其说"大抵兵谋权利机变之言也"，当也非事实。

此外，王安石参知政事之初，任用丁忧起复的苏轼为殿中丞、直史馆判官告院，兼判尚书祠部，苏辙为制置三司条例司检详文字。据宋制，此皆属重用，苏辙作苏轼墓志铭称苏轼"与介甫议论素异，既还朝，置之官告院"，显非确论。至于说王安石此举乃因《辨奸论》而"不乐子瞻兄弟"，故斥而冷落的说法，也只是猜度而已。此后苏轼陷"乌台诗案"时，时称王安石也曾进言拯救。故元丰末，王安石、苏轼相会金陵，留连唱和，相得甚欢，可证苏氏父子"恶荆公甚于仇雠"说不确。

（8）张方平撰作《墓表》的时间、内容及动机存疑。

质疑《墓表》伪作者，多持欧阳修已撰《故霸州文安县主簿苏君墓志铭》、曾巩已撰《苏明允哀辞》，苏轼兄弟不必再请人撰作《墓表》之论。然宋时于哀辞外，待时机合适时再请人撰作墓表也属合理，两者并行不悖。

《墓表》特载苏洵《辨奸论》的全文动机，学者多从张方平与王安石间存在矛盾冲突着眼。《邵氏闻见录》中所载熙宁二年张方平、富弼南京晤面时议论王安石之事，考诸史籍，当属虚构伪造。虽然张方平确与王安石政见有分歧，也乏好感，但由此而称张方平"在《墓表》中首刊《辨奸论》以泄私愤"，其动机显欠充分。

《墓表》撰作时间，不少学者认为在元丰末或元祐年间，此说与《墓表》中相关内容有冲突。王水照认为熙宁十年十一月郊祀，"文武官加恩"，苏洵累赠都官员外郎，故为张方平辟任签书应天府判官的苏辙，遂请张方平为撰《墓表》，时在元丰初年。此一推断符合宋制规定，但苏轼兄弟有可能此时请张方平撰作《墓表》，并不等于现见《墓表》即为真，因为其文中存在过多疑问与讹误。王水照又据苏轼《答李方叔书》，称李廌尝请苏轼为孙甫作墓表，提出"将孙氏所作《唐论》'别书此文人石'"，并主张此与张方平《墓表》"全文采入《辨奸论》同一思路"。此说实误。

（9）《墓表》云"嘉祐初，王安石名始盛，党友倾一时"与王安石在嘉祐初的事迹不合。

针对嘉祐初年的王安石是否"党友倾一时"，肯定与否定伪作说的争议甚大。肯定者认为当时王安石"未为时所用，党友亦稀"，说其"党友倾一时"，"误亦甚矣"。如章培恒则历数当时与王安石有交游之士大夫，认为"衡以当时关于'党'的观念"，"那些与王安石交游并称赞他的人……都是'党友'"，因此章氏将其一并斥为王安石"党友"并"倾一时"。如此定义"党友"显然过于随意，且与史实相违，故而遭到邓广铭等学者的批评。

（10）《墓表》"其命相制曰'生民以来，数人而已'"之语大谬。

《墓表》中此语最为学人诟病，熙宁三年王安石拜相制词尚存，完全无"生民以来，数人而已"8 字。张方平与王安石同朝为官，其所撰制词"安得错缪至此"。为此，《邵氏闻见录》、朱熹《五朝名臣言行录》等皆删去这段与史实不符的文字。不过章培恒坚持认为张方平显然不会犯如此低级错误，其曾命两个略通文墨的小吏帮其编次抄录文本，故"其命相制"诸字"显有鲁鱼之讹"，其当是"其党相谀"之抄误。章文如此解释，太过牵强，故遭多位学者批评。

（11）《墓表》指责王安石党友"造作言语，至以为几于圣人"之语不妥。

宋时一般以"圣人"称天子，有时也以称誉大臣，而称誉王安石为"圣人"大抵始于神宗初年。据史载，最早誉称王安石为"圣人"者，实为此后极力反对王安石变法的吕公著等人。随着王安石主持新法的进行，时人多誉其为"周公"、

"孔子"。不过"颂圣"之誉，也非王安石所独享，当时以过誉之词称道他人，或希求他人以过誉之词称道自己，实属士大夫的风尚之一。

北宋中期王安石、周敦颐、张载、程颐等皆对何为"圣人"有过解说。王安石评定"圣人"之主要标准，在其是否"能以身救弊于天下"而"大成万世之法"，即倾向于事功；而来自理学家的解说则更注重德性内修。北宋末期党争激化，加上注重德性内修的理学影响渐广，故徽宗以后人们对过誉之风，尤其是随意比拟"圣人"周公、孔子现象渐持反对态度，视作"大奸"之行。因此，就宋人对过誉"圣人"现象接受与斥责的前后变化而言，指责王安石党友"造作语言，至以为几于圣人"之语，似不当出现于神宗朝以前。

（12）《辨奸论》攻讦王安石"衣臣虏之衣，食犬彘之食"之非。

宋人笔记多有记载王安石日常生活中饮食无择、不事边幅，但《辨奸论》当是指所谓王安石"食鱼饵"之事。《邵氏闻见录》载王安石出席赏花钓鱼宴，误食"鱼饵药"并"食之尽"，致仁宗翌日对宰辅称"王安石诈人也"。据史可证，所谓王安石食鱼饵之事颇不可信。

（13）《辨奸论》立论与苏洵在王安石居母忧间撰此文之举相矛盾。

《辨奸论》攻击王安石"衣臣虏之衣，食犬彘之食"为"不近人情"的表现，并提出"凡事之不近人情者，鲜不为大奸慝，竖刁、易牙、开方是也"之论。此观点与苏洵《管仲论》称倘管仲生前"举天下之贤者以自代，则仲虽死，而齐国未为无仲也，夫何患三子者"之说正相违背，也与《上欧阳内翰第二书》中苏洵以"无乃为不近人情"坚拒张方平称誉的说法相异。可见"事之不近人情者"，可能也属事出有因，并非就是"大奸慝"。王安石居忧时，"囚首丧面"自属当然，而苏洵竟然撰作《辨奸论》大肆攻讦王安石为"大奸慝"，其谬显然。

对于《墓表》《辨奸论》上述文字中存在的问题，持肯定说者多曲加解说，甚而予以"绕路说禅"式解释，甚为牵强。因此，对于肯定《辨奸论》《墓表》《谢书》著者为苏洵、张方平、苏轼的学者而言，如何对此三文中存在的争议最大的问题予以合理之解说，实为其无从回避的一大难点。

（14）《墓表》内容与苏洵、张方平生平事迹有违忤。

张方平至和元年七月知益州，十一月到任，至和三年八月改任三司使。《墓表》却误称"仁宗皇祐中，仆领益部"。《墓表》云苏洵卒，"明年八月壬辰葬于眉州彭山县安镇乡可龙里"。但治平四年八月内无壬辰日，欧阳修《故霸州文安县主簿苏君墓志铭》称葬于"治平四年十月壬申"，当是。

《墓表》称苏洵著《易传》10卷，欧阳修《故霸州文安县主簿苏君墓志铭》、曾巩《苏明允哀辞》皆称苏洵作"《易传》未成"。据苏轼、苏辙所云，《易传》乃苏轼谪居黄州时成书，为9卷；晚年贬居海南期间又加增修，成书10卷（一作11卷）。可知《墓表》撰作时，《易传》尚未成书。据《墓表》称苏洵作《易传》10卷推断，其撰作似不当早于徽宗初苏轼自海南北归之时。

（15）《墓表》中人物称谓紊乱。

《墓表》中存在称呼不一及不合张方平、苏洵身分称谓的问题，早在南宋高宗时陈长方已提出，此文"凡例不先定，致轻重不等"。李绂以此为例证明其非张方平所撰。对此，章培恒列举欧阳修屡称"夫子"、"先生"，说明张方平称苏洵为"先生"亦无不可；且中国传统"在墓表、墓志铭上对死者的称呼，一般比对活着的时候要尊重些"。确实，以称谓问题来证明《墓表》非张方平所撰，其理由固然有欠充分。当时以文学闻名的张方平，受人之请撰作《墓表》，其中称谓却如此"轻重不等"，自易启人疑窦。故推断《墓表》一文乃后人拼凑而成。

（16）《辨奸论》《墓表》因袭其他宋人著述。

《辨奸论》误"山巨源"为"羊叔子"，误"荀淑"为"郭林宗"等。但李绂认为《墓表》"蜀无人"与《谢书》"秦无人"，其"辞既重复，文气又相类，则亦邵氏所赝作耳"。章培恒认为"蜀无人"与"秦无人"语义不同，批评李绂"对苏轼此文没有仔细体味"。其说是。

综上可大体推断，内容存在大量疑问、讹误且难以合理解释的《辨奸论》《墓表》《谢书》三文，当属后人托名之作。

九、《辨奸论》等三文为苏门子弟伪作

那么，《辨奸论》《墓表》与《谢书》为何人所撰，又撰于何时？对于此问题，现今并未见有直接的相关史料证明。故下文所辨述者，只是依据前文所作的研究辨析，并根据宋代相关史料予以推论之。

持《辨奸论》为伪作者，多认为三文皆由两宋之际邵伯温托名伪作。此说若能成立，一是需证明方勺《泊宅编》述及《辨奸论》，其来源于邵伯温；二是需

解释为何能被收入苏洵、张方平与苏轼三人文集而未遭时人质疑。关于第一点，前文已经考述其说不能成立，此不赘言。

对于第二点，若三文皆出自苏门子弟，似可满足相关条件。因张方平与苏家关系密切，《乐全集》亦曾交由苏轼编纂。《乐全集》与《嘉祐集》《东坡集》皆出自苏门，其中所载《辨奸论》《墓表》《谢书》三文就自然易得世人信从。若是邵氏或他人伪托，则不具备如此条件。同时，苏洵颇有通《易》之名，苏辙曾言："先君晚岁读《易》，玩其爻象，得其刚柔、远近、喜怒、逆顺之情，以观其词，皆迎刃而解。"① 故将《辨奸论》托名苏洵，以彰示苏洵具有"知微见著"，能预告王安石将祸乱天下的"先见"之明，也较显自然。

嘉祐年间苏洵曾求官于宰执韩琦，但未能如愿，故怏怏不乐。而《墓表》中有韩琦与苏洵"论天下事，亦以为贾谊不能过也，然知其才而不能用"的牢骚，甚至言及韩琦为仁宗山陵使，"事从其厚，调发辄办，州县骚动，先生以书谏琦且再三，至引华元不臣以责之。琦为变色，然顾大义，为稍省其过甚者。及先生没，韩亦颇自咎恨，以诗哭之，曰：'知贤而不早用，愧莫先于余者矣。'"所谓韩琦"以诗哭之"，乃化用韩琦《苏洵员外挽辞二首》之一的末两句。韩诗为："对未延宣室，文尝荐《子虚》。书方就绵蕝，奠已致生刍。故国悲云栈，英游负石渠。名儒升用晚，厚愧不先予。"就全诗整体而言，韩琦对苏洵评价并不高，而"升用晚"、"厚愧"等，也属身为宰相而不显用"名儒"的一般客套语，与《墓表》中所欲表达者相距颇远。

韩琦作为三朝元老，官显勋高，声望卓著，甚得世人尊礼。《墓表》如此贬损韩琦以褒扬苏洵，似为苏门子弟用以报昔年苏洵之憾。至于《辨奸论》等三文在细节上颇有失实、不合情理之处，可能也是源于苏门子弟对父祖辈数十年前之情况有所了解，却又不甚了然，故而出现此类内容失实。

若此，则《辨奸论》等三文当撰作于何时？据前文可知，撰作《辨奸论》等文下限当在徽宗宣和末年，其上限不早于徽宗初年苏轼自海南北归、陈瓘批评过誉王安石为"圣人"时。邓广铭据《邵氏闻见后录》记载，认为大观年间刘安世有"各式各样"诋毁王安石之语，"却独独不见《辨奸论》中的丑诋"，大

---

① 《苏辙集·栾城后集》卷23《亡兄子瞻端明墓志铭》，第1127页。

可反证直至此时，《墓表》尚未编造出来。① 若邓氏这一推断不误，则《辨奸论》等文当撰于徽宗后期。在严禁苏轼文字的徽宗后期，《辨奸论》《墓志》《谢书》三文能得以伪作的原因，不仅与当时政坛风云变幻密切关联，还与徽宗朝大宦官梁师成直接有关。

《宋史·宦者传》载梁师成字守道，"慧黠习文法，稍知书"，于"政和间得君贵幸，至窜名进士籍中"，累拜节度使，遂拜太尉、开府仪同三司。权势熏天，宰相王黼"父事之"，蔡京父子"亦诏附焉"，"都人目为'隐相'，所领职局至数十百"。后因梁师成"家居与黼邻，帝幸黼第，见其交通状，已怒，朱勔又以应奉与黼轧，因乘隙攻之。帝罢黼相，师成由是益绌"。钦宗继位，梁师成被杀。②

《东都事略·王黼传》载"有玉芝产堂柱，徽宗幸其第，置宴观之。梁师成与黼连墙，穿便门往来，黼以父事之，每折简必称为'恩府先生'。徽宗过之，始悟其交结状，由是黼眷稍息，乃拔白时中、李邦彦共政，以分其权。六年，以太傅致仕"。③ 据考徽宗于宣和五年十一月"丙寅，幸王黼第观芝"；六年九月乙亥，白时中为太宰、李邦彦为少宰；十一月丙子，"王黼致仕"。④ 可知梁师成自宣和五年间渐失徽宗宠信。

《宋史》又载"（梁）师成实不能文，而高自标榜，自言苏轼出子。是时天下禁诵轼文，其尺牍在人间者皆毁去，师成诉于帝曰：'先臣何罪？'自是轼之文乃稍出"。⑤《东都事略·梁师成传》亦云："始，童贯自谓韩琦遗腹，而师成亦以为苏轼出子，至诉于徽宗曰：'先臣何罪？'先是天下禁诵轼文章，其尺牍在人间者皆藏去，至是始复出。"⑥《三朝北盟会编》亦载梁师成"尝自目为苏轼之出子，与轼诸子叙拜为兄弟行，数丐卜曰：'先臣何罪？'"⑦

---

① 邓广铭：《〈辨奸论〉真伪问题的重提与再判》，《邓广铭全集》卷 9，石家庄：河北教育出版社，2005 年，第 473 页。《国学研究》第 3 卷所载《〈辨奸论〉真伪问题的重提与再判》无此段文字。
② 《宋史》卷 468《宦者传三·梁师成》，第 13662—13663 页。
③ 《东都事略》卷 10《王黼传》，景印文渊阁《四库全书》第 382 册，第 685 页。
④ 《宋史》卷 22《徽宗纪四》，第 413—415 页。
⑤ 《宋史》卷 468《宦者传三·梁师成》，第 13662 页。
⑥ 《东都事略》卷 121《宦者传·梁师成》，景印文渊阁《四库全书》第 382 册，第 792 页。
⑦ 徐梦莘：《三朝北盟会编》卷 32，上海：上海古籍出版社，1987 年，第 242 页。

对于梁师成与苏轼"诸子叙拜为兄弟行"，朱熹亦言："苏东坡子过、范淳夫子温皆出入梁师成之门，以父事之。然以其父名在籍中，亦不得官职。师成自谓东坡遗腹子，待叔党如亲兄弟。"① 甚至"尤为坡（苏轼）所敬服"的王巩（字定国，张方平之婿），此时也"阶梁师成以进"。② 由此，在徽宗朝前期禁毁元祐党人著述的禁令甚严，至政和后期"忽弛其禁"，苏文由此稍得开禁。如南宋人陈岩肖云："崇、观间，蔡京、蔡卞等用事，拘以党籍，禁其（苏轼）文辞墨迹而毁之。政和间，忽弛其禁，求轼墨迹甚锐，人莫知其由。"③ 徐度《却扫编》也记载：

> 东坡既南窜，议者复请悉除其所为之文，诏从之。于是士大夫家所藏既莫敢出，而吏畏祸，所在石刻多见毁。徐州黄楼，东坡所作，而子由为之赋，坡自书。时为守者独不忍毁，但投其石城濠中，而易楼名观风。宣和末年，禁稍弛，而一时贵游，以蓄东坡之文相尚。鬻者大见售，故工人稍稍就濠中摹此刻。有苗仲先者适为守，因命出之，日夜摹印。既得数千本，忽语僚属曰："苏氏之学，法禁尚在，此石奈何独存？"立碎之。人闻石毁，墨本之价益增。仲先秩满，携至京师尽鬻之，所获不赀。④

胡仔引《夷坚志》亦记此事而稍异，通州人苗仲先"为徐州守，徐旧有东坡黄楼碑，方崇宁党禁时当毁，徐人惜之，置诸泗浅水中。政和末，禁稍弛，乃钩出，复立之旧处。打碑者纷然，敲杵之声不绝。楼与郡治相连，仲先恶其烦括，令拽之深渊，遂不可复出"。⑤ 可见《却扫编》"宣和末年，禁稍弛"的"宣和"，当为"政和"之讹。

但至宣和五六年间，宋廷忽又申严苏轼等元祐党人文集之禁令。宣和五年

① 黎靖德编：《朱子语类》卷130《本朝四·自熙宁至靖康用人》，第3119页。
② 罗大经撰：《鹤林玉露》乙编卷1《王定国赵德麟》，王瑞来点校，北京：中华书局，1983年，第122页。
③ 陈岩肖：《庚溪诗话》卷上，景印文渊阁《四库全书》第1479册，第61页。
④ 徐度撰：《却扫编》卷下，朱凯、姜汉椿整理，《全宋笔记》第3编第10册，郑州：大象出版社，2008年，第156—157页。
⑤ 胡仔：《苕溪渔隐丛话》前集卷18《韩吏部下》，王云五主编：《万有文库》，第120页。

"七月十三日，中书省言：勘会福建等路近印造苏轼、司马光文集等。诏：'今后举人传习元祐学术，以违制论，印造及出卖者与同罪，著为令。见印卖文集，在京令开封府，四川路、福建路令诸州军毁板'"①。宣和六年"冬十月庚午，诏：有收藏习用苏、黄之文者并令焚毁，犯者以大不恭论"。② 此时梁师成因失徽宗宠信而不再权势熏天，可见此次禁令再趋严厉与梁师成失势密切相关。

据上文考辨，《辨奸论》《墓表》《谢书》三文当撰作于徽宗朝中后期，而梁师成得势、苏文稍得开禁的政和后期至宣和前期，一些吹嘘苏氏父子文字也随之得以行世。托名苏洵、张方平、苏轼的《辨奸论》等三文，大概就是在这一时期由苏门子弟纂成，并渐渐流传于士人间，进而引起争议。《九朝编年备要》载徽宗宣和六年冬所下严诏："朕自初服，废元祐学术。比岁，至复尊事苏轼、黄廷坚。轼、廷坚获罪宗庙，义不戴天，片文只字，并令焚毁勿存，违者以大不恭论。"③ 这里指责苏轼等"获罪宗庙，义不戴天"，由此严禁苏轼等人文集，恐也与《辨奸论》《墓表》《谢书》等文中有攻击王安石及其变法之事相关。

但不久金军南侵，徽宗次年初禅位钦宗，于是禁毁苏轼等元祐党人著述的禁令也被废罢。南宋建立后，朝廷追究北宋灭亡原因，为回避徽宗的责任，遂由蔡京等"六贼"上溯王安石，再加上南宋前期君臣崇尚苏文，如陆游所言："建炎以来，尚苏氏文章，学者翕然从之，而蜀士尤盛。亦有语曰：'苏文熟，吃羊肉。苏文生，吃菜羹。'"④ 在这一政治、文化背景下，《辨奸论》等三文传播更加广泛，虽时有人对撰者、内容有所质疑，但因多种原因，信者愈多而坚，成为用以彰显苏洵"见微知著"、攻讦王安石"奸慝"误国的有力"证据"。

〔作者顾宏义，华东师范大学古籍研究所研究员。上海　200241〕

（责任编辑：管俊玮　李　壮）

---

① 《宋会要辑稿·刑法二》，第 8330 页。
② 《宋史》卷 22《徽宗纪四》，第 414 页。
③ 陈均：《九朝编年备要》卷 29，景印文渊阁《四库全书》第 328 册，第 799 页。
④ 陆游撰：《老学庵笔记》卷 8，李剑雄、刘德权点校，北京：中华书局，1979 年，第 100 页。

《国朝典故》纂辑刊刻考

——兼论明代子史丛书编纂与国朝史书写的兴起

唐佳红

摘　要：《国朝典故》是明代第一部以编辑本朝官私史料为宗旨的大型丛书，在明代丛书史与史学史上具有承前启后的特殊意义。目前已知朱当㴐辑《国朝典故》丛书传抄本不少于 27 种，可见该书在明中后期的抄行盛况。邓士龙本《国朝典故》系基于朱当㴐辑本的重编本，其对后者的处理主要包括增辑和抽换篇目、删汰序跋文字、增置目录、调整文序与增入按语。此外，邓氏借助"史评"在丛书正文中移植了源自陈建《皇明通纪》与吴瑞登《两朝宪章录》的多条纪事。《国朝典故》的编辑与明代小说和野史文献的大量涌现、"国史"意识兴起、出版生态变迁等学术文化背景密不可分。从朱氏本的编辑到邓氏本的刊行，其间产生过多个《国朝典故》重编本，并与时行史著和丛书文献存在频繁的文本互动，这一历程展示了明代历史编纂与历史书写的复杂面向，也反映出中晚明"以史经世"学风对丛书编纂的整体影响。

关键词：《国朝典故》　丛书编纂　明代史学　国史书写　《皇明通纪》

明代出版业兴盛于正德、嘉靖以后，[1] 在此之前传世文献相对有限。除《明实录》等官方史志而外，丛书《国朝典故》以收录明前中期官私史料丰富闻名，

---

[1]　大木康：《明末江南的出版文化》，周保雄译，上海：上海古籍出版社，2014 年，第 1—19 页。

且鲜因时忌而广事删削，史料价值高，早在 20 世纪上半叶已为学界所重。[①] 20 世纪 90 年代，由许大龄、王天有主持召集一批明史学者，以北京大学图书馆藏邓士龙辑《国朝典故》（以下简称"北大本"）刊本为底本，参校中国国家图书馆藏朱当㴸《国朝典故》抄本（以下简称"国图本"）、《金声玉振集》、《纪录汇编》、《胜朝遗事》、《借月山房汇抄》等丛书本，将全文通作点校，并由北京大学出版社出版（以下简称"点校本"）。因其收书宏富，校勘较精，颇为学界所称，[②] 被学者频繁引用。

尽管《国朝典故》已被广泛利用，学界对其认识仍存在不足和误解。首先，由于 20 世纪 90 年代全国性古籍整理工作尚未起步，学者对存本情况了解不够全面。点校者以北大本为主，了解、寓目的版本有限，难以对其文献源流、编纂过程及出版情况有充分认识。如谢国桢一度认为北大本是"人间孤本"，[③] 但新见版本表明它其实是二次印本。又或因文献未备，点校者将国图本误认为朱氏原抄本。现存众多《国朝典故》抄本编次混乱、体例不一，其原本面貌亦有待廓清。

其次，因该书点校工作量较大，使得各部分点校工作既未能在校本选择、出校原则等方面完全一致，亦难以整体贯彻编纂思想与体例。或因此，目前未见学者探讨朱氏本《国朝典故》编纂背景与体例原则，以及邓氏本对朱氏本的内容取舍、卷次调整与重编细节等。此外，贯彻邓氏本首尾、以"按语"形式融入正文的史评文字，是集中体现邓氏重刻此书的"师心"之处，堪可借此呈现邓氏及其时代对人物史事的裁量与品评标准，考察编纂者的历史意识对文本内容产生的影响。

最后，朱当㴸《国朝典故》之成书去邓氏本付梓之时至少有 60 年，在以更

---

① 集中体现在 20 世纪 40 年代学者对明成祖生母问题的讨论中，《国朝典故》本《天潢玉牒》成为诸家瞩目的关键史料，参见朱希祖：《再驳明成祖生母为碩妃说》，《东方杂志》第 33 卷第 12 期，1936 年，第 26 页；李晋华：《明成祖生母问题汇证》，《中央研究院历史语言研究所集刊》第 6 本第 1 分，1936 年，第 55—78 页；傅斯年：《跋〈明成祖生母问题汇证〉并答朱希祖先生》，《中央研究院历史语言研究所集刊》第 6 本第 1 分，1936 年，第 79—86 页。另外，伯希和也利用《国朝典故》抄本，深入研究《瀛涯胜览》版本源流，参见 Paul Pelliot, "Les grands voyages maritimes chinois au début du XVᵉ siècle," *T'oung Pao*, Vol. 30, 1933, pp. 237–452. 为行文方便，本文称朱当㴸所抄《国朝典故》为"朱氏本"，称邓士龙编刻《国朝典故》为"邓氏本"，下略。

② 阿达：《读新版〈国朝典故〉校勘本》，《中国边疆史地研究》1995 年第 3 期。

③ 邓士龙辑：《国朝典故》，许大龄、王天有主点校，北京：北京大学出版社，1993 年，谢国桢"前言"，第 4 页。

新频繁著称的丛书史上堪称少见。那么，是何种原因促使邓士龙捐资重新编刻一部半个多世纪以前的手抄丛书？其间是否有人尝试对其进行重编或印行？对此，目前的文献存留情形显示：海内外保存了近 30 种不同来源的朱氏《国朝典故》抄本，结合今人对《国朝典故》丛书本的版本研究，可考见其丰富的衍生史及晚明丛书编纂的时代特质。

本文在尽量搜集海内外庋藏的《国朝典故》存本基础上，结合古今目录书著录情况，廓清《国朝典故》编纂、流传及重编过程等问题。透过文献传衍过程中的篇目更换与文本差异，考察在明中晚期"国朝"意识兴起之际，子史丛书编刻中的历史意识投射，与时人考求"昭代典故"、书写"皇明"之集体行动间的互动。

一、朱氏《国朝典故》的编纂与流传

（一）朱氏《国朝典故》丛书系统

《国朝典故》最早的辑本，源于朱当㴐的搜集抄录，朱氏在《国朝典故》开篇序言说得很清楚。朱当㴐，字望洋，鲁王府巨野郡王支镇国将军朱阳铸嫡第五子，弘治三年（1490）降袭辅国将军。① 其生平主要见于方志，留下了数量可观的诗文篇什，以文名而彰于一时。万历《巨野县志》载："巨野诸宗，多尚文雅，其最著者曰将军当㴐，博览群集，蓄书甚富，购得异本，手自抄录不下万卷。尤工墨妙，间为诗文，亦甚驯雅。"②《国朝典故》应即其搜购群书，"手自抄录"所辑是明代藏书家搜讨书籍、分类编纂丛书的主要方式，即使在刊印丛书兴起以后，抄校也是刊刻丛书的必要步骤。③ 明代藩府刻书活动兴盛，朱当㴐所在鲁府巨野宗的敏学书院就是一个小有名气的书坊，④ 但没有证据表明《国朝典故》曾有付诸剞劂的尝试。朱当㴐在序言中未提及该书曾经梓行，现存朱当㴐辑《国朝典故》

---

① 《明孝宗实录》卷 37，弘治三年四月戊申，台北：台湾"中研院"历史语言研究所校印本，1961 年，第 799 页。
② 万历《巨野县志》卷 8《杂志》，清抄本（不分册），第 1 页。
③ 刘勇：《明代抄本研究》，博士学位论文，山东大学儒学高等研究院，2020 年，第 248—250 页。
④ 参见张凤霞、张鑫：《明代宗室藏书文化述论》，《东岳论丛》2010 年第 7 期。

各本均为抄本，无一刻本传世，明清以来官私目录著录此书时均注明系抄本。① 据此可知，朱氏《国朝典故》编纂完成之后，并无刻本传世，始终以抄本形式流传。②

首先应当指出，现存朱氏《国朝典故》诸抄本，诸家著录卷数、收书种数各异，盖因统计标准不同，而非收录内容有异。如《敕赐滁阳王庙碑》《钦定滁阳王庙碑岁祀册》、金幼孜《前北征录》《后北征录》及《大狩龙飞录经》《大狩龙飞录纬》等，或被视为同种书，或被视为两种书加以著录；又如《国初礼贤录》分上、下两部分，《平吴录》分上、中、下三部分，《中国古籍善本书目》将之各记为一卷，俱与原书编目不同；有《北征录序》而无《北征录》，实与《北征前录》同一书，傅增湘《藏园订补郘亭知见传本书目》将之单列为一卷。后文如涉及各本卷数，均以朱氏目录编次为准。

因其卷帙浩繁而多散见迭出，且明代一度出现续貂或效仿之风，复灭裂完书，间或杂入原丛书之外其他篇目，益使朱氏《国朝典故》的源流、卷次乃至编纂者平添许多疑云，即使专业学者也不免有治丝益棼之感。如黄虞稷《千顷堂书目》著录"章焕《国朝典故》，三十卷"，③ 而据之完成的《四库全书总目》却改称其为"鲁宗人当泗所辑"，④ 黄虞稷可能将传写者章焕误作编辑者。《中国古籍总目》更将大多数朱氏《国朝典故》残本乃至《国朝谟烈辑遗》都系于邓士龙名下，未能区分这些抄本与邓氏本的区别。张宗祥经眼、抄校古籍无数，面对

---

① 张宗祥云："明代丛书，《四库》著录不少，未知此本（即朱氏本——引者注）何以不收？"（《铁如意馆随笔》，上海：上海古籍出版社，2015年，第82页）刘勇认为，此因四库馆臣"认为以抄本形式存在的那些汇编之书并不是他们所认为的丛书"（《明代抄本研究》，第258页）。此盖非的论，《四库全书总目》也遗漏了邓氏本，另如收书与之重合较多的《金声玉振集》《纪录汇编》也未著录，可能与其中诸多书籍文字违碍相关，如《平夷赋》《马端肃公三记》等语涉建州女真史事，为清廷所讳，已列入禁毁书目。黄虞稷《千顷堂书目》、万斯同《明史稿》均著录此类丛书，而《明史·艺文志》则删除殆尽，即其明证。

② 这种情况印证了周绍明（Joseph P. McDermott）对明中期抄本与印本份额的估计，具体参见《书籍的社会史：中华帝国晚期的书籍与士人文化》，何朝晖译，北京：北京大学出版社，2009年，第51页。此外，明前中期历史类书籍抄本盛行，既受当时出版业萎缩和政治风气影响，也反映时人对历史知识的阅读欲望。

③ 黄虞稷：《千顷堂书目》卷5《史部·别史类》，瞿凤起、潘景郑整理，上海：上海古籍出版社，2001年，第137页。

④ 纪昀等：《四库全书总目》卷143《子部·小说家类存目三·典故辑遗》，景印文渊阁《四库全书》，台北：台湾商务印书馆，1986年，第3册，第1031页。

众多篇目各异、著录混乱的《国朝典故》，也不得不感叹："是《国朝典故》一书，是否为一百十卷？目中所载之书，是否原有后缺？目中未载之书，是否漏载？皆无可证。此书之待整顿可知也。"① 由于《国朝典故》所收篇目大多重见于晚明编纂的其他系列丛书，或另有单行本传世，学者在使用此书时鲜少关注其版本，或只在研究特定书籍的版本流传情形时提及《国朝典故》所收书目的版本，② 难免有不见森林之憾。

① 张宗祥：《铁如意馆随笔》，第 82 页。

② 有关《国朝典故》丛书中单行文献的研究成果，主要包括王崇武：《明本纪校注 奉天靖难记注》，台北：台联国风出版社，1975 年；武新立：《谢蕡的〈后鉴录〉及其史料价值》，《中国史研究》1980 年第 1 期；伍跃：《谈〈菽园杂记〉的十五卷本》，《文献》1987 年第 4 期；宋立民：《〈瀛涯胜览〉版本考》，《古籍整理研究学刊》1988 年第 2 期；吴振汉：《宋端仪〈立斋闲录〉研析》，《"中央"大学人文学报》总第 27 期，2003 年；牛建强：《明人黄暐〈蓬轩类纪〉相关问题考释》，《史学月刊》2004 年第 12 期；朱妍蕾：《孤本：二十卷明抄本〈青溪暇笔〉考略》，《古典文献研究》第 9 辑，南京：凤凰出版社，2006 年，第 136—142 页；杨永康：《〈天潢玉牒〉考论》，《学术研究》2013 年第 1 期；吴德义：《黄佐〈革除遗事〉诸版本辨析》，中国明史学会编：《第十五届明史国际学术研讨会暨第五届戚继光国际学术研讨会论文集》，烟台：黄海数字出版社，2013 年，第 669—671 页；吴德义：《〈奉天靖难记〉的编撰与历史书写》，《江西社会科学》2014 年第 3 期；胡吉勋：《郭勋刊书考论：家族史演绎刊布与明中叶政治的互动》，《中华文史论丛》2015 年第 1 期；骆耀军：《明尹直〈謇斋琐缀录〉版本流传述略》，《古籍整理研究学刊》2016 年第 6 期；万明：《明代马欢〈瀛涯胜览〉版本考》，《文史》2018 年第 2 辑；党月瑶：《金幼孜〈北征录〉版本问题辨析》，《天中学刊》2019 年第 1 期；郑蕊：《宋濂〈洪武圣政记〉版本辩证》，《图书馆学刊》2019 年第 12 期；马建民：《明代马文升〈马端肃公三记〉版本考述》，《北方民族大学学报》2020 年第 6 期；木下文和：「15 世紀明時代鄭和・南洋——印度洋航海記：中國語・英語日本語訳本に就て」、海事交通文化研究所編：『海事交通研究』第 15 輯、1978 年、第 100—103 頁；蒋垂东：「『國朝典故』本『日本國考略』について：音訳日本語『寄語訳』の校異を中心に」、文教大學大學院言語文化研究科付屬言語文化研究所編：『言語と文化』第 23 期、2010 年、第 290—316 頁；马之涛：『明代中國資料による室町時代の音韻についての研究——「日本國考略」を中心に」、博士学位論文、早稲田大学文学部、2015 年；刘红军、孙伯君：《存世"华夷译语"及其研究》，《民族研究》2008 年第 2 期；申茜：《〈立斋闲录〉校注》，硕士学位论文，广西师范大学文学院，2014 年；蔡菲菲：《〈君子堂日询手镜〉研究》，硕士学位论文，广西师范大学历史文化与旅游学院，2014 年；李情：《李贤〈古穰杂录〉研究》，硕士学位论文，华中师范大学文学院，2016 年；胡佩佩：《董越〈朝鲜赋〉整理与研究》，硕士学位论文，延边大学人文社会科学学院，2017 年；马志超：《〈天顺日录〉研究》，硕士学位论文，陕西师范大学历史文化学院，2018 年。

因抄本存在形态的特殊性，要搜求朱氏原抄本已几无可能，但如存本数量足够支撑文献的类型学分析，这一问题就可以得到有效解决。经笔者多方搜集，共得到 27 种朱氏《国朝典故》抄本的信息，先按全本、残本、再编本与散本之类目胪列于下。为便于清晰展示各本卷次安排与载体形式，姑以保存最为完好的澳门中央图书馆何东分馆藏朱当㴐《国朝典故》目录为准，标定各部卷次、集帙，并将诸本行款版式一并附注，以便识别丛书系统，参校同异。①

1.《天潢玉牒》2.《皇明本纪》3.《蒭胜野闻》。4.《国初事迹》5.《国初礼贤录》。6.《平吴录》7.《北平录》8.《平蜀记》9.《圣政记》10.《滁阳王碑》。11.《奉天靖难记一》12.《奉天靖难记二》。13.《奉天靖难记三》14.《奉天靖难记四》。15.《壬午赏功录》16.《北征前录》17.《北征后录》18.《北征记》19.《建文遗迹》。20.《革除遗事一》21.《革除遗事二》22.《革除遗事三》23.《革除遗事四》24.《革除遗事五》25.《革除遗事六》。26.《宣宗御制官箴》27.《宣宗御制诗》28.《正统临戎录》29.《李侍郎使北录》30.《否泰录》。31.《野记一》32.《野记二》。33.《野记三》34.《野记四》。35.《宸章集录》36.《敕议或问》37.《大狩龙飞录经》38.《大狩龙飞录纬》。39.《立斋闲录一》40.《立斋闲录二》。41.《立斋闲录三》42.《立斋闲录四》。43.《三家世典》44.《周颠仙传》45.《三朝圣谕录上》46.《三朝圣谕录中》47.《三朝圣谕录下》。48.《李文达公天顺日录》。49.《李文正公燕对录》50.《损斋备忘录上》51.《损斋备忘录下》52.《陈石亭畜德录》。53.《琐缀录一》（内文误标为四十三）54.《琐缀录二》55.《琐缀录三》56.《琐缀录四》。57.《琐缀录五》58.《琐缀录六》59.《琐缀录七》60.《琐缀录八》。61.《王文恪公笔记》62.《前闻记》。63.《青溪暇笔上》64.《青溪暇笔下》65.《寓圃杂记上》66.《寓圃杂记下》67.《病逸漫记》。68.《蓬轩类记一》69.《蓬轩类记二》70.《蓬轩类记三》71.《蓬轩类记四》72.《彭文宪公笔记》（末为国朝典故六十四）。73.《菽园杂记一》74.《菽园杂记二》75《菽园杂记三》76.《菽园杂记四》77.《菽园杂记五》。78.《菽园杂记六》79.《菽园杂记

---

① 阿拉伯数字表示原编卷次，以句号表示一册内容，后文俱同。受限于图书馆的著录形式，笔者无法明确获知板框尺寸者，量从阙略。

七》。80.《菽园杂记八》81.《菽园杂记九》82.《菽园杂记十》83.《菽园杂记十一》。84.《悬笥琐探》85.《琅琊漫抄》86.《日询手镜上》87.《日询手镜下》88.《朝鲜纪事》89.《朝鲜赋》90.《平夷赋》。91.《定兴王平交录》92.《安南奏议》93.《安南事宜》94.《平蛮录钞》95.《东征纪行》。96.《马公三记一》97.《马公三记二》98.《马公三记三》99.《平番始末上》100.《平番始末下》101.《云中纪变》。102.《使琉球录》103.《日本考略》。104.《星槎胜览前》105.《星槎胜览后》106.《瀛涯胜览》。107.《后鉴录上》108.《后鉴录中》。109.《后鉴录下》110.《华夷译语》）。

A. 全本，即序、目完整，且残缺少于 1/10，整体无他目窜入的本子。

A1. 澳门中央图书馆何东分馆藏，文献编号 LA1—32，吴兴刘氏嘉业堂旧藏，32 册，框 19cm×13cm，10 行 20 字，蓝格，白口双边，双鱼尾，版心镌书名。前有目录及朱当㴐序，110 卷全，细目及卷帙见上。此本《菽园杂记》卷 12—15 以他本补全，附于第 11 卷后。

A2. 中国国家图书馆藏，文献编号 A004909，30 册，9 行 18—20 字不等，蓝格白口，四周单边，双鱼尾。此本编为 30 卷，前有目录而无序，目内《翦胜野闻》移至第十卷《野记》之后，缺《畜德录》。卷册分布为 2。4—5。6—10。11—12。13—14。15—19。20—25。26—30。31—32。33—34。35—38。39—40。41—42。43—47。48。49—52（51）。53—56。57—60。61—62。63—67。68—72。73—77。78—83。84—90。91—95。96—101。102—103。104—106。107—108。109—110。

A3. 陕西省图书馆藏，文献编号善 0000504，30 册，10 行 23 字，上下蓝口，四周双边，单鱼尾。有序有目录，著录为 62 种 116 卷。卷册分布为 1—3。4—5。6—10。11—12。13—14。15—19。20—25。26—30。31—32。33—34。35—38。39—40。41—42。43—47。48。49—52。53—56。57—60。61—62。63—67。68—72。73—77。78—83。84—90。91—95。96—101。102—103。104—106。107—108。109—110。

A4. 上海图书馆藏，文献编号线善 828568—607，40 册，9 行 22 字，蓝格白口，四周双边，单鱼尾，此本序跋俱完，钤有"宋育德审定旧椠精抄书籍记"、"石茹图书"及上图藏印各一方。卷册分布为 1—3。4—5。6—10。11—12。13—

14。15—17。18—19。20—22。23—25。26—27。28—30。31—32。33—34。35—36。37—38。39—40。41—42。43—44。45—47。48。49—52。53—56。57—60。61—62。63—67。68—72。73—75。76—78。79—80。81—83。84—87。88—93。94—98。99—101。102。103。104—106。107。108。109—110。

A5. 台湾"中研院"历史语言研究所傅斯年图书馆藏，文献编号 A081.3440，30 册，14 行 27 字，蓝格白口，四周双边，双鱼尾，有朱笔校正，前有目录而无序，目录内阙《蔿胜野闻》。卷册分布为 2。4—5。6—10。11—12。13—14。15—19。20—25。26—30。31—32。33—34。35—38。39—40。41—42。43—47。48。49—52。53—56。57—60。61—62。63—67。68—72。73—77。78—83。84—90。91—95。96—101。102—103。104—106。107—108。109—110。

A6. 台湾"国家图书馆"藏，文献编号 219—05300，64 册，框 22.6cm × 14.9cm，10 行 25 字，蓝格白口，单鱼尾，单边，110 卷。此本目录及卷次安排与 A2 本相同，唯分装集帙有异，卷册分布为 2.1。2.2。4—5。6—7。8—10。11。12。13。14。15—16。17—19。20—21。22—23。24—25。26—27。28。29—30。31。32。33。34。35。36。37—38。39。40。41。42。43—44。45—47。48.1。48.2。49。50—52。53—54。55—56。57—58。59—60。61。62—64。65—67。68—69。70—71。72。73—74。75—77。78—79。80—81。82—83。84—85。86—89。90。91—92。93—95。96—98。99—101。102。103。104—105。106。107。108。109。110。

B. 残本，指残缺超过 1/10，但基本保持原本编次顺序与篇目内容，能够直接判断其原本面貌的本子。

B1. 中国国家图书馆藏，文献编号 18131，10 册，9 行 22 字，蓝格白口，四周双边。卷册分布为 68—72。73—77。78—83。84—90。91—95。96—101。102—103。104—106。107—108。109—110。

B2. 江西省图书馆藏，文献编号 250156，6 册，框 21.5cm × 12.8cm，11 行 20 字，蓝格黑口，四周双边，双鱼尾。卷册分布为 26—30。39—40。84—90。91—95。96—101。107—109。

B3. 台北"故宫博物院"藏，文献编号平图 002926—002945，19 册，框 23cm × 15.1cm，9 行 22 字，蓝格，四周双边，前有目录，目录内阙《蔿胜野闻》

及《北征记》。卷册分布为 2。4—5。6—10。11—12。13—14。15—19。20—25。26—30。31—32。33—34。35—38。39—40。41—42。43—47。48。49—52。53—56。57—60。61—62。

B4. 美国哈佛大学燕京图书馆藏，文献编号 T/2720/6454，前有目录，22 册，存 19 册，11 行 24—25 字，红格，四周双边。卷册分布为 2。4—5。6—10。11—12。13—14。15—19。20—25。26—30。31—32。35—38。39—40。48。49—52。53—56。57—60。63—67。68—72。73—77。78—83。91—95。102—103。107—108。

B5. 上海图书馆藏，文献编号线善 788207—10，4 册，10 行 21 字，蓝格白口，单边。卷册分布为 2。4—5。6—10。11—12。

B6. 北京师范大学图书馆藏，文献编号 13344，16 册，11 行 25 字，蓝格白口，四周双边。卷册分布为 20—23。24—27。31—32。33—34。35—38。48 上。48 下。61、65—66。62、67。68—71。63—64、72。73—77。78—80。81—83。84—86。87—89。

B7. 台北"故宫博物院"藏，文献编号平图 002946—002950，5 册，10 行 20 字，蓝格，四周双边，前题"传是楼抄本目录"。卷册分布为 49—52。63—67。73—77。78—83。85—89。

C. 重编本，指改变了原书编次顺序或在原目基础上有所增删，可以明确判断非依原本照录的本子。

C1. 中国国家图书馆藏，文献编号 07560，24 册，10 行 20 字，蓝格白口，四周双边。存 41 种 84 卷，此本天头处有佚名批校，卷首有朱当㴞序及目录，但内文编次不依此目。卷册分布为 1（附《御制皇陵碑》）、10、2。3—4、5、43、44。11—13。15—18。19—22。23—25、《备遗录》。62、31。32—33。34、91、92。39—40。41—42。48.1—48.4、48.5、48.6、61。53—56。57—60。63—67。68—71。72、84—85、《石田杂记》。73—77。93—95。104—106。《传信录》1—3。《传信录》4—7。

C2. 上海图书馆藏，文献编号线善 777671—72，2 册，12 行 22 字，蓝格白口，单边，沈缵文朱笔题识，吴晓铤校。卷册分布为 4、8—9。6、49、52。

C3. 上海图书馆藏，文献编号线善 T09453—54，2 册，11 行 25—28 字不等，蓝格白口，四周双边。卷册分布为 9—10、72。11—14。

C4. 上海图书馆藏，文献编号线善 823191，1 册（残），10 行 25 字，蓝格，四周双边。卷册分布为 28—29、48。

C5. 台湾"国家图书馆"藏，文献编号 05299，8 册，框 22.9cm × 15.1cm，12 行 24 字，蓝格白口，单边，单鱼尾。以乾、坎、艮、震、巽、离、坤、兑分 8 集。卷册分布为 2、9、5。4—8、18、16—17、《云南机务抄黄》。《御制帝训》、26（附《御制广寒殿记》及《滁阳王庙碑岁祀册》）、27、35—38、《召对录》。11—14。《今言摘抄》、19、28—30。45—49。39—42、84、67。《三礼述》《百官述》《锦衣志》。

C6. 台湾"中研院"历史语言研究所傅斯年图书馆藏，文献编号 A922.605046，1 册，9 行 22 字，有朱笔校正，卷册分布为 2、19、10。

C7. 台湾"中研院"历史语言研究所傅斯年图书馆藏，文献编号 A801.3.046，11 册，10 行 18 字，蓝丝栏白棉纸抄本，双边。卷册分布为《皇明传信录》7 卷（1—4 册）。20—22。23—25。68—69。70—71。107。108。109。

D. 散本，指残存卷数少于 1/10，但从单册内容可判断为《国朝典故》丛书本，且未打乱卷次安排。

D1. 中国国家图书馆藏，文献编号 12466，1 册，11 行 24 字，红格红口，四周双边。卷册分布为 43—47。

D2. 中国国家图书馆藏，文献编号 03909，2 册，蓝格白口，四周单边。卷册分布为 35—38。63—67。

D3. 中国国家图书馆藏，文献编号 05547，6 册，10 行 24 字，白口，双鱼尾，四周双边。卷册分布为 6.1。6.2。94。95。102.1。102.2。

D4. 北京大学图书馆藏，文献编号 SB/916.08/6454，2 册，蓝格白口，四周双边，单鱼尾，12 行 22 字。卷册分布为 31—32。73—77。

D5. 中国国家图书馆藏，文献编号 12467，水筠山房钞，2 册，10 行 24 字，红格白口，四周双边。"天顺日录"下疑挖去"国朝典故四十八"7 字。卷册分布为 48。107—108。

D6. 北京大学图书馆藏，文献编号 SB/916.08/6454.1，2 册，蓝格白口，四周双边，10 行 22 字。卷册分布为 104—105。106。

D7. 美国哥伦比亚大学东亚图书馆藏，4 册，框 13.3cm × 21.5cm，11 行 24—25 字，黑口，双鱼尾，四周双边。内容不详。

朱氏《国朝典故》未曾版行，因而并无可以辨识的版本系统，也极易散佚。

自其问世之后，卷次、篇目即不固定，现存抄本大多以单行本、残本的形式为藏书家递藏而保存下来，即使抄本也难求全帙。如以藏书宏富而闻名的祁承㸁，著录了一部卷帙较为完整的《国朝典故》，已缺 7 种 10 卷。① 清乾隆年间，朝廷在全国范围内征集群书，编纂《四库全书》，其中有不少私藏的朱氏《国朝典故》单行本为地方官献出。② 清代藏书家丁丙也曾记载："《议处安南事宜》一卷，明钞本，袁漱六藏书……卷角有'国朝典故九十三'七字，当为明时汇录之册也。"③可见，明清时《国朝典故》抄本篇帙散传的现象已相当普遍。

这些为数众多的残本、散本，多抄写于明代，版式与行款、抄写风格、编次顺序、批跋者、校正者、收藏印记各不相同，显然源自不同的抄写和收藏系统。很多更是辗转抄录，抄写过程中难免出现文字脱漏、讹误等。通过辨析各存本的行款与版式，可以确定这 27 部丛书或其残本，没有出自同一文献系统的残篇散帙，此书在当时传写盛况可见一斑。

尽管朱当㴠原编抄本可能已亡佚，但通过对存本情况的分析，《国朝典故》抄本的卷帙问题基本得以澄清，30 册本可能是朱氏原编本的载体形式。A1、④A2、A3、A5 四个全本可证明这点，另外残散本系统的文献中，B1—B5、B7、D1、D2、D4、D5 十个残本的单册编次情况与前者吻合，可以推测其原帙均可归入 30 册这一系统。徐学聚《传是楼书目》著录了 2 部 30 卷的《国朝典故》："《国朝典故》三十卷，三十本。又一部，三十卷，二十一本。"⑤台湾"故宫博

---

① 祁承㸁：《澹生堂藏书目》卷 11《子部三·丛书家·国史小说类》，《续修四库全书》，上海：上海古籍出版社，2002 年，第 919 册，第 687 页。

② 纪昀等：《四库全书总目》卷 61《史部·传记类存目三·靖难功臣录》，景印文渊阁《四库全书》第 2 册，第 362 页。

③ 丁丙：《善本书室藏书志》卷 8《史部五·议处安南事宜》，《续修四库全书》第 927 册，第 258 页。

④ 澳门中央图书馆藏本较通行本多出的 2 册均源于《菽园杂记》，1 册是其收入了朱氏抄本所舍弃的《菽园杂记》第 12 卷至 15 卷，1 册将原本分编为 2 册的前 11 卷分编为 3 册。此本《菽园杂记》并非源自朱氏原本，而是转抄自嘉靖毛仲良刻本，疑因 2 本内容差异较大（见后），因此重编。此 32 册本可能就是钱谦益著录的"三十二本"系统，参见《绛云楼书目》卷 4《本朝国纪》，清《粤雅堂丛书》本，第 10 叶 a。

⑤ 徐学聚：《传是楼书目》卷 2《史部·杂史》，《续修四库全书》第 920 册，第 700 页。按此《传是楼书目》所载 1 卷应非原书卷目，所谓"三十卷"是抄本卷帙而非篇目卷次。

物院"藏传是楼抄本残本《国朝典故》（B7）保存了其中 5 册 24 卷，应即前者残本，《千顷堂书目》所载"三十卷"本《国朝典故》应即此本。明确了这一事实，可以进一步推知朱氏《国朝典故》的丛书形态。有 6 个存本系统（A2、A5、A6、B3—B5）缺收《天潢玉牒》及《剪胜野闻》，这不是一个偶然现象，说明这些系统的祖本已缺失此两书。《天潢玉牒》曾收入嘉靖三十一年（1552）的《金声玉振集》，而《剪胜野闻》早有顾氏《四十家小说》丛刻本，在当时都是易得之书，抄写者毋宁出现"有目无书"的缺憾，可以推知抄写者只是根据所见移录，并未究心另以他本补全。这一事实间接说明，朱氏《国朝典故》原本的卷次、集帙都有固定系统，而非毫无章法的资料汇编。

（二）朱氏《国朝典故》的重编与衍生版本

上文对朱氏抄本的分类中，笔者识别并定义了"重编本"系统，除前文所说卷帙残缺导致的原因而外，传抄者的重编还包括辑入全新篇目。这是朱氏《国朝典故》在明后期受到藏书家重视并尝试编入后出史料，使此书获得"再生"的重要因素。

重编本的存在，进一步说明此类既非因全帙散落后残存的抄本，也非以单行本的形式行世，而是抄写者选择性地从《国朝典故》所收书目中抄录（或因抄写者已无从获取全本），因此其编目并不严格依照原书顺序排列，其特征是各本卷首仍零散地保留着《国朝典故》原编卷次的数字以及序跋等内容。例如傅增湘《藏园群书经眼录》曾著录国图藏本（C1），并注"此书不完"，[1] 张宗祥所疑"《天顺日录》目作五十二，且书有六卷"，[2] 则是因其以李贤《古穰集》之《日录》《杂录》补配而非抄自原书的单卷本。此本部分篇目标题前有注《国朝典故》原卷次，而部分则不载，疑本即以他本抄录补配，而其编目混乱无序，又杂入当时流行的其他书籍。是否以朱氏原抄本补配，因《国朝典故》本内容的独特性与文字讹误，可据邓氏本、朱氏本及其他抄本互校加以判断。

台湾"国家图书馆"藏本（C5）清晰展示了在朱氏《国朝典故》之上进行的改编与内容更新，此本钤"莚圃收藏"、"张乃熊印"，当即吴兴张均衡《适园

---

① 傅增湘：《藏园群书经眼录》卷 6《史部四·政书类·通制》，北京：中华书局，2009 年，第 365 页。

② 张宗祥：《铁如意馆随笔》，第 83 页。

藏书志》著录之本,①刊行于1912年的《文求堂唐本书目》也有著录。②此本根据诸书内容差异,将之重新编为8集,其新增篇目如《召对录》《今言》《三礼述》《百官述》《锦衣志》,大多为嘉靖中后期及万历初刊行的"时政"或典故考证类著作,《云南机务抄黄》则取自《金声玉振集》,这部对原篇目损益较多的《国朝典故》很可能重编于万历前中期。值得一提的是,此本虽仍署名"国朝典故",但不录朱氏序文,亦不署辑者姓名,这也是嘉靖后重编本中的常见现象。

董其昌、钱谦益都曾著录一部题名《国朝典故辑遗》的书,但未题撰者名。③《四库全书总目》则载:"《典故辑遗》二十卷,不著撰人名氏。杂记洪武至正德十朝事,前有自序,作于嘉靖三十二年,自称'东吴逸史'。又附载鲁宗人当泗序一首,当泗本辑有《国朝典故》,疑此即从当泗书采掇而成,大抵丛脞庞杂,全无义例。"此书各家均无著录,但据四库馆臣记其内容大略云:"其纪明太祖微行,为巡军所拘诸事已为不经,至以明宣宗为建文之子,更为荒诞也。"④然此二事《国朝典故》所收诸书均不载,而出自梁亿《传信录》,⑤因此《国朝典故辑遗》很可能与《传信录》关系匪浅,而非全自朱当泗《国朝典故》"采掇而成"。

---

① 张均衡:《适园藏书志》卷8《子部三·杂家类》,1916年张氏刻本,第23叶a。

② 田中庆太郎:《文求堂唐本书目》,日本明治四十五年(1912)七月印本,第9页。按《文求堂唐本书目》主要为田中氏在华访购汉籍的待售目录,于次年(日本大正元年,1913)11月更新的《文求堂唐本书目》已不见《国朝典故》的踪影,可知此书上架后很快即被售出,疑今台湾藏本即系从日回购所得。

③ 董其昌:《玄赏斋书目》卷4《国朝史部·国纪》,严文儒点校,北京:中华书局,2013年,第85页。钱谦益在"国朝典故辑遗"条下载:"成化中秀水吕太常懋辑《典故因革》,太常文懿公子也。"非指此书经由吕懋编辑,钱谦益于未知编撰者名的书目下,会补注与正目相关的书目内容。如其在"《国朝典故》,三十二册"下注:"抄本,万历中兰溪徐中丞学聚撰《国朝典汇》二百卷。"参见《绛云楼书目》卷2《史部·杂史》,第700叶a。吕懋辑《典故因革》事,参见《明史》卷176《吕懋传》,北京:中华书局,1974年,第4679页。

④ 纪昀等:《四库全书总目》卷143《子部·小说家类存目三·典故辑遗》,景印文渊阁《四库全书》第3册,第1031页。

⑤ 屠叔方辑:《建文朝野汇编》卷19《建文传疑》,《四库全书存目丛书》,济南:齐鲁书社,1997年,史部,第51册,第387—388页;王世贞:《弇州史料后集》卷63《二史考》,《四库禁毁书丛刊》,北京:北京出版社,1997年,史部,第50册,第337—338页。

《传信录》，一名《皇明传信录》，王世贞、王圻认为是顺德人梁亿所撰。此书书法不拘正统，所记往往与正史相乖，自问世以来流传甚广，王世贞、沈德符、李贽、潘柽章、钱谦益、钱大昕等均曾引述。范邦甸《天一阁书目》著录为 7 卷，① 阮元《文选楼藏书记》亦载：“《皇明传信录》七卷，不著撰人姓名，抄本。是书辑述朝野纪闻，始洪武迄正德年止。”② 以往学者多认为《传信录》已亡佚，③ 实于中国国家图书馆藏佚名抄《国朝典故》之中即有，④ 其卷末《皇明传信录》7 卷，正是傅增湘《藏园订补郘亭知见传本书目》著录的“六十六种一百十四卷本”。⑤

其实，《国朝典故辑遗》就是焦竑《国史经籍志》著录的“《国朝谟烈辑遗》二十卷”，⑥ 目前上海图书馆、中国国家图书馆、台湾“中研院”历史语言研究所傅斯年图书馆、台北“故宫博物院”及丹麦皇家图书馆均有藏。除丹麦皇家图书馆藏本信息不明外，上图藏本缺第 16—18 卷，另外 3 家所藏则存 23 卷，前三卷不编目次，但题篇名分别为《翦胜野闻》、《天潢玉牒》（附御制皇陵碑）和《皇

---

① 范邦甸：《天一阁书目》卷 1，江曦、李婧点校，上海：上海古籍出版社，2010 年，第 31 页。

② 阮元：《文选楼藏书记》卷 3，王爱婷、赵媛点校，上海：上海古籍出版社，2009 年，第 256 页。按万斯同载，“《明传信录》四十卷（以上皆不知何人）”（《明史稿》卷 134 《艺文志二》，中国国家图书馆藏 416 卷本，不分页），则 7 卷本的《传信录》也有可能是节本。

③ 参见钱茂伟：《天一阁藏〈通纪〉研究》，天一阁博物馆编：《天一阁文丛》第 4 辑，宁波：宁波出版社，2006 年，第 46—57 页；张赟冰：《〈皇明启运录〉与明兴史事的书写》，《史学史研究》2020 年第 3 期，第 113 页。唯陈学霖曾言及《国朝谟烈辑遗》所收《传信录》，但也误认为此系朱当㴐所辑，参见《明太祖文字狱案考疑》，中国社会科学院历史研究所明史研究室编：《明史研究论丛》第 5 辑，南京：江苏古籍出版社，1991 年，第 423 页。

④ 此部抄本篇目编次较为混乱，并且较原书在篇目上有所增加，如在《靖难功臣爵赏录》后增入《靖难功臣录》一卷、《革除遗事》后增入《备遗录》一卷，卷端有“杂纂二十三说纂十一”9 字，这两部书可能均抄自《古今说海》。是本其他丛书本补配乃至增入者并非孤例，如《县笥琐探》下有“钦谟纂”3 字，显即抄自他本。

⑤ 莫友芝撰，傅增湘订补：《藏园订补郘亭知见传本书目》卷 10 下《子部十下·杂家类下·杂编》，北京：中华书局，2009 年，第 2 册，第 31 页。

⑥ 焦竑：《国史经籍志》卷 1《纪注时政》，《四库全书存目丛书》，史部，第 277 册，第 297 页。

明本纪》，正是 30 册本所对应第 1 册的篇目，这 3 卷内容可能是后来补刻增入。后 20 卷有编目，但大部分不题篇名，内文边际不清，导致著录者将《传信录》误作 18 卷，或付之阙如。据笔者对内容的辨识，这 20 卷分别为：《传信录》7 卷、《三朝圣谕录》3 卷、《天顺日录》3 卷、《孤树裒谈》5 卷、《国初礼贤录》及《建文皇帝事迹备遗录》各 1 卷。正如四库馆臣所说，此书所辑内容大体不出《国朝典故》之范围，但《传信录》《孤树裒谈》却是编者自出心裁，这两部书的《国朝谟烈辑遗》丛刻本，也可能是其书最早刻本。其中《传信录》内容视国图本为完整，此后不见于任何丛书辑刻，但节本却以梁亿《遵闻录》的形式流传下来，最终为邓士龙重编《国朝典故》时辑入。前序为朱当㴐《国朝典故序》，书末附编者自序：

> 夫有一代之兴，必有一代之绩，洪自我太祖高皇帝承胡元之乱，应天受命，凡纲纪法度，礼乐文章，一扫而更新之。成祖文皇帝靖难，拓漠夷虏，弘运以来，列圣相传，重熙累洽，其丰功伟绩，诚足以超迈古今者。（匡）故于典籍之所载记，耆硕之所传闻，自洪武以至正德，共十朝，类而编之，名曰《谟烈辑遗》，盖取荊扬文谟，光休武烈之意。因而托诸梓，俾使下土愚氓咸得以知大明德政之盛，共歌兔罝之化云。时嘉靖三十二年岁在癸丑四月东吴逸史谨识序。[1]

"东吴逸史"可能指沈受先，苏州人，正嘉间戏曲家。[2] 其将"洪武以至正德"列为十朝，明确承认建文朝的政治合法性，也是成弘以来私家史学的主流认同。此本的刊刻，仍取朱氏传述皇明文治武功的宗旨，并直接移录朱当㴐《国朝典故》序文冠诸卷首，但朱氏是否曾亲与其事，不得而知。经与朱氏《国朝典故》对比，此本讹误、脱漏较多，且存在多处润笔迹象。另外，从文版中存在大量墨丁及挤刻情况看，此书刊刻似并未得据良好的底本。嘉靖三十年代正是《今献汇言》《金声玉振集》《今贤汇说》等同类丛书陆续涌入市场之时，《国朝谟烈辑遗》可能是朱氏《国朝典故》辑讫之后，好事者将其中部分篇目付梓的首度尝

---

① 佚名辑：《国朝谟烈辑遗》，中国国家图书馆藏嘉靖三十二年刻本，"跋"。
② 参见黄仕忠：《〈龙泉记〉传奇作者及其佚文》，《戏曲研究》2006 年第 1 期，第 58 页。

试。其利用丛书的高度开放性与灵活性，及时增补流行于世的其他篇目，为后来邓氏重新编刻之先声。但较之《国朝典故》，《国朝谟烈辑遗》辑书不多，在明代以"务博"为主流的丛书刊刻背景下，不易产生可观的影响。

在邓士龙进入国子监之前，曾于万历八年到十年间任北京国子监祭酒的周子义，[①] 在任期间"以课士之暇，考求实录至稗官所载明兴以来贤士大夫言行轶不传者，勒为书，备一代之典"，[②] 此书就是经其"殚力编辑"的《国朝故实》。[③] 《千顷堂书目》著录为："周子义《国朝故实》二百卷，一名《国朝典故补遗》。"[④] 是编今已不传，但从书名来看，此书可能与《国朝谟烈辑遗》一样，是借朱氏《国朝典故》之名搜寻遗篇增补而成，对此我们留待后文再作详细探讨。朱氏《国朝典故》尽管是一部抄本丛书，但其编纂并非藏书家对个人庋藏加以编目、分类的私人行为，而是作为公共读物在市面上流通。在被抄行于世后，《国朝典故》仍不断得到藏书家的辑佚、重编与更新，并与时行丛书、史著之间也存在频繁的文本互动，这在后来邓士龙刊本的选编中也有体现。

二、邓士龙重编《国朝典故》

（一）邓氏《国朝典故》的源流

《国朝典故》正式付梓已经在万历末，以往学者认为北大本即邓氏初刻本，但其中尚有诸多疑点颇不可解。首先，此本只有邓士龙孙婿熊曰翀序，而不留邓士龙任何文字，对以刻书立言为终极追求的士大夫而言，[⑤] 徒事编辑而不作序，显得不太寻常。北大本熊序提到他刊行此书的缘由：

---

① 雷礼：《国朝列卿记》卷 159《国子监祭酒年表》，《续修四库全书》第 524 册，第 372 页。

② 黄炳儒：《续南廱志》卷 18《列传·司业》，天启六年（1626）刻本，第 63 叶。

③ 申时行：《赐闲堂集》卷 21《通议大夫吏部左侍郎兼翰林院侍读学士掌詹事府事赠礼部尚书谥文恪周公神道碑铭》，《四库全书存目丛书》，集部，第 134 册，第430 页。

④ 黄虞稷：《千顷堂书目》卷 5《别史类》，第 138 页。

⑤ 钱茂伟认为"立言"是明代士大夫撰写刊刻史学著述的主要动因之一，参见《论晚明当代史的编撰》，《史学史研究》1994 年第 2 期。

予幸叨济翁孙婿，躬承提命，无敢忘也。迨其没也，其孙德卿者，即予之内弟也，尝谋之予曰："奈先人清宦，家计萧条。有欲鬻先司成书版者，售之于市，恐贾人易其序目，则先人之苦志不存。有欲投之赘库，而赘库不受焉。予见诸甥皆能继箕裘，姊丈雅好古博，毋宁代为收之，得存先人于不朽。"予因得藏其帙而卒业焉。故复题其额，以广其传云。①

说明在熊曰翀版行前，邓士龙辑《国朝典故》已有刻板存世，邓氏物故后，熊曰翀并非借邓氏辑本重刻付印，而是取邓氏旧版印行。此书既有"先司成书版"，那么邓士龙在书板甫告成时是否即有印行之举？南京图书馆藏《国朝典故》刻本（以下简称"南图本"，文献编号118904。前文为统计朱氏抄本的馆藏及存世情况，此为邓士龙刻本，故此未在前文列举），此前未见学者关注，此本应即朱希祖所寓目的版本。② 南图本共48册，10行20字，板框21.4cm×14.7cm，蓝格白口，单鱼尾，四周单边，版心上方镌"国朝典故"4字及刻工名，下方集刻卷次及卷目、页码。经比对，南图本与北大本的行款、字体、板框尺寸完全吻合，内容也一致无二，两本应出自同一版片；与南图本为同一版次者还有台湾"国家图书馆"藏邓士龙刊本（文献编号05303），但仅残存前60卷。这三个藏本，可能是目前仅存的邓士龙《国朝典故》刊本。

南图本有邓士龙自序而无熊序，知其当为邓氏书板刻成之后的首次付印，此当即熊曰翀所据以重印的邓氏旧版。姑将南图本邓士龙序全文移录于下：

夫有一代之典，必有一代之史。而修正史，必先修《实录》，譬之造秤者先权，造车者先舆，《实录》乃史之权舆也，而可后修乎？兹《典故》一书，系我先达名公巨人采辑历朝事迹，缮写为书，进上以备《实录》、修正史者也。昔宋史臣修神宗、哲宗历朝正史，虑《实录》舛谬，难以传信，访求名德旧臣文字纪录，参校得失，始克成书，盖其慎也。今我朝诸名公巨人德业勋猷，讵逊往喆？其所纪录事迹，皆足信今而传后。今书具在，无俟访

① 邓士龙辑：《国朝典故》，熊曰翀"序"，第3页。
② 《朱希祖日记》，朱元曙、朱乐川整理，北京：中华书局，2012年，第202页。

求，而岁月蹉跎，未成《实录》，头白可期，汗青无日，非虚语也。龙往滥竽视草，得兹书于秘馆，翻阅忘疲，窃尝有意校雠，而职业鞅掌，久之未果。比以读礼余间，闭门息影，爰取是书，删其繁复，辑其阙遗，正其舛讹而编其次第。间出臆见，附以小断，忘（妄）其续貂。又恐岁月弥深，蠹残竹简，放失旧闻。于是更为缮写而授之梓，庶冀异日修史可凭，以为《实录》而取材焉，而昭代信史实权舆于此矣，抑尤有说焉。史以劝善惩恶，垂鉴将来，匪徒具文而已。《汉》史范晔自谓："吾文杰思，一字不虚设。"体正思精，乃知文艳者用寡，华繁者失实，褒贬一言，衮钺千载，非苟而已也。故以韩昌黎、苏子瞻之寸，逊避而不肯为。惟欧阳公修新《唐书》行于世，而旧《书》诎焉。识者谓其事增于前，文省于旧，有以也。迁、固而后，不多见矣。嗟夫！非才擅三长，以至公之慎，恶能胜其任而称良史乎？赐进士朝列大夫国子监祭酒前翰林院编修臣邓士龙撰。①

这段序文完整交代了邓士龙获见此书的首末、重编细节及其编纂宗旨，较熊序更具体翔实。根据这篇序文，可以厘清邓士龙编刻《国朝典故》过程中一些细节。

其一，邓氏《国朝典故》编刻的时间。据言"龙往滥竽视草，得兹书于秘馆"，邓士龙于万历二十三年至二十五年为庶吉士，此后历任翰林院编修、左春坊中允，尚不得自称"视草"，直至万历三十五年六月始得以翰林院编修身份入诰敕房"管理诰敕"，② 明代诰敕、制敕两房列署禁中，能看到"秘馆"文渊阁的藏书，邓氏当在万历三十五年之后以地近秘馆而得以寓目此书。万历三十九年升任右春坊右庶子后，邓士龙的履历空白，直到万历四十一年，内阁题奏起复"丁忧在家，年资已久"者，邓士龙名列其中，③ 则其所云"读礼"之期，即当是在这三年间，他以丁忧之暇编辑、校正、缮写出一套《国朝典故》。次年三月，

---

① 邓士龙辑：《国朝典故》，"序"，南京图书馆藏明万历刊本。
② 《明神宗实录》卷 286，万历二十三年六月甲寅；卷 313，万历二十五年八月庚申；卷 428，万历三十四年十二月壬子；卷 435，万历三十五年闰六月戊子，第 5305、5805、8073、8237 页。
③ 南炳文、吴彦玲辑校：《辑校万历起居注》，万历四十一年十一月六日，天津：天津古籍出版社，2009 年，第 3223 页。

邓士龙由左春坊左庶子升国子监祭酒，[①] 直至万历四十五年因卷入丁巳京察的政争遭到降调。[②] 自序结衔为"国子监祭酒、前翰林院编修"，则其书付梓当在万历四十二年到四十五年间，可以得到刻工姓名及其时代的大致证明。据乾隆《南昌县志》，熊曰翀是崇祯间岁贡监生，[③] 其第二次付印时间相去刻版告成时至少10年以上，北大本文内的断口较之南图本有扩展趋势，而且部分版面出现南图本所无的新增断口，甚至出现整叶抄补或缺版的痕迹（如《国初事迹》第46叶b、第49叶），是为南图本所无。此即其后印之明证。

其二，点校者指出《国朝典故》邓氏刊本较朱氏抄本"除少数篇目外，大体相同"，但因受到北大本熊曰翀序的影响，缺少直接证据，谨慎地猜测"邓氏在辑录时参阅朱氏钞本是完全可能的"。[④] 诚然，明代丛书编刻互相参阅乃至大部抄录、重新组合的现象蔚然成风，但从丛书名称、书目编次到具体内容几乎照搬的情况，仍十分罕见。邓氏编刻之《国朝典故》应远非"参阅"那么简单。按此序，则朱氏、邓氏《国朝典故》的源流已经廓然。邓氏《国朝典故》绝非如熊曰翀所言，是由邓士龙独力"兼朝野之记载，合巨细之篇释，莫不经其搜罗，集而成《典故》"的结果，邓士龙自序明确说此书"系我先达名公巨人采辑历朝事迹，缮写为书，进上以备《实录》、修正史者也"，此"先达"应即初次编辑此书的朱当㴂。熊曰翀在重刊时刻意删去邓士龙的自序，并在序言中极言邓士龙搜辑之功，塑造出邓氏黾勉好学、广事搜讨的勤苦形象，湮灭邓氏只是在朱当㴂《国朝典故》基础上校雠整理的事实，显然是为其立言考虑。

（二）邓氏《国朝典故》的取舍与裁量

邓士龙对朱氏《国朝典故》的处理，一是"删其繁复，辑其阙遗，正其舛讹而编其次第"；二是"间出臆见，附以小断"。以下从这两方面切入，进一步讨论其选编原则与书目来源，以及其按语与当时史籍传播之关系。

---

① 《明神宗实录》卷518，万历四十二年三月乙亥，第9772页。
② 《万历邸抄》，万历四十五年丁巳卷，扬州：江苏广陵古籍刻印社，第2408页。
③ 乾隆《南昌县志》卷17《诸贡》，清乾隆五十九年（1794）刻本，第9叶b。
④ 邓士龙辑：《国朝典故》，"点校说明"，第1页。

1. 邓氏对朱氏《国朝典故》的内容取舍与编次

关于两部书内容上的差别，先看点校者的比较："一、篇目稍有异同。如朱氏钞本收嘉靖朝史籍《宸章集录》一卷、《敕议或问》一卷、《大狩龙飞录》二卷，邓氏刊本则删去此四卷，另选辑《世宗实录》四卷，其中第四卷后附《穆宗实录》。又如邓氏刊本于卷六二《前闻记》后附《遵闻录》，卷一〇五《星槎胜览》后附《海槎余录》，而朱氏钞本则未收二录。二、同记一事，选本不同。如记明太祖平定蜀夏的史书在明代较为通行的有黄标《平夏录》、佚名《平蜀记》。朱氏钞本收佚名《平蜀记》。邓氏刊本卷八则收《平夏录》，但邓氏所收《平夏录》又非黄标原作，乃辑黄标《平夏录》、佚名《平蜀记》二书而成。前半部为黄氏之录，后半部为佚名氏之记。"①

其一，增辑、抽换篇目。邓士龙编辑此书时已是万历末年，因此会适时选辑一些嘉靖以后的史籍编入，以在选辑书目的年代分布上不致出现空白。因不便打乱原书编次，邓氏以当时坊间流行的《明实录》节抄本替换原本专载嘉靖朝诏令汇编的 4 卷内容，其直接来源就是万历二十二年由吴瑞登选辑的《两朝宪章录》（又名《世穆宪章录》）。《两朝宪章录》系当时流传于坊间的《世宗实录》与《穆宗实录》节抄本，为吴瑞登踵武薛应旂《宪章录》所编，纪事共计 1611 条。邓氏在节录其内容时，为适应《国朝典故》4 卷的篇幅，删除了《两朝宪章录》中 429 条纪事、约 1/4 强的内容。因此，邓氏不仅承袭了吴瑞登原文的错误，还因大段斧削造成《世宗实录》的纪月淆乱。如"嘉靖四年九月辛巳"条原脱"九月"，是因其将《两朝宪章录》八月及九月第一条纪事一并删去，同年"十月乙未"条脱"十月"，原因如出一辙。此类脱漏不胜枚举。吴瑞登在部分《实录》纪事之后附以"臣按"史评文字，也为邓氏基本完整地摘述下来。至于邓氏本以内容相似的其他书籍附益于朱氏原书之下，则多选自当时流行的其他丛书之本，如《海槎余录》抄自顾氏《四十家小说》，通过对校其中讹字的一致性即可明了；梁亿《遵闻录》系《国朝谟烈辑遗》本《皇明传信录》的节本，而《平夏录》则是益以《古今说海》本与朱氏本《平蜀记》糅合而成。此类处理，当即其所说"辑其阙遗"。

---

① 邓士龙辑：《国朝典故》，"点校说明"，第 1—2 页。

其二，大量删除序、跋、题、识等内容。点校者言："邓氏刊本纠正了朱氏钞本的一些错误。如两书均收有《蓬轩类记》四卷，朱氏钞本文前载有王鏊序一篇，邓氏本则不录此序。邓氏何以不收此序，其因不详。"[1] 事实上，邓氏删除的序文非只此一篇，而是将朱氏抄本所收诸书的序跋一并删除，这是邓士龙刊本对朱氏本内容作出的整体性裁量，为邓氏"删其繁复"的主要内容之一。可能是因为点校者无法确定朱、邓二本的源流关系，判断邓氏本既出于自辑，底本较之朱氏本当有不同，因此既未出校，也不据以补缺。整体缺失篇目见表1。

表1 邓氏本《国朝典故》所删引、序、跋一览

书目	删除篇目
洪武圣政记	宋濂自序
北征录	成化二十三年(1487)秦民悦序、二十三年桑悦序、十二年罗鏊序
建文事迹	嘉靖十年太岳山人序
革除遗事	正德十五年(1520)黄佐自序
三家世典	正德十一年陈金序、十年杨一清序、十年周南后序
三朝圣谕录	正统七年(1442)杨士奇自序
燕对录	正德九年李东阳自序
畜德录	嘉靖十一年陈沂自跋
謇斋琐缀录	正德二年尹直自引、嘉靖七年尹达跋
青溪暇笔	成化九年姚福自序
蓬轩类记	王鏊蓬窗类记序
琅琊漫抄	弘治十三年林璧跋
日询手镜	丰坊序、嘉靖七年黄省曾识、元年王济自跋
朝鲜赋	弘治三年欧阳鹏引、三年王政后序
马公三记	正德十五年陶琰序、十五年许瓒序、十五年汪正序、十五年任洛跋
平番始末	嘉靖九年许诰呈史馆书、七年霍韬引、七年胡士宁跋
使琉球录	嘉靖十三年高澄序
日本国考略	嘉靖二年郑余庆序、九年王文光重刊序
星槎胜览	正统元年费信自序
瀛涯胜览	永乐十四年(1416)马欢自序、正统九年马敬序
后鉴录	嘉靖二年谢蕡序

邓氏所删序跋文字达36篇，只有少部分序跋未遭芟夷，如《三家世典》后跋即保存下来，但仍被删除跋尾"吴廷举谨题"及题跋日期等，[2] 这是邓氏本另一种类型的"删其繁复"。除对文内序跋整体性裁删外，还湮灭刊布、书写、题

识者的名讳，如《平夷赋》文末赵辅自书等文字、《日本国考略》纂述者及增补重刊者姓名，此类删削部分内容未见出校。一部书的序跋、题识对学者了解其版本源流十分重要，朱氏本因基本保留了抄写底本的序跋，其书抄辑各篇目的来源一目了然。是故，《国朝典故》中诸多稀书源流都是据朱氏抄本序文才得以解决。而邓氏对序跋内容的抽毁，尽管是出于删略冗余的考虑，却使得丛书底本源流不清。孙鑛就曾批评晚明子史丛书编纂中的"微有所删，而序跋俱无"现象。① 如此，若以邓氏删除为朱氏误植于《蓬轩类记》之前的一篇王鏊序文，遽称其纠正了朱氏本的一些"错误"，不免失之偏颇。

其三，文字讹误较朱氏本有增无减。点校者引述李文田在中国国家图书馆善本部所藏朱氏本（《国朝典故》）目下所题："其文往往不同，知此本之钞，盖在刊本之前矣。校刊本为佳。"② 其实，这可能是误解了李文田的原意，体其文义，李文田所说应当是抄本"较刊本为佳"。李氏在《皇明本纪》卷端天头批注："刊本先《天潢玉牒》，次《皇明本纪》，此本脱去《天潢玉牒》，盖自善本抄成，而其本脱第一卷，故尔缺之也。以刊本《皇明本纪》校之，文理多不相同，此本多胜之，盖所据乃永乐中完本，而刊本乃据残本耳，宜其多谬误也。"可概见其对两本的基本认识。尽管邓氏虽然自言曾"正其舛讹"，但从校勘记看来，凡是朱氏抄本出现的大段脱漏、文字讹误，邓氏本大多完整继承了，文字因形近、音近致误的例子更是俯拾即是。我们可以朱氏本与邓氏本中脱、衍、倒、讹较为明显的痕迹作为例证，为排除邓氏本因文献传抄出现的内生性文本讹变，以连续脱漏或讹夺3 字以上、衍文2 字以上为统计标准。③ 根据《国朝典故》校勘记注出的内容，以朱氏本加以对检，计脱81 条、衍11 条、讹5 条，共97 条，其中69 条讹误为两者共有，28 条为邓氏新增。尽管不能据此遽然否认邓士龙进行过校正，但从如此之多"继承"自朱氏文本脱讹来看，邓氏应未对朱氏本进行严格校勘。不仅如此，邓氏本还因文献转抄、仓促编辑等，不可避免地新增了许多鲁鱼亥豕之误。

---

① 孙鑛：《月峰先生居业次编》卷3《与余君房论小说家书》，《四库禁毁书丛刊》，集部，第 126 册，第 210 页。

② 佚名抄：《朝鲜赋》，朱当㴐辑：《国朝典故》卷89，中国国家图书馆藏明蓝格抄本。

③ 此统计不包含完整段落群的脱、衍、倒等问题，考虑到邓氏本的编者意愿，此类文本异化并不能展现二者的继承关系。后文将作进一步探讨。

其四，对目录与篇序的处理。朱氏本许多篇目卷端未设总录，如分条叙事，各条目标题径冠于其首，可能是朱氏所据底本的处理。邓氏对于这类文内有小题而卷首无总目的篇目，则总撮其目于卷端设置总目，如《洪武圣政记》圣政七条、《壬午功臣爵赏录》受赏功臣类目、《御制官箴》各官署箴、《宣宗御制诗》各御制篇名、《损斋备忘录》十目、《前闻记》各条纪事目录，均为朱氏原本所无。此外，邓氏本还对朱氏本的目录脱漏进行了补正，如朱氏《王文恪公笔记》目缺"门达"、"财用之数"、"每年出数"3条，邓氏则据原文内容补全；又如《瀛涯胜览》目录"诸番国名"，朱氏本并未严格依照原文各国名出现的顺序进行排列，邓氏本更正了失序之处并补入朱氏本目录漏载的"裸形国"名。另外，邓氏对内文内容编次也进行了重编，如朱氏本将《日本国考略补遗》置于正文之前，邓氏则将之后移，编次显得更合理一些；再如朱氏本《建文皇帝事迹》本为编年体例，邓氏对内文段落顺序加以调整组合，撮合了 18 名死难忠臣与姚广孝事迹并为 19 条小传，将传主名冠于其首，条目晰然。① 较之朱氏本，邓氏增补目录、调整篇序之后更便展卷观览，此即邓氏"编其次第"的主要内容。

综上所述，邓氏所言"删其繁复，辑其阙遗，正其舛讹而编其次第"，在书中得到一定程度的反映。但较之朱氏本，邓氏的删繁就简反而破坏了原篇文本，而少数新辑篇目也基本取材自当时流行的丛书本，据以替换的《世宗实录》又是为适应丛书体例而粗率斧削《两朝宪章录》而成的节本。邓氏对目录与篇序的处理可能考虑到丛书的可读性，与朱氏本拙朴的编纂风格较之，邓氏本的编纂深受万历后期丛书编纂中割裂首尾、湮灭著者与务博之风影响。以前文对《国朝典故》重编本的梳理来观照，邓氏本的编刻与当时士人改编、选辑《国朝典故》的行为已略有差异。

2. 按语：邓氏编辑中的史笔与史裁

在内文内容上，"朱氏钞本无按语，邓氏刊本叙事之间多有所按，这些按语有对史事的考证，有对人物、事件的评价"，② 是二者的最大区别。据笔者统计，邓氏本中各类按语共 245 条，除各篇原作者的自按 40 条外，其余 205 条为邓氏自出之"臆见"。前文在考证邓氏抽换的 4 卷本《世宗实录》时已提及，《世宗实

---

① 这可能是受到《古今说海》出版后，一些《国朝典故》的编辑者将采录死难者传记的《备遗录》附在本篇之后的影响。

② 邓士龙辑：《国朝典故》，"点校说明"，第 2 页。

录》基本源自《两朝宪章录》中吴氏按语外，其余89条，大多可以确认其来源。其具体分布情况如表2所示。

表2　邓氏本《国朝典故》中的按语来源分布

天潢玉牒	2/2	世宗实录	**116**/116
皇明本纪	6/6	立斋闲录	8/15
翦胜野闻	0/2	御制周颠仙人传	1/1
国初事迹	8/8	三朝圣谕录	5/7
国初礼贤录	1/1	天顺日录	11/13
皇朝平吴录	1/1	燕对录	0/1
奉天靖难记	3/3	眘斋琐缀录	**1**/13,9/13
建文遗迹	0/1	王文恪公笔记	2/5
革除遗事	3/4	前闻记	1/1
否泰录	2/2	遵闻录	1/1
野记	1/1	彭文宪公笔记	1/1

说明：表中"/"右侧指各书按语总条数，左侧指确定来源的条数；加粗数字表示出自《两朝宪章录》的条数，其余出自《皇明通纪》，0表示出处未知。

其中66条来自陈建《皇明通纪》中注释、引文、按语或正文，117条移录自《两朝宪章录》，其余22条暂不能确定出处，可能是邓氏自撰。由此可见，邓氏所谓"间出臆见"，绝大部分都是拾人牙慧。《世宗实录》的按语大体上连同正文一并照录，但散见于其他篇目的按语多已脱离原文，并进行裁剪、润饰与弥缝以适应新语境，达到"移花接木"的效果。一个例子足以引起注意，邓氏本《天顺日录》文末载："十二月，大学士李贤卒，赠太师，谥文达。"因邓氏本按语、注文与正文的行款有严格区分，可知此段内容并非邓氏的按语或注释，而它出现在正文中又显得离奇，也不可能是李贤留下的文字。但其首尾完整，又不似误载。检之他文，这段文字既不见于朱氏《国朝典故》，也不见于成化十年李氏家刻本《古穰集》，显系衍文。邓氏在其后写下150余字的按语：

> 国朝自三杨后，相业无如李贤，其得君最久，亦能展布才猷，然在当时亦以贿闻。岳正自内阁出贬后，召还，与贤不协，都给事张宁有时名，因言事失贤意，吏部拟二人京堂，皆补之于外，二人自是不振。叶盛巡抚广东，或谮之曰："盛自负，其文常訾公文为不善。"贤因以韩雍易之。敕曰："无

若韩雍之杀降也。"罗伦疏贤夺情，贤怒甚，贬之于外，王翱劝其依文彦博
故事疏留之，贤谢曰："吾不能。"矫情如此。①

这段按语内容完整，摘录自陈建《皇明通纪》所引《王文恪公笔记》。② 考虑到
邓氏对按语的重视，这段文字有可能并非他文误植，而是其有意为之。

另一个例子也来自邓氏本《天顺日录》，在明中后期士大夫反对宦官政治的
影响之下，邓氏将《皇明通纪》引文中"太祖铁牌"的祖宗故事引入其中，一
度使学者对这一记载的史源产生误解。③ 从这两个例证看来，邓氏为将按语合理
嵌入《国朝典故》之中，将《皇明通纪》的纪事一并植入文中，似乎并非偶然。
可惜的是，点校本《国朝典故》对此类衍文一概未予出校，使得此类窜入原文的
内容长期隐而不彰，未能引起学者注意。

诸如此类将《皇明通纪》的纪事连同引注或按语一并完整植入《国朝典故》
文本之中，是邓氏本的普遍现象。根据笔者统计，这些内容分别见于：（1）《皇明
本纪》"是月，又召王骥等还京师"条；（2）《国初事迹》"赵德胜巡城至东门"
条、"二月，金华苗军元帅蒋英、刘震作乱"条；（3）《立斋闲录》"永乐八年，
上谕兵部臣曰"条、"成化二十三年三月"条；（4）《三朝圣谕录》"九月，擢教
授"条、"皇上悯恤民穷"条、"宣德元年，高煦反"条、"八月，车驾巡边阅
武"条、"九月，车驾巡边"条；（5）《天顺日录》"太庙鉴前代宦官之失"条、
"十二月，大学士李贤卒"条；（6）《謇斋琐缀录》"正统十四年秋"条、"罗伦
官居翰林院修撰"条、"成化丁亥二月"条、"成化十三年五月"条、"成化十九
年春"条。计有 6 部书窜入 17 条纪事，全部出自陈建《皇明通纪》。

《天顺日录》文末按语在《国朝典故》卷 61《王文恪公笔记》中作为正文重
出，可能是邓氏的失误。在多数情况下，邓氏有意避免出现文字重复。④ 如《天
顺日录》按语"天顺初，以迎驾为功者大开贿赂之门"条，此即陈建转引李贤

---

① 李贤：《天顺日录》，邓士龙辑：《国朝典故》卷 48，第 1175 页。
② 陈建：《皇明通纪》卷 20《宪宗纯皇帝》，钱茂伟点校，北京：中华书局，2008 年，第 828 页。
③ 参见唐佳红：《明太祖铁牌考》，待刊稿。
④ 宋端仪辑：《立斋闲录一》，邓士龙辑：《国朝典故》卷 39，"校勘记 1"，第 941—942 页。

《天顺日录》，邓氏在编刻时为免重出，即在正文中删去。再如，《立斋闲录》卷4 引杨士奇《三朝圣谕录》：

> 宣德元年，高煦反，车驾亲征。罪人既得，师还，六部遣尚书陈山迎驾。见上言："宜乘胜移师彰德，袭执赵王，则朝廷永安。"上召杨荣，以山言谕之。对曰："此国之大计。"遂召蹇义、夏原吉谕之，两人不敢异议。荣言："请先遣敕赵王，诘其与高煦连谋之罪，而六师奋至，可擒也。"从之。荣遂传上旨，令士奇草敕。士奇曰："事须有实，天地鬼神岂可欺哉！且敕旨以何辞？"荣厉色曰："汝可沮国之大事乎？"令锦衣卫责所系汉府人状，云："与赵连谋，即事之因，何患无辞？"士奇曰："锦衣卫责状何以服人心？"荣曰："汝不然吾言，可往与蹇、夏言之。"往见二人。蹇曰："上意已定，众意亦定，可中沮耶？"夏曰："万一上从公言，今不行赵，后或有变，如永乐中孟指挥之举，谁任其咎？"士奇曰："今事势与永乐中异。永乐中赵拥三护卫，今已去其二，且昔孟指挥所为，王实不预闻，不然，赵王岂至今日乎？"蹇曰："即如公言，今若何处？"士奇曰："为今之计，朝廷重尊属，厚待之，有疑，则严防之，亦必无虞，而于国体亦正矣。"……上从之，遂遣容、观行。赵王得玺书及言者所上章，大喜曰："吾生矣！"即献护卫，且上表谢恩，而言者顿息。上待赵王日益亲厚，而薄陈山，竟疏斥之，盖上为山所惑，而后灼知其非。逾数月，召士奇至南斋宫，谕之曰："吾待赵叔不失亲亲之礼，尔有力焉。自今毋以见忤为嫌。"遂赐白金、宝楮、文绮。①

邓氏按："赵王连谋之事尚无的据，而移兵袭击，谓亲亲何？非杨士奇反复力阻之，赵无噍类矣。寻上亦悔悟，遣所善袁容赍玺书开谕，并封群言以览。又上之豁达处，而王即献上护卫，上表谢恩保全，亲亲之道得矣。士奇此一事，非人所易及也。"② 杨士奇纪事突出自己在处理赵王谋反一事过程中力排众议，最

---

① 宋端仪辑：《立斋闲录三》，邓士龙辑：《国朝典故》卷 41，第 1004 页。
② 宋端仪辑：《立斋闲录三》，邓士龙辑：《国朝典故》卷 41，第 1004 页。

后化干戈为玉帛，保全了宣宗亲亲之义。而在卷47《三朝圣谕录》正文中，邓氏以《皇明通纪》的纪事取代了此段内容，点校者未识其全貌，误以为此处脱漏了大段文字：

> 宣德元年，高煦反。上决意亲征，命郑、襄二王监国。明旦，即躬率诸军启行，以阳武侯薛禄为前锋，昼夜兼程而进，不数日，抵城下。高煦不意车驾亲征，猝至，城中震骇，群下溃散，遂械高煦以归。自八月出师，九月初六日还京，兵不血刃，不逾旬而罪人斯得，遂夷大难。四海永清，荣与原吉二人之力也。后高煦械至京，赐自尽。①

与前文相反，邓氏按语完全采录陈建褒扬杨荣、夏元吉主张武力征讨的果敢之举，而丝毫不提杨士奇的自矜之功："杨、夏二公此举，鉴建文之失也。当时事起仓卒，人心汹汹，高煦素号勇悍善战，诸将所畏，苟宣庙稍涉犹豫，不即决亲征而命将，天下事未可知，九州岛生民将复不胜其荼毒矣！幸而奋策决机，风驰电击，所谓迅雷不及掩耳，遂使群凶瓦解，曾不崇朝，克清大憝，永安宗社，兹非斯世斯民之大幸与！"② 两篇文字虽同记一事，所阐述的事实却迥然有别，通过移换内容与重置按语，避免了内容重出。由此也可看出，邓氏对"史实"的追求，远不如对"垂鉴"之意的重视。

尽管邓氏的按语大多截取自《皇明通纪》与《两朝宪章录》，但邓氏仍于其中寓有取舍之意。如陈建基本肯定姚广孝佐命靖难之功，认为"姚广孝之遇文皇，犹刘基之遇太祖，皆佐命天界，非偶然也"。③ 而邓氏站在理学道统角度深疾其"排斥正学，诽议先儒，且百世而下，难逃乱臣贼子之诛"，④ 与陈建各持两端。在李景隆白沟河之败的评语中，邓氏虽援引陈建按语，但删去"方、黄辈德有余而才智不足，正有余而权变不足"一句，⑤ 可能与他对方孝孺、黄子澄等

---

① 杨士奇撰：《三朝圣谕录下》，邓士龙辑：《国朝典故》卷47，第1097页。
② 杨士奇撰：《三朝圣谕录下》，邓士龙辑：《国朝典故》卷47，第1097页。
③ 陈建：《皇明通纪》卷7《启运录》，第237页。
④ 佚名撰：《建文皇帝遗迹》，邓士龙辑：《国朝典故》卷19，第347页。
⑤ 陈建：《皇明通纪》卷2《启运录》，第358页。

人格学问的认同有关。

对按语的选取和裁剪，展示出邓氏强烈的个人价值取向，并且直接影响到对《国朝典故》内文的安排，可以吴与弼应征事加以说明。天顺元年（1457）吴与弼被征辟进京，是明代学术史上的著名公案，尹直与李贤均系荐辟吴与弼的当事人，各在其著作中有详细记述，但笔法迥然有别。

尹直《謇斋琐缀录》对吴与弼入京的记述多暴露其丑态，诋其为奸臣石亨所荐及"欺世盗名"等事，朱氏本《謇斋琐缀录》及尹达原刻本下均附注吴献臣批："吴与弼囚首跪于府庭，予尝闻之太守张瓒，张其时治抚州也，观此则謇斋此录皆实也。"① 邓氏删去了吴献臣之注，并截取吴瑞登《两朝宪章录》有关按语为之辩驳：

> 吴与弼为溥之子，粗衣敝履，举动效古，见明道见猎有喜心，益知圣学为必可学。小楼坐卧，收敛身心，其不为俗所染可知。观其承英宗之聘，辞谕德之官，殆《易》所谓"不事王侯，高尚其志"者，有士如此，取其节焉足矣。而世儒议其规（窥）卿相之位，有傲世之心，抑何好议其短哉！然稽之我明二百年，如与弼者盖不数得也，所谓乡贤之最者，吾谁与归？②

同时，邓氏删除了《天顺日录》中有关吴与弼的两段完整纪事，而在《立斋闲录》引《天顺日录》文下，另附陈建的两段按语，驳斥"俗儒"对吴与弼"妄窥相位"、"假道学"等攻讦，称赞英宗"征贤聘逸"的盛举与吴与弼辞任不就的高节。③ 吴与弼在明代理学道统中地位崇高，邓氏宗帅程朱的学术立场，还体现在其按语对刘基、宋濂、薛瑄、罗伦、罗钦顺、吕柟等理学名臣的肯定，相对应却在文中多次指摘陈献章、王阳明等人为"异端邪说"。④

---

① 尹直：《謇斋琐缀录四》，朱当㴐辑：《国朝典故》卷56，澳门中央图书馆藏明抄本；尹直：《謇斋琐缀录》卷4，中国国家图书馆藏明嘉靖七年尹达刻本。
② 尹直：《謇斋琐缀录四》，邓士龙辑：《国朝典故》卷56，第1286—1287页。
③ 宋端仪辑：《立斋闲录四》，邓士龙辑：《国朝典故》卷42，第1035、1037页。
④ 尹直：《謇斋琐缀录七》，邓士龙辑：《国朝典故》卷59，第1330页；《世宗实录一》，邓士龙辑：《国朝典故》卷35，第644页。

邓士龙《国朝典故》中凡完整缺失、改移或窜入正文的段落，全部与其避免内容重出或安排按语相关，由于校勘记无法为辨别此类现象提供帮助，笔者只能以240余条按语内容按图索骥加以核校。文中是否还有不随按语设置而窜入的内容，仍有待全面校对。

三、明代子史丛书编纂与国朝史书写兴起

前文以朱当㴐对《国朝典故》的编纂与邓士龙的刊刻为中心，从文献编纂、版本流传与文字考辨角度，展示其在嘉靖中叶到万历末年间的传衍历程。值得深思的是，是何种观念驱使邓士龙等人对《国朝典故》的重编及刊刻？有学者早已指出文本的书写与重刊的背后可能蕴含丰富的时代信息与个人观念，① 尤其值得留意的是，《国朝典故》作为一部编纂于嘉靖时期的国朝史丛书文献，在朱氏本编辑到邓氏本刊行之间的半个多世纪间，不仅广为传抄，而且产生了多个重编本，并与时行史著和丛书文献存在频繁的文本互动。笔者将结合此一时期"复活"本朝历史知识的特定背景，对这一现象作进一步分梳。

以往学者已略及丛书文献对明代当代史兴起的影响。姜胜利较早指出晚明野史兴盛背后的史料整理因素，并认为丛书编纂是明代野史整理的两条主要途径之一，他提到明代子史丛书编纂的里程碑意义称："霍韬《明良集》收录正德以前出现的《洪武圣政记》等七部史著，沈节甫的《纪录汇编》将一百二十三种当代史著作汇为一编，如此庞大的专门辑录当代史著作的丛书，在丛书史上还是首见。"② 《纪录汇编》对晚明当代史史料整理的作用尤见其重视。③ 除此之外，杨艳秋也注意到"史料的积累"对明代私修当代史活动的刺激，并提到《金声玉振集》和《纪录汇编》两部丛书所收明代史料之多。④ 然无论是《金声玉振集》还

① 参见王汎森：《权力的毛细管作用——清代文献中的"自我压抑"现象》，《权力的毛细管作用：清代的思想、学术与心态》，台北：联经出版公司，2013年，第231页。
② 姜胜利：《明代野史述论》，《南开学报》1987年第2期。
③ 姜胜利：《明人整理当代史史料述论》，南开大学《中国历史与史学》编辑组编：《中国历史与史学——祝贺杨翼骧先生八十寿辰学术论文集》，北京：北京图书馆出版社，1997年，第308—320页。
④ 参见杨艳秋：《明代中后期私修当代史的繁兴及其原因》，《南都学坛》2003年第3期。

是《纪录汇编》，较之《国朝典故》编纂时间都为晚出，尚难称"在丛书史上还是首见"；其与《国朝典故》篇目也多有重合，亦非开创一时风气之作，这一现象已引起谢国桢、王重民等学者注目。① 既往研究较多停留于丛书编纂在明代史料整理层面上的简单梳理，尚难把握嘉靖以后子史丛书编纂的勃兴与国朝史书写兴起两种现象之间的关系；也基本忽略了丛书编纂者个人史学意识的表达与作用。基于此，本节试以《国朝典故》的编纂和刊行为线索，着重考析《国朝典故》编纂的历史背景及其篇目来源、体例结构与编选原则，对明中期以后子史类丛书的编纂活动作更具体深入的考察，以期展示明代史学向"当代"史转向的文献因素及其与时政、文化和学风之关系。

（一）嘉靖朝以前明代国史类丛书的编纂

明初，朝廷对思想文化钳制较甚，当时的历史编纂基本以官修教化书为主，官方完全垄断了本朝史的书写。② 除官修《实录》外，即使是私人撰述的国史著作，如娄性《皇明政要》也是以资治为目的，上呈后得到官方表彰而刊行。正如顾炎武所言："国初人朴厚，不敢言朝廷事，而史学因以废失。"③ 在修史为官方所专的情况下，明初史学呈现以伦理教化与圣朝书写为主流的景象，"无论是官方史学，还是私家史学，都表现出了一种衰落的状态"。④

成弘之际，"史在王官"的局面逐渐被打破，一些以"皇明"、"国朝"为名，专记本朝名臣事迹的传记类私史著述开始涌现，如杨廉《皇明名臣言行录》、徐𬭎《皇明名臣琬琰录》等，成书于弘治十七年的《皇明开国功臣录》是其中较有代表性的著作，也是明中期开国史编纂潮流的先驱。黄金叙述其纂述《皇明开国功臣录》的原委说："诸臣之功，天授佐运，其洪庞隽伟卓冠一世者可比伊吕……而乃一无论撰，何耶？尝闻诸臣功能，国史甄录殆备，金匮秘藏，莫得而

---

① 邓士龙辑：《国朝典故》，谢国桢"前言"，第 5 页；王重民：《中国善本书提要》，上海：上海古籍出版社，1983 年，第 413 页。
② 参见钱茂伟：《明代史学的历程》，北京：社会科学文献出版社，2003 年，第 47—62 页；向燕南：《明前期政治、文化特点与史学》，《廊坊师范学院学报》2008 年第 4 期。
③ 顾炎武：《亭林文集》卷 5《书吴、潘子二事》，《四库禁毁书丛刊》，集部，第 118 册，第 639 页。
④ 杨艳秋：《论明代前期史学之衰落》，《求是学刊》2005 年第 1 期。

窥，识者慨焉。"因而作此书"聊备一野史耳"。① 黄金此言揭示了明代野史兴盛的原因：作为"国史"的《实录》因"藏诸金匮"罕为人识，私人纂辑史著因之日盛。② 在这一背景下，一些在野学者以史料采录、汇纂形式编纂的史书也日渐增多，祝允明《成化间苏材小纂》、宋端仪《立斋闲录》即为其例。亲历某些重要事件的朝臣，其个人文集、回忆录、私人笔记与诏令奏议集的刊刻传写也成为一时风尚，其中为时人所重者主要是被称为"时政记"的大臣记录、使臣的异域见闻和边事纪行。③ 这些私人著作多以事件为纲目，或以个人见闻为中心，记事首末俱备，颇有纪事本末体特征，一定程度上填补了明朝当代史撰写的真空，也满足了时人历史阅读的需求。

在朱氏编纂《国朝典故》之前，正德二年由梅纯以"手自抄录"之书编纂而成的《艺海汇函》，可能是现存最早的明代大型杂纂类丛书，共收书92种，分纪事、纂言、知人、格物、说诗、论文、补缺、拾遗、辨疑、刊误10类并附录4卷。梅纯以"广见闻而申戒敕"为宗旨，④ 虽仍不出明初《说郛》广搜杂采的编选体例，但他首次集纂了正德朝以前有关明朝廷史事的个人记录，对明中后期史类丛书的编纂具有重要意义。《艺海汇函》偏重搜集当代学者的著述，全书约有一半的篇目为明人著述，其首目"纪事"下所收篇目，全为记述本朝史事或时人见闻的官私著述。梅纯将"纪事"列于卷首，而不以杂家之言视之，显示其借此存史征信的理想。一个足以说明梅纯重视"纪事"目资治功能的例子是，明初由宋濂所撰的《洪武圣政记》在当时已经亡佚，他以宋濂的名义重新纂辑《洪武圣政记补亡》，成为《洪武圣政记》"重生"于嘉靖后的始作俑者。⑤ 此目下14种书，有11种后为朱当㴐《国朝典故》辑入。

---

① 黄金：《皇明开国功臣录》序，《元明史料丛编》第3辑，台北：文海出版社，1984年，第13页。

② 参见谢贵安：《论明代国史与野史的生态关系：以〈明实录〉的禁藏与流传为线索》，《学术月刊》2000年第5期。

③ 域外史学是明前中期历史书写一个尤为突出的领域，历来受到学者注目，参见钱茂伟：《明代史学的历程》，第82—87页；乔治忠：《明代史学史》，北京：中国人民大学出版社，2011年，第227—235页。

④ 梅纯：《艺海汇函》序，南京图书馆藏明抄本。

⑤ 参见周中梁：《今本宋濂〈洪武圣政记〉辨伪》，《史学史研究》2021年第3期。

　　另一部具有代表性的丛书是《明良集》。嘉靖十二年，霍韬赴召北上，途经韶州，将丁忧期间编辑的《明良集》书稿交付知府郑骝刻成。该书专辑先朝名臣有关当时军政的著述，包括宋濂《洪武圣政记》、金幼孜《北征录》、杨荣《北征记》、杨士奇《三朝圣谕录》、李贤《天顺日录》、李东阳《燕对录》6 种，是明代最早编刻的史部专门丛书。其以本朝记事类书籍为主，其中 4 种书已见于《艺海汇函》。《明良集》选编之书大多已有刻本行世，其目的并不在将原书重梓印行，而是借记述洪武至弘治间德政与君臣相遇之盛事，使士人"知我圣祖致治保天下之大，出而知所以事君"，① 时人载郑骝将《明良集》刻行后，"自是韶士习知历朝故事矣"。② 与当时盛行的私史写作不同，《明良集》首次集结刊刻本朝名臣的私家记录，表达传播"本朝典故"的弘道思想，选编篇目贯穿正德以前历朝，隐约显示出通史写作的历时特征。

　　尽管《艺海汇函》和《明良集》开辟了以丛书编纂的形式记述当朝典故的先例，但观其选编篇目，仍不外是记述国初混一宇内的功绩，或为本朝名宦有关德政与文治武功的盛世之音，而对于当时私家纂述集中的国史禁区，如革除事迹、夺门之变等，则一概不取。然与身居要职的霍韬不同的是，梅纯虽未将私家笔记归入可以征信的"纪事"之目，但他将历代记述朝野见闻的笔记类史料归入补缺、拾遗、辨疑、刊误及附录诸目，其自序云："凡是数者，稽之于古不能无阙遗，故又次之以补阙、以拾遗；质之于今不能无疑误，故以辨疑、刊误终焉。"③ 这四目为"稽古质今"所设，带有考记史事的目的，其中如《翊运录》《陶学士事迹》《薛文清公遗事》《县笥琐探》《清溪暇笔》，均系当代人物事迹的见闻之述。如果说《明良集》与《艺海汇函》"纪事"类所收篇目，是当时学者视为足以存史资政的一朝典故，那么《艺海汇函》"补阙"诸目下所录私人见闻诸书，则整体上体现出与"皇明"圣政相迥异的书写旨趣，是一种较为私人化的记录。二者同为当时私史书写的路径，为《国朝典故》篇目编选与体例安排提供了重要参考。

---

① 霍韬：《明良集》后序，《四库全书存目丛书》，史部，第 47 册，第 127 页。
② 万历《广东通志》卷 30《郡县志十七》，明万历三十年刻本，第 32 叶 b。
③ 梅纯：《艺海汇函》序，南京图书馆藏明抄本。

（二）笔记创作与说部丛书编纂的兴盛

经过明初以降百余年的沉寂之后，正德至嘉靖中叶，汇编说部丛书逐渐"成为风气和潮流的公众行为"。① 苏州藏书家顾元庆编刻了一系列"列朝小说"丛书，包括正德末嘉靖初刊行的《文房小说》与《三十家小说》，主要收录唐宋时期的笔记杂谈；嘉靖中叶刊刻的前、后《四十家小说》及《广四十家小说》，则专门收录本朝乡宦之见闻杂记，尤以成化以降沈周、都穆、祝允明、顾璘等苏州籍文士为代表的谐谈笔记为主。

大约同一时期，由陆深、黄标编刻的说部丛书《古今说海》出版，其书主要杂采唐宋传奇，也收入不少有关当朝故实与时人见闻的笔记与杂纂诸书。顾、陆二氏虽是以小说家的名义采录书籍，但主要还是以笔记与私史著述为主，与唐宋时期以"搜奇揽胜"为主要内容的虞初体小说不可同日而语。尤其是陆氏所录大部为古今杂史和笔记，基本不涉当代志怪传奇，而尤其注意采录"关系朝廷典故及可备郡乘阙遗者"，② 既不乏《北征录》《北征记》《平夏录》之类记述皇明武功的私史记录，又有《备遗录》《复辟录》之类考证靖难史事与夺门之变的著述，还有《损斋备忘录》这样考订经史与人物事迹的杂纂，体现出编辑者浓厚的史学趣味。由顾元庆、陆深等人倡起的说部丛书刊刻，极大拓展了明代笔记与私史的市场。万历中，胡应麟记载了嘉靖以降藏书家编刻说部丛书之风的见闻：③

> 云间迩辑《说海》，余稚岁从人借读，大诧为奇书。即该洽亦往往见欺，纂人以家藏秘本也。比长，博考诸说家，乃知此书就（旧）日潇湘等录，多出《说郛》，《灵应》《洛神》等传多出《广记》，仅卷首《北征》《半（平）夏》诸编杂汇本朝故实，又皆人所常见，家有之书也。盖是时《广记》未行，《说郛》罕蓄，一时老宿订证无从。如前此陆氏《小说三十家》，后此

---

① 陈国军：《明代志怪传奇小说研究》，天津：天津古籍出版社，2006 年，第 261 页。

② 陆深：《俨山集》卷 95《与黄甥良式十二首》，明嘉靖陆楫刻本，第 14 叶 b。

③ 胡应麟：《少室山房全稿》卷 104《读二十首·读〈古今说海〉》，中国国家图书馆藏明万历四十六年刻本，第 4 叶。

顾氏《小说四十家》，皆《广记》钞出，杂他书不过什一二耳。

胡应麟所言陆深、顾元庆等诸书割裂古书、钞撮旧文而造书，确是明人刻书的一大特点，其批评也深中其弊。唯其以当时士人与书坊"好古"为由，显然夸大了唐宋小说在顾陆二氏所编丛书中的地位，也未深究此类说部丛书既以衷订志怪小说为鹄的，却往往也多"杂汇本朝故实"的原因。如其所言，这些记载朝廷秘闻之书已经成为"家有之书"，与当时学界考求本朝典故的学术风气方兴未艾的背景密不可分。在嘉隆万三朝兴起的"列朝小说"系列中，① 如《明人百家小说》《皇明百家小说》与"今贤"系列丛书，② 表明当代子说写作与集中编刻逐渐成为一股文化新潮，使得深疾野史之弊的王世贞也未能免俗，编纂了《明野史汇》。③ 明末陶珽《说郛续》、冯可宾《广百川学海》缵承宋元说部丛书编纂之余绪，直到明末清初对胜朝稗史的大量编刻，对有明一代说部丛书的集中编刻活动才告一段落。

嘉靖时第一位大藏书家高儒的《百川书志》，将传统演义、话本、小说、戏曲、笔记等文献列入史部之"野史、外史、小史"诸目下。高儒的子史分类显示，明代史学与"子部之余"、"小说家流"在野史蓬勃发展的文化语境下得到某种程度的弥合。④ 明代丛书编纂有历时层累化、文本共享的特点，当时书坊以"史"或"说"为名编刻的丛书，其篇目泰半重合，显示出明人意识中历史与小说之间的界限逐渐模糊，明人对笔记与小说的认识体现尤其突出。⑤ 石昌渝区分了传奇小说与笔记和野史小说，并说明后者作为史学载体本身即具备"写史的资格"，并举胡应麟《九流绪论》中的小说家分类以证。⑥ 如以同时代学者孙镰对

---

① 参见陈国军：《明代志怪传奇小说研究》，第 258—287 页。

② "今贤"系列可视为从嘉靖中期到万历初期书坊丛书编刻的一个共享文本库，主要包括《今贤汇说》《说部零种》《新刊皇明小说今献汇言》《今献汇言》等，具体参见元伟：《〈今贤汇说〉考论》，《古籍研究》第 74 辑，南京：凤凰出版社，2021 年，第 122—141 页。

③ 王世贞辑：《弇州史料后集》卷 40《明野史汇小序》，《四库禁毁书丛刊》，史部，第 50 册，第 82 页。

④ 高儒：《百川书志》卷 6《史志三》，《续修四库全书》第 919 册，第 361—364 页。

⑤ 马兴波：《明人笔记考论》，博士学位论文，上海师范大学人文学院，2016 年。

⑥ 石昌渝：《中国小说源流论》，北京：三联书店，1994 年，第 133—136 页。

"我朝诸小说"的分类而言，① 明前中期的诸小说无疑均系朝野见闻的野史笔记。由此，大量产生于正统以降的笔记、杂史，正成为明人当代历史书写、阅读与知识获取的重要载体，在朱氏《国朝典故》编纂完成以后，其中的笔记小说还是通俗文学故事重要的本事来源。②

（三）《国朝典故》与明代子史丛书中的国史书写

如前所述，在嘉靖二十一年朱当㴐编成《国朝典故》以前，有目的地搜集当代野史杂记并汇纂成书之举已零星出现，而本朝小说和笔记文献的大量生产和集结刊刻，率先突破了官方在文化上的限制，当代史料的积累已经到了不得不进入系统整理的阶段。另外，随着文网渐弛，《明实录》等藏诸秘府的官方史著被零散地传抄于坊间，③ 官方对国史忌讳最深的禁区释放出"解禁"信号，更多有关开国史和靖难史的见闻汇抄、史事考证的著作相继面世，④ 一时有关本朝史纪事书籍的传写蔚为大观。在日益兴盛的出版市场刺激下，许多原本只是作为私人撰述、不以公开版行为目的的书籍以抄本形式流播，为时人所寓目。丛书以其开放灵活、包容性广的优势，成为书商和藏书家广其传播的不二之选。

在嘉靖前半叶的丛书编纂潮流中，《国朝典故》既是成书时间仅次于顾氏《四十家小说》的第二部大型类编丛书，也是明代历史上第一部以会纂本朝官私史著与笔记小说为主体内容的丛书。朱当㴐在《国朝典故》自序中说：

> 纪事者纂言，述事者备辞。纂言者贵直，备辞者尚传。传以济约，约以

---

① 孙鑛：《月峰先生居业次编》卷3《与余君房论小说家书》，《四库禁毁书丛刊》，集部，第126册，第210页。

② 林雅玲：《晚明六种合刊本传奇小说集编辑出版现象析论》，《高雄师大国文学报》第23期，2016年，第31—68页。

③ 关于《明实录》的编纂、禁藏与流传对明代史学的影响，参见谢贵安：《论明代国史与野史的生态关系：以〈明实录〉的禁藏与流传为线索》，《学术月刊》2000年第5期；钱茂伟：《〈明实录〉编纂与明代史学的流变》，《学术研究》2010年第5期；金久红：《火灾、政争与实录的外传——嘉靖中期之后私人撰述本朝史兴盛的契机新探》，《史学月刊》2019年第12期。

④ 茅大芳撰，张且鲁辑：《希董先生集》，《四库未收书辑刊》，北京：北京出版社，1997年，第7辑第16册，第68页。

守道，励心学也。兹故君用心之枢也，予俾栖宗藩，雅耽竹素，远探羲轩辟天之治，近稽皇祖开国之迹，叨沐遗谟，激衷兴思而感仰殊深。然左史记言，右史记行，其秘诸史馆藏之奎幽者，固不可得而易见。然遗笈散帙，纪载多门，漫无统纪，罔便阅历。予乃搜猎曲存，校雠鱼亥，第其伦次，萃其涣以会其统，遂因各家之成书，类而聚之。其重者不删，各存其说，上自祖宗创守之艰难，中及臣工私录之闻见，下逮僭窃夷狄之叛服，靡不毕具。使开卷便瞩，用资博识之士。①

"遗笈散帙，纪载多门"，适为当时稗官野史充斥于坊巷之间的真切写照。《国朝典故》所收64种书中，只有约26种在此前已有刻本行世，其余多数篇目在当时仍以传抄形式流通，这种情况到坊刻丛书大量出现后才得以改观。与此前其他丛书如《艺海汇函》《明良集》及顾氏《小说》系列等书相较，《国朝典故》重出的共计有21种，以篇目种类而言不足原书1/3，这一数字更凸显出其"存史"的重要性。从保存文献角度看，朱氏汇编《国朝典故》的意义不言而喻。朱氏编辑群书，标举"重者不删，各存其说"，一改明代丛书编刻妄意删改的流弊，此点可在《国朝典故》所收诸书版本的考察中体现出来。

朱氏《国朝典故》所收诸书多反映出一部书在尚未付梓之前，作为抄本流传的原始面貌，尤其是对成书较早而未能及时锓梓的抄本书籍而言意义重大，取材或与刻本源流往往不同。如马欢《瀛涯胜览》成书于正统中，而其刊刻已晚至嘉靖时，其间数十年产生了许多不同源流的抄本，张昇改本刊刻最早，影响因而亦最广，而朱氏却选择抄辑保存其初稿本，② 在明代诸丛书本中独树一帜；类似的还有费信《星槎胜览》。③ 另一个例子是署名解缙编纂的《天潢玉牒》，嘉靖时代的3种版本均为"二子"本，而万历以后诸本则改为"高后五子"之说，杨永康认为"五子"本《天潢玉牒》是朱棣为取信于人对"二子"本的修正定本，④ 可

---

① 朱当㴐：《国朝典故》序，澳门中央图书馆藏明抄本。
② 万明：《明代马欢〈瀛涯胜览〉版本考》，《文史》2018年第2辑。
③ 费信撰，冯承钧校注：《星槎胜览校注》，北京：中华书局，1954年，"星槎胜览校注序"，第1页。
④ 杨永康：《〈天潢玉牒〉考论》，《学术研究》2013年第1期。

见朱氏有意择取内容较为原始的版本作为底本。

较之同时代的其他刻本，朱氏本《国朝典故》内容也只多不少，约与朱氏辑本同时刊行的祝允明《野记》、① 陆容《菽园杂记》② 即是其例，尤其是《菽园杂记》比毛仲良刻本多出 44 条，傅增湘评论说："其中各条有刊本所无者，殊足贵也。"③ 再如李贤《天顺日录》有成化十年李璋家刻《古穰集》本，尹直《謇斋琐缀录》有嘉靖七年尹达家刻本，均系作者物故不久，遗稿旋由其家人整理刊行，在此之前应无其他更早的版本流传，朱氏抄本自当以初刻本为底本。事实也的确如此，以朱氏本与初刻本逐一对检，除字句的脱衍倒讹之外，这两部书内容基本一致，并未发现任何条目整体性缺失或误衍。再如《使琉球录》《安南奏议》《平番始末》《日本国考略》诸书，均系嘉靖时进呈史馆后而刊行，以朱氏《国朝典故》本校之，亦无节文。

除这些散布于书肆的"遗笺散帙"外，诸多迹象表明，朱氏的选辑也曾受早期丛书编纂影响。王圻曾著录梅纯编有《国朝典故辑遗》，④ 按《续文献通考》所著录书籍，于撰者不付阙如，因此对嘉靖以前不题撰者名的野史存在颇多妄系撰者的情况，如将《平吴录》系于杨士奇，《皇明本纪》《国初事迹》《奉天靖难记》一并系于刘辰，《建文遗迹》系于张芹，均无明证。因此《国朝典故辑遗》著者也可能是其误解。但无论梅纯是否编辑过此书，王圻这一误解说明，至少在当时博识之士中，已存在混淆梅纯的辑书与《国朝典故》者。一个事实可以支持

---

① 邸晓平：《祝允明杂著版本考辨》，《文献》2003 年第 2 期。

② 伍跃：《谈〈菽园杂记〉十五卷本》，《文献》1987 年第 4 期。伍跃认为刻本《菽园杂记》中有的内容明显是脱漏，其实不然。如卷 1 "予奉命犒师宁夏" 条，刊本删除宁夏后叙述其犒师的原委，乃是为突出纪事中心，并不影响文义，其紧接着删除下一条 "陕州道中"，直接叙述其犒师北边之见闻，直至 "因类记之" 为止，4 条记事显得更加紧凑，这当系刊校时的斧凿痕迹。按，《菽园杂记》成书于成弘之际（程敏政：《黄墩文集》卷 50《传·参政陆公传》，南京图书馆藏明正德二年刻本，第 15 叶 a），在嘉靖时付梓之前，已为坊间抄行。如弘治十三年刊行的弘治《太仓州志》即曾引据其书（弘治《太仓州志》卷 9《封赠》，《日本藏中国罕见地方志丛刊续编》第 3 册，北京：北京图书馆出版社，2003 年，第 251 页）。朱氏《国朝典故》所据，应为未事删削的早期抄本。

③ 莫友芝撰，傅增湘订补：《藏园订补郘亭知见传本书目》卷 10 下《子部十下·杂家类下·杂编》，第 31 页。考虑到邓氏本编刻中的刻意窜入，这些较通行本多出的内容，其史料价值与真实性仍有待进一步考察。

④ 王圻：《续文献通考》卷 176《经籍考·史》，《续修四库全书》第 765 册，第 425 页。

这种推测：除将《艺海汇函》中的本朝篇目大部分收入己书之外，经朱氏之手首次编辑成书的《损斋备忘录》，实系对《艺海汇函》整部丛书加以删略和整编的结果。此外，朱氏选辑的笔记类篇目，整体代表明中叶吴中文坛的小说创作，①地域色彩十分浓厚，其实大部分都是选自顾氏《四十家小说》所收稗官丛谈，表明前此编辑的汇集本朝典故的丛书，也是朱氏选编书目的重要来源。

　　明代早期的历史编纂因禁忌太深，以开国史书写为嚆矢而破冰，在嘉靖以来国史之禁渐弛的背景下，编纂野史的行为也在"法祖"语境中得到合法解释："考君文者，臣下之僭也；昭祖功者，子孙之孝也。宁以僭而取罪，勿忘祖以灭孝也。"② 朱氏所辑篇目几乎搜罗了当时最有代表性的本朝官私史料，远超出他所说"昭祖功"的范围，更不乏记载祖宗"劣迹"乃至文字冒渎的稗官野史。他以裒辑"国朝典故"之书为标榜，并冠以丛书名，显示与此前《艺海汇函》等丛书"广见闻而申戒敕"迥然不同的编纂宗旨，而明确以纪存"国史"、弘扬圣政自任。

　　早在嘉靖元年，朱当㴐就曾考察汉武帝至明世宗之间年号变迁，撰写了《改元考》，较之万历后兴起的明朝典故专门研究，堪称开风气之先。朱当㴐以"知世代之变与古今治乱相循之迹"为宗旨，可见其留心考求当代故实的学术追求。③ 朱当㴐的存史观念与当代史意识，从《国朝典故》篇目选辑及编纂体例中可见一斑。从选编篇目看，朱氏的择书标准是"上自祖宗创守之艰难，中及臣工私录之闻见，下逮僭窃夷狄之叛服"，基本囊括了正统以降私史书写的三个层面：一是王朝文治武功之记述，二是私人见闻杂记，三是使臣域外纪行，三类文献的层次性在丛书体例中得以大致展现。朱氏尤其注意搜集记载历朝重要史事的官私史料，除御制和官修篇目外，私史撰述最为集中的开国史、靖难史自不必说，明初

---

① 有关这一时期的吴中文士的交游圈层与创作，参见张丑平：《明中叶吴中文人交游与文言小说创作及传播》，《南京师范大学文学院学报》2012 年第 9 期。

② 朱当㴐：《国朝典故》序，澳门中央图书馆藏明抄本。

③ 此书今存抄本只及于明末群雄，自洪武以下不载，但据其自序"起汉武至于今日，兼收无遗"（朱当㴐：《〈改元考〉序》，《四库全书存目丛书》，史部，第 268 册，第 781 页），显然是为抄写者刻意不取。四库馆臣谓其"自明太祖以下，至世宗皆直书名某，而不避其讳"（纪昀等：《四库全书总目》卷 83《史部三十九·政书类存目一》，景印文渊阁《四库全书》第 2 册，第 729 页）。此或许为其内容太过敏感而遭删削之旁证，当时建文年号尚未得到恢复，其中或有涉及。

史事如郑和下西洋、成祖北征、正统北狩、夺门之变均有专记，成化、弘治两朝史事则有诸多名臣笔记涉及，正德间则有《后鉴录》专记刘瑾专权、宸濠之乱及正嘉之际定策诸事。即便是朱氏所处的嘉靖朝，也有《宸章集录》（记嘉靖初内阁召对、经筵诸事）、《大狩龙飞录》（记嘉靖十九年南巡）、《敕议或问》（记祀典改革）三部诏令奏议之汇编。其余关涉边事与域外见闻的风土记录，更是不胜枚举。在13年后第一部当代通史著作《皇明通纪》问世之前，这种通古今之变的"史家"意识，在朱氏的丛书编纂中已隐约可见，是既往丛书编纂者所无从展现的。

从现存数量众多、来源各异的《国朝典故》抄本看，朱氏《国朝典故》问世以后，很快掀起一场抄书之风。嘉靖中叶以降，哀辑今人史著勒为丛书，其中有诸多迹象显示《国朝典故》对后来丛书编纂的特殊意义。此时适值明代出版业呈现革命性发展，《国朝典故》辑成不过10年，就有《国朝谟烈辑遗》一书梓行。约刊行于同一时期的《金声玉振集》与《今献汇言》，[1] 是继朱氏之后较早专辑当代史著的丛书，各有15种和16种书分别见于《国朝典故》，后者超过一半的篇幅与之重合，即使在明代丛书中也不多见。《金声玉振集》编纂体例有强烈塑造"皇明"的色彩，与《国朝典故》不同的是，其所收篇目以历史纪事与经史考证为主，基本不采江南文人的志怪笔记，分皇览、征讨、纪乱、组绣、纪变、考文、丛聚、水衡、边防、撰述十目（另有"附"一目），囊括了明朝政治、军事、文化等各方面内容，大部分文献为诏令、文牍汇编及时政记录，可能来源于史馆所存备修实录的材料，已经很难视之为严格意义上的"野史稗乘"。万历初，孙矿谈道：

> 今盛行者，有《虞志》《古今说海》《古今逸史》《历代小史》《四十家小说》《今献汇言》《今贤汇说》《金声玉振》，其余单行者，难以尽记。[2]

---

[1] 今存《今献汇言》版本众多，收书卷数、种类各异，此取28卷本。以韩邦奇《苑洛集》曾经引用其书看来，至迟在嘉靖三十一年前已刊行，参见《苑洛集》卷19，哈佛燕京图书馆藏嘉靖三十一年刻本，第16页a。陈建《皇明通纪》撰写始于嘉靖三十一年，成书于三十四年，其中所引丛书唯《今献汇言》，按《金声玉振集》所收书种类、性质都较《今献汇言》有史料价值，可能《金声玉振集》成书较之稍晚。

[2] 孙矿：《月峰先生居业次编》卷3《与余君房论小说家书》，《四库禁毁书丛刊》，集部，第126册，第210页。

孙鑛所举诸"小说家书"，除《虞志》和《古今逸史》而外，其余不是兼收明及前代杂史，就是专辑本朝故事的大部丛书，充分展现出明代子说丛书编纂中"国朝意识"的兴起，① 这种风气在万历后日盛。最具代表性的是李栻编《历代小史》（万历十二年，明代部分 18/27。"/"右侧指原丛书收书种数，左侧指与《国朝典故》篇目重合的种数。下同。）和沈节甫编《国朝纪录汇编》（万历四十五年，43/121），从书目的高度重合看，二者应当都曾参考《国朝典故》。尤其是《纪录汇编》与朱氏《国朝典故》一样保留所收篇目的序跋文字，可使我们清晰地看到它与《国朝典故》重合的 43 种书中，绝大部分所据底本一致。更具说服力的例证是，《纪录汇编》将《平番始末》前许诰进呈史馆书及霍韬引言误植于《马公三记》文末，正是由于《国朝典故》本《平番始末》中这两篇文字紧邻《马公三记》末跋，而未置于《平番始末》小题之后的缘故。

更能说明《国朝典故》对万历中子史丛书编纂之影响的是佚名编《皇明修文备史》。此书今仅见孤本存世，旧题"顾炎武撰"，对此今存抄本的整理者李兆洛早已指出："疑此书特国初人留心明代者所哀录耳，不出亭林也……而七十五种中见于《皇明纪录汇编》《金声玉振集》者凡卅余种，《纪录汇编》《金声玉振集》皆于万历中刊行，亭林岂有未之见者而更烦存览耶？"② 的确，从此书所收录书目看，对万历以后诸史不着一词，则本书应非明末清初的产物。时鹏飞在此基础之上进一步指出："《备史》收录《謇斋琐缀录》卷二小题下注：'《国朝典故》五十四'，无疑是直接本之《国朝典故》而又'未去葛龚'的痕迹。"③ 此非个例，此本《謇斋琐缀录》卷二至卷八下均题有"国朝典故"四字，卷次为"五十四"至"六十"，分别对应《国朝典故》丛书原卷次。又如《皇明修文备史》本《野记》第三卷"蓝都督玉"条，后留白 20 行，即因抄写者确知此处存在大段脱漏。据嘉靖间祝氏刻本《野记》，可知"密召故"后脱文 82 字："部

---

① "国朝意识"可理解为明人对国朝史的书写、阅读、认知与参与而形成的当代史知识建构与意识投影，参见刘琼云：《纸上开国——书籍媒介、知识制作与〈皇明英烈传〉中的国朝意识》，《依大中文与教育学刊》2020 年第 1 期。

② 李兆洛：《养一斋集》文集卷 7《〈皇明修文备史〉书后》，《续修四库全书》第 1495 册，第 101—102 页。

③ 时鹏飞：《孤本〈皇明修文备史〉流传及撰人考略》，《文献》2021 年第 6 期，第 108 页。

曲，令收集士卒家奴伏甲为变。将发，为锦衣卫士蒋瓛上告，捕讯伏诛。连坐者鹤庆侯张翼、普定侯陈桓（垣）、景川侯曹震、舳舻侯朱寿、东莞伯何荣、都督黄路（辂）、吏部尚书詹徽、侍郎傅友文，洪武二十六年二月乙酉也。"① 此处显眼脱文自朱氏本《国朝典故》即已存在。其时祝氏《野记》已有刻本流传，并不算罕见，直到万历末之邓氏本《国朝典故》及《皇明修文备史》也未据刻本加以补正。这一现象也说明，明代丛书编纂者衰辑书籍，不仅书目多蹈袭前人，即在篇目版本上，也鲜有另取精善之本更换，或借以校正原书的举动。

对《皇明修文备史》与《国朝典故》之关系，可从本书的编目上进一步加以考察。《皇明修文备史》收书计75种，前45种主要以"列传"为主，后30种则以笔记为主，其中与《国朝典故》重合者20种，② 这部分内容全部附于后30种。批注者也留意到这一点，其在《水东日记》目下注云："见《纪录汇编》。不录，凡有圈者同。"实自《可斋杂记》始，除王世贞《史乘考误》及《西南纪事》两篇之外，其余全部篇目均见于《国朝典故》或《纪录汇编》。由此可知，《皇明修文备史》所收录文本具有显著的层次性，其末编部分很可能就是杂抄《国朝典故》等先行丛书本而来。

时鹏飞考证《皇明修文备史》中自号"念潜子"的删定者系万历时人周炳谟，因此推测《皇明修文备史》即为周炳谟担任翰林院史官时所编。③ 对此观点我们还可再作推进。前文在讨论《国朝典故》衍生本时，笔者提到了周子义的《国朝故实》（即《国朝典故补遗》）。其实，周炳谟即为周子义之子，申时行在为周子义所撰墓志铭中提到其遗稿《国朝故实》"杀青未竟"，④ 并未付梓。由

---

① 祝允明：《野记》卷 3，佚名编：《皇明修文备史》第 13 册，中国国家图书馆藏清抄本，第 19 叶 b—20 叶 a、29 叶 b—30 叶 b。

② 按时鹏飞记为 12 种。如以《皇明修文备史》收书 75 种记，则除标题中明确标有"上"、"下"之书目记为一种外，其余均可视为独立篇目。如此，则其目内与《国朝典故》重合者包括《可斋杂记》（即《彭文宪公笔记》）、《守溪长语》（即《王文恪公笔记》）、《寓圃杂记》、《损斋备忘录》、《青溪暇笔》、《琅琊漫抄》、《琐缀录》、《菽园杂记》、《野记》、《后鉴录》、《西征石头城记》、《抚安东夷记》、《兴复哈密记》、《东征纪行录》、《云中纪变》、《平夷赋》、《平番始末》、《平蛮录》、《安南奏议》、《安南事宜》，共计 20 种。

③ 时鹏飞：《孤本〈皇明修文备史〉流传及撰人考略》，《文献》2021 年第 6 期，第 110—111 页。

④ 申时行：《赐闲堂集》卷 21《通议大夫吏部左侍郎兼翰林院侍读学士掌詹事府事赠礼部尚书谥文恪周公神道碑铭》，《四库全书存目丛书》，集部，第 134 册，第 430 页。

《皇明修文备史》的内容看来，我们可以合理推测，《皇明修文备史》很可能即是周炳谟于万历末年将其父所编辑的遗稿加以增删、整理之后的成书。前部分列传及考史类著作，与来自《国朝典故》等丛书的后部分 30 种内容与风格截然二分，很可能是因周氏父子在不同时期的编辑所致。此书与台湾"国家图书馆"藏本（C5）、《纪录汇编》等丛书性质相似，是在以纪事著作为主的《国朝典故》丛书篇目之外，复编入万历时王世贞、魏焕等留心时务的经世史学家的考证性史著而成书。限于篇幅，对这一问题笔者留待另文探讨。

　　无论如何，朱氏《国朝典故》对后来同类丛书的编刻产生了持续而深刻的影响，也许正是基于这个原因，明末祁承㸁在《澹生堂书目》"丛书家·国史类"中将朱氏《国朝典故》冠诸首目。

　　嘉靖以降编纂诸书如《纪录汇编》《历代小史》《皇明名臣宁壤编》《烟霞小说》，直到祁承㸁的《国朝征信丛录》均以"'史'失而求之野"开宗明义，明确肯定野史补正史之阙的史学功能，几乎是当时以标举纪史而编纂的丛书之"通义"，并完全展现在它们的序跋中。天启年间冯可宾重校唐宋子说丛书《百川学海》时，再将本朝"篇目相近"者辑成《广百川学海》，提到当时说部野史丛书编刻的盛况："班氏且谓街谈巷议，道听途说，言之尤迕者，乃秕糠瓦砾，至道之精，奚弗具焉。矧如近所刻《逸史》《稗乘》，至五《秘笈》，真若万花谷、多宝林，远搜粉蠹之遗，近探青细之秘，其宏巨足以补正史而裨掌故之缺。"[1] 此类丛书借编选本朝杂史子说，并对其加以分类、组合与裁剪，集中刊刻成书以适应阅读市场的需求，成为与国史书写、掌故考证等学术活动相表里的另类当代史建构与文化行为。

　　崇祯末，熊化言及："本朝典故在神庙以后为详，沿革褒讥，足发《吾学》、《宪章》之覆；而雄赡瑰奇，直欲均茵左马庙谟。"[2] 这一事实也为顾炎武等确认。[3] 郑晓《吾学编》与薛应旂《宪章录》均系嘉靖末、万历初撰写的通史著作，此时已进入陈建开启的本朝史创作"百家纷纷竞胜"时代。与商辂《续通鉴纲目》和邱濬《世史正纲》等正统史论借古代历史申张儒家正统伦理观念不同，

---

① 冯可宾：《〈广百川学海〉序》，日本内阁文库藏清初刊本。
② 熊化：《〈英石馆集〉叙》，熊明遇：《文直行书诗文》卷 1，《四库禁毁书丛刊》，集部，第 106 册，第 22 页。
③ 顾炎武：《亭林文集》卷 5《书吴、潘二子事》，第 639 页。

以《皇明通纪》《宪章录》《续宪章录》《皇明大政纪》《二陵信史》①等编年体史书为代表的"史评"式写作，在叙述史事之余间附编纂者的品评裁量，借此抒发惩激之意，直接关涉当朝政治与时代风教的利弊兴衰。以此审视邓氏《国朝典故》对朱氏本所作的取舍裁量，可以概见带有深刻时代印记的历史意识贯穿其中。在此之前出现的《国朝典故》重编本，大多只是在朱氏本基础上，改换名目或裒订新说，邓氏首次将《国朝典故》视为一部通史性著作加以整理，并从流行的编年史著作中移录史评，于其中寄寓个人历史意识与现实观照。子史丛书的编辑在此真正体现为一种"国朝书写"方式，与其他经世类书一同进入士大夫经世济邦的视野。

余　论

本文所述此类"子史丛书"内容，似自可构成一个互相取用的文本库，其中诸多史籍或仅存丛书本，或与通行刻本内容不一，其史料价值自当别论。对于此类内容丰富多样的史料丛书，如何判断其源流、选取其版本以裨研究，本文尚无力作出明确回答。相关问题，仍容留待异日继续探讨。此处仅就《国朝典故》诸书编纂所反映的明代国史书写与当代史观念相关的历史现象，再略作展开。

明嘉靖以降，坊间形成一股刊刻大部丛书的风尚，是中国古代丛书编刻的第一个高峰。②以《中国丛书综录》《中国丛书综录续编》《中国丛书广录》《中国丛书综录补正》著录情况计，明人辑刻的丛书不下 300 种，这股风潮一直延续到 18 世纪中叶才告一段落，以至于逐渐发展出超越传统四部分类的"丛部"书籍。丛书以其开放灵活的特点，得以及时进行知识更新而在阅读市场被迅速接受，在晚明出版业中占据一席之地。明代野史、笔记类丛书的大量编纂则是最引人注目的现象之一，内藤湖南称之为明代"掌故学之一变"。王重民从文献编纂角度指出《国朝典

①　谢晓东通过对支大纶撰写《二陵信史》（即《世穆两朝编年史》）的个案解读，认为"晚明史著者藉对嘉隆近代史事和人物的书写，表达自我的情感、政治期许和现实要求，也呈现他们的人际网络"（《晚明私修嘉隆史书著者的个人际遇与历史书写——以支大纶〈世穆两朝编年史〉为例》，中国明代研究学会：《明代研究》第 40 期，2023 年，第 31 页）。这确是晚明私史写作的重要特征，邓氏本《国朝典故》或多或少也体现着这种书写倾向。

②　参见谢国桢：《史料学概论》，谢小彬、杨璐主编：《谢国桢全集》，北京：北京出版社，2013 年，第 2 册，第 790—791 页。

故》《皇明征信丛录》《纪录汇编》等野史汇编"皆同类之书，互相传抄，改换名目，以自鸣著作"。① 这确是明代丛书编纂者缺乏版权意识的表现，但从另一角度看，丛书编纂中高频的内容"迭代"也是晚明私史写作与阅读蓬勃发展的重要表征。

当代史撰述的兴起，是明代中后期史学发展最重要的动向之一，已为学界所共知。② 陈建《皇明通纪》问世，被认为是明代史学全面转向本朝通史撰述的重要契机。③ 值得留意的是，在此书问世之前，明中期以来大量纪事或传记体杂史小说的生产与流播，不仅是促成这一史学思潮与书写实践发生"质变"的"量变"过程，同时也为一部当代通史的撰述准备了充分史料。④ 这直接体现在《皇明通纪》开篇所列"采据书目"中：包括"今贤"系列丛书《今献汇言》及大量被收入《四十家小说》《国朝典故》等丛书的稗官笔记，它们是借以考求史实的主要资源。正如陈建所指出的，本朝"国史"并非不传，诸多当代官私杂录"固已播之天下"，然而"各为义例，散出无统，令学者难于考索贯通耳"。⑤ 作为丛书编辑者的朱氏，与作为史学家的陈建在此达成了惊人的一致，"通史"成为二者思想的交汇之处。如此，便不难理解邓士龙重编《国朝典故》时，何以要以《两朝宪章录》替换《宸章集录》诸书——与万历后诸家续补《通纪》及续撰嘉隆两朝史之风尚不无攸同之处。这揭示了一个鲜见学者措意的现象：在陈建以《皇明通纪》打破"自专自用"之桎梏以前，对当代"通史"的史学追求已经悄然兴起于丛书编纂领域。这一史学意识还可见于《皇明修文备史》卷首附列

① 内藤湖南：《中国史学史》，马彪译，上海：上海古籍出版社，2008 年，第 212—215 页；王重民：《中国善本书提要》，第 413 页。

② 参见姜胜利：《明代野史述论》，《南开学报》1987 年第 2 期；李小琳：《浅论明朝本朝史的编纂》，南开大学历史研究所明清史研究室编：《明清史论文集》第 2 辑，天津：天津古籍出版社，1991 年，第 181—190 页；钱茂伟：《论明中叶当代史研撰的勃兴》，《江汉论坛》1992 年第 8 期；钱茂伟：《论晚明当代史的编撰》，《史学史研究》1994 年第 2 期；杨艳秋：《明代史学探研》，北京：人民出版社，2005 年，第 154—243 页。

③ 谢国桢：《增订晚明史籍考》，北京：北京出版社，2014 年，第 40—41 页；钱茂伟：《明代史学的历程》，第 234—236 页。

④ 参见姜胜利：《明人整理当代史史料述论》；钱茂伟：《明代史学编年考》，北京：中国文联出版社，2000 年；曹姗姗：《明代中后期私撰史书研究》，北京：社会科学文献出版社，2023 年。

⑤ 陈建：《皇明通纪》，"凡例"，第 21 页。

的《皇明帝系图》，在由太祖延及神宗的帝王谱系之中，俨然昭示着丛书编纂者对"皇明"历史的整体认知。朱当㴐对记述国朝历史的"功罪"之辨，透露出这一破冰过程的艰难与曲折。

从目录学知识分类所反映的状况看，明人的"国朝史"观念也充分体现在对子史丛书性质的认识之中。焦竑《国史经籍志》是明代最具代表性的目录学著作之一，他将本朝典故诸书冠诸传统四部分类之前，第一类为包括官方典制、敕撰或御制文字等在内的"制书类"，第二类"纪注时政"，即杂记当朝掌故的子史之书与衍辑此类文献的《国朝典故》《今献汇言》等丛书。焦竑阐述体例原则称："列圣代兴，著作相望，今备列首篇，至于辞苑之编摩，一禀指授。私家之纪载，识其小大，莫不有文武之道焉，咸缀末以资宪章。"① 赋予作为"私家之纪载"的杂史以资一朝宪章的意义，并非焦氏一家之言，如朱荃宰将之一并归为"大明史材"，② 黄虞稷则以"杂记历代或一代之事实曰别史"，③ 这类"史材"或"别史"的主体内容，与焦竑定义的"纪注时政"范围基本一致。

在朱氏本编成到邓氏本《国朝典故》刊行的 60 年间，涌现出许多更具市场价值的文献，但邓士龙基本沿袭朱氏本的体例与篇目，说明商业目的并非其编刻《国朝典故》的直接动因。作为国朝观念兴起与史学思想整体转变的结果，明代的丛书编纂者从"好古"转向对今人著述的关注，两个新动向大约同时发轫于嘉靖中叶的历史学者与藏书家的集体行动中。丛书编刻不再仅被视为对既有历史文献的整理、组织、排列与刊刻的单纯商业行为，而且也是贯彻士大夫历史意识与经世理想的"历史编纂"（historiography），④ 这首先体现在朱当㴐、袁褧等人对

---

① 焦竑：《国史经籍志》卷 1《纪注时政》，《四库全书存目丛书》，史部，第 277 册，第 299 页。

② 朱荃宰：《文通》卷 27《大明史材》，《续修四库全书》第 1714 册，第 235—237 页。

③ 黄虞稷：《千顷堂书目》卷 5《史部·别史类》，第 125 页。

④ 此处所说"历史编纂"的含义不止于中文语境中对已成文献的机械汇集，而更近于海登·怀特、安克斯密特等后现代历史学家对"historiography"的诠释：历史实在与"历史叙述"的界限被澄清之后，历史被解构为一系列的文本符号和事件排列，历史则在对文本的排列、组织、选择与裁剪并在隐喻结构中得到重构。以此来理解明代子史类丛书的编纂，更容易把握其编纂行为背后的创作意图。关于中西学术语境中"历史编纂"术语与含义的区别，参见向燕南：《说历史编纂学：一个中西史学文化比较的立场》，《史学史研究》2019 年第 3 期。

本朝掌故之书的篇目选取与体例编纂之中，明确展现出史家"义例"结构。而与朱氏《国朝典故》及其重编本"述而不作"的编纂宗旨不同，邓氏对《国朝典故》的重编，带有更强烈的现实关怀，从晚明的心学理学之争、官吏选途、军事边防、君臣关系到宦官政治，邓氏对史学"劝善惩恶，垂鉴将来"、"褒贬一言"的实用主义观点，在对史评的安排中得以实现，① 为此他甚至不惜裁剪、改窜原文，犹带史家"书法"的隐微之意。由此可以看到盛行于明中后期的"以史经世"思潮的潜流。② 晚明的学术与政治、思想与文化等多方面因素同子史丛书编纂之间的互动，不仅形塑了丛书的形态，③ 还开辟出另一条国史编纂的路径。

〔作者唐佳红，复旦大学历史学系博士研究生。上海　200433〕

（责任编辑：黄　娟）

---

① 关于明代史评与学风之关系，参见瑞桓、孟德楷：《明清实学的启蒙精神对史评类著作的影响》，《理论学刊》2012年第12期；朱志先：《中国传统史学理论与明代史学批评的互动关系》，《史学理论研究》2020年第2期。值得深思的是，清代史学经历了与明代相似的演变过程，在道咸以降历史知识的"复活"过程之中，"史评"却表现为史学家的"自我审查"，而非史家表达自我意识的工具，参见王汎森：《道咸以降思想界的新现象——禁书复出及其意义》，《权力的毛细管作用：清代的思想、学术与心态》，第625页。

② 葛兆光较早梳理了嘉靖以后的史学思潮，参见《明代中后期的三股史学思潮》，《史学史研究》1985年第1期；《明清之间中国史学思潮的变迁》，《北京大学学报》1985午第2期。葛兆光这一论断大体上是准确的，其考察的时间段为嘉靖中叶到万历末年，也与本文的讨论范围——从嘉靖二十一年朱当㴐《国朝典故》的成书到万历四十年代邓氏本的刊刻——大致相同。但他着眼于从嘉靖初到万历末年的线性转变，尚有可论余地。其实考求史实与以史经世之风已然同时在嘉靖时期兴起，这个过程可能并非次第延续的，陈建《皇明通纪》的撰写堪为其证。参见钱茂伟：《明代史学的历程》，第128—148、210—214页；杨艳秋：《明代史学探研》，第70—88页。总而言之，以晚明史学的发展趋势看，自嘉靖以后，考信和经世之风均有长足发展，但史学界的整体发展趋势，还是以以史经世的思潮为主。

③ 关于时代政治与学术思想形塑丛书形态的案例，还可参见刘仁：《从匡赞风雅到鼓吹休隆：丛书与明清文化转型——以〈檀几丛书〉〈昭代丛书〉为例》，《文献》2020年第4期。

中国人民志愿军的后勤保障和战时生活

贺怀锴

摘　要： 中国人民志愿军入朝之初，由于备战时间短、物资准备仓促、战线快速南移以及敌军对后方运输线的破坏，出现衣食、弹药短缺的现象。为满足前线作战对后勤的需要，中国人民志愿军逐渐探索出诸多行之有效的后勤保障措施，保证物资供应，官兵战时生活水平显著提升。志愿军在与装备精良的"联合国军"进行现代化的立体战争中，边打边建边完善，探索出适合中国军队、具有中国特色的后勤体系，保障了志愿军的战时装备、衣食、药物等物资供应以及伤兵治疗，为赢得抗美援朝战争胜利作出突出贡献，标志着中国军队迈出后勤现代化新步伐。

关键词： 抗美援朝　中国人民志愿军　朝鲜战争　后勤

战争是多方面的竞赛，后勤居重要地位。后勤是关乎战争胜负的关键因素，越是现代化的战争，军队作战对后勤管理及业务水平的要求就越高，后勤的责任和使命就越大。抗美援朝战争中，中国人民志愿军后勤体系的创建、调整和优化，以及各项后勤措施的实施，保障了志愿军官兵的作战和生活，为赢得抗美援朝战争的胜利作出巨大贡献，为中国人民解放军后勤现代化建设积累了宝贵经验。近年国内外学界关于抗美援朝战争的研究，主要集中于战役及战时国际关系等方面。① 深化抗

---

① 近年国内学者相关研究主要包括逄先知、李捷：《毛泽东与抗美援朝》，北京：中央文献出版社，2000 年；刘统：《中共对朝鲜战争初期局势的预测与对策》，《党的文献》2001年第 6 期；赵学功：《核武器与美国对朝鲜战争的政策》，《历史研究》2006 年第 1 期；军

美援朝战争史研究，有必要将视野放宽，将焦点从战争本身扩展到后勤保障、官兵生活、装备技术、地理环境、卫生医疗等方面。目前关于志愿军后勤问题的研究甚为薄弱，①尤其缺乏对后勤建设实效以及志愿军生活的考察。本文以志愿军后勤阶段发展为线索，关注志愿军后勤制度、机构变革，重点考察美军破坏志愿军后勤行动与志愿军的反制措施，进而探讨物资供应、后勤保障与志愿军官兵战时生活的联动，以期进一步深化对新中国成立初期军队后勤体系正规化、现代化的认识。

一、志愿军入朝初期的后勤体系

志愿军入朝作战前夕，中共中央领导人就认识到后勤工作在现代化战争中的重要性。1950 年 10 月 5 日，朱德在全军各大军区后勤部长会议上指出，"能否打胜仗，后勤工作起一半作用"，"我们将来是打大仗，故后勤工作要从现代化战争着眼去进行准备"。② 但因局势变化急剧，会议对于后勤的各项部署尚未展开，志愿军就已出兵援朝了。在志愿军入朝作战的第一个阶段，即五次战役时期，志愿军后勤机构尚未组建，后勤保障任务由东北军区后勤部（以下简称"东后"）代管。第一次战役和第二次战役期间，由于准备时间仓促，志愿军出现粮食、冬装供应不足现象。第三次战役后，志愿军将战线推进至三七线附近，交通线拉长，且敌机不断对志愿军后方实施轰炸，志愿军的粮食、冬装和弹药供应更趋紧张，后勤保障遭遇极大困难。

事科学院军事历史研究所：《抗美援朝战争史》，北京：军事科学出版社，2014 年；侯中军：《朝鲜战争期间台湾的应对及其影响》，《中共党史研究》2020 年第 4 期。国外学者相关研究主要包括 Sergei Goncharov, John Lewis and Litai Xue, *Uncertain Partners: Stalin, Mao, and the Korean War*, California：Stanford University Press，1995；David Halberstam, *The Coldest Winter: America and the Korean War*, New York：Hyperion, 2007.

① 代表性论文有魏延秋：《抗美援朝期间志愿军后勤现代化建设述论》，《军事历史研究》2012 年第 3 期；齐德学：《洪学智领导志愿军后勤工作的巨大贡献》，《军事历史研究》2013 年第 3 期；黄学爵：《中国人民志愿军后勤战斗化的历史回顾》，《军事历史》2020 年第 2 期。代表性著作有黄毅、郝洪儒主编：《中国人民志愿军后勤史》，北京：金盾出版社，1991 年；周中编：《抗美援朝战争后勤史简编本》，北京：金盾出版社，1993 年。

② 中共中央文献研究室编：《朱德年谱（1886—1976）》（下），北京：中央文献出版社，2016 年，第 1393 页。

（一）第一次、第二次战役志愿军后勤的仓促应对

1950 年 7 月 7 日，美国操纵联合国安理会通过组建"联合国军"及援助韩国的非法决议。中央军委为应对可能出现的复杂局势，于 7 月 10 日决定以中国人民解放军第十三兵团为基础组建东北边防军，枕戈以待。当时东北军区"没有后勤机关"，中国人民解放军副总参谋长聂荣臻向毛泽东请示，调第四野战军副参谋长李聚奎担任东北军区后勤部长，部队如果入朝参战，东北军区和参战部队的后勤工作由李聚奎"统管起来"。① 周恩来就东北边防军的指挥和后勤问题致电毛泽东，"边防军的供应需要强有力的后勤组织方能胜任"，目前是否先归东北军区"指挥并统一一切供应"，毛泽东批示"同意"。② 李聚奎接到任命后即赴东北，着手组织军区后勤部。8 月 7 日，东后正式成立。9 月 15 日，"联合国军"在仁川登陆，进而扩大侵朝战争，无视中国政府的一再警告，于 10 月 7 日越过三八线，向朝鲜半岛北部推进，直逼中朝边界。鉴于朝鲜半岛局势对新中国国家安全的巨大威胁和朝鲜方面的一再请求，10 月 8 日，中央军委宣布组建中国人民志愿军，"以东北行政区为总后方基地，所有一切后方工作供应事宜"，"统由东北军区司令员兼政治委员高岗同志调度指挥并负责保证之"。③ 15 日，毛泽东下达命令，志愿军于 18 日至迟 19 日"开始渡江前进"，并嘱咐"粮食等项则应立即前运勿延为要"。④ 按既定计划，第一期入朝部队 4 个军、3 个炮兵师共计 25 万余人，于 19 日跨过鸭绿江。东北军区抽调军区后勤部副部长张明远、东北人民政府农林部部长杜者蘅等组成东后前方指挥所，随军出国，负责在朝作战部队的后勤供应。

志愿军于 10 月 25 日发起第一次战役。11 月初，"联合国军"司令部报告，

① 《李聚奎回忆录》，北京：解放军出版社，1986 年，第 263 页。
② 中共中央文献研究室、中国人民解放军军事科学院编：《周恩来军事文选》，北京：人民出版社，1997 年，第 4 卷，第 38—39 页。
③ 中共中央文献研究室编：《建国以来毛泽东文稿》第 1 册，北京：中央文献出版社，1987 年，第 543 页。
④ 中共中央文献研究室、中国人民解放军军事科学院编：《建国以来毛泽东军事文稿》，北京：军事科学出版社、中央文献出版社，2010 年，上卷，第 262 页。

在朝鲜战场遭遇"新的敌人"，即中共的军事部队。① 但美国倾向认为中国是象征性干预，"联合国军"司令麦克阿瑟甚至扬言中国人"不会卷入这场战争"，美军将在"圣诞节前回家"。② 11 月 25 日，志愿军发起入朝的第二次战役，麦克阿瑟才逐渐意识到这是中国规模性援朝，"联合国军"正面临"一场全新的战争"。③ 至此，美国政府认为，中共"观望态度业已不复存在"。④ 美国紧急召开国家安全委员会会议，与会者认为麦克阿瑟有足够的军队应付局势，并指出"情况可能在一两周内发生变化"。⑤ 志愿军利用美军的情报失误和自大心态，经过精心部署和周密安排，接连取得两次战役的胜利。"联合国军"被迫退往三八线以南地区。

经历过第一次、第二次战役，志愿军后勤供应不足问题开始暴露。虽然中国对抗美援朝"有预见和准备"，但"从决定参战到入朝，是很仓促的"，"大约只有十多天的时间"，运输装备、作战物资等缺乏充分准备，"后勤供应在一段时间里跟不上作战的需要"，部队出现"吃不饱"现象。⑥ 彭德怀向中央军委反映，"供应甚困难，部队经常断炊"。⑦ 第一次战役结束后，彭德怀致电毛泽东，"我军当前已很疲劳，粮弹运输困难"，志愿军将"继续动员，修宽公路，加强运输，储存粮弹，备雪深时支用"。毛泽东批示"同意你的部署"。⑧ 在第二次战役中，

---

① The Secretary of State to the United States Mission at the United Nations, Nov. 5, 1950, *Foreign Relations of the United States*（FRUS），1950, Korea, Vol. Ⅶ, Document 750, Washington, D. C. : United States Government Printing Office, 1950, p. 1046.

② 《李奇微回忆录》，王宇欣译，北京：新华出版社，2013 年，第 63 页。

③ 《国家安全局关于利用通讯情报系统侦查中国出兵朝鲜的总结报告》，沈志华、杨奎松主编：《美国对华情报解密档案（1948—1976）》，上海：东方出版中心，2018 年，第 7 卷，第 111 页。

④ 《美国正式控诉中共侵略朝鲜案提交安全理事会等情》（1950 年 11 月 29 日），蒋中正"总统"文物档案，002—080106—00070—006，台北"国史馆"藏。

⑤ Memorandum of Conversation, Nov. 28, 1950, *FRUS*, 1950, Korea, Vol. Ⅶ, Document 893, Washington, D. C. : United States Government Printing Office, 1950, p. 1244.

⑥ 《聂荣臻回忆录》，北京：解放军出版社，1986 年，第 754—755 页。

⑦ 王焰主编：《彭德怀年谱》，北京：人民出版社，1998 年，第 449 页。

⑧ 中共中央文献研究室、中国人民解放军军事科学院编：《建国以来毛泽东军事文稿》上卷，第 335—336 页。

据前线第九兵团报告，"部队运输力不足，致供不应求"，"常有饿饭现象"。[①] 中国人民志愿军司令部（以下简称"志司"）"原计划以两个军、两个师的兵力担任西线的战役迂回任务，就是因为所需粮食运不上去，被迫取消了两个师，影响到取得更大的战果"。[②] 此时，美军注意到志愿军的"补给线越拉越长"，"物资供应不上"，派出飞机"虎视眈眈地盯住了他们"。[③] 志司总结前两次战役的经验教训，认为"携带足够干粮是战役顺利进行的主要保证"。[④]

此时志愿军粮食以炒面、冻土豆为主，食物单一，且缺乏营养。因敌机随时来袭，生火冒烟易招致敌机轰炸，故志愿军"不能生火做饭"，"炒面一时便成了志愿军的主要野战口粮"。炒面是以小麦为主要原料，经炒熟、磨碎加食盐混合制成的一种易于运输、储存的食品。第一次战役后，东后根据志司意见，向总后勤部提出"以炒面为主"，"制备熟食，酌量提高供给标准"的建议。为满足志愿军需求，东后于1950年11月"开始向前线大量供应炒面"。[⑤] 为解决志愿军的干粮问题，周恩来指示政务院向东北、华北、中南各省市布置任务，发动群众，家家户户炒面，他还亲自同群众一起炒面。[⑥] 志愿军副司令员洪学智认为，"如果没有炒面，就解决不了部队最低限度的物资保障"。[⑦] 但炒面的营养成分过于简单，缺乏多种维生素，含水分少，长期食用容易上火和胀肚，进而影响战士的体力和健康。在此情况下，冻土豆成为炒面以外志愿军的另一种主食。土豆经煮熟冷冻，便于携带和运输。但由于后方物资运输困难，即便冻土豆也不能保证供应，"前线的战士每天仅能得到一次冻土豆充饥"。[⑧] 如长津湖战役期间，"在零

---

① 《建议赶制饼干供应部队》（1950年12月5日），《抗美援朝战争后勤经验总结资料选编·军需类》，北京：解放军出版社，1986年，第9页。

② 《聂荣臻回忆录》，第754页。

③ 《李奇微回忆录》，第73页。

④ 中共中央文献研究室、中国人民解放军军事科学院编：《建国以来毛泽东军事文稿》上卷，第412页。

⑤ 《洪学智回忆录》，北京：解放军出版社，2002年，第496—497页。

⑥ 《聂荣臻回忆录》，第753页。

⑦ 《李聚奎回忆录》，第269页。

⑧ 石晓华主编：《永恒的忆念：抗美援朝六十周年回忆录》，上海：上海三联书店，2010年，第62页。

下三十度的严寒中"，志愿军战士"每天吃一顿冰冻的土豆"。[1] 一首民谣形象地将此困境表达出来，"饿累冻交迫"，"一线发大个，小的给二线"，"救命土豆啊，饥寒才知甜"。[2] 入朝之初，志愿军连续作战数月，"忍饥挨饿，仍坚决地完成自己的战斗任务"。[3]

朝鲜冬季气候寒冷，志愿军出国之前，对朝鲜半岛气候特点缺乏了解。虽然"部队带足装备，原已再三嘱咐，但南方部队加以行军仓促，无法补齐"，[4] 导致第一批入朝作战的志愿军官兵严重缺乏冬装，甚至出现穿单衣入朝的情况。如高射炮 14 团自上海调往朝鲜，冬装"未发"，"对作战是有影响的"。[5] 再如第一次战役后，志愿军 125 师"仍穿单衣"。[6] 又如第二批入朝的宋时轮第九兵团由于入朝时间紧迫，战士未及时换上棉衣。彭德怀指出，"朝鲜是个好地方，就是天气太冷。九兵团就是因为棉衣准备得不充分吃了大亏，不少同志冻掉了耳朵，冻坏了手脚，也冻死了人。九兵团入朝急了些，他们来的时候还穿着单衣，在零下四十多摄氏度的天气里，吃了大亏"。[7] 第九兵团"由于气候寒冷、给养缺乏及战斗激烈，减员达四万人之多"。[8] 另外，前线战士日夜连续作战，致使棉衣"破烂"，"棉花脱落"，直接影响保暖。[9] 此外，鞋子也极为短缺。历经两次战役，战线推移至三八线，由于后方运输线延长，"棉鞋多数未运到"，"不少战士

---

[1] 《志愿军周文江英雄连上书毛主席　保证发扬荣誉为祖国人民争取更大光荣》，《人民日报》1952 年 8 月 13 日，第 6 版。

[2] 前驱、邓荣忠、薛昌津主编：《正义雄狮铸和平——中国人民志愿军入朝参战诗词选》，北京：长征出版社，2009 年，第 105 页。

[3] 《彭德怀军事文选》，北京：中央文献出版社，1988 年，第 417 页。

[4] 中共中央文献研究室、中国人民解放军军事科学院编：《周恩来军事文选》第 4 卷，第 87—88 页。

[5] 中共中央文献研究室、中国人民解放军军事科学院编：《建国以来毛泽东军事文稿》上卷，第 364 页。

[6] 王焰主编：《彭德怀年谱》，第 448 页。

[7] 《杨得志回忆录》，北京：解放军出版社，2011 年，第 437 页。

[8] 中共中央文献研究室、中国人民解放军军事科学院编：《建国以来毛泽东军事文稿》上卷，第 410 页。

[9] 《朝鲜西线后勤兵站军需补给工作检查报告》（1951 年 1 月 3 日），《抗美援朝战争后勤经验总结资料选编·军需类》，第 20 页。

穿单鞋，甚至还有部分人打赤脚"。① 当时有歌谣形象地描述了这一困境，"冬天到来了，战士穿不暖。没有御寒鞋，冻伤又减员。某部一个班，领一双棉鞋。班长召开会，商定哨兵穿。整整一个冬，经历数次战。直到换防时，移交友军穿"。②

中共中央一直关注和重视志愿军穿衣问题。在志愿军入朝前，周恩来就指出，"衣、被准备三十到四十万人份"。③ 由于时间短，冬装准备任务未能全部完成。志愿军入朝后，11月9日，毛泽东要求东北军区，"用一切可能方法保证东西两线粮弹被服（保障御寒）之供给"。21日，毛泽东致电周恩来，让其询问高岗："对宋兵团所要求的棉帽、棉鞋、棉手套、棉大衣，是否已在前送，送到什么程度？"④ 第二次战役结束后，毛泽东再致电彭德怀，指示"增加汽车，速运棉鞋、大衣、棉衣、被毯，极为必要"，请东北军区"设法解决"。⑤ 虽经中共中央多次督促东北军区、志司加紧供应冬装，冬装短缺问题有较大缓解，但由于时间仓促、客观条件不成熟，未能得到根本解决。

第一次战役期间，志愿军共有伤员9504名，"由于作战区域距离国境线很近，后送线不长，完成任务比较顺利"。第二次战役期间，第九兵团因冻伤大批减员，志愿军在此役共有伤员56577名，冻伤"占半数以上"。⑥ 此时，志愿军战线虽然拉长，但美军忙于南撤，自顾不暇，志愿军后方交通尚算通畅，伤兵基本被有序送回国内医治。志愿军入朝时，"每个军在东北军区领取10000—12000人份战救药材，以应付战争初期的需要"，部队"采取卫生人员自背药材的方法，保证了救治工作的最低需要"，⑦ 部分解决了运动战时期的药材供给。

① 王焰主编：《彭德怀年谱》，第456页。

② 前驱、邓荣忠、薛昌津主编：《正义雄狮铸和平——中国人民志愿军入朝参战诗词选》，第106页。

③ 中共中央文献研究室、中国人民解放军军事科学院编：《周恩来军事文选》第4卷，第49页。

④ 中共中央文献研究室、中国人民解放军军事科学院编：《建国以来毛泽东军事文稿》上卷，第342、359页。

⑤ 《毛泽东文集》第6卷，北京：人民出版社，1999年，第127页。

⑥ 第二军医大学卫勤系编印：《抗美援朝战争卫勤工作基本经验总结（初稿）》，1961年，第1页。

⑦ 中国人民解放军总后勤部卫生部编：《抗美援朝战争卫生工作总结·卫生勤务》，北京：人民军医出版社，1988年，第370页。

（二）第三次至第五次战役期间志愿军后勤的调适

为粉碎"联合国军"以三八线为界、重整残部准备再战的阴谋，毛泽东认为"我军必须越过三八线"。① 志愿军于1950年12月31日发起第三次战役，很快将战线推进至三七线附近。早在战役发起前，毛泽东就致电彭德怀，此次战役结束后，全军主力"均应撤退至利于休整的适当地区，休整一个月至两个月，补充新兵，恢复体力，总结经验，筹备粮弹，修通道路，补齐衣被鞋袜"。② 当战线推至三七线后，志愿军的供应已出现困难情况，"粮食很吃紧"，③ 同时人员、弹药均得不到补充，"战斗的和非战斗的减员，已接近部队的半数，急需休整补充"。④ 在第三次战役期间，美军观察到志愿军"严重缺乏补给，这既涉及食品，又涉及弹药"。美国中情局认为，"中共的消耗相对来说是很高的"，并提出利用空军优势对志愿军后勤实施打击。⑤ 1951年1月中下旬，杜鲁门提出，"中国人由于补给线太长，显然已落到不能有效地进行作战的地步"，"联合国军"正逐渐扭转败退的局面，志愿军的进攻步伐被"拦阻住了"。⑥ 同期苏联也注意到志愿军后勤问题，苏联最高苏维埃代表尤金指出，志愿军后勤供给方面"不得力"。⑦ 苏联在华军事顾问科切尔金提出，志愿军"前线部队吃不饱，有不少时候简直挨饿"。⑧ 总之，鉴于"解决交通运输、补给问题、恢复部队体力、巩固海岸防务

---

① 《毛泽东文集》第6卷，第114页。

② 中共中央文献研究室、中国人民解放军军事科学院编：《建国以来毛泽东军事文稿》上卷，第420页。

③ 《毛泽东转彭德怀关于朝鲜作战问题电报致史达林电》（1951年1月26日），沈志华编：《朝鲜战争：俄国档案馆的解密文件》，台北：台湾"中研院"近代史研究所，2003年，中册，第670页。

④ 《彭德怀自述》，北京：人民出版社，1981年，第261页。

⑤ 《第八集团军作战研究室关于中国军队作战状况的评估备忘录》（1951年1月27日）、《中情局关于在南朝鲜坚守桥头堡的评估报告》（1951年1月11日），沈志华、杨奎松主编：《美国对华情报解密档案（1948—1976）》第7卷，第137、134—135页。

⑥ 《杜鲁门回忆录》（下），李石译，北京：东方出版社，2007年，第548页。

⑦ 《尤金致斯大林报告：与中共领导人会面的情况》（1951年1月20日），沈志华主编：《俄罗斯解密档案选编：中苏关系》，上海：东方出版中心，2015年，第3卷，第210页。

⑧ 《科切尔金关于中国军队情况给苏军总参作战部长的报告》（1951年6月16日），沈志华编：《朝鲜战争：俄国档案馆的解密文件》中册，第814页。

和巩固后方安全的迫切需要"，志愿军没有采取猛烈追击，是"完全正确的"。①
在"后勤供应跟不上"的情势下，彭德怀命令部队立即转入休整，并致电中央，
"要求从国内抽老兵补充，在朝部队需要就地休整，储备弹药"，为下次战役做好
准备工作。②

战线推进至三七线附近后，志愿军后勤供应困难的原因主要包括：其一，战
线较长，当时志愿军的运输线已延长到数百公里，但"汽车和马车数量不足"。③
美国参谋长联席会议对华军事状况评估称，"过时的运输设施"占据志愿军运输
设备的大部分。④ 其二，志愿军入朝参战兵力猛增，而"后勤力量增长不大"。
其三，朝鲜冬季气候与地形不利于后勤运输。朝鲜隆冬时节，"气温低寒，傍山、
盘山公路常常为冰雪填塞"，朝鲜半岛三面临海，地形狭长，道路布局"不利于
由北及南的供应运输"。⑤ 其四，三八线以南地区征粮困难。第三次战役发起前，
志司制定了"新区借粮实行粮多多借，粮少少借，采取累进办法"，毛泽东批示
"同意上述借粮办法"。⑥ 然而在实际执行中问题不断，前线指挥作战的志愿军副
司令员韩先楚向志司报告，"三八线以南沿途群众跑光，敌人房屋烧了，粮食抢
光，使部队吃饭、休息都很困难"。⑦ 其五，"联合国军"占有空军优势。毛泽东
在致斯大林电报中指出，敌人"航空兵不断对我交通线进行轰炸"，"我运往前线
的物资补充"，"30—40% 则因敌机袭击而被炸毁"。⑧ 第三次战役时期志愿军的
后勤供应较第一次、第二次战役时更为艰难。

---

① 《彭德怀军事文选》，第 366 页。
② 《洪学智回忆录》，第 511、513 页。
③ 《科切尔金关于中国军队情况给苏军总参作战部长的报告》（1951 年 6 月 16 日），沈志华
编：《朝鲜战争：俄国档案馆的解密文件》中册，第 815 页。
④ 《参谋长联席会议关于中国大陆与台湾军事状况致国防部长备忘录》（1951 年 3 月 16
日），沈志华、杨奎松主编：《美国对华情报解密档案（1948—1976）》第 7 卷，第
148 页。
⑤ 《李聚奎回忆录》，第 267—268 页。
⑥ 中共中央文献研究室、中国人民解放军军事科学院编：《建国以来毛泽东军事文稿》上
卷，第 429 页。
⑦ 《洪学智回忆录》，第 511 页。
⑧ 《毛泽东关于准备在朝鲜采取轮番作战的方针致史达林电》（1951 年 3 月 1 日），沈志华
编：《朝鲜战争：俄国档案馆的解密文件》中册，第 706 页。

3月7日，美军为扭转被动局面，向志愿军发起"撕裂者行动"。志愿军随即展开反击作战，拉开第四次战役的序幕。麦克阿瑟认为，志愿军的"人海战术"在现代化战术面前"肯定是行不通的"，制海权和制空权意味着对"供应、通讯和运输的控制"。[1] 麦克阿瑟决定"将以大规模空袭肃清敌人在朝鲜北部的整个大后方"，志愿军"没有粮食和弹药，他们将束手无策"。[2] 美军力图通过技术优势破坏志愿军的后勤体系。随着志愿军战线南移，"运输线不断延长，后勤供应更加困难。第四次战役时，粮弹补给的困难尤为突出"。[3] 在第四次战役前夕，志愿军前线部队就处于粮食短缺状态，如第五十军存粮"尚不够两天食用"，"若稍有意外，部队即告断粮"。[4] 战役中粮食、弹药"均未补充"，志愿军官兵"在弹药不足情况下坚持抵抗"，克服弹药短缺困难，节节阻击敌军，但"我伤亡相当大"。[5] 美军企图乘志愿军补充困难之机，全力北犯。麦克阿瑟认为，"我们昼夜不停的大规模海空轰击已使敌人的补给线遭受了严重的破坏，这就使敌方前线部队无法获得足以维持战斗的必需品"。[6] 鉴于敌军的强大攻势和志愿军后方补给的困难，志愿军主动撤出汉城，梯次撤退，节节抗击，撤至三八线，为下次战役创造了条件。

在第三次、四次战役期间，志愿军官兵的衣鞋匮乏问题依旧突出。自志愿军入朝到1951年1月第三次战役结束，志愿军西线"战斗伤亡3万人，冻伤2万人"，东线"战斗伤亡1.9万人，冻伤及病逃2.2万人"。[7] 1951年春季的第四次战役中，鞋子"未补充"，彭德怀指出，"赤脚在雪里行军是不可能的"。[8] 总体而言，志愿军入朝前几个月因缺棉衣棉鞋导致的非战斗减员较为严重。据美军在朝作战部队报告，志愿军"多数时候没有毯子或厚外套"，一些志愿军在没有受

① The Secretary of State to Certain Diplomatic Offices, Mar. 24, 1951, *FRUS*, 1951, Korea and China, Vol. Ⅶ, Part 1, Document 184, Washington, D. C. : United States Government Printing Office, 1951, p. 265.
② 《麦克阿瑟回忆录》，上海：上海社会科学院出版社，2017年，第385页。
③ 《聂荣臻回忆录》，第754页。
④ 《请速给五十军运送粮食》（1951年3月5日），《抗美援朝战争后勤经验总结资料选编·军需类》，第43页。
⑤ 《彭德怀军事文选》，第372页。
⑥ 《杜鲁门回忆录》（下），第553页。
⑦ 王焰主编：《彭德怀年谱》，第466页。
⑧ 《彭德怀军事文选》，第372页。

到攻击的情况下"就死了，是严寒冰冻的牺牲者"。[①] 科切尔金指出，志愿军"棉衣不足，有时甚至完全没有御寒衣物"。[②] 鉴于第一批和第二批入朝部队因冬装不足遭受损失，志司致电中共中央，"请对于将开到东北参加出国作战之部队，先将东北、朝鲜气候及兵要情况、作战情况简要介绍，使其在思想上、物质上先有所准备，以免临时仓促"。毛泽东就此致电即将第三批入朝的第十九兵团党委，"你们应在十九兵团部队中进行充分的思想动员"，[③] 提前了解朝鲜环境，准备入朝所需基本物资。为落实十九兵团的后勤保障，周恩来要求"十九兵团一切军需装备（包括被服鞋帽，粮秣弹药，并加强轻炮）及兵站组织均保证在十二月底补充完毕"。[④] 1951 年春，第三批入朝的志愿军基本上解决了衣服、鞋子短缺的问题。

为挫败美国为首的"联合国军"及其指挥的韩国军队从侧后登陆配合正面进攻的企图，志司决定发起第五次战役。4 月 6 日，志司第五次党委扩大会重点研究了"如何加强运输"、"三八线以南三百里无粮区的困难如何克服"等问题。彭德怀强调，如果这次打胜了，指战员的功劳算一半，后勤算一半。会议决定"前方勤务部，必须加紧囤积粮弹、汽油等物资"，要在一线把粮食"存够二十天之用"；此次战役发起时，"各部自带五天干粮，另由各后勤分部再准备五天干粮，随部队跟进"。同时须尽力克服南进 300 里无粮区的困难，使部队持续获得粮食供应。[⑤] 22 日，志愿军后勤工作初步安排好之后，即发起第五次战役。科切尔金指出，因为志愿军战士"只能带 5—6 天的给养和弹药"，造成攻击时间只能持续 5—6 天，携带物资用完后，攻击部队需要返回基地"休整、补充"。[⑥] 李奇

---

① 《第八集团军作战研究室关于中国军队作战状况的评估备忘录》（1951 年 1 月 27 日），沈志华、杨奎松主编：《美国对华情报解密档案（1948—1976）》第 7 卷，第 142 页。

② 《科切尔金关于中国军队情况给苏军总参作战部长的报告》（1951 年 6 月 16 日），沈志华编：《朝鲜战争：俄国档案馆的解密文件》中册，第 814 页。

③ 中共中央文献研究室、中国人民解放军军事科学院编：《建国以来毛泽东军事文稿》上卷，第 364 页。

④ 中共中央文献研究室、中国人民解放军军事科学院编：《周恩来军事文选》第 4 卷，第 127 页。

⑤ 《彭德怀军事文选》，第 382、387—388 页。

⑥ 《科切尔金关于中国军队情况给苏军总参作战部长的报告》（1951 年 6 月 16 日），沈志华编：《朝鲜战争：俄国档案馆的解密文件》中册，第 815 页。

微针对志愿军这一弱点，制定了"磁性战术"。在志愿军进攻之际，美军利用坦克、装甲车边抵抗边后撤，一个星期之后，再利用机械化部队将志愿军黏住，实施截击包围。鉴于志愿军后勤运输跟不上，"食品和弹药补给困难，部队十分疲惫"，彭德怀决定终止第五次战役。① 李聚奎认为，"这一时期的后勤工作成了整个抗美援朝战争志愿军后勤史上最困难最艰苦的阶段"，但后勤部队克服种种困难，五次战役期间"共向前线运送粮食十九万吨"，"各种枪弹二亿多发，炮弹六百七十万发，汽油二十九万桶，战救器材二百多吨"，以及其他大批物资器材，②保证了志愿军的基本物资供应。

　　第三次战役期间，志愿军伤员"共有 7291 名"；第四次战役期间，志愿军"共发生伤员 24628 名"；第五次战役期间，志愿军"共发生伤员 45673 名"。在五次战役时期，志司决定各前线部队只留下能够随军作战的轻伤病员，"凡不能随队的伤员病员一律后送回国治疗"。在此方针下，85%—90% 的伤病员被送回国治疗，既可以保障前线部队的作战能力，也能最大限度地救助伤病员。该时期，"因为部队突入敌纵深过远，战线延长，致伤员后送工作不力"，③ 各方通力协作、不断摸索，逐渐建立起配合机制。其一，志司加强对前线伤员收容和转运工作的指挥。为使伤员快速脱离战场，加强救治，1951 年 4 月 6 日，彭德怀在志愿军第五次党委扩大会上指出，卫生部门须准备"伤员的收容"，"各分队伤兵收容所应尽量与前线部队接近，并预先组织好必需的医务人员和担架部队。伤员必须安置于适当的掩蔽部"，然后再向后方转移。④ 其二，后方完善伤病员的救护工作。周恩来对志愿军的后勤工作抓得很细，对志愿军的伤病员救护治疗"作了明确指示"，要求尽一切力量救治伤员，并在后方积极开展"爱物资、爱车辆、爱伤员的'三爱'活动"。⑤ 1951 年 3 月，周恩来就志愿军后方救助问题指出，东北及兵站线上有"十万床位"，"如不足，拟将现在东北之重伤病员运入关内一

---

① 《克拉索夫斯基转发志司关于防御问题指示致史达林电》（1951 年 6 月 4 日），沈志华编：《朝鲜战争：俄国档案馆的解密文件》中册，第 779 页。

② 《李聚奎回忆录》，第 271—272 页。

③ 第二军医大学卫勤系编印：《抗美援朝战争卫勤工作基本经验总结（初稿）》，第 1—2、10 页。

④ 《彭德怀军事文选》，第 388—389 页。

⑤ 《聂荣臻回忆录》，第 753、756 页。

万至两万名"。① 其三，加强药材供应。经过三次战役，志愿军携带的药品告急，"由东北军区派药工干部，带一批药材，于1951年3月6日赶赴朝鲜成川郡，组成野战药材库，有重点地直接补给各军和分部医院"，② 此后志愿军的药材均由该库供给和分发。

二、志愿军后勤体系调整与官兵生活改善

志愿军入朝作战初期，作战地区距离中国边境近，志愿军后勤由东后代管，随着战线的南移和志愿军入朝人数的增加，后勤代管模式难以有效满足战争需要。早在1950年12月至1951年初，志司就开始酝酿成立独立后勤机构。经过研究，中央军委于5月批准成立志愿军后方勤务司令部（以下简称"志后"），专门负责志愿军后勤事务，标志着志愿军后勤体系建设迈入新阶段。1951年7月，抗美援朝战争进入边打边谈的第二阶段。为赢得谈判筹码，"联合国军"集中70%的飞机对志愿军大后方展开"绞杀战"，加之同年夏季朝鲜遭遇40年一遇的大暴雨，志愿军后方交通遭到严重破坏，粮食、弹药、药物供应处于紧张状态。志后采取多种措施，克服重重困难，于同年冬成功扭转不利局面。

（一）志后组建及后勤系统调整

1950年12月，志司致电中央军委，报告后勤情况，提出成立志愿军后勤部的建议。周恩来致电彭德怀，"同意加强志愿军后勤组织"，"志愿军与东北军区的后勤分工，同意志司建议，以中朝边境为界，但估计到前方任务繁重，东北后勤仍应尽力帮助志愿军管辖范围内的后勤工作"。不久周恩来再电彭德怀，提出经东北军区研究，"觉得还是要一个后勤部为好，即东北军区后勤部"，"在前方是否需要成立志愿军后勤司令部，受志司指挥，归东北军区后勤部管理，请你决定"。③ 1951年1月下旬，周恩来、聂荣臻、杨立三等出席在东北召开的志愿军第一届后勤会议。与会者一致认为，"千条万条，运输第一条"。这次会议"真正

---

① 中共中央文献研究室、中国人民解放军军事科学院编：《周恩来军事文选》第4卷，第168页。
② 中国人民解放军总后勤部卫生部编：《抗美援朝战争卫生工作总结·卫生勤务》，第370页。
③ 中共中央文献研究室、中国人民解放军军事科学院编：《周恩来军事文选》第4卷，第131、150页。

解决了后勤建设上的基本方针"，① 会议决定建设一条"打不断、炸不烂的钢铁运输线"。② 第三次战役胜利后，志司召开中朝两军高干会议，分管志愿军后勤工作的洪学智在会上报告，"志愿军后勤工作有很大成绩，存在主要问题是物资供应不上"。他提出，"必须有强有力的后勤机构"，"抢修铁路，加速火车运输"，"优先运输主要物资、必不可少的物资"。③ 彭德怀在会上指出，"在朝鲜的作战中，后勤工作特别繁重、复杂而艰苦，必须加强后勤工作的干部和机构，进一步克服困难，提高工作效率，保证战争胜利"。④

到 1951 年春，成立志愿军后勤机关已势在必行，原因有二：其一，第四次战役之际，志愿军兵力已近百万，后勤供应再靠东后代管已力不从心；其二，志愿军主要在三八线至三七线之间 120—150 公里的地域内作战，部队补给遇到瓶颈。随着战争形势变化，东后代管志愿军后勤的体制已难以适应战争需要。

1951 年 3 月，李聚奎向彭德怀建议，"仗打到现在这个程度，东后对全军的后勤保障已经管不开了，今后还不知道仗要打多久，是不是能建立一个志愿军后勤部？东后管国内，志愿军后勤部管国外，由东后把物资交给志愿军后勤部，再由志愿军后勤部负责分配"。彭德怀回应"这样好嘛"，并咨询志愿军后勤司令人选。李聚奎答道，"当然是洪学智，实际上他早已经在管了"。⑤ 4 月，彭德怀决定派洪学智回国，向周恩来汇报志愿军后勤情况。洪学智报告，"前面兵站与后面的兵站相距三四百公里，形成中间空虚，前后脱节。另外，后勤高度分散，也没有自己独立的通信系统，常常联络不上"，基于此，他提出"成立志愿军后方勤务司令部的问题"。中央军委派总后勤部部长杨立三、副部长张令彬、空军司令员刘亚楼和炮兵司令员陈锡联等到朝鲜了解情况。彭德怀表示，"现在最困难、最严重的问题就是后勤供应问题，就是粮食供应不上、弹药供应不上的问题"。

---

① 《千条万条，运输第一条》（1951 年 2 月 5 日），《抗美援朝战争后勤经验总结资料选编·铁路运输类》（上），北京：解放军出版社，1986 年，第 15—16 页。

② 《吕正操回忆录》，北京：解放军出版社，2007 年，第 415 页。

③ 《洪学智回忆录》，第 515—516 页。

④ 《彭德怀军事文选》，第 367 页。

⑤ 《李聚奎回忆录》，第 270—271 页。

当务之急，"就是要迅速成立志愿军后方勤务司令部，不解决这个问题，其他的问题都不好解决"。① 经过深入考察研究，中央军委于 1951 年 5 月颁布《关于加强志愿军后方勤务工作的决定》，"决定成立志愿军后方勤务司令部"，② 洪学智兼任司令员，周纯全任政治委员，负责管理志愿军在朝鲜境内的一切后勤组织与设施，统一指挥配属志后的各部队。志后是在原东北军区前方勤务指挥所基础上成立，标志着志愿军后勤体制建设进入新阶段。科切尔金对此认为，改革后勤系统"将对作战产生积极影响"。③ 在志后领导下，志愿军后勤工作逐步改善。

历经五次战役，志愿军与朝鲜人民军共歼敌 20 余万人，将战线稳定在三八线附近。1951 年 6 月，苏联驻联合国代表马立克"提出和平解决朝鲜战争的建议"，④ 中美相继接受这一提议。7 月 2 日，彭德怀、金日成与李奇微就谈判达成共识，地点定在三八线上的开城，时间为 7 月 10 日至 15 日。⑤ 10 日，朝中代表团和"联合国军"代表团在开城开启停战谈判，⑥ 自此战争进入新阶段。美方在谈判过程中设置诸多障碍，美国第八集团军司令范佛里特叫嚣"让炸弹大炮和机关枪去辩论吧"，⑦ 企图以军事手段攫取更多谈判收益。毛泽东在谈判前夕就对美军行动有清晰预判，并致电彭德怀，"我第一线各军，必须准备对付在谈判前及谈判期内敌军可能对我来一次大的攻击"，⑧ 坚决遏制美军通过军事行动赚取谈判砝码的行为。果如毛泽东所料，在谈判过程中美军发起新一轮攻势。美国国务院顾问认为秋季和冬季的军事形势对"联合国军"有利，对志愿军不利，因此

---

① 《洪学智回忆录》，第 566、568、571 页。

② 中共中央文献研究室编：《周恩来年谱（1949—1976）》（上），北京：中央文献出版社，2007 年，第 127 页。

③ 《科切尔金关于中国军队情况给苏军总参作战部长的报告》（1951 年 6 月 16 日），沈志华编：《朝鲜战争：俄国档案馆的解密文件》中册，第 815 页。

④ 师哲回忆，李文海整理：《在历史巨人身边：师哲回忆录》，北京：中央文献出版社，1991 年，第 508 页。

⑤ The Commander in Chief, Far East (Ridgway) to the Joint Chiefs of Staff, Jul. 2, 1951, *FRUS*, 1951, Korea and China, Vol. Ⅶ, Part 1, Document 398, p. 609.

⑥ The Commander in Chief, United Nations Command (Ridgway) to the Joint Chiefs of Staff, Jul. 10, 1951, *FRUS*, 1951, Korea and China, Vol. Ⅶ, Part 1, Document 427, p. 649.

⑦ 《杨得志回忆录》，第 469 页。

⑧ 中共中央文献研究室编：《建国以来毛泽东文稿》第 2 册，北京：中央文献出版社，1988 年，第 381 页。

提出没有太大的必要"急于进行会谈"，并认为拖延谈判是合理的，有利于美国攫取更多利益。① 苏联驻朝鲜大使馆一等秘书佩图霍夫指出，美国政府"不关心急于缔结停战协定"，"指望通过新的进攻迫使朝鲜人和中国人接受耻辱的停战条件"。②

战争进入边打边谈阶段前后，美军向志愿军发起夏季、秋季攻势，并集中空军展开"绞杀战"，即以优势空军进行长时间毁灭性轰炸，意图切断志愿军"通向北方的铁路和公路补给线"，削弱志愿军前线作战力量。③ 截至1951年6月，以美国为首的"联合国军"拥有各型飞机约1680架，在"绞杀战"期间"出动其侵朝空军70%上的飞机"，不分昼夜地轰炸志愿军后方铁路、公路、桥梁和人员、物资、车辆，集中力量轰炸"新安州、西浦、价川'三角地区'的铁路和桥梁"，同时"对我公路线及运输车辆的轰炸破坏亦加剧"。④ 7月11日至19日，仅铁路就"遭敌机空袭224次"，美军一般先派大机群轰炸火车大站点、桥梁等要地，然后再轮番派少数军机扰乱，"增加修复时间"。⑤ 由于敌机轰炸，志愿军"在铁路运输上已受到重大影响"。⑥ 为粉碎美军"绞杀战"，坚持长期作战，志司决定"逐渐改善我军装备与交通，争取最后胜利"。⑦ 美国认为，"联合国军"依托优势空军对志愿军后勤线进行轰炸，使得志愿军"补给的能力已经严重削弱"；但志愿军采取各项措施，"正在不断地克服这些影响"。⑧

---

① Memorandum by the Counselor (Bohlen) to the Secretary of State, Oct. 4, 1951, *FRUS*, 1951, Korea and China, Vol. Ⅶ, Part 1, Document 613, p. 993.

② 《佩图霍夫关于朝鲜停战谈判的情况报告》（1951年9月），沈志华编：《朝鲜战争：俄国档案馆的解密文件》下册，第1003页。

③ 《李奇微回忆录》，第181页。

④ 《洪学智回忆录》，第593、596页。

⑤ 《七月十一日至十九日敌机轰炸朝鲜铁路综合情况》（1951年7月24日），《抗美援朝战争后勤经验总结资料选编·铁路运输类》（上），第40—41页。

⑥ 《要求派空军掩护铁路》（1951年8月27日），《抗美援朝战争后勤经验总结资料选编·铁路运输类》（上），第45页。

⑦ 《陈赓日记续》，北京：战士出版社，1984年，第75页。

⑧ The Commander in Chief, United Nations Command (Ridgway) to the Joint Chiefs of Staff, Jul. 27, 1951, *FRUS*, 1951, Korea and China, Vol. Ⅶ, Part 1, Document 475, p. 742；The Commander in Chief, United Nations Command (Ridgway) to the Joint Chiefs of Staff, Jul. 29, 1951, *FRUS*, 1951, Korea and China, Vol. Ⅶ, Part 1, Document 479, p. 755.

　　志愿军采取的反制措施主要包括以下方面。第一，增加高射炮兵、空军等对空防御作战力量。其一，在重要地段、桥梁和交通枢纽增派高射炮部队。1951年4月，洪学智回国向周恩来报告志愿军情况，"志愿军没有防空力量"，后勤被敌军空军破坏，损失严重。周恩来指出，"志愿军后勤必须加强，中央军委考虑，要给志愿军后勤增派防空部队、通信部队"。[①] 入朝作战之初，志愿军仅1个高射炮团。为应对"绞杀战"，到1951年12月，志愿军"掩护交通线的高炮兵力增加到14个团另23个高炮营"。此后又陆续增加兵力，不断改进防御办法，到1952年6月，志愿军高射炮部队"共击落敌机264架，击伤1000余架"。[②] 美国中情局认为志愿军在此时期"已增加了高射炮部队。对火力控制雷达的使用已使得他们的高射炮火变得更有效率"。[③] "联合国军"司令李奇微指出，志愿军的"防空火力越来越猛烈，我们的轰炸机就开始有损失了"。[④] 朝鲜人民军苏联总顾问拉祖瓦耶夫认为，地面防空火力对敌机的有效性在逐渐增强。[⑤] 其二，增派空中巡逻部队。在入朝作战的相当长时间内，志愿军"无空军掩护"。[⑥] 为协同地面部队进行反"绞杀战"，1951年9月，志愿军空军正式大规模投入实战。美军最为担忧的就是志愿军不断"集结米格战机"。[⑦] 1951年12月，美国中情局认为志愿军和朝鲜空军"已拥有1450架作战飞机"，"作战潜力及战斗力都得到迅速提高"，"中共空军被利用来主要发挥保护性作用"，即防御后勤线。由于志愿军空军参战，美空军在新安州以北"轰炸行动常常付出非常大的代价"。[⑧] 至1952

---

① 《洪学智回忆录》，第566页。

② 贾克：《志愿军"炮指"工作的片断回忆》，中国人民解放军历史资料丛书编审委员会编：《炮兵回忆史料》，北京：解放军出版社，1998年，第543—544页。

③ 《中情局关于共产党方面在朝鲜的能力和意图的评估报告》（1952年7月30日），沈志华、杨奎松主编：《美国对华情报解密档案（1948—1976）》第7卷，第192页。

④ 《李奇微回忆录》，第177页。

⑤ 《拉祖瓦耶夫关于美军飞机损失情况给什捷缅科的报告》（1952年1月11日），沈志华编：《朝鲜战争：俄国档案馆的解密文件》下册，第1143页。

⑥ 中共中央文献研究室、中国人民解放军军事科学院编：《周恩来军事文选》第4卷，第164页。

⑦ Memorandum by the Counselor (Bohlen) to the Secretary of State, Oct. 4, 1951, *FRUS*, 1951, Korea and China, Vol. Ⅶ, Part 1, Document 613, p. 992.

⑧ 《中情局关于共产党方面对朝鲜的影响及拟采取行动的评估报告》（1951年12月7日），沈志华、杨奎松主编：《美国对华情报解密档案（1948—1976）》第7卷，第176—177页。

年 6 月，志愿军空军"共有十八个歼击团和二个轰炸团先后参战"。美国空军参谋长在与记者的谈话中指出，"中国几乎在一夜之间就变成了世界上主要空军强国之一"。① 在抗美援朝战争期间，志愿军空军"共击落、击伤敌机 425 架"。② 其三，增派公安部队，广泛设置防空哨。公安部队到达朝鲜后，即担负起防空哨任务，"五里一哨，专事防空警戒"。如无敌情，"驾驶员无须顾虑防空，可以开灯直驶，这样增加了运输速度"；敌机来袭，防空哨对空鸣枪，发出预警。③ 毛泽东赞扬公安部队的做法，"在汽车路两旁用 1 万多人站岗，飞机来了就打信号枪，司机听到就躲着走，或者找个地方把汽车藏起来"，道路因此"畅通无阻"。④ 空军、高射炮兵和公安部队的增援，加强了志愿军防空力量，有力打击了美空军，保障了运输线路畅通。

第二，加强铁道兵、工兵对交通路线的维护。其一，增派铁道兵加紧铁路抢修。美军实施"绞杀战"，起初集中在三角地带的交通枢纽，致使该区域铁路遭受严重破坏。志司集中铁道兵、高射炮部队于三角地带后，全力防御和修复被毁铁路。1952 年 1 月，敌军将轰炸重点转至铁路的起点和终点，实行"两头炸"，铁道兵抓住时机，修复了三角地带的铁道。⑤ 为保证铁路畅通，铁道兵采取诸多办法，如枕木缺乏，便就近伐木取材，道钉不足，则筑炉自铸。铁道兵还利用空档开展抢修作业，"敌机每次来骚扰都要投下大量的定时炸弹，把定时炸弹搬走，或在定时炸弹爆炸的空隙中进行抢修工作"，"已成为平常的事了"。⑥ 铁道兵既巩固了原有铁路线，又新修了若干道路。另外在运输中，他们采用"片面运输"、"续行行车"和"合并运转相结合"的行车办法，即通车的路段采用火车运输，在中断地区以汽

---

① 《刘震回忆录》，北京：解放军出版社，1990 年，第 8 页。

② 刘亚楼：《创建人民空军的七年》，中国人民解放军历史资料丛书编审委员会编：《空军回忆史料》，北京：解放军出版社，1992 年，第 416 页。

③ 《陈赓日记续》，第 61 页。

④ 龙程甲、李志光、张德庆：《战斗在抗美援朝的战场上》，中国人民解放军历史资料丛书编审委员会编：《公安部队回忆史料》，北京：解放军出版社，1997 年，第 445 页。

⑤ 刘居英：《一九五二年上半年朝鲜铁路对敌斗争及运输工作总结》（1952 年 7 月），《抗美援朝战争后勤经验总结资料选编·铁路运输类》（上），第 224—225 页。

⑥ 《英雄的中国人民志愿军铁道部队》，《人民日报》1951 年 9 月 15 日，第 1 版。

车转运、倒运，克服了线路中断而不能运输的困境。① 1952 年 6 月，美国不得不承认，"在差不多一年来，美国和其他盟国飞机一直轰炸共产党的运输系统，在北朝鲜仍有火车在行驶"，"坦白的讲，我认为他们是世界上最坚决建设铁路的人"。② 其二，增派工兵负责公路修复工作。抗美援朝战争期间，"工兵部队先后有 15 个团又 1 个营（不含配属空军的两个团）入朝参战"，③ 他们担负起修复公路的任务。在公路运输方面，"我们的汽车司机也创造了许多对付敌机轰炸扫射，保障安全行车的好办法，汽车的损失率从开始时的百分之四十，到后来降为百分之零点几"。④ 铁道兵、汽车兵、工兵等兵种对维护铁路、公路运输发挥了重要作用。

第三，完善物资储备方法。为储存物资，志愿军后方勤务部队经过不断探索，开始"大规模的建设地下仓库和挖掘开式的半地下库"，以防敌汽油弹破坏和敌机扫射。初期的开掘式洞库是在平地挖坑后，地面开门窗，不外露目标，防空作用较好，但遇雨漏水坍塌较多。后改为在山背倾斜面上挖开掘式洞库，既能防敌轰炸，又能防雨，保证了物资的安全储存。通过这一方法，志后"储备了大量的物资，改善和加强了我对前沿部队的供应能力"。⑤ 毛泽东指出，"吃的问题，也就是保证给养的问题，很久不能解决。当时就不晓得挖洞子，把粮食放在洞子里。现在晓得了。每个师都有三个月粮食，都有仓库，还有礼堂，生活很好"。⑥ 存储与运输同等重要，储存方式的完善，解决了前线物资存放与供给的难题。

（二）志愿军衣食、弹药、药品补充条件改善

除美军"绞杀战"外，1951 年夏季，朝鲜遭遇 40 年一遇的大雨，大洪水

---

① 《吕正操回忆录》，第 416—417 页。

② 肖春先：《粉碎"绞杀战"》，中国人民解放军历史资料丛书编审委员会编：《铁道兵回忆史料》，北京：解放军出版社，1998 年，第 111 页。

③ 苏旺：《中国人民志愿军的工兵部队》，中国人民解放军历史资料丛书编审委员会编：《工程兵回忆史料》（2），北京：解放军出版社，1997 年，第 59 页。

④ 《聂荣臻回忆录》，第 760 页。

⑤ 《洪学智回忆录》，第 613—614 页。

⑥ 中共中央文献研究室、中国人民解放军军事科学院编：《建国以来毛泽东军事文稿》中卷，第 51 页。

"将桥梁、道路冲坏，汽车无法活动，使部队粮食接济受到严重的威胁"。① 在"绞杀战"和洪水双重影响下，志愿军后方交通中断，陷入物资短缺境地。如东线杨成武的第二十兵团"粮食处于极端困难的境地"，官兵吃不上热饭，成千上万的人得了肠炎、痢疾。② 当时朝鲜战场面临的主要问题是"抢修力量不足"。③如何保证部队粮食供应，是志愿军面临的大问题。8 月 8 日，彭德怀致电毛泽东，"粮食已发生困难"，下阶段任务是"力争抢修铁路、公路"，保证急需物资。④ 8月下旬，"朝鲜战争各种条件，逐渐对我变得有利。首先运输条件在改善中，部队饿饭事，不久即将成为过去"。⑤ 9 月，志愿军党委会决定，除一线部队外，所有部队都要集中力量抢修道路，"志愿军二线部队 11 个军、9 个工兵团和志后 3个工程大队，共数十万人，在朝鲜人民军和朝鲜群众的支援下，冒着敌机的轰炸扫射，掀起了一个规模巨大的抢修公路热潮"。10 月以后，情况开始好转，"特大洪水对我后方造成的破坏业已消除，敌人'绞杀战'也遭到我严重打击，后方运输供应情况已明显好转"。12 月，敌人不得不承认"绞杀战"的效果是"令人失望的"。⑥ 1951 年冬，志愿军后勤供应有了改善，据美国中情局探知，"共产党目前的物资储备量足以支持现已部署的军队发动长达约三十天的进攻"，以往物资不足，但"现在共产党正在克服这种困难"。⑦ 到 1951 年冬季，志愿军的物资不仅储备量增加，且质量也得到提升。

战争进入阵地对峙阶段后，志愿军战士已经可以生火做饭。"部队大多数意见要生粮（大米、白面），均不喜欢炒面、炒米"；同时食物逐渐丰富起来，有了生猪肉、肉罐头、黄豆、海带、虾皮、大头菜、奶粉、蛋粉、糖、豆油和猪

---

① 《洪水期解决第二十兵团粮食供应困难的办法》（1951 年 7 月 30 日），《抗美援朝战争后勤经验总结资料选编·军需类》，第 74 页。

② 《洪学智回忆录》，第 600 页。

③ 《前方部队存粮情况运粮计划及交通状况的报告》（1951 年 8 月 5 日），《抗美援朝战争后勤经验总结资料选编·军需类》，第 76 页。

④ 王焰主编：《彭德怀年谱》，第 512 页。

⑤ 《陈赓日记续》，第 63 页。

⑥ 《洪学智回忆录》，第 595、590、605 页。

⑦ 《中情局关于共产党方面对朝鲜的影响及拟采取行动的评估报告》（1951 年 12 月 7 日），沈志华、杨奎松主编：《美国对华情报解密档案（1948—1976）》第 7 卷，第 175 页。

油等。① 到 1952 年初，志愿军全军的生活供应基本得到保障。1952 年春节，一位志愿军战士讲道："去年春节我们过的是一把炒面一口雪的日子，今年春节我们可以吃上大米白面和猪肉了。"② 志愿军第 47 军第 139 师政治部副主任郑文翰在日记中记述，除夕领回了"罐头、花生"，此后几天，"军后已派车送来猪肉 3000 余斤"，③ 说明志愿军官兵的饮食已发生很大变化。1952 年上半年，后勤部队通过努力，"保证了供应，并且有了相当的物资基础"。④ 4 月，志愿军副司令员陈赓在日记中记载，"在严重的轰炸封锁下，我仍保证了供给，这是奇迹"。⑤ 5 月，志愿军前线官兵主食花样繁多，如有"面条、馒头、花卷、包子、饺子"，副食中的"肉、蛋粉、花生米等，适当的照顾前沿部队，但主要的副食还是黄豆"，以黄豆做豆芽菜、豆腐等。关于蔬菜供应，志愿军采取在驻地种植的方式，"仅春菜据卅九个单位统计，耕种土地共计二万零九百一十八亩，收获菜蔬三千零二十八万三千五百斤，每人平均三十斤"，"使部队营养提高，夜盲症普遍减少"。⑥ 前线生活水平得到提升，还有相当的储备量，志司要求前线"各军粮食要储藏两个月的"，⑦ 以便应付各种突发局面。

1951 年 7 月，东后就已经规划向志愿军运输冬装，计划从 8 月 15 日到 10 月 15 日，分两批次运送"棉衣、棉帽、棉大衣、棉手套各一百二十万"，"棉胶鞋二百四十万双，棉皮鞋一百二十万双"，"被毯共一百一十万床"等。⑧ 1951 年秋季，美军"一心想抓住我军前运冬装的时机"，"把我军的冬装全都毁于途中"，冬装能否及时供应部队，一定程度上关乎战局走向。9 月 10 日，彭德怀指示志

---

① 《部队对军需工作和后勤其他方面工作的意见（节录）》（1951 年 8 月 18 日），《抗美援朝战争后勤经验总结资料选编·军需类》，第 83 页。

② 《志愿军在朝鲜前线欢度春节》，《人民日报》1952 年 1 月 30 日，第 1 版。

③ 《郑文翰日记：抗美援朝战争时期》，北京：军事科学出版社，2000 年，第 131、133 页。

④ 《在前方铁道运输会议上的讲话》（1952 年 7 月），《抗美援朝战争后勤经验总结资料选编·铁路运输类》（上），第 261 页。

⑤ 《陈赓日记续》，第 80 页。

⑥ 《部队战地生活情况报告》（1952 年 5 月 29 日）、《志愿军第一次军需会议文件》（1952 年 12 月 5 日），《抗美援朝战争后勤经验总结资料选编·军需类》，第 160—161、261 页。

⑦ 《陈赓军事文选》，北京：解放军出版社，2007 年，第 676 页。

⑧ 《一九五一年冬装前运计划》（1951 年 7 月 19 日），《抗美援朝战争后勤经验总结资料选编·军需类》，第 72 页。

后，"集中一切力量运棉衣，求得 9 月底 10 月初发齐"。按志司的指示，志后"要求沿途防空部队密切注视敌机活动情况"；"加强警卫部队，对装卸点附近、库区周围反复搜剿，肃清敌特"；"工程桥梁部队加强对重要桥梁和路段的维修和保护"；"冬装一到转运站或分发地，立即发放各单位"，以免被大量炸毁。通过种种措施，冬装"不但运送快，而且损失小"，损失量只占全部冬装的 0.52%，"到 9 月底，志愿军指战员全部穿上了棉衣"。① 10 月 12 日，郑文翰在日记中记述，"棉衣很好，为从来所无"。② 同期，美国国务院顾问在给国务卿的备忘录中指出，"联合国军"已经得到"必要的冬季服装供应"，而志愿军缺乏过冬衣物，当寒冷天气到来，他们将"非常艰难"。③ 当美军得知志愿军冬装充足后，不禁哀叹，"我们这样炸，你们的运输线难道没有断吗？"陈赓对此指出，志愿军的"运输战线是很出色的，没有人不佩服，苏联同志看了都满口称赞"。④ 此后，志愿军穿衣问题得以有效解决。

　　早在停战谈判前夕，毛泽东就致电彭德怀，"争取在十天内，用极大努力，加强第一线部队的人员特别是武器和弹药的补充"，⑤ 以防止停战谈判开始后，无法继续向志愿军输送装备和弹药，一旦敌军向我发起攻势，局势将陷于被动。美军在谈判之际，果然接连向志愿军发起攻势，意图迫使志愿军在谈判桌上让步。美军发起的秋季攻势十分猛烈，志愿军前线部队参加了反击作战，"后勤保障任务很重，弹药消耗急剧增加。战斗激烈时，西线部队平均每天消耗迫击炮弹 4 个基数、山野炮弹 2 个基数。在激战的 10 天内，东线部队平均每天消耗弹药 126 吨。志愿军后勤部队在克服洪水灾害，开展反'绞杀战'斗争的同时，仍然千方百计保障了部队反击作战的需要"。直到该年 10 月，随着大洪水结束，加之夏季和秋季攻势失败，美方不得不回到谈判桌上。此时志愿军"后方运输供应情

① 《洪学智回忆录》，第 601—602 页。

② 《郑文翰日记：抗美援朝战争时期》，第 75 页。

③ Memorandum by the Counselor（Bohlen）to the Secretary of State, Oct. 4, 1951, *FRUS*, 1951, Korea and China, Vol. Ⅶ, Part 1, Document 613, pp. 991–992.

④ 《陈赓军事文选》，第 687 页。

⑤ 中共中央文献研究室、中国人民解放军军事科学院编：《建国以来毛泽东军事文稿》上卷，第 520 页。

况已明显好转",① 尽管弹药有时因战斗激烈而一时消耗过多,出现短暂紧张,但总体上前线弹药储备充足。

志愿军在反击敌军夏季攻势中共有 2482 人负伤,在反击敌军秋季攻势中共有 11909 人负伤。因洪水灾害和美军"绞杀战","使我后方铁路中断,桥梁被毁,后送困难,东线基地积压了大批伤病员"。1951 年冬以后,志愿军前线和后方日趋巩固,"后勤建设大力发展,卫勤工作完全转入主动"。阵地相持阶段,炸伤呈显著增加趋势,"在运动战时期占 48.87%,到阵地战时期即增加到 89.5%",炸伤较枪伤严重,致使"我军重伤员占总数的三分之一还多,有 35% 的伤员是两处以上的创伤"。② 因伤情严重,休克发生率相对增加,同时术后感染不易控制,伤员恢复缓慢。为使伤员得到及时治疗,必须将其快速送往后方,但要通过数百公里运输线,是一个艰难历程。洪水与美军"绞杀战"对志愿军伤员后运工作造成巨大威胁,志愿军主要借助夜间和敌机轰炸间歇,实施伤兵后运工作。1952 年初,美军竟不顾人道,公然违反国际公法,在朝鲜实施空前规模的细菌战,企图造成瘟疫残害中朝军民。当得知美军实施细菌战后,毛泽东指示,"应用一切有效办法进行防疫工作",并进一步要求,"动员起来,讲究卫生,减少疾病,提高健康水平,粉碎敌人的细菌战争"。③ 志愿军按照毛泽东的指示,从预防和医治等方面入手,最大限度减轻了细菌对官兵的危害。

同期,中央增调医生入朝,加强志愿军后方医疗力量,使轻伤、中伤人员可在前线和朝鲜实施救助。志愿军医疗体系分设作战区、兵站区和后方区。作战区设团救护所、师救护所、轻伤病医院和机动外科医院,主要负责轻伤医治,中伤、重伤人员转移至兵站区。轻伤病员经过早期治疗,可在短期内迅速恢复健康,重返战斗岗位,以维持前线战斗力量。兵站区设前沿兵站医院、中途兵站医院、基地医院和分类后送医院,主要负责对中伤、重伤人员实施紧急救治,但"不是留治",而是医治后"迅速地后送"。兵站区医院一般设于有公路相通的山

---

① 《洪学智回忆录》,第 589—590 页。
② 第二军医大学卫勤系编印:《抗美援朝战争卫勤工作基本经验总结(初稿)》,第 2—3 页。
③ 中共中央文献研究室、中国人民解放军军事科学院编:《建国以来毛泽东军事文稿》中卷,第 15、105 页。

沟内，既可保障伤兵转运，也可保障医院安全。位于东北的后方区医院逐渐实现专科化诊治，能够对伤员实施优良治疗。就药材供应方面，志愿军医疗系统也经历了从缺乏到缓和的阶段转变。1951 年夏秋季，部队构筑工事和作战任务繁重，伤病员数日益增多，加之后方运输受阻，"后方药材一时供应不上，需要的治疗药品陷于缺乏"。1952 年以后，随着朝鲜战局的稳定，"供应情况日趋好转，药材补给工作有了很大改进"。[①]

志愿军后勤体系建设的成绩验证了一个事实，单靠空军"切断"志愿军的补给线是错误的。李奇微认为，"在头一年，敌人甚至连地面防空火力也没有，我们可以毫无阻碍地随意攻击敌人的补给线。因此，我们确实摧毁了敌人许多在运送途中的装备和补给，无疑极大地牵制了敌人，使敌人在人员和设备上付出了高昂的代价"。[②] 在美军实施"绞杀战"之初，志愿军后勤系统遭受较大损失。美国海军军令部部长费克特勒认为，"惟空军方面，仍随时出击，轰袭适当之目标"。[③] 美国中情局指出，"联合国空军的进攻已对铁路设施、敞篷货车和桥梁造成严重破坏，而且极大地降低了共产党补给线的运作效率"。志愿军采取诸多防范措施后，"绞杀战"效果愈加降低。"中国继续为自己的部队供应大多数小型武器、弹药、食品和服装"，这些物资源源不断地运往前线。[④] 1952 年 6 月下旬，"联合国军"被迫放弃"绞杀战"。美国第 8 集团军司令范佛里特在汉城记者招待会上说，志愿军"以令人难以置信的顽强毅力，把物资运到前线，创造了惊人的奇迹"。[⑤] 李奇微也承认，"尽管我们总能不断地炸毁敌人的铁路和桥梁，破坏其铁路调车场和公路交通，但是敌人的补给物资仍然源源不断地从中国运来"。[⑥]

---

① 第二军医大学卫勤系编印：《抗美援朝战争卫勤工作基本经验总结（初稿）》，第 11、58 页。

② 《李奇微回忆录》，第 76 页。

③ 《蒋中正接见美国海军军令部部长费克特勒关于韩国之军事局势等谈话要点》（1952 年 7 月 20 日），蒋经国"总统"文物档案，005—010202—00088—001，台北"国史馆"藏。

④ 《中情局关于共产党方面对朝鲜的影响及拟采取行动的评估报告》（1951 年 12 月 7 日），沈志华、杨奎松主编：《美国对华情报解密档案（1948—1976）》第 7 卷，第 175—176、179 页。

⑤ 《杨得志回忆录》，第 478 页。

⑥ 《李奇微回忆录》，第 176—177 页。

三、后勤保障优化与官兵生活水平提高

与具有优良装备的美军作战，若无有力的物资保障，要战胜敌人是不可能的。中央军委认识到，依托传统的后勤方式是行不通的，必须积极探索适合中国、适合现代化战争的后勤体系。周恩来指出，"抗美援朝战争，对我军后方供应提出了许多新的问题"，"要好好研究一下现代战争后勤工作的特点"。[①] 聂荣臻指出，"严格地说，我们是从抗美援朝战争中，才充分认识到后勤工作在现代战争中的重要性的"。[②] 1952 年 7 月以后，志愿军的后勤进一步优化，道路更加畅通，物资大量运到前线；同时前方坑道工事能够储备大量粮弹，既能运得来，也能存得住。美国中情局认为，"共产党的后勤状况已得到改善"，1950—1951年志愿军"各类供应物资严重不足"，到 1952 年下半年志愿军前线各部队均有了"充足的物资"，"无人听说缺乏重要物品"。[③]

（一）后勤保障与物资储备充实

志后成立后，实施了诸多改善后勤的有效措施，志愿军的作战得到较好保障。1952 年 7 月以后，志司又进一步加强志愿军空军、防空部队、铁道兵、工兵和公安部队部署，完善了对空防御和道路维护。1952 年 6 月至 1953 年 7 月，空军遵照中央军委"加打一番"的指示，决定"米格 – 15 部队全部加打一番，以加强实战锻炼"。[④] 美国中情局评估志愿军空军"达到了相当高的水准"，"空中防御在共产党中国处于高度优先的地位"。[⑤] 再如防空部队也加入轮战计划，部队分批赴朝参加作战。为统一指挥在朝各防空部队，中央军委防空司令部向总参谋部建议，"将朝鲜后方及鸭绿江沿岸地区单独划为一个防空区，组建一个防空

① 中共中央文献研究室编：《周恩来年谱（1949—1976）》（上），第 127 页。
② 《聂荣臻回忆录》，第 751 页。
③ 《中情局关于共产党方面在朝鲜的能力和意图的评估报告》（1952 年 7 月 30 日），沈志华、杨奎松主编：《美国对华情报解密档案（1948—1976）》第 7 卷，第 192 页。
④ 刘亚楼：《创建人民空军的七年》，中国人民解放军历史资料丛书编审委员会编：《空军回忆史料》，第 414 页。
⑤ 《中情局关于共产党方面在朝鲜的能力和意图的评估报告》（1952 年 7 月 30 日），沈志华、杨奎松主编：《美国对华情报解密档案（1948—1976）》第 7 卷，第 192、194 页。

司令部"。1953年4月，军委决定成立安东防空区司令部，成钧任司令员，同时在安州设"前方防空指挥所"，志愿军铁道高射炮兵指挥所司令员吴昌炽任主任。安东防空司令部的主要任务是"掩护交通运输畅通、确保供应物资前运"，"掩护与配合志愿军的主要作战部署和行动"，"保护重要燃料、工业、经济中心目标的安全"，"保护空军基地"。① 面对日益增强的志愿军防空力量，"联合国军"空军的攻势被成功遏制，被迫采取收缩策略。志愿军后勤部队游刃有余地开展工作，保障前线物资所需。

1952年7月后，志愿军的食物得到充分保障。此时，志愿军"交通运输得到改善，物资已能源源不断送往前线，送往一线坑道"。② 10月，苏联科托夫中将指出，"部队弹药和粮食给养大大改善了"。③ 为保证正面战线的供应，中央军委决定在朝鲜继续"加修和改善铁路，加修和加宽公路，以利运输，并在前线多多储存粮弹"。④ 志后军需部规定"经常囤积三个月物资"。⑤ 同时，志愿军饮食水平得到较大提升，有了鸡蛋、蔬菜、肉类和其他食物。8月，志愿军战士"有足够的米面和副食，粗细粮各半，有豆芽，豆腐，盆里油水也不少"，"有饺子、馒头、烙饼、面条、油果子等等"。⑥ 12月，"部队每顿两个菜、一个汤"，夏秋季节的蔬菜供应更足，如第68军607团3连"在夏秋两季每顿饭保持三至四个菜"。此外，志愿军后勤会议于6月开始着手安排冬装运输事宜，经周密布置，于10月初"按时完成了任务"。⑦

志愿军的粮食保障水平虽然总体得到提升，但前沿部队仍会遭遇缺粮少弹问

---

① 陶继藩、牛得山、周文泮：《回忆安东防司》，中国人民解放军历史资料丛书编审委员会编：《防空军回忆史料·大事记》，北京：解放军出版社，1993年，第316页。
② 《洪学智回忆录》，第634页。
③ 《科托夫关于朝鲜战争形势给马利宁的报告》（1952年10月30日），沈志华编：《朝鲜战争：俄国档案馆的解密文件》下册，第1246页。
④ 中共中央文献研究室、中国人民解放军军事科学院编：《周恩来军事文选》第4卷，第311页。
⑤ 《志愿军第一次军需会议文件》（1952年12月5日），《抗美援朝战争后勤经验总结资料选编·军需类》，第257页。
⑥ 《在胜利的前沿阵地上》，《人民日报》1952年8月9日，第1版。
⑦ 《一九五二年军需工作总结》（1952年12月），《抗美援朝战争后勤经验总结资料选编·军需类》，第277—279页。

题。1952 年 10 月，上甘岭战役爆发，由于战斗昼夜不停，志愿军坑道里缺乏饮水、干粮和弹药。基于此，志司"命令就近各兵站改进运输，保障对十五军弹药、食品等物资的供应"。志司、兵团等各级领导和机关注视着上甘岭战事，"想一切办法，送弹药、送粮食、送各种各样的慰问品上去，但也是相当困难的"。上甘岭战役的第一、二阶段，由于"敌人超出以往的疯狂封锁"，造成阵地补给"极大的困难"，志愿军官兵出现"靠着粮山没饭吃"的情况。志愿军副司令员杨得志指示三兵团参谋长王蕴瑞，"前面打得很苦，我们要尽一切力量保证第一线的同志弹药充足、食品充足、药物充足"。为保证所需粮弹，第 15 军抽调官兵，"专任四十里山路的火线运输任务"，把粮弹运至上甘岭。经过努力，在上甘岭战役第三阶段，基本解决弹药、粮食不足问题。①

到 1953 年，志愿军的粮食得到充分保障。2 月，志愿军一线部队"每餐二菜一汤"，"菜的种类不下二十余种，如豆腐、豆芽、粉条、黄花、木耳、萝卜、白菜、海菜、肉类以及按标准制度供给的副食等，主食一般每隔两天即变换一样，如馒头、花卷、油条、丸子、糖包、油饼、糖饼、饺子、包子等"。② 2 月底，"物资囤运任务已超额完成"，"粮食总囤积量近五亿斤，可供全军食用八个半月"。③ 此外，弹药等其他物资亦供应充足。美国中情局认为，志愿军"能够运输足够的补给以满足其战斗需要并建造物资贮备库"。④ 充沛的物资为志愿军发起金城战役提供了底气。6 月，韩国李承晚集团无故扣押俘虏，叫嚣单独打下去。急于摆脱战争泥潭的美国担心李承晚的举动"很可能会推迟甚至破坏停战"。⑤ 此时美国认为，"联合国军"的军事目标"已告完成"。⑥ 美国的态度"主要倾向是对

① 《杨得志回忆录》，第 533、537—540 页。

② 《接防三个月来坑道生活情况》（1953 年 2 月 25 日），《抗美援朝战争后勤经验总结资料选编·军需类》，第 315 页。

③ 《杨得志回忆录》，第 582 页。

④ 《中情局关于共产党方面在朝鲜的能力及拟采取行动的评估报告》（1953 年 4 月 3 日），沈志华、杨奎松主编：《美国对华情报解密档案（1948—1976）》第 7 卷，第 203 页。

⑤ The Commander in Chief, United Nations Command（Clark）to the Joint Chiefs of Staff, Jul. 22, 1953, *FRUS*, 1952–1954, Korea, Vol. XV, Part 2, Document 70, Washington, D. C. : United States Government Printing Office, 1952–1954, p. 1413.

⑥ 《艾森豪函蒋中正美国对韩国战事及远东局势之立场》（1953 年 6 月 24 日），蒋中正"总统"文物档案，002—080106—00030—010。

李承晚施加压力"，尽快与中朝签署停战协定。① 针对李承晚的行为，毛泽东指示，"停战签字必须推迟"，"再歼灭伪军万余人，极为必要"。② 根据毛泽东指示，志愿军向金城韩国军队发起猛攻，志司"从火力配备到后勤保障，以至抽出若干步兵团专门修路，保证运输畅通，等等问题，方方面面，考虑得很细，计划周密而可行"。志后"调集了十个汽车团共二千台汽车赶运了一万五千吨作战物资"，"同时还以数万人力修筑运输公路"。③ 后勤部门的努力保障了金城一战的胜利。7 月 27 日，"联合国军"代表团与朝中代表团签署停战协定，至此抗美援朝战争胜利结束。

在上甘岭战役中，志愿军卫勤工作经过完善，"取得了比较丰富的经验"。在抗美援朝战争的最后一仗——金城战役中，"卫勤工作在后方的统一组织指挥之下，出色地完成了保障任务，取得了极其宝贵的工作经验"。④ 据统计，战争期间共救治伤员 383218 名，"治愈归队者 217149 名，治愈归队率为 56.7%"，复员转业 93338 名，比率为 24.4%，"因伤死亡 21679 名，伤死率为 5.66%"，伤死率呈现出递减趋势。其中金城战役期间志愿军的伤死率为 4%，"已达二次世界大战美军的救治工作水平"。该时期药材供应也较为充足。1953 年初，为防止敌人两栖登陆、攻击运输线，药物供应体系由原来的志后卫生部药材库统一供应全军，"改为分区供应，当时划分 3 个区，供应到军"，同时施行简化品种和小包装等便利措施，"总的看药材供应工作是成功的"。⑤ 除战伤以外，因病减员也是一个重要问题。据统计，抗美援朝战争期间，志愿军"病员和伤员的比例是 1:0.84"。按照疾病分类统计，呼吸系统疾病居于首位，占 25.8%，其次消化系统疾病占 17%、外科及一般创伤占 10.9%、维生素缺乏病占 10%、疟疾占 6.8%、法定传

① 《瓦西科夫致外交部电：朝鲜停战谈判进展情况》（1953 年 7 月 3 日），沈志华主编：《俄罗斯解密档案选编：中苏关系》第 4 卷，第 369 页。

② 中共中央文献研究室、中国人民解放军军事科学院编：《建国以来毛泽东军事文稿》中卷，第 148 页。

③ 《杨得志回忆录》，第 604—605 页。

④ 第二军医大学卫勤系编印：《抗美援朝战争卫勤工作基本经验总结（初稿）》，第 2—3 页。

⑤ 中国人民解放军总后勤部卫生部编：《抗美援朝战争卫生工作总结·卫生勤务》，第 10、17 页。

杂病占 5.7%、皮肤病占 4.1%、五官科占 3.6%、关节炎占 1.6%、其他疾病占 14.6%。① 部队长期居住坑道，通风不好，加之朝鲜冬季寒冷，容易诱发呼吸道疾病。在 1952 年之前，由于美军对后方交通的破坏，志愿军粮食供应紧张、缺乏蔬菜，故消化系统疾病和维生素缺乏病占较大比例。在抗美援朝战争的中后期，这些问题逐渐得到解决。

（二）坑道工事构建与官兵生活

居住是探讨志愿军官兵战时生活不可或缺的重要问题。战争期间，坑道既是作战保护屏障，也是生活起居处所，更是物资储存场地。在五次战役期间，战线是变动的，志愿军官兵住所多为临时搭建，他们"利用大山深沟荫蔽处，挖窑洞，打土坑，糊泥棚，解决居宿"，② 或"冰天雪地，每人披着张白布单"。③ 李奇微感叹，志愿军行军是非常隐秘的，飞机巡逻"几乎连个活物都没有发现"，"也没有发现篝火冒出的烟、车辙"，甚至连"雪地上践踏过的痕迹"都没有侦察到。④ 从麦克阿瑟、李奇微到克拉克、范弗里特"都是十分迷信于炸弹的"，"在这种情况下，要保存自己，守住阵地，还要消灭敌人，而且要大量地消灭敌人，是很不容易的。这里有个过程，开始时也是吃过亏的"。⑤ 地理环境是人类进行战争的条件，在一定程度上影响战争进程。第五次战役后，志愿军将战线稳定在三八线。在防御作战中，志愿军为防炮、防炸弹，在战壕背面挖了防炮洞，后来把两个洞联结起来，形成"U"或"V"形小坑道。尽管构筑这些坑道是被敌人逼出来的，但对保存志愿军有生力量，起了十分有效的作用，被证明是劣势装备的志愿军同优势装备的敌人作战的一种好方法。陈赓认为，在坚固的工事面前，美军进攻志愿军阵地，"代价是非常惨重的"，但"在现在情况下，敌要把我赶回鸭绿江，那是幻想"。⑥

---

① 第二军医大学卫勤系编印：《抗美援朝战争卫勤工作基本经验总结（初稿）》，第 5 页。
② 中共中央文献研究室、中国人民解放军军事科学院编：《建国以来毛泽东军事文稿》上卷，第 336 页。
③ 《风雪京畿道》，《人民日报》1951 年 2 月 20 日，第 1 版。
④ 《李奇微回忆录》，第 108 页。
⑤ 《杨得志回忆录》，第 483 页。
⑥ 《陈赓日记续》，第 75 页。

1952 年春，美军发现志愿军构筑坑道工事后，便有计划地以重炮、重型炸弹与毒气弹进行破坏。少数坑道由于坑道构筑不符合作战要求受到损失，还有一些坑道因地质选择不当，春季冰雪融化，出现坍塌，造成人员伤亡。4 月，彭德怀回国后，陈赓主持志愿军工作，他主张积极修筑工事、巩固阵地。为加固防御体系，志司采取三项措施。其一，坚固坑道。坑道要能做到七防，即防空、防炮、防毒（疫）、防雨、防潮、防火、防寒。根据七防要求，各部队弥补了坑道顶部过薄、出口过少等缺陷，建立了坚固的坑道工事。其二，"发扬火力，不是为坚固而坚固"。坑道要构建火力交叉，相互支援，"不得法则是坟墓"。① 其三，增加容量，完善各项设施。随着坑道的完善，"两个洞口的坑道已发展到 Y 形三个洞口和 X 形四个洞口的坑道"，坑道的长度和容纳的兵力不断增加，减少了人员在洞外的暴露活动，同时还可在洞内储备粮弹。"这些坑道参差不齐地拥有主干、支干、火力点、观察孔、住室、粮弹库、储水池、防毒门等设施，其顶部全为自然地貌，其出口也都作了重点伪装"。② 依托坑道工事，既减少了志愿军伤亡，也"大量杀伤了敌人"。③ 毛泽东给予充分肯定，"能不能守"，"办法是钻洞子"。自 1951 年 7 月"我军采取坚强的阵地作战以来，给予敌军损失的数量"，远远超过此前"在各次运动战中给予敌军的损失数量。而我军的损失则大为减少"，"这种情况，就是依靠阵地实行上述作战方法的结果"。④ 苏联科托夫中将认为，这种坑道"能有效地保障免遭敌航空兵和炮兵的大规模轰击"。⑤ 志愿军战士在"筑好坑道就是胜利"的口号下，用惊人的行动建筑着"地下长城"。⑥ 抗美援朝战争期间，"我军挖的坑道长达一千二百五十公里"，"我们挖的各种堑壕、交通壕共长达六千二百四十公里"。⑦ 美国报纸称，"中国军队的坑道工事极其坚固"，

① 《陈赓军事文选》，第 673 页。
② 《杨成武回忆录》（下），北京：解放军出版社，1990 年，第 485 页。
③ 《张震军事文选》上卷，北京：解放军出版社，2005 年，第 601 页。
④ 中共中央文献研究室、中国人民解放军军事科学院编：《建国以来毛泽东军事文稿》中卷，第 51、75 页。
⑤ 《科托夫关于朝鲜战争形势给马利宁的报告》（1952 年 10 月 30 日），沈志华编：《朝鲜战争：俄国档案馆的解密文件》下册，第 1245 页。
⑥ 《敌人从哪里进攻，就把它消灭在哪里!》，《人民日报》1953 年 4 月 5 日，第 6 版。
⑦ 《杨得志回忆录》，第 490 页。

即使进行猛烈的空军和炮兵攻击，"也不能击毁他们"。① 美国海军军令部部长费克特勒认为，中国军队凭借坚固阵地，使得"陆上两军成胶着状态"，"联合国军"军事上无进展。② 志愿军依托"地下万里长城"以及其他各种作战方法，使我军"立于战无不胜的地位"。③

上甘岭战役是对坑道作战的严峻考验。由于敌军部署大量火炮对上甘岭志愿军阵地实施饱和式攻击，志愿军野战工事几乎全部被毁，部队转入坑道作战。克拉克视志愿军的坑道为眼中钉、肉中刺，对志愿军坚守部队采取封锁、轰炸、爆破、熏烧、堵塞坑道口或向坑道内投掷毒气弹等手段。在仅仅三平方公里的两个山头阵地上，"敌人每天打的炮弹多时到过三十万发，还有飞机轰炸，把山上的石头都炸成有一米厚的灰"。④ 志愿军战士依托坑道，毙伤敌军2万多人，使"敌人未能占领一寸土地"。⑤ 上甘岭战役"是对我军以坑道为骨干的支撑点式的防御体系一次严重考验。战役的胜利，进一步显示了它在朝鲜战场上的巨大作用"。"克拉克的百万发炮弹变成废铁，是因为我们有了以坑道为骨干的阵地工事；我们之所以能够牵着范弗里特的鼻子走，让他在前沿数点上（而不是宽正面）投入众多的兵力、兵器，而在反冲击或与敌反复争夺中大量杀伤敌人，也是因为我军有了以坑道为骨干的坚固阵地"。⑥ 坑道成为消灭敌人的堡垒，是志愿军取得胜利的有力保障。毛泽东指出，志愿军在此次战役中取胜的原因之一就在于"加固的工事"。⑦

到1952年冬季，志愿军坑道生活设施更趋完善。坑道"可以防空、防炮，

---

① 《西线侵朝美军"突击战"遭受惨败 美国统治集团惶惶不安对扩大战争的前途表示忧虑》，《人民日报》1953年2月2日，第1版。

② 《蒋中正接见美国海军军令部部长费克特勒关于韩国之军事局势等谈话要点》（1952年7月20日），蒋经国"总统"文物档案，005—010202—00088—001。

③ 《继续加强抗美援朝斗争》，《人民日报》1953年1月18日，第4版。

④ 中共中央文献研究室、中国人民解放军军事科学院编：《周恩来军事文选》第4卷，第294页。

⑤ 《毛泽东致斯大林电：关于朝鲜战争形势等问题》（1952年12月17日），沈志华主编：《俄罗斯解密档案选编：中苏关系》第4卷，第302页。

⑥ 《杨得志回忆录》，第545页。

⑦ 《毛泽东致斯大林电：关于朝鲜战争形势等问题》（1952年12月17日），沈志华主编：《俄罗斯解密档案选编：中苏关系》第4卷，第303页。

还可以保暖。我们在阵地上修了阳光充沛的窑洞，修了礼堂"，被战士称为"快乐的阵地之家"。① 1952年12月，毛泽东致电彭德怀等，"解决坑道内部队一万至两万人经常的蔬菜、黄烟、遮水和娱乐设备等项问题，使他们安心作战，甚为重要"。按毛泽东指示，志司进一步改善坑道生活条件。次年1月，"志愿军的日用品已得到较好解决"。② "大批象棋、扑克、康乐球、乒乓球也送进了前沿坑道工事，供战士们娱乐"；电影放映队"给战士们放映"影片；③ 志愿军在坑道里修建了池塘，"可容水八十担，一次能容十数人洗澡"，"设置了澡塘，用汽油桶改制成淋浴设备"；④ 图书也供应到朝鲜，"不论在朝鲜的前线和后方，战士们在战斗、修工事、练兵和生产的空隙中，一有时间就到'图书馆'去借书来读"，"前线上坑道口有光的地方和坑道里有灯的处所，经常能看到战士们聚在一块阅读"。⑤ 揆诸以上史实，志愿军的坑道已兼顾战时作战和日常生活功能，志愿军居住舒适度有了进一步提升。志愿军衣食、武器装备、药材的充分供应，战时生活水平的不断提升，为赢得抗美援朝的最终胜利提供了坚实保障。

结　　语

在志愿军入朝作战前，有观点认为"敌人作战武器物资主要靠美国运来，远隔重洋"，"而我们有全国支援，东北与朝鲜相连接，交通运输比之近得多"，因此觉得"后勤保障上我们也占有优势"，但战争实践证明，"由于我们没有制空权，后勤保障困难很大，并不占有优势"。⑥ 尤其在抗美援朝战争初期，面对世界第一军事强国，中国军队的后勤"大大地跟不上形势要求了"，"形势逼迫我们改变看法，改进工作"。⑦ 敌军破坏志愿军的后方，"使我们的供应很困难，

---

① 《李雪三将军（上）：雪三文集》，北京：军事科学出版社，1995年，第237—238页。
② 中共中央文献研究室、中国人民解放军军事科学院编：《建国以来毛泽东军事文稿》中卷，第103页。
③ 《上甘岭志愿军参战部队和朝鲜人民隆重举行军民祝捷联欢大会　志愿军各部队欢欣鼓舞准备过新年》，《人民日报》1952年12月29日，第4版。
④ 《志愿军在卫生战线上》，《人民日报》1952年12月21日，第4版。
⑤ 《图书供应在朝鲜前线》，《人民日报》1953年1月25日，第4版。
⑥ 杜平：《在志愿军总部》，北京：解放军出版社，1989年，第11页。
⑦ 《黄克诚自述》，北京：人民出版社，2019年，第267页。

我们虽动员了很多人，但运输不上去，有时饭都送不上去，背一个星期的粮食，打一个星期后非撤下来不可。这在供应上也逼得我们要有新的方法"。① 中共中央、中央军委意识到中国军队后勤不足，对志愿军后勤变革有着统一的认识。中国现代化后勤体系边打边建，从无到有，实现了从不健全到逐渐完备的转变。

志愿军境外作战的后勤保障，与国内作战有所不同。其一，志愿军作战物资无法就地补给，主要依靠国内供应。在国内战争时期，中国共产党领导的武装力量可以从国民党军队缴获大量粮食、衣服、武器、弹药，但在抗美援朝战争中，美军撤退时，往往将大部分物资带走或销毁，志愿军"所需作战物资不能像过去在国内作战那样，可以就地取之于民、取之于敌"。② 朝鲜人民"很欢迎中国人民志愿军入朝支援他们，他们也很想帮助我志愿军，可是，在我军入朝前，美帝国主义的空军已将北朝鲜所有的城镇与乡村都轰炸成一片废墟，朝鲜人民惨遭涂炭。我中国人民志愿军跨过鸭绿江后，遇到了极大的困难，就是没有住的，没有吃的，在不断的行军作战中，弹药打完了没有补充，连衣服、鞋袜破烂了也找不到针线缝补。这与在国内作战就大不相同了。后方勤务的保障工作，一切的一切，一针一线都要依托我国东北和依赖于全国的支援。并要经过漫长的运输线运到朝鲜"。③ 其二，美军依靠强大的空军对志愿军后勤系统实施"绞杀战"，给志愿军后勤保障带来新难题。在朝鲜战场，"制空权完全被敌人控制"，④ "联合国军"空军对志愿军交通线进行封锁、破坏，导致志愿军后勤保障异常困难，防范敌空军袭击、修复铁路公路、转运分配物资、储存粮食弹药、运送救治伤员等，都成为新的战场条件下志愿军急需解决的难题。其三，朝鲜地理环境与中国不同，志愿军面临的"作战环境变了"，⑤ 后勤组织形式相应发生变化。中国幅员辽阔，后勤道路选择性强，运输方式多样，敌人不易阻断后勤运输。朝鲜半岛呈南北走向，地形狭长且多山地，三面环海，尤其是冬季，气候寒冷，不利于由北

① 《朱德军事文选》，北京：解放军出版社，1997 年，第 814 页。
② 《黎原回忆录》，北京：中共党史出版社，2022 年，第 235 页。
③ 杨迪：《在志愿军司令部的岁月里》，北京：解放军出版社，2003 年，第 461 页。
④ 李懋之：《一生与回忆》，哈尔滨：哈尔滨工程大学出版社，2013 年，第 324 页。
⑤ 《李德生回忆录》，北京：解放军出版社，1997 年，第 268 页。

向南运输。志愿军后勤官兵面对不利的战场条件，经过精心组织、顽强奋战，克服重重困难，保障了粮食、衣被、武器、弹药及各种装备的供应和伤病员的转送，有效保障了作战任务的完成。

志愿军的后勤机构以及官兵吃、穿、医疗、住宿等方面的变化，与战争进展紧密相连，大体呈现出一致向好趋势。但因后勤体系内各部分具有不同特点，其向好的转折点又有所不同。例如，志愿军药品供应体制于 1951 年 3 月确立后，药品保障逐渐向好。1951 年 5 月后勤机构改革后，前线居住条件在 7 月后趋向转好；该年秋，志愿军冬装问题基本得到解决；1952 年初，粮食供应得到妥善解决。为克服战争期间的后勤保障难题，中共中央、中央军委高度重视，志司、志后采取了诸多有效措施。"千千万万的后勤人员，为此作出了极大的努力和贡献"。[①] 通过官兵的共同奋斗，志愿军后勤体系得以建立和优化，从而克服了吃饭、穿衣、住宿、弹药缺乏及伤兵救助等困难，保障志愿军官兵在艰苦的环境中，最终战胜装备精良的"联合国军"，取得抗美援朝战争的胜利。

经过三年多探索，志愿军后勤建设积累了丰富经验。其一，在机构和制度方面，志后统筹志愿军后勤事务，安排专门管理干部，不断完善各项制度建设，为中国人民解放军后勤机构设置、制度建设提供了有益借鉴。其二，在后勤体系防卫方面，志愿军在缺乏制空权的情况下，采取飞机拦截、高射炮对空警戒、铁道兵和工兵快速修复道路等措施，建立起多军种、兵种联合防卫保障机制，不断降低物资转运途中的损失。其三，在物资运输方面，志愿军根据战场实际，积极探索新的运输办法，在不同路段采取铁路、公路、畜力、人力等不同运输方式，最大限度规避敌军攻击，保证物资能以最快速度到达指定地点，建立起"打不断、炸不烂、冲不垮"的钢铁运输线。其四，在后方资源供应方面，大力动员群众参与物资供应。抗美援朝战争的胜利，"当然是由于前线的英勇战斗，但后方的支援也是很重要的"。[②] 在国内，工人、农民积极响应爱国增产运动，广大人民群众全力支援前线。美国曾认为，战争会拖垮中国，引发国内经济、政治、社会秩

[①] 《黄克诚自述》，第 265 页。

[②] 中共中央文献研究室、中国人民解放军军事科学院编：《邓小平军事文集》，北京：军事科学出版社、中央文献出版社，2004 年，第 2 卷，第 319 页。

序混乱，但事实是没有遭遇"这样的严重后果"，"因而显然有能力支持他们在朝鲜的行动"。① 志愿军正是有了中国大后方的有力支援，才能在战场上有效克制敌军，不断取得胜利。其五，在军民协同方面，广大人民群众积极参与志愿军后勤供应工作。抗美援朝开始后，"成千上万的铁路职工、汽车司机和农民组织了运输队、担架队，到朝鲜前线担任战地的各种运输与勤务工作"。以辽宁省安东市为例，"共出担架 7347 付"、民工 220947 人。② 虽然担架队"是义务活动"，但由于爱国主义教育和国防教育深入人心，"广大干部、群众都把抬伤病员看成是无尚光荣的事情，争先恐后抢着去干"。③ 担架队"既负责后送伤员，亦负责前送战斗物资"。④ 历史事实证明，人民群众的支援是无敌的力量，是战争胜利之本。

通过边打边探索边建设，中国军队的后勤保障体系在实战中实现了革新。1953 年 4 月，朱德在全军后勤领导干部集训队毕业典礼上指出，"后勤部门必须按照现代化战争的要求来改进自己的工作，再不能只依靠过去的老经验了。要适应现代化战争的特点"。⑤ 志愿军在与美军的较量中，完善了后勤机构和制度，在多军兵种配合防空、后勤部队运输机械化、运输线路维护、物资储存和分发、伤病员转运及医治等方面不断实现新的突破。志愿军后勤在战斗中成长，为探索一条符合中国国情军情、具有中国特色的后勤建设道路，推动中国军队现代化正规化建设积累了宝贵经验。

〔作者贺怀锴，河南大学历史文化学院副教授。开封　475001〕

（责任编辑：刘　宇）

---

① 《中情局关于共产党方面对朝鲜的影响及拟采取行动的评估报告》（1951 年 12 月 7 日），沈志华、杨奎松主编：《美国对华情报解密档案（1948—1976）》第 7 卷，第 179 页。

② 中国人民政治协商会议辽宁省委员会文史资料委员会、丹东市委员会文史资料委员会编：《鸭绿江畔的丰碑——辽宁抗美援朝纪实》，沈阳：辽宁人民出版社，1990 年，第 8—9 页。

③ 刘清敏主编：《巍峨丰碑：抗美援朝回忆录》，大连：大连出版社，2001 年，第 158 页。

④ 中国人民解放军总后勤部卫生部编：《抗美援朝战争卫生工作总结·卫生勤务》，第 9 页。

⑤ 中共中央文献研究室编：《朱德年谱（1886—1976）》（下），第 1448 页。

守边、扩边、忆边：
20世纪德国边疆史研究

邢来顺

摘　要：20世纪欧洲地缘政治格局以两次世界大战为节点，出现剧烈变化。与此对应，德国边疆史研究也数度出现学术转向。魏玛时期，边疆史研究引入基于"民族"视角的"德意志民族和文化土地"概念，表现为反对战胜国分割德国领土的学术守边；第三帝国时期，引入更具弹性的多维"边疆空间"概念，为希特勒对外扩张提供学术支持，呈现为狂热学术扩边；二战后，则引入基于文化、经济等指向的"地理空间"概念，在呼应欧洲统一与合作的同时，表达对已失去的德意志边疆的忆念。整体上看，20世纪德国边疆史研究具有明确的民族和文化边疆诉求、强烈政治关切，以及服务于民族和国家利益之取向，既受欧洲地缘政治等客观因素影响，也有植根于"民族共同体"思想和文化民族主义的主观意识发挥作用。

关键词：魏玛德国　第三帝国　边疆史　德意志民族　地理空间

在现代民族国家建构、形成和巩固进程中，边疆意识、边疆认知和边疆治理等占有不可或缺的重要位置。与此同时，无论是考察边疆意识形塑、边疆认知建构还是边疆治理成效，都离不开历史层面。其中，地处中欧的德国，受独特历史、地缘政治等因素影响，对边疆史研究尤为重视，形成发达的现代边疆史学。特别是20世纪德国边疆史研究，受激于欧洲地缘政治格局剧烈变化，出现数度转向，勾勒出跌宕起伏、扣人心弦乃至有些令人唏嘘的学术风景。

德国学界对边疆的关切始于19世纪初。从中世纪到近代早期，由于国家长期分裂且与周边邻国战争频仍，"不断变动"一度成为德国疆界显著特征，以至于大文豪歌德发出"德国在哪儿"之问。① 18 世纪末 19 世纪初的法国大革命和拿破仑战争，唤醒了德国人的现代民族国家意识，德意志学界才开始关注边疆问题。1815 年爱国诗人恩斯特·莫里茨·阿恩特首次提出"莱茵马克"（Rheinische Mark）是德国西部边疆。此后历史学家海因里希·冯·特莱奇克（Heinrich von Treitschke）引入"西部马克"（Westmark）概念，将西部边疆"推进"到莱茵河西岸阿尔萨斯—洛林。②

德意志帝国时期，德国边疆史研究真正启动。1871 年普鲁士通过王朝战争建立统一而强大的德意志帝国，时任宰相俾斯麦为消除欧洲各国的恐惧，宣布德国在领土方面已经"满足"。③ 但许多德国学者认为，新帝国是建立于排除另一德意志大邦奥地利之上的"小德国"，仅容纳"7/10 欧洲德意志同胞"，算不上完美意义上的统一民族国家。④ 有鉴于此，德国学界力图通过学术垦边方式弥补"小德意志方案"缺憾，实现国家边疆与"民族边疆"（Volksgrenze）的契合，

① 赫伯特·格隆德曼等：《德意志史》第 1 卷，张载扬等译，北京：商务印书馆，1999 年，第 2 页；Otto Dann, "Nationale Fragen in Deutschland: Kulturnation, Volksnation, Reichsnation," in Etienne Francois, Hannes Siegrist and Jakob Vogel, eds., *Nation und Emotion: Deutschland und Frankreich im Vergleich 19. und 20. Jahrhundert*, Göttingen: Vandenhoeck & Ruprecht, 1995, p. 68.

② 德语中的"马克"（Mark）一词语意较丰富，在此指历史上的边疆之地。参见 Ernst Moritz Arndt, *Ueber Preussens Rheinische Mark und über Bundesfestungen*, 1815; Thomas Müller, "Grundzüge der Westforschung," in Michael Fahlbusch and Ingo Haar, eds., *Völkische Wissenschaften und Politikberatung im 20. Jahrhundert: Expertise und "Neuordnung" Europas*, Paderborn: Ferdinand Schöningh, 2010, p. 88; Paul Joachimsen, *Vom deutschen Volk zum deutschen Staat: Eine Geschichte des deutschen Nationalbewußtseins*, Göttingen: Vandenhoeck & Ruprecht, 1956, pp. 86 – 87.

③ Lothar Gall, *Bismarck. Der weiße Revolutionär*, Frankfurt am Main: Verlag Ullstein, 2. Auflage, 1990, p. 503.

④ Lawrence Birken, "Volkish Nationalism in Perspective," *The History Teacher*, Vol. 27, No. 2 (Feb., 1994), pp. 136 – 137; Vejas Gabriel Liulevicius, *The German Myth of the East: 1800 to the Present*, New York: Oxford University Press, 2009, p. 98; H. Nabert, *Das deutsche Sprachgebiet in Europa und die deutsche Sprache Sonst und Jetzt*, Stuttgart: Verlag von Strecker & Moser, 1893, p. 2; Theodor Schieder, *Das deutsche Kaiserreich von 1871 als Nationalstaat*, Göttingen: Vandenhoeck & Ruprecht, 1992, pp. 33, 48; Gustav v. Zahn, *Was ist des Deutschen Vaterland? Eine Rede bei der von der Universität Veranstalteten Feier des Jahrestages der Gründung des Deutschen Reiches*, Jena: Verlag von Gustav Fischer, 1927, p. 2.

在学术上坚守德意志民族的"土地和文化空间"，[①] 推出一批基于一维"语言边疆"（Sprachgrenze）范式的边疆史研究成果。此类成果着眼于域外德语区域和处于斯拉夫人、马扎尔人、意大利人包围中的德语岛（deutsche Sprachinseln）研究，在具有共同血缘、历史和文化的德意志民族共同体边疆视域下，从历史和文化层面标注这些地区的德意志归属，呈现文化民族主义的跨国垦边取向。[②] 不过，此时的德国边疆史研究只是针对"小德意志方案"缺憾的学术修正。

　　进入 20 世纪，欧洲地缘政治格局以两次世界大战为节点，出现剧烈变化，德国疆域也出现潮水般进退。德国边疆史研究相应出现从魏玛共和国时期的执着学术守边、第三帝国时期的狂热学术扩边，到联邦德国时期的柔性学术忆边等转向。各时期的边疆史研究致力于建构有利于德意志"民族"（Volk）[③] 的学术话语，追求民族利益最大化，勾勒出一幅从波澜壮阔到小桥流水般的"学术边界斗争"[④] 之动

[①] Ingo Haar, *Historiker im Nationalsozialismus: Deutsche Geschichtswissenschaft und der "Volkstumskampf" im Osten*, Göttingen：Vandenhoeck & Ruprecht, 2000, p. 45；Manfred Hettling, "Volk und Volksgeschichte in Europa," in Manfred Hettling, ed., *Volksgeschichte im Europa der Zwischenkriegszeit*, Göttingen：Vandenhoeck & Ruprecht, 2003, p. 27.

[②] 代表成果有 Richard Andree, *Völkerkarte Deutschlands*, Leipzig：Hundertstund & Pries, 1876；H. Nabert, *Das deutsche Sprachgebiet in Europa und die deutsche Sprache Sonst und Jetzt*；等等。

[③] 德语 Volk 一词兼具族群、种族和民众意涵，与另一个名词 Nation 有明显区别。Volk 是自然形成、历经各个时代却始终不变、具有共同血缘、历史和文化的民族共同体（Volksgemeinschaft）。Nation 指有意识建构起来、随时代发展而形成的意愿共同体（Willengemeinschaft），即政治共同体，通常呈现为"国族"。换言之，Volk 是客观存在，Nation 是主观认同。德国民族主义是基于 Volk 之上的，所以也被称为 Völkischer Nationalismus 或 Volkish Nationalism。参见 Catherine Epstein, *Model Nazi: Arthur Greiser and the Occupation of Western Poland*, Oxford：Oxford University Press, 2010；Paul Joachimsen, *Vom deutschen Volk zum deutschen Staat: Eine Geschichte des deutschen Nationalbewußtseins*, p. 3；Lawrence Birken, "Volkish Nationalism in Perspective," p. 133. 我国曾有学者将 Volk 译为"族民"，但"族民"与"民族"一词重心不同，前者指同宗同源的成员，后者指同宗同源成员构成的群体。笔者以为，后者更为贴切。在下文中，除特定表达外，有关"民族"一词的运用，皆基于 Volk 意涵。

[④] Peter Steinbach, "Territorial-oder Regionalgeschichte：Wege der modernen Landesgeschichte. Ein Vergleich der 'Blätter für deutsche Landesgeschichte' und des 'Jahrbuchs für Regionalgeschichte'" *Geschichte und Gesellschaft*, 11. Jahrg., H. 4, 1985, pp. 529 – 530；Willi Oberkrome, *Volksgeschichte. Methodische Innovation und völkische Ideologisierung in der deutschen Geschichtswissenschaft 1918 – 1945*, Göttingen：Vandenhoeck & Ruprecht, 1993, p. 152.

态历史画卷。

或许是历史学家更喜欢关注激烈变动的事态，对 20 世纪德国边疆史研究，德国以至国际史学界的关注点集中于魏玛共和国和第三帝国时期，主要涉及三方面。一是基于"民族"视角的魏玛共和国边疆史研究。维利·欧伯克罗姆从民族史（Volksgeschichte）角度详细考察，认为在第一次世界大战后德国出现的跨学科"民族史"，有别于新兰克学派政治和外交史优先的历史主义传统，它拒绝把国家作为历史学的范畴，而把"民族"作为研究目标，进而实现"民族的意识形态化"。[①]

二是基于史家与纳粹对外扩张互动视角的第三帝国边疆史研究。卡伦·舍恩魏尔德对此作了系统分析，认为德国学界"非理性的""跨越疆界的诉求"包括"东部扩张"、西部"民族边界"和"民族特性斗争"，以及对"大德意志民族帝国"（Das Großdeutsche Volksreich）的追求等，都是因应纳粹对外扩张政策需要而提出的。[②] 米夏埃尔·法尔布施和英戈·哈尔等学者从历史与政治互动角度考察，也得出类似结论。[③]

三是对魏玛共和国和第三帝国时期"西部研究"（Westforschung）和"东部研究"（Ostforschung）的学术史考察。其中，"东部研究"为关注重点，代表学者有英戈·哈尔、英国史学家迈克尔·伯利（Michael Burleigh）等。他们聚焦德国学界"民族和文化土地研究的崛起"，以及新"民族史"范式下服务于纳粹夺取"生存空间"的"斗争学术"之发展，凸显以学术服务于向东扩张的取向。[④] 关于"西部研究"，彼得·舍特勒、布克哈德·迪茨、汉斯·德克斯等几乎一致指出魏玛共和国和第三帝国时期相关研究的"民族史"和"跨学科"特征，特别是政治

---

① Willi Oberkrome, *Volksgeschichte. Methodische Innovation und völkische Ideologisierung in der deutschen Geschichtswissenschaft 1918 – 1945.*

② Karen Schönwälder, *Historiker und Politik. Geschichtswissenschaft im Nationalsozialismus*, Frankfurt/New York：Campus Verlag, 1992.

③ Michael Fahlbusch and Ingo Haar, "Völkische Wissenschaften und Politikberatung," in *Völkische Wissenschaften und Politikberatung im 20. Jahrhundert: Expertise und "Neuordnung" Europas*, p. 9.

④ Ingo Haar, *Historiker im Nationalsozialismus: Deutsche Geschichtswissenschaft und der "Volkstumskampf" im Osten*; Michael Buleigh, *Germany Turns Eastwards: A Study of Ostforschung in the Third Reich*, Cambridge：Cambridge University Press, 1988.

上"服务于德国扩张的努力"和为德国"兼并领土合法化"辩护的取向。①

至于战后德国边疆史研究，或许德国学界没有了往日边疆史研究的激情，以及对曾经的德意志边疆之"隐性"民族和文化诉求等特点，国际学界尚未明确关注。而国内学界迄今几乎没有关于 20 世纪德国边疆史研究的成果推出。② 笔者不揣浅陋，拟在考察魏玛共和国、第三帝国和联邦德国边疆史研究的基础上，探讨 20 世纪德国边疆史研究的动因、目标和特点，呈现其民族和文化边疆取向，以及关切现实政治的倾向，同时剖析不同研究范式对达成相关学术目标的意义。

一、魏玛共和国时期的学术守边

如果说德意志帝国学界的跨国"垦边"，是对"小德意志"统一方案缺憾的学术修正，魏玛共和国时期的边疆史研究则具有捍卫德意志土地和人民的鲜明学术守边色彩。

1918 年 11 月，曾经雄视欧陆的德意志帝国在一战中战败垮台，后继的魏玛共和国被迫于次年 6 月签订《凡尔赛和约》。欧洲格局发生根本性转变。德国不仅成为战争罪责承担者，支付巨额赔款，边界也出现"可怕的民族和国家层面的收缩"，大片领土落入他国。1919—1923 年，战胜国通过《凡尔赛和约》以及民族自决、历史权利等原则，夺走德国战前领土的 13% 和总人口的 10%。不仅如

---

① Peter Schöttler, *Geschichtsschreibung als Legitimationswissenschaft 1918 – 1945*, Frankfurt am Main：Suhrkamp Taschenbuch Verlag, 1997, pp. 204 – 261；"Von der rheinischen Landesgeschichte zur nazistischen Volksgeschichte oder die 'unhörbare Stimme des Blutes'" in Winfried Schulze and Otto Gerhard Oexle, eds., *Deutsche Historiker im Nationalsozialismus*, Frankfurt am Main：Fischer Verlag, 1999, pp. 89 – 113；Burkhard Dietz, "Die interdisziplinäre 'Westforschung' der Weimarer Republik und NS-Zeit als Gegenstand der Wissenschafts-und Zeitgeschichte：überlegungen zu Forschungsstand und Forschungsperspektiven," *Geschichte im Westen*, 14. Jahrg., 1999, pp. 189 – 209；Burkhard Dietz, Helmut Gabel and Ulrich Tiedau, eds., *Griff nach dem Westen: Die 《Westforschung》 der völkisch-nationalen Wissenschaften zum nordwesteuropäischen Raum（1919 – 1960）*, Münster：Waxmann Verlag, 2003；Hans Derks, *Deutsche Westforschung: Ideologie und Praxis im 20. Jahrhundert*, Leipzig：AVA-Akademische Verlagsanstalt, 2001.

② 到目前为止，国内学界仅有数篇硕士学位论文从纳粹德国政策层面谈及"境外德意志人"。参见张凌俊：《纳粹德国境外德意志人政策研究》，硕士学位论文，华东师范大学历史学系，2007 年；刘飞：《纳粹德国时期的苏台德问题研究》，硕士学位论文，华东师范大学历史学系，2011 年。

此，《凡尔赛和约》还明确规定：禁止德国与奥地利合并，莱茵河右岸大片地区由协约国占领，萨尔地区由国际联盟托管。① 由此，成千上万德意志人或失去祖国，或逃离故土。1923年，诗人希尔达·哈迪纳－柯尼希斯莱特（Hilda Hadina-Königsreiter）写下一首极其感伤的诗，描述同胞的悲惨境遇：

> 这是一首苦难的哀歌/一首风中飘过的苦难的吟曲/家园已经沦丧/你成了无家可归的弃儿。②

面对战胜国的掠夺和打压，德国上下一片反对之声，史学界明确表达对《凡尔赛和约》的强烈不满。历史学家、政治家汉斯·戴尔布吕克等毫不掩饰地表达不满和愤怒，"签署《凡尔赛和约》这一天是德国最屈辱的日子"，德意志"民族土地遭到肢解"，德国成了遭受战胜国压榨的"经济奴隶"，德意志民族被贴上"文化民族中的罪犯民族"标签。在此情形下，唯有以笔为刀枪，"守护好子孙后代赖以生存的祖国"。③ 海德堡大学一些著名教授还发起成立"域外德意志人联合会"，公开谴责法国抢夺"帝国直属领地"阿尔萨斯—洛林和驱离该地区的德意志人。④

---

① Udo Walendy, *70 Jahre Versailles*, Historische Tatsachen Nr. 37, Vlotho/Weser: Verlag für Volkstum und Zeitgeschichtsforschung, 1989, pp. 14 – 15; John B. Wolf, "Auslanddeutschtum: A Problem of Collective Security," *World Affairs*, Vol. 99, No. 3, 1936, p. 155; Hermann Th. Drege, *Deutscheland und der Friedensvertrag von Versailles*, Berlin: Zentralverlag, 1920, pp. 7 – 13; Ingo Haar, *Historiker im Nationalsozialismus: Deutsche Geschichtswissenschaft und der "Volkstumskampf" im Osten*, p. 25.

② Eva Hahn and Hans Henning Hahn, *Die Vertreibung im deutschen Erinnern: Legenden, Mythos, Geschichte*, Paderborn: Ferdinand Schöningh, 2010, p. 115.

③ Hans Delbruck, *Der Friede von Versailles: Gedenkrede, Geplant zu der vom Ministerium unterfagten Veranstaltung der fünf vereinigten Berliner Hochschulen am 28. Juni 1929*, Berlin: Verlag von Georg Stilke, sonderabdruck aus den "Preußischen Jahrbüchern", Bd. 217, H. 1, pp. 3 – 5; Philipp Zorn, "Annexion und Desannexion," in Karl Strupp, ed., *Unser Recht auf Elsaß-Lothringen*, München und Leipzig: Verlag von Duncker & Humblot, 1918, p. 226.

④ Christian Jansen, *Professoren und Politik: politisches Denken und Handeln der Heidelberger Hochschullehrer 1914 – 1935*, Göttingen: Vandenhoeck & Ruprecht, 1992, p. 154. 一战结束时，阿尔萨斯—洛林的德语居民占87%，法语居民占12%，其他居民占1%。Karl Strupp, ed., *Unser Recht auf Elsaß-Lothringen*, p. 226.

　　诚然，德国史学界很清楚，面对战胜国对本国领土的掠夺，仅停留于不满和谴责层面远远不够，必须以学术为武器，为德国在领土方面受到的不公处置发起强烈抗争，在历史和文化层面固化被割占地区的德意志归属。海德堡大学历史学家赫尔曼·翁肯（Hermann Oncken）等发起成立"莱茵兰委员会"等各类组织，维护普法尔茨、萨尔以及萨尔河与摩泽尔河之间地带的德意志"文化属性"，同时以"德意志的莱茵河"为主题，举办"祖国研究"系列讲座和"边疆地带"系列讲座，强化人们的边疆意识。[1]

　　波恩、斯特拉斯堡、马堡等大学的教授，起而捍卫德国对具有鲜明"德意志民族属性"的阿尔萨斯—洛林的权利。[2] 1924年法兰克福历史学家大会说得更直白，"目前我们缺少战争的武器，因此必须利用精神武器"来捍卫德意志土地，"这种精神武器，我们可以从地方历史中，从边疆斗争历史中获得"。[3] 正是在这种语境下，德国边疆史学注入"新的情感内涵"，成为反抗战胜国割占德国领土、强化德意志民族认同和守边固疆的学术利器，出现鲜明的"历史学家政治功能化"。[4] "历史学家政治功能化"主要体现为：从历史层面回击战胜国在民族自决、历史权利幌子下对德国领土的割占。首先，基于民族自决原则，质疑《凡尔赛和约》划定的德国边界。根据民族自决原则，民族和国家是"统一和不可分割的"，只有这样"才能获得公正的边界"。既然如此，割裂历史上形成的德意志土地和人民，就不应该"被简单地接受为政治事实"。其次，通过扎实的边疆史研究，凸显德国对被割占领土的历史权利，使"历史知识和民族特性获得直接的政

---

① Christian Jansen, *Professoren und Politik: politisches Denken und Handeln der Heidelberger Hochschullehrer 1914 – 1935*, pp. 154, 155.

② Philipp Zorn, "Annexion und Desannexion," in Karl Strupp, ed., *Unser Recht auf Elsaß-Lothringen*, pp. 3 – 4.

③ 转引自 Willi Oberkrome, *Volksgeschichte. Methodische Innovation und völkische Ideologisierung in der deutschen Geschichtswissenschaft 1918 – 1945*, p. 92.

④ Heide Wunder, *Die bäuerliche Gemeinde in Deutschland*, Göttingen: Vandenhoeck & Ruprecht, 1986, p. 144; Andreas Kossert, "'Grenzlandpolitik' und Ostforschung an der Peripherie des Reiches: Das ostpreußische Masuren 1919 – 1945," *Vierteljahrshefte für Zeitgeschichte*, 51. Jahrg., H. 2, 2003, p. 118.

治意义"。①

鉴于德国失去的大片领土不仅包括德意志人聚居区，还有德意志人与波兰人、丹麦人、捷克人混居区，德意志帝国时期的域外德语区域的学术垦边，已无法胜任新形势新要求。只有将被割占领土乃至所有欧洲德意志人聚居区纳入边疆史考察和研究之列，"用'历史科学'作为工具与《凡尔赛和约》条款斗争"，用"不断增强的对于历史的维护和符合民族特性的研究"，守住德意志民族土地，② 才能否定《凡尔赛和约》对德国不利的疆界划定。于是，基于"前国家"特征的血缘和文化"民族"视角③，而非国家视角的边疆史研究，开始成为德国边疆史研究主流范式。

在"民族"视角下，德国史学界"放弃国家作为一种固定领土之出发点"，将具有相同民族和文化特性的共同体边界作为判断依据，强调民族才是最具历史重要性的"天然命运共同体"，以民族为着力点研究"边疆地带"，捍卫域外德意志土地和人民。对此，弗兰茨·佩特利（Franz Petri）说得很清楚：对于历史学家而言，"历史审视的最高标准不再是国家，而是民族"，民族与清晰的地域联系在一起，而非与国家疆界联系在一起。这种基于"民族"的边疆史研究，有利于守护被分割出去的德意志土地和人民。④ 在新研究范式下，既然国家疆界失去了分割意义，边界内外的德意志人聚居区都成了德国边疆史研究的关切对象，⑤

① Franz Ronneberger, "Beständigkeit und Wandel der Staatsordnungen in Südosteuropa: Eine politikwissenschaftliche Skizze," in Hans Peter Linss and Roland Schönfeld, eds., *Deutschland und die Völker Südosteuropas: Festschrift für Walter Althammer zum 65. Geburtstag*, München: Südosteuropa-Gesellschaft, 1993, p. 35; Willi Oberkrome, *Volksgeschichte. Methodische Innovation und völkische Ideologisierung in der deutschen Geschichtswissenschaft 1918–1945*, p. 22.

② Peter Schöttler and Chris Turner, "The Rhine as an Object of Historical Controversy in the Inter-War Years, Towards a History of Frontier Mentalities," *History Workshop Journal*, No. 39, 1995, p. 5; Willi Oberkrome, *Volksgeschichte. Methodische Innovation und völkische Ideologisierung in der deutschen Geschichtswissenschaft 1918–1945*, p. 22.

③ Manfred Hettling, "Volk und Volksgeschichten in Europa," p. 27.

④ Jan M. Piskorski, "Volksgeschichte *à la polonaise*. Vom Polonozentrismus im Rahmen der sogenannten polnischen Westforschung," in Manfred Hettling, ed., *Volksgeschichten in Europa der Zwischenkriegszeit*, p. 251; Willi Oberkrome, *Volksgeschichte. Methodische Innovation und völkische Ideologisierung in der deutschen Geschichtswissenschaft 1918–1945*, pp. 45, 176.

⑤ Andreas Kossert, "'Grenzlandpolitik' und Ostforschung an der Peripherie des Reiches: Das ostpreußische Masuren 1919–1945," p. 118.

战胜国对德国领土的不合理处置因此得到"彰显"。

基于"民族"视角的新边疆史研究引入 19 世纪末 20 世纪初由德国民族主义者、泛德意志同盟政治领袖恩斯特·哈塞提出，而后由地理学家阿尔布莱希特·彭克理论化的"德意志民族和文化土地"概念，[1] 以此将国家疆界概念弃之一边。"民族土地"（Volksboden）指单一族群的统一定居区域。"德意志民族土地就是德意志人定居之地"，是德意志民族自古以来占据、定居并拥有家园权的属地。"德意志文化土地"（Deutscher Kulturboden）指有"极其详细的"德意志建筑、耕地等标志的德意志化地区，或者说"只要德意志人渗透的地方，就是德意志文化土地"。此点在东部地区尤其明显，其地除德意志民族外，非德意志民族已接受德意志人作为土地开发的榜样。因此，德意志土地并非只限于德语地区，还包括已经德意志化的非德意志人居住地区。[2] 魏玛时期的边疆史研究，正是在上述两大概念之上确立漠视国家疆界的"民族性转向"。[3]

在研究指向上，魏玛时期的新边疆史研究分为"西部研究"和"东部研究"。

---

[1] 1906 年哈塞在《德意志政策》第 1 卷第 3 分册中对"纯粹德意志民族"（reindeutsche Nation）的疆土，以及受德意志因素影响的包括中东欧波罗的海沿岸诸邦、波兰、罗马尼亚、塞尔维亚等"半德意志诸民族"（halbdeutsche Nationen）在内的"更大的德意志兰"（Das größere Deutschland）疆域作了清晰描述。Ernst Hasse, *Deutsche Politik: Erster Band: Heimatpolitik, Drittes Heft: Deutsche Grenzpolitik*, München：J. F. Lehmann's Verlag, 1906. 1925 年彭克进一步提出"德意志民族和文化土地"理论，并用地图作了详细标注。Albrecht Penck, "Deutscher Volks- und Kulturboden," in K. C. von Loesch, ed., *Volk unter Völkern. Bücher des Deutschtums, Band 1, Für den deutschen Schutzbund*, Breslau：Ferdinand Hirt, 1925, pp. 62 – 73.

[2] Albrecht Penck, "Deutscher Volks- und Kulturboden," pp. 62, 65；Hans Dietrich Schultz, "Albrecht Penck：Vorbereiter und Wegbereiter der NS-Lebensraumpolitik?" *E&G Quaternary Science Journal*, 66, 2018, p. 119, https：//doi. org/10. 5194/egqsj – 66 – 115 – 2018, 访问日期：2023 年 4 月 16 日。

[3] Hans Dietrich Schultz, "Albrecht Penck：Vorbereiter und Wegbereiter der NS-Lebensraumpolitik?" p. 115. 事实上，彭克正式提出有关"民族和文化土地"概念前，已在 19 世纪 80 年代末参与编撰的相关著作中开始采用"民族"视角，包括荷兰、比利时、卢森堡、俄属波罗的海地区、阿尔萨斯—洛林、波希米亚、摩拉维亚、匈牙利、西本彪根（Siebenbürgen）、瑞士、奥地利等在内的许多地区都被纳入德意志"民族特性"和"文化"考察之列。Albrecht Penck, "Oberflächenbau," in Alfred Kirchhoff, ed., *Anleitung zur deutschen Landes- und Volksforschung*, Stuttgart：Verlag von J. Engelhorn, 1889.

"西部研究" 以德法两国相邻地区为主要目标，中世纪学者赫尔曼·奥宾被誉为 "捍卫德意志民族成果" 的坚定先驱。[1] 他和特奥多尔·弗林斯等明确提出，要在 "西部研究" 中引入漠视国家疆界的 "民族土地" 和 "文化土地" 概念，"从中世纪的历史中获得勇气和自信"，从历史和文化层面获取更多 "整个历史发展进程的真相"，[2] 以此确认定居人口的真正德意志血统或德意志文化属性，唤醒他们与中欧文化圈的紧密关系，进而使德国在西部边界争论中处于有利地位。

为达到目标，相关研究通常突破学科藩篱，将 "乡土概况与历史科学交织"，形成包括地理学、语言学、民俗学等跨学科研究，进而总体性呈现该地区现状和历史，"揭示人与家乡、景观与民族特性、空间与文化之间的各种关联"，以凸显其德意志特性。[3] 1920 年历史学家奥宾等建议成立的波恩大学 "莱茵兰历史概况研究所"，就是带有跨学科色彩的综合性研究机构。该所强调，"将一个地区的自然、经济、社会、文化和政治因素等捆绑" 为 "文化空间"，[4] 以文化特征判断其民族归属。这种研究方向很明确，就是 "将各种历史和文化现象整体性纳入历史空间"，"从历史角度说明莱茵兰的德意志特性"，抵制法国吞并莱茵河西岸德国领土的企图。[5]

此外，德国学界还提出带有 "民族学和文化学印记" 的 "西部地带"（Westland）概念，[6] 原来的国家被基于 "民族" 特征的地区取代，国家疆界被语

---

① Mathias Beer, "Rezensionen：Eduard Mühle für Volk und deutschen Osten. Der Historiker Hermann Aubin und die deutsche Ostforschung," *Jahrbücher für Geschichte Osteuropas*, Bd. 55, H. 1, 2007, p. 100.

② H. Aubin et al. , *Geschichte des Rheinlandes von der ältesten Zeit bis zur Gegenwart, Erster Band: Politische Geschichte*, Bonn am Rhein：Peter Hanstein Verlagsbuchhandlung, 1922, Vorwort, p. vi.

③ Willi Oberkrome, *Volksgeschichte. Methodische Innovation und völkische Ideologisierung in der deutschen Geschichtswissenschaft 1918 – 1945*, pp. 31 – 32.

④ Klaus von See, "Griff nach dem Westen：Die 'Westforschung' der völkisch-nationalen Wissenschaften zum nordwesteuropäischen Raum（1919 – 1960）von Burkhard Dietz, Helmut Gabel und Ulrich Tiedau," *Historische Zeitschrift*, Bd. 281, H. 2, 2005, pp. 517 – 518.

⑤ Hermann Aubin, Theodor Frings and Josef Müller, *Kulturströmungen und Kulturprovinzen in den Rheinlanden：Geschichte, Sprache, Volkskunde*, Bonn：Verlag Ludwig Röhrscheid, 1966, Nachdruck, Vorwort zur Neuausgabe；Willi Oberkrome, *Volksgeschichte. Methodische Innovation und völkische Ideologisierung in der deutschen Geschichtswissenschaft 1918 – 1945*, p. 32.

⑥ Thomas Müller, "Grundzüge der Westforschung," p. 88.

言和文化疆界取代。结果，在语言学、民俗学、文化学和地理学等跨学科综合性研究中，德国西部疆界内外的德意志人聚居地区被建构成具有鲜明"德意志特性"的无法分割的整体，一种融合"民族和文化土地概念"、根据"族群政治界定的空间和边疆结构"。① 例如，奥宾在两卷本《莱茵兰史》中，从宪法史和农业史角度证明，"莱茵河左岸与右岸地区一样，地产占有都是奠基于纯粹的日耳曼宪法之上"；弗林斯则从语言学角度证明，"莱茵语言区域是置于高地德语辅音音变基础上的"。为突出德意志文化属性，他还专门用德语传世文献而非拉丁文献撰写中世纪莱茵语言史。②

奥宾基于以上新范式设计出全新研究模型，突出乡土和历史元素，将德意志民族勾勒成由多个景观组成的整体，在研究中必须跨越起政治隔离作用的国家疆界，总体把握民族来源、文化因素和部族构成，从整体性"文化空间"理解和确认德意志民族特性，进而否定德意志民族国家西部边界。③ 用他的话说，"研究绝不应仅限于某一领地（领土），而应致力于对空间相互关联的所有区域全面审视"。④ 换言之，研究要基于土地、民族和文化等具有多维联系的有机空间，尤其要突出具有文化符号功能的"语言疆界和语言共同体"。正是基于新研究模型，1927 年后的德国"西部研究"引入"西部空间"（Westraum）概念。⑤

在上述新研究范式之下，波恩大学莱茵兰历史概况研究所作为"西部研究"的中心，在 1920 年成立后迅速推出奥宾等所著《莱茵兰史》，莱茵地区史研究领军人物弗兰茨·施泰因巴赫的《西德意志部族和民族史研究》，奥宾、弗林斯和民俗

---

① Michael Fahlbusch and Ingo Haar, "Völkische Wissenschaft und Politikberatung," in *Völkische Wissenschaften und Politikberatung im 20. Jahrhundert: Expertise und "Neuordnung" Europas*, p. 24.

② H. Aubin et al., *Geschichte des Rheinlandes von der Ältesten Zeit bis zur Gegenwart, Zweiter Band: Kulturgeschichte*, pp. 1 – 50, 251 – 261.

③ Thomas Müller, "Grundzüge der Westforschung," p. 87.

④ Hermann Aubin, *Die Entstehung der Landeshoheit nach Niederrheinischen Quellen: Studien über Grafschaft, Immunität und Vogtei*, Lübeck：Matthiesen Verlag, 1920, Vorwort, p. vi. 奥宾到晚年仍坚持以"德意志民族"的"生存空间"来确定德意志历史研究范围。Hermann Aubin and Wolfgang Zorn, eds., *Handbuch der Deutschen Wirtschafts- und Sozialgeschichte*, Band 1, Stuttgart：Ernst Klett Verlag, 1971, p. 1.

⑤ Thomas Müller, "Grundzüge der Westforschung," p. 88.

学家约瑟夫·缪勒为构建"整体化德国文化形态学"出版的合集《莱茵兰文化源流和文化区域》等一批研究成果。① 其中，《西德意志部族和民族史研究》强调，虽然墨洛温王朝之前的法兰克、阿雷曼和图林根等西日耳曼部族在政治上是分裂的，但在"许多文化现象"上"令人瞩目地一致"。正是一致性奠定了"一种特殊的共同体情感，一种家乡情感"，成就了"作为德意志民族特性成长之源的西日耳曼文化圈"的"民族力量"在"德意志国家构成"中的作用。②《莱茵兰文化源流和文化区域》则对莱茵兰历史、方言地理和民俗进行跨学科综合研究，并以地图形式呈现出来，直观展示莱茵兰的条顿（德意志）特征，以及自中世纪盛期以来确立的德意志文化空间。采取跨学科综合研究旨在"重构莱茵兰的文化关系"，呈现莱茵兰各地日常生活现象与更高文化领域"无法割裂"的"更强整体景观"。③

新范式下的"西部研究"认为，整个上莱茵兰，包括法国北部在内的阿尔萨斯—洛林等大片地区，都具有鲜明德意志特点和属性。德法边境地区的阿尔萨斯乃至整个佛日山脉地区，耕地形态、民俗、语言和宗教信仰等，与德国巴登地区一致，是德意志民族"无可争议"的核心属地，应属于德国。它们落入法国之手，只是自法王菲利普四世（Philip IV）以来法国屡次东扩的结果。因此，法兰克福大学教授瓦尔特·普拉茨霍夫（Walter Platzhof）强烈反对法国的莱茵河"自然疆界"要求，声称莱茵河自古以来就是德国河流，而非德国边界，莱茵河西岸地区也是德国土地。④ 此观点与一战期间德国学者提出的比利时和法国北部具有

---

① Franz Steinbach, *Studien zur westdeutschen Stammes- und Volksgeschichte*, Jena: Verlag von Gustav Fischer, 1926; Hermann Aubin, Theodor Frings and Joseph Müller, *Kulturströmungen und Kulturprovinzen in den Rheinlanden: Geschichte, Sprache, Volkskunde*, Bonn: L. Röhrscheid, 1926.

② Franz Steinbach, *Studien zur Westdeutschen Stammes- und Volksgeschichte*, pp. 118, 122.

③ Hermann Aubin, Theodor Frings and Josef Müller, *Kulturströmungen und Kulturprovinzen in den Rheinlanden: Geschichte, Sprache, Volkskunde*, p. 92, Vorwort, p. x.

④ Willi Oberkrome, *Volksgeschichte. Methodische Innovation und völkische Ideologisierung in der deutschen Geschichtswissenschaft 1918 – 1945*, pp. 62 – 63. 关于法国的莱茵河"自然疆界"要求，我国学者做过较详细研究，参见黄艳红：《近代法国莱茵河"自然疆界"话语的流变（1450—1792）》，《历史研究》2016 年第 4 期。相关问题另见"History of the Rhine River," https://www.britannica.com/place/Rhine – River/History，访问日期：2022 年 11 月 23 日。

"日耳曼"属性如出一辙。[1] 只不过当时的研究是为德国侵占比利时寻找借口，魏玛时期的研究则是为了在学术层面守住德国西部领土，甚至"收回"历史上被法国夺走的土地。对此，施泰因巴赫说得非常直白：鉴于德意志民族被割裂而德意志人民又强烈渴望统一，相关研究很有用且很有必要。正因如此，有学者形容魏玛时期的"西部研究"兼具"'防卫性斗争'和领土上的进攻性"，是基于"民族"认知"无声的血缘表决"。[2]

"东部研究"也是魏玛时期边疆史研究重点方向。如果说"西部研究"具有守中带攻特征，"东部研究"则呈现以攻为守色彩。出现此种差别的原因在于，德国史学界认为，西部疆界相对固化，而东部疆界并未形成清晰轮廓，学术守边任务更重，希望也更大。从历史上看，中世纪直至 20 世纪初，东欧和东南欧地区一直是德意志人和斯拉夫人混杂定居区域，缺乏明晰的语言和族群边界，还散落着大量以德语岛形式存在的德意志人聚居区。[3] 所以，德国人眼中的东欧和东南欧，是令人向往的"宽阔的、有待殖民的边疆空间"。德国史学界"带着热切的、彻底的修约政策希望"，致力于"东部研究"，[4] 以策应德国政府在《洛迦诺公约》中表现出的保证西部边界和修改东部边界的差异化政策，[5] 并为此提出更为模糊的"东部空间"（Ostraum）概念，"从'学术'上证明"德意志人对这些土地的权利，反对《凡尔赛和约》把德国东部大片土地划归

① Otto Quelle, *Belgien und die französischen Nachbargebiete: Eine Landeskunde für das deutsche Volk*, Braunschweig: Verlag von George Westermann, 1915, pp. 83 – 112.

② Franz Steinbach, *Studien zur Westdeutschen Stammes- und Volksgeschichte*, p. 180; Karl Ditt, "Review of Derks, Hans. Deutsche Westforschung: Ideologie und Praxis im 20. Jahrhundert," H-Soz-u-Kult, *H-Net Reviews*, https: //www. h – net. org/reviews/showrev. php? id = 17537, 访问日期：2022 年 7 月 9 日。

③ 关于东欧和东南欧德语岛的分布情况，参见 Moritz Gehre, *Die Deutschen Sprachinseln in Oesterreich*, Großenhain: Hermann Starke, 1886.

④ Andreas Kossert, "'Grenzlandpolitik' und Ostforschung an der Peripherie des Reiches: Das ostpreußische Masuren 1919 – 1945," p. 124.

⑤ "Das Abkommen von Locarno (16. 10. 1925/14. 9. 1926)," in Udo Sautter, *Deutsche Geschichte seit 1815: Daten, Fakten, Dokumente, Band Ⅲ, Historische Quellen*, Tübingen und Basel: A. Francke Verlag, 2004, pp. 149 – 152.

波兰等邻国。①

　　基于上述目标，德国史学界虽然在"东部研究"中也引入"德意志民族土地"和"德意志文化土地"概念，但更强调后者，认为德意志人在易北河以东地区获得大片土地，是以更高等级的"文化形态"使这些地区德意志化的结果。中世纪时期，东进垦殖定居的德意志人占据东欧土地，将"一块蛮族之地纳入更先进的法兰克王国"，这是"东部的空间命运"。用奥宾的话说，"德意志人通过一种整体上的霸权性文化，取得在中东欧地区的强权地位"，并塑造了强权地位的"合法性"。② 研究东部边疆的学者鲁道夫·科茨克（Rudolf Kötzschke）等也认为，德意志人拥有更好的经济状况、更有效率的社区法以及更高水平的生产技术，在向东移民进程中取得了独一无二的成就。他们深深影响了中世纪早期还没有铁犁和耕作经验的斯拉夫人和马扎尔人。③ 若无德意志农民、商人和骑士团殖民者"持续活动"，东欧在经济上仍然是一块居住着蒙昧人群的未开化的荒原。④ 所以德意志人的东欧垦殖定居是进步的历史性举动，他们"开化"了这片土地，该区域自然也成了德意志的"文化土地"。

　　魏玛时期的"东部研究"中，东普鲁士南部的德意志人与波兰人混居区马祖里（Masuren，今波兰境内），成了德国学者运用"文化土地"理论捍卫边疆之地的"学术实验场"。当时马祖里居民中波兰族裔占多数，但在 1920 年 7 月全民公决中，却有超过 99％的马祖里居民支持继续留在德国。马祖里人因此成了"不说

① Jan M. Piskorski，"Volksgeschichte *à la polonaise*. Vom Polonozentrismus im Rahmen der sogenannten polnischen Westforschung，" p. 261. 《凡尔赛和约》涉及原德意志帝国东部的波森—西普鲁士、东上西里西亚、泰森西里西亚（奥尔萨地区）、加里西亚（Galizien）、中波兰、沃立尼亚和沃耶沃东北部等 6 个德意志人聚居区域，共 102.2 万德意志人。Theodor Bierschenk，*Die deutsche Volksgruppe in Polen 1934 - 1939*，Kitzingen：Holzner-Verlag，1954，p. 9.

② Jan M. Piskorski，"Volksgeschichte *à la polonaise*. Vom Polonozentrismus im Rahmen der sogenannten polnischen Westforschung，" p. 251；Willi Oberkrome，"Für Volk und deutschen Osten. Der Historiker Hermann Aubin und die deutsche Ostforschung by Eduard Mühle，" *Historische Zeitschrift*，Bd. 282，H. 3，2006，p. 818.

③ Willi Oberkrome，*Volksgeschichte. Methodische Innovation und völkische Ideologisierung in der deutschen Geschichtswissenschaft 1918 - 1945*，p. 58.

④ Willi Oberkrome，*Volksgeschichte. Methodische Innovation und völkische Ideologisierung in der deutschen Geschichtswissenschaft 1918 - 1945*，pp. 49 - 50.

德语的文化德意志人”的代表，马祖里则成了德意志人眼中“边疆斗争”的典范。德国史学界由此认为，在混居地区通过强化德意志文化，坚定德意志认同非常重要。“最终决定国籍的不是出身，而是内心的信念！正如全民公投已清楚表明的那样，马祖里是德意志国家不可分割的组成部分。所谓‘马祖里问题’对我们而言根本不存在。马祖里的命运与整个德意志祖国的命运密不可分。”

于是，在马祖里等民族混居地区开展文化史讲座和纪念物维护等活动，成为东部地区学术守边的常态举措。而“西部研究”中强调的“民族”、种族和语言等因素，此时都遭到漠视。马祖里问题成为魏玛德国边疆史研究中“机会主义地使用民族和文化土地理论”之“范例”。在机会主义取向下，种族、血统和语言等成了“西部研究”中认定德意志特性和归属的客观有效标准，“东部研究”则选择性绕过不利的民族、语言等因素，转而突出其文化上的德意志化和德意志认同。据此，只要该地居民“主观选择”德国，他们就应归属德国，马祖里的德意志—波兰人混居区就是例证。①

魏玛时期边疆史研究中的机会主义双重标准过于露骨，对此心知肚明的德国学界自然不忘为之辩解。他们宣称，“西部研究”和“东部研究”出现差异化取向，是基于对东部和西部边疆历史认知的结果，理由是西部乃已经固化的线状疆界，东部是分层的、移动的边缘性疆界；西边是军事边塞，东边乃“辽阔之地”。② 也有学者认为，造成这种状况的重要原因在于，东部地区长期“缺少建构起来的民族国家疆界”。③ 然而，很明显，魏玛德国边疆史研究中采用双重标准，本质就在于谋取德意志民族利益最大化，维护“德意志民族（而非国际法上的国家）的统一”，④ 守住曾经的德意志民族和“文化土地”。

二、第三帝国时期的学术扩边

在《洛迦诺公约》中，魏玛政府表达了确保西部疆界安全但保留修改东部边

---

① Andreas Kossert, "'Grenzlandpolitik' und Ostforschung an der Peripherie des Reiches: Das ostpreußische Masuren 1919 – 1945," pp. 117 – 131.

② Hermann Heimpel, "Frankreich und das Reich," *Historische Zeitschrift*, Bd. 161, H. 2, 1940, p. 233.

③ Manfred Hettling, "Volk und Volksgeschichte in Europa," p. 27.

④ Peter Schöttler and Chris Turner, "The Rhine as an Object of Historical Controversy in the Inter-War Years. Towards a History of Frontier Mentalities," p. 5.

界的可能性。然而，纳粹党等右翼集团并不认同该条约，抵制其对德国西部疆界的束缚，[①] 认为它有悖希特勒废除《凡尔赛和约》、建立囊括欧洲所有德意志人的"大德意志帝国"，以及确保德国在欧洲支配地位的目标。这一目标在希特勒《我的奋斗》《希特勒的第二本书》以及相关演讲中被多次重申，亦即要完全突破传统疆界，抛弃"对于德意志民族未来没有意义"的 1914 年边界，继续"六百年前终止的"德意志人"向东突进"，"在东部征服新的生存空间"，"建立囊括整个东欧和俄国直至乌拉尔的'新德意志大陆帝国'"，[②] 确保德意志民族的生存繁衍。因此，1933 年纳粹攫取政权后，毫不掩饰地扩军备战，为废除《凡尔赛和约》和侵略扩张做准备。德国在欧洲国际政治格局中由守转攻。

因应上述新形势，原本就对《凡尔赛和约》极为不满的德国史学界立即"卷入纳粹政权的扩张政策之中"。边疆史家沉浸于极端民族主义的狂热快意，踊跃为希特勒对外扩张提供"学术"支持。[③] 德国边疆史研究由魏玛时期的防御性学术守边转向支持第三帝国侵略扩张的学术扩边。魏玛时期"民族"视角下的二维"民族土地"和"文化土地"概念，被更具弹性的多维"边疆空间"（Grenzraum）概念取代。

"边疆空间"概念的引入，志在以边境地区的民族秩序（Volksordnung）和民族共同体，取代并"跨越人为的和强制性的国家疆界"。[④] 在"边疆空间"概念下，边疆通过由族群、人口、经济、地理、文化等元素构成的有机空间呈现出

---

① "Annahme der Locarno-Verträge durch den Reichstag," https：//weimar. bundesarchiv. de/ WEIMAR/DE/Content/Dokumente – zur – Zeitgeschichte/1925 – 10 – 05_ locarno – annahme – reichstag. html，访问日期：2022 年 9 月 17 日。

② Adolf Hitler, *Mein Kampf*, New York：Reynal & Hitchcock, 1941, pp. 179, 384, 920；Max Domarus, *Hitler: Reden und Proklamationen, 1932 bis 1945. Kommentiert von einen Deutschen Zeitgenossen, Teil I, Triumpf, Erster Band 1932 – 1934；zweiter Band, 1935 – 1938*, Leonberg：Pamminger & Partner Verlagsgesellschaft, 1988, pp. 35 – 36, 468；*Hitlers zweites Buch: Ein Dokument aus dem Jahr 1928*, Stuttgart：Deutsche Verlags-Anstalt, 1961, pp. 34, 59, 80.

③ Klaus von See, "Griff nach dem Westen：Die 'Westforschung' der völkisch-nationalen Wissenschaften zum Nordwesteuropäischen Raum（1919 – 1960）von Burkhard Dietz, Helmut Gabel und Ulrich Tiedau," p. 518.

④ Willi Oberkrome, *Volksgeschichte. Methodische Innovation und völkische Ideologisierung in der deutschen Geschichtswissenschaft 1918 – 1945*, pp. 109, 152.

来，以共生方式将人与家乡环境紧密联系在一起。换句话说，纳粹时期德国边疆史研究的目标已不再限于德意志"民族和文化土地"，而是进一步扩大到在经济、地理等方面与德国关联的区域。与此同时，政治边界在"边疆空间"中却被视为具有临时性，随着空间内的人口增长、经济发展变化等出现位移，意味着第三帝国可根据需要随时修改现有国家疆界。"边疆空间"概念的引入表明，德国边疆史研究非常善于"根据不断变化的情况调整其解释性概念"。这种善变与希特勒"一切道德和真理的判断标准在于是否有利于并维护德意志民族"理念极为契合，结果"纳粹的崛起和上台加速了德国边疆史研究，后者则实现了希特勒对德国史学的要求"。[1]

第三帝国边疆史研究指向与魏玛时期相同即以东西两侧为主，其以二战爆发为节点分为两个阶段。前一阶段侧重于为第三帝国对外扩张进行历史"勘察"，后一阶段则主要证明第三帝国侵略扩张和占领政策的历史"正当性"。

在第一阶段的"西部研究"中，魏玛时期引入的"西部空间"概念开始被拓展为西部"边疆空间"，囊括从北海向南直到阿尔卑斯山，包括德国的莱茵兰和根据《凡尔赛和约》割走的德国其他领土，以及荷兰、卢森堡、比利时、法国东部及东北部、瑞士德语区、阿尔萨斯—洛林等地区。它们要么是德意志的"民族和文化土地"，要么是经济、地理、人口等方面与德国密切关联的地区。德国史学界把如此广阔的地区划入西部"边疆空间"，旨在为日后建立德国支配下的"西欧德意志中心秩序提供历史依据"。[2] 该时期"西部研究"的代表人物为历史学家施泰因巴赫、佩特利和历史地理学家弗里德里希·默茨（Friedrich Metz）等。"'西部研究者'在 1933 年前就已受纳粹精神浸染"，[3] 对纳粹西扩政策心知肚明。他们一致反对把莱茵河视为"种族和血缘边界"，认为莱茵河两岸皆具有

---

[1] "Rise to power of Adolf Hitler," https：//www. britannica. com/biography/Adolf – Hitler/Rise – to – power, 访问日期：2022 年 9 月 17 日；Willi Oberkrome, *Volksgeschichte. Methodische Innovation und völkische Ideologisierung in der deutschen Geschichtswissenschaft 1918 – 1945*, pp. 104, 110.

[2] Volker Berghahn, "Deutsche Historiker im Nationalsozialismus. Edited by Winfried Schulze and Otto Gerhard Oexle," *Central European History*, Vol. 34, No. 1, 2001, p. 134.

[3] Karl Ditt, "Review of Derks, Hans. Deutsche Westforschung：Ideologie und Praxis im 20. Jahrhundert," *H-Soz-u-Kult*, *H-Net Reviews*, December, 2002. p. 3.

德意志属性，"一点法兰西的痕迹都没有"。①

佩特利是拓展德国西部"边疆空间"研究的先锋，在其著作《瓦隆和法国北部的日耳曼民族遗产》中"豪迈地"跨越莱茵河，采用考古学、历史学和地理学等跨学科方法，对比利时瓦隆地区和法国北部村庄、家族名称以及坟墓、耕地形态等做综合性"文化空间研究"，重构这些地区的日耳曼文化传统，证明它们在历史上都是德意志人定居区域或德意志文化地区。② 其研究不仅否定了既有国家疆界，甚至突破了魏玛时期强调的"民族"和"语言"边界，将中世纪法兰克帝国的整个统治区域形塑成带有"强烈日耳曼印记的统一文化空间"。在佩特利看来，只是后来德意志人在法国人挤压下不断退却，原先统一的日耳曼文化空间才逐渐变得"模糊不清"。③ 因此，许多地方应该是德法两国"共有的生存之地"，德意志人也可以占有它们。④ 德国在西部地区突破国界和语言疆界束缚的扩张性诉求，于是有了合法性历史解释，纳粹的"大德意志帝国"也有了"科学"依据。⑤ 佩特利因此深得纳粹当局赏识，1942 年晋升为科隆大学教授。

二战爆发后，德国史学界的"西部研究"紧跟德军侵略步伐，转而为将占领地区纳入德国寻找历史和文化依据。首先，德国史学界为 1940 年德国打败法国后"收复"阿尔萨斯—洛林辩护。以海德堡大学为代表的德国学界出版多部著作，从历史、政治和文化层面证明阿尔萨斯—洛林的"德意志属性"，强调其

---

① Friedrich Metz, "Die rheinische Kulturlandschaft," in ders., *Land und Leute. Gesammelte Beiträge zur deutschen Landes- und Volksforschung*, Stuttgart: W. Kohlhammer, 1961, p. 134; vgl. ders., *Das Elsaß, Landschaft, Siedlung und Volkstum* (1942), in ebd., p. 305. 转引自 Willi Oberkrome, *Volksgeschichte. Methodische Innovation und völkische Ideologisierung in der deutschen Geschichtswissenschaft 1918 – 1945*, p. 217.

② Franz Petri, *Germanisches Volkserbe in Wallonien und Nordfrankreich: Die Fränkische Landname in Frankreich und den Niederlanden und die Bildung der Westlichen Sprachgrenze*, Erster Halbband, Bonn: Ludwig Röhrscheid Verlag, 1937, Vorwort, p. v; Karl Ditt, "The Idea of German Cultural Regions in the Third Reich: The Work of Franz Petri," *Journal of Historical Geography*, Vol. 27, No. 2, 2001, pp. 241 – 258.

③ Anne Christine Nagel, *Im Schatten des Dritten Reichs: Mittelalterforschung in der Bundesrepublik Deutschland 1945 – 1970*, Göttingen: Vandenhoeck & Ruprecht, 2005, p. 70.

④ Hermann Heimpel, "Frankreich und das Reich," p. 240.

⑤ Willi Oberkrome, *Volksgeschichte. Methodische Innovation und völkische Ideologisierung in der deutschen Geschichtswissenschaft 1918 – 1945*, p. 209.

"从来都是整个德国的组成部分"。[①] 他们还一反特莱奇克的阿尔萨斯为德国边疆之地观点，认为"阿尔萨斯不是帝国的边疆之地，而是核心地带"，是"大德意志帝国最重要和最美丽的核心景观"，为第三帝国进一步扩张埋下"学术"伏笔。[②]

其次，在德军占领荷兰、比利时、卢森堡和法国三分之二领土后，佩特利立刻在"西部研究"中引入基于"种族审视"的"灰色地带"（Grauzonen）论，以证明德军扩张的种族合理性。据此观点，在西欧存在一条穿越法国的锯齿状"种族边界"，法国北部到卢瓦尔河（Loire）中游都呈现北欧民族占据优势的特征。鉴于"土地与种族最终只是同一问题的不同方面"，或者说是一种"历史性统一"，而德国的西方邻国都属于"北欧种族结构"，荷兰更是"不可动摇的日耳曼核心资产"，它们都应纳入德国控制之下。可见，佩特利的研究已变成纳粹扩张的历史合法性辩护工具，成为服务于纳粹侵略和占领政策的"报告史学"。[③]另一位边疆史家奥宾也为第三帝国西部扩张辩护，宣称在中世纪，从加洛林王朝到施陶芬王朝，德国都致力于建构欧洲大帝国。中世纪盛期的德国已是欧洲"居于支配地位的核心国家"，半个西欧几乎归于统治之下。[④]

第三帝国第一阶段的"东部研究"，也开始转向"扩边"，以学术"积极服务纳粹的意识形态"，"辅佐"纳粹的东扩政策。[⑤] 任教于柯尼斯堡大学的东欧史

---

① Eugen Fehrle, "Deutsches Volkstum in Elsaß," in Friedrich Panzer, ed., *Deutsches Schicksal im Elsaß: Vorträge Heidelberger Professoren*, Heidelberg: Carl Winter's Universitätsbuchhandlung, 1941, p. 26; Otto Meißner, ed., *Deutsches Elsaß, Deutsches Lothringen: Ein Querschnitt aus Geschichte, Volkstum und Kultur*, Berlin: Verlagsanstalt Otto Stollberg, 1941, p. 7.

② Paul Schmitthenner, "Das Elaß in der deutschen Geschichte und Kriegsgeschichte," in Friedrich Panzer, ed., *Deutsches Schicksal im Elsaß: Vorträge Heidelberger Professoren*, p. 25.

③ Franz Petri, "Stamm und Land im frühmittelalterlichen Nordwesten nach neuerer historischer Forschung," in Franz Petri, ed., *Westfälische Forschungen: Mitteilungen des Provinzialinstitus für westfälische Landes- und Volkskunde*, Münster in Westfalen: Verlag Aschendorff, 1955, p. 16; Willi Oberkrome, *Volksgeschichte. Methodische Innovation und völkische Ideologisierung in der deutschen Geschichtswissenschaft 1918 – 1945*, pp. 217 – 218.

④ Jan Eckel, *Geist der Zeit: Deutsche Geisteswissenschaft seit 1870*, Göttingen: Vandenhoeck & Ruprecht, 2008, pp. 82 – 83.

⑤ Andreas Kossert, "'Grenzlandpolitik' und Ostforschung an der Peripherie des Reiches: Das ostpreußische Masuren 1919 – 1945," p. 133.

学者阿尔伯特·布拉克曼是"开路先锋和组织者"。① 他和奥宾的结论一样，认为斯拉夫人没有能力建设自己的国家，而德意志人更高的文化使他们担当起"开化这一德意志次区域"的"历史使命"。他不仅在主编的《德国与波兰》一书中明确否定波兰第一任国王博莱斯拉夫一世（Boleslav I）是波兰国家的建立者，而且将波兰与英国统治下的北爱尔兰相提并论，认为波兰是需要有更先进文明加以开化的"德国的北爱尔兰"，以此为纳粹德国向东扩张造势。为鼓动东扩，布拉克曼甚至专门向希特勒献上了自己的研究成果。② "年轻一代"东欧史学者埃里希·马斯克（Erich Maschke）认为，"德意志民族在东部空间的'生存斗争'是'命运问题'"，因此也积极为德国东扩寻找历史依据。他在"寻踪波兰的德意志文化成就"后认为"华沙是德意志的"，进而提出使其"再日耳曼化"建议。③

第三帝国的"东部研究"者中，有一些学者来自被分割出去的原德意志帝国东部地区，他们将家乡的命运与德国东扩直接联系在一起，因而成了"光复"边土的积极推动者。出生于捷克苏台德的汉斯·希尔施（Hans Hirsch）认为，历史上的"向东突进"是"德意志民族实实在在的劳力输出"，为东欧发展作出了贡献，④ 需要继续。出生于捷克赖兴贝格（Reichenberg）的奥宾一直持有包纳广袤东欧地区的"大德意志历史观"，⑤ 大力支持德国东扩。他认为，数百年来东部

---

① Hartmut Boockmann, "Die Königsberger Historiker vom Ende des 1. Weltkrieges bis zum Ende der Universität," in Dietrich Rauschning and Donata v. Nerée, eds. , *Jahrbuch der Albertus-Universität zu Königsberg-Pr. : Band XXIX (1994): Die Albertus-Universität zu Königsberg und ihre Professoren. Aus Anlaß der Gründung der Albertus-Universität vor 450 Jahren*, Berlin: Duncker & Humblot, 1995, p. 261.

② Alebert Brackmann, "Die Ursachen der geistigen und politischen Wandlung Europas im 11. und 12. Jahrhundert," *Historische Zeitschrift*, Bd. 149, H. 2, 1934, p. 239, Fußnote 1; Michael Burleigh, "Albert Brackmann (1871 – 1952) Ostforscher: The Years of Retirement," *Journal of Contemporary History*, Vol. 23, No. 4, 1988, p. 575.

③ Ingo Haar, *Historiker im Nationalsozialismus: Deutsche Geschichtswissenschaft und der "Volkstumskampf" im Osten*, pp. 99, 115, 238.

④ Willi Oberkrome, *Volksgeschichte. Methodische Innovation und völkische Ideologisierung in der deutschen Geschichtswissenschaft 1918 – 1945*, p. 175.

⑤ Gregor Thum, ed. , *Traumland Osten: Deutsche Bilder vom östlichen Europa im 20. Jahrhundert*, Göttingen: Vandenhoeck & Ruprecht, 2006, p. 112; Ingo Haar, *Historiker im Nationalsozialismus: Deutsche Geschichtswissenschaft und der "Volkstumskampf" im Osten*, p. 100.

区域在历史、宪法制度和文化上，都已整合成德意志民族空间组成部分。德意志人与东欧斯拉夫人相比，存在天然的"西—东落差"（West-Ost-Gefälle），"拥有政治、经济、社会和文化上的优势"。[①] 这种落差正是德意志人统治东欧的正当性基础。他以西里西亚为例认为，在"斯拉夫人时期"，由于法律不健全、技术水平和"天生资质"低下，经济明显衰落。最终，拥有经济、商业和交通优势的德意志垦殖者到来，才确保该地区人们的生存。[②] 1939年3月德国吞并捷克斯洛伐克后，奥宾又立即从历史角度为德国侵略辩护，指出波希米亚与德国有1100多年密切关系，"两个民族如此紧密交织和强有力地相互依存，绝无仅有"。因此，德国吞并捷克斯洛伐克是一种历史宿命。[③]

二战爆发后，"东部研究"的动力愈加澎湃。德国史学界狂热支持占领波兰，并且用各种"史实"证明德国在欧洲东部推行"日耳曼化进程"的正当性和合理性。布拉克曼早在20世纪20年代就声称，自奥托一世以来，德国东方政策（Ostpolitik）的目标就是将边界推进到"北起荷尔斯泰因，南至匈牙利，东到基辅"。因此，德军占领波兰只是要表明"《凡尔赛和约》规定的东欧秩序是错误的"，同时也是德意志人东进历史的延续，是德意志人东部定居新浪潮的开端。他还积极联系任教于布雷斯劳大学的德意志人定居史学者瓦尔特·库恩（Walter Kuhn），请其参与加里西亚等地的德意志人重新安置规划，强化这些地区的德意志化进程。[④]

历史学家维尔纳·康策（Werner Conze）和特奥多尔·谢德尔（Theodor Schieder）则在"旧普鲁士研究"框架内，支持"德意志民族在德国东部家园的权利斗争"。康策认为，历史上"波兰国家没有建立起必要的民族秩序"，因此没有

---

① Mathias Beer, "Eduard Mühle *für Volk und deutschen Osten. Der Historiker Hermann Aubin und die deutsche Ostforschung.* Droste Verlag Düsseldorf 2005," *Jahrbücher für Geschichte Osteuropas*, Neue Folge, Bd. 55, H. 1, 2007, p. 100.

② Willi Oberkrome, *Volksgeschichte. Methodische Innovation und völkische Ideologisierung in der deutschen Geschichtswissenschaft 1918 – 1945*, p. 199.

③ Hermann Aubin, "Deutsche und Tschechen：Die Geschichtlichen Grundlagen Ihrer Gegenseitigen Beziehungen," *Historische Zeitschrift*, Bd. 160, H. 3, 1939, pp. 457, 479.

④ Albert Brackmann, "Die Ostpolitik Ottos des Großen," *Historische Zeitschrift*, Bd. 134, H. 2, 1926, p. 255；Michael Burleigh, "Albert Brackmann (1871 – 1952) Ostforscher：The Years of Retirement," p. 581.

存在价值。① 他还引入"生存空间"理论，认为"生存空间"向外扩张或收缩，取决于一个民族的能力和意志。德意志人东扩是其能力的体现，是秩序和进步的保证。有学者甚至认为，东部"生存空间"就是强权原则基础上任由德意志人随意扩张的"大空间"。② 奥宾则以居高临下的傲慢姿态强调，中世纪东欧史表明，由于我们的小邻居"无法在经济和精神上达到完全自给自足"，经济、社会和文化形态发展程度更高的德意志民族注定居于统治地位，因此必须根据中世纪神圣罗马帝国的跨国模式建构东欧，形成"在帝国庇荫下生存的各民族持久秩序"，即德国霸权统治下的东欧。"从易北河到芬兰湾的德意志东部，以及从因河到黑海的（南部）地区"，都应是"统一的德意志人的生存空间"。③ 历史学家甚至采取集体行动，表达东扩诉求。1939 年 10 月 11 日，柏林普鲁士秘密国家档案出版处发送了一份由奥宾、布拉克曼、谢德尔以及库恩等撰写的"波森和西普鲁士德意志化"备忘录，要求把在波兰西部原普鲁士地区的 290 万波兰人和犹太人迁移出去。④ 显然，上述研究为德国对东欧诉求的"合法性"以及纳粹向东扩张提供了重要历史支撑。

鉴于上述种种，有波兰学者在谈到第三帝国"东部研究"时，一针见血地指出，"德国'东部研究'者中的多数人，属于要摧毁波兰和东欧其他国家的德意志'先驱'之列。他们中一些人虽然接受东欧民族国家的存在，却要求其大大缩小疆界，而且首先要作为德国的殖民地形式处于德意志统治之下"，亦即东欧必须是德国霸权庇荫下的东欧。德国学界的诉求，就是掌控纳粹宣传的戈培尔所说的"德意志人有关东欧政治的思考中"的"一种久远传统"本质所在，⑤ 凸显第

---

① Willi Oberkrome, *Volksgeschichte. Methodische Innovation und völkische Ideologisierung in der deutschen Geschichtswissenschaft 1918 – 1945*, pp. 212, 159.

② Christian Streit, "Die Behandlung der sowjetischen Kriegsgefangenen und völkerrechtliche Probleme des Krieges gegen die Sowjetunion," in Gerd R. Ueberschör and Wolfram Wette, eds., *"Unternehem Barbarossa": Der deutsche überfall auf die Sowjetunion 1941*, Paderborn: Ferdinand Schöningh, 1984, p. 214.

③ Willi Oberkrome, *Volksgeschichte. Methodische Innovation und völkische Ideologisierung in der deutschen Geschichtswissenschaft 1918 – 1945*, pp. 212 – 216.

④ Ingo Haar, *Historiker im Nationalsozialismus: Deutsche Geschichtswissenschaft und der "Volkstumskampf" im Osten*, p. 11.

⑤ Jan M. Piskorski, "Volksgeschichte à la polonaise. Vom Polonozentrismus im Rahmen der sogenannten polnischen Westforschung," p. 254.

三帝国时期边疆史研究服务于纳粹侵略扩张的取向。

至此可以看出，第三帝国边疆史研究在西部和东部研究中同样采用双重标准。"西部研究"特别强调法国、比利时和荷兰等领土的原初日耳曼属性，但在"东部研究"中有意忽视斯拉夫人的原初性，强调德意志人对东欧开垦的贡献和德意志文化优越性应获得的权利。德国学界很清楚"双标"会遭质疑，因而不忘为之辩解。施泰因巴赫等强调"'西部研究'与'东部研究'截然不同的前提条件"，即"宽阔的东部是种族混合区域，有（德意志）文化使命的要求；西部则数百年来一直相对稳定，是带有'西方'文化意识印记的边疆"。[①] 奥宾进一步提出"两种边界形态"论，即德国西部疆界是"内部疆界"，不存在文化差异，只是经历数百年后在同类国家间形成的行政管理疆界。东部疆界则不然，是"外向疆界"，意味着东部是数百年来德意志人移民、开发和传播基督教所在，是由各民族及其文化构成的混合地带（Mischgürtel）。"在这一地带，'德意志人'作为'西方受托人'捍卫着自己"。不仅如此，他们还继承"查理大帝的帝国思想"，肩负从国家层面"开化"东欧的"文化使命"。就此而论，东部"面向斯拉夫人的开放疆界"是德意志人对斯拉夫人施行教化的区域。[②] 对于打着"文化"幌子助推纳粹东扩的辩解，有学者指出，"虽然文化这一高雅词语取代了种族这种令人厌恶的表达，但只不过是纳粹残暴统治的一块遮羞布而已"。[③]

三、联邦德国时期的学术忆边

二战结束后，战败的德国面临全新地缘政治格局。一是德国传统疆域进一步受到压缩，东部边界退缩至奥德河一线，大片德国领土成了异域之地。[④] 二是战争结束之际，有 1000 多万在中东欧地区定居的德意志人被驱离家园，形成"当

① Klaus von See, "Griff nach dem Westen: Die 'Westforschung' der völkisch-nationalen Wissenschaften zum nordwesteuropäischen Raum (1919 – 1960) von Burkhard Dietz, Helmut Gabel and Ulrich Tiedau," p. 518.

② Ingo Haar, *Historiker im Nationalsozialismus: Deutsche Geschichtswissenschaft und der* "*Volkstumskampf*" *im Osten*, p. 100.

③ Michael Fahlbusch and Ingo Haar, "Völkische Wissenschaften und Politikberatung," p. 9.

④ Jan M. Piskorski, "Volksgeschichte à la polonaise. Vom polonozentrismus im Rahmen der sogenannten polnischen Westforschung," pp. 269 – 270.

代史上的德意志大灾难"。① 三是美英法苏四国分区占领德国，1949 年分裂为西占区联邦德国和苏占区民主德国，德国成为东西方冷战前沿。四是深受战争之苦的西欧各国为防止战争灾难重演，开启以经济及政治一体化进程为特征的联合。

面对全新地缘政治格局，原先基于"民族"和民族国家视角的德国边疆史研究显然已不合时宜。② 德国边疆史研究适应政治现实，再次出现转向，③ "统一和合作的欧洲"成为新取向。学者不再单纯从民族和国家形成视角建构"德国历史的图景"，或者说"德国历史的图景变得更欧洲化"，④ 跨越国家疆界而拥有共同文化、经济和地理等空间要素的"地区"或"区域"（Region）成为关注对象，聚合诸种研究要素的"地理空间"（geographischer Raum）日益成为研究基础。⑤ 新研究范式不太涉及"民族国家和相关行政管理疆界的政治统一性"，而把"地区性"（Regionalität）作为历史范畴，将"地区"作为研究单位，通过各种维度的"地理空间"呈现出来。⑥ 诸如"西部空间"、"西部经济一体化区域"、"中东欧"、"东南欧"等关系密切的地区性"地理空间"、"经济空间"、"文化空

---

① Theodor Schieder, "Die Vertreibung der Deutschen aus dem Osten als wissenschaftliches Problem," *Vierteljahrshefte für Zeitgeschichte*, 8. Jahrg., H. 1, 1960, p. 1.

② Jan M. Piskorski, "Volksgeschichte *à la polonaise*. Vom polonozentrismus im Rahmen der sogenannten polnischen Westforschung," p. 269.

③ 到 1990 年德国重新统一为止，民主德国出于同东欧国家关系考虑，一直禁止涉及东欧原德国领土的"东部研究"，相关研究主要在联邦德国史学界进行。两德统一后，研究则涉及包括东德在内的整个德国史学界。Beata Halicka, "The Oder-Neisse Line as a Place of Remembrance for Germans and Poles," *Journal of Contemporary History*, Vol. 49, No. 1, 2014, p. 77.

④ Walter Demel, *Reich, Reformen und sozialer Wandel 1763–1806*, Stuttgart: Klett-Cotta, 2005, Zur 10. Auflage, p. VIII.

⑤ Peter Steinbach, "Territorial-oder Regionalgeschichte: Wege der modernen Landesgeschichte. Ein Vergleich der 'Blätter für deutsche Landesgeschichte' und des 'Jahrbuchs für Regionalgeschichte'," p. 533.

⑥ Matthias Middell, "*Regionalgeschichte in Europa. Methoden und Erträge derForschung zum 16. bis 19. Jahrhundert. Hrsg. Von Stefan Brakensiek and AxelFlügel. Ferdinand Schöningh Paderborn, 2000*," *Jahrbücher für Geschichte Osteuropas, Neue Folge*, Bd. 51, H. 1, 2003, p. 99; Peter Steinbach, "Territorial-oder Regionalgeschichte: Wege der modernen Landesgeschichte. Ein Vergleich der 'Blätter für deutsche Landesgeschichte' und des 'Jahrbuchs für Regionalgeschichte'," p. 539.

间"成为研究焦点。①

在新研究范式下，德国边疆史研究一方面已没有往日"守边"和"扩边"等激烈边疆斗争色彩，另一方面学界希望做边疆史研究时，"延续重要传统，同时开拓新领域"。② 学者在引入新的基于各种维度的"地理空间"范式时，仍不忘从历史和传统角度回溯德国周边区域的德意志印痕和影响，以此表达对德意志边疆之地的眷恋，体现出挥之不去的德意志情结。于是，在历史上与德国有着社会、文化、经济和地理等密切关系的"地理空间"，都成了战后德国边疆史研究的逐寻对象。

"西部研究"中，与欧洲一体化政治取向及"地理空间"研究范式相适应，早先的"西部空间"在佩特利等学者笔下，开始转变为从阿尔卑斯山到英吉利海峡之间，以多样性为特征的莱茵河、马斯河、摩泽尔河和些耳德河流域"日耳曼—拉丁语族边疆地区"的"统一文化空间"，"西部地带经济共同体"的"经济空间"，连通西欧地区的"通衢之地"（Straßenland），以及"日耳曼和拉丁文化的交流空间"，等等。③ 北德地区、汉萨同盟和尼德兰则被建构成整体性历史空间。④

"东部研究"也出现基于地区和文化视角的空间转向，但由于历史缘故，相关研究更为活跃，成果也更丰富。一方面，鉴于大片故土成为异域之地，"东部研究"

---

① Matthias Middell, "*Regionalgeschichte in Europa. Methoden und Erträge der Forschung zum 16. bis 19. Jahrhundert.* Hrsg. Von Stefan Brakensiek and AxelFlügel. Ferdinand Schöningh Paderborn, 2000," p. 100; Reinhard Blänkner, "Nach der Volksgeschichte. Otto Brunners Konzept einer 'europäischen Sozialgeschichte'," in Manfred Hettling, ed., *Volksgeschichten in Europa der Zwischenkriegszeit*, p. 325.

② Christoph Cornelißen, "Der wiederentstandene Historismus. Nationalgeschichte in der Bundesrepublik der fünfziger Jahre," in Konrad H. Jarausch and Martin Sabrow, eds., *Die Historische Meistererzählung: Deutungslinien der deutschen Nationalgeschichte nach 1945*, Göttingen: Vandenhoeck & Ruprecht, 2002, pp. 78 – 79; Carl-Hans Hauptmeyer, ed., *Landesgeschichte Heute*, Göttingen: Vandenhoeck & Ruprecht, 1987, p. 7.

③ Thomas Müller, "Grundzüge der Westforschung," p. 118.

④ R. Po-Chia Hsia, "Niederlande und Nordwestdeutschland. Studien zur Regional- und Stadtgeschichte Nordwestkontinentaleuropas im Mittelalter und in der Neuzeit. Franz Petri zum 80. Geburtstag. Ed. Wilfried Ehbrecht and Heinz Schilling; Civitatum Communitas. Studien zum Europäischen Städtewesen. Festschrift Heinz Stoob zum 65. Geburtstag. Ed. Helmut Jager et al; Städtewesen und Merkantilismus in Mitteleuropa. Ed. Volker Press," *The Sixteenth Century Journal*, Vol. 18, No. 4, 1987, pp. 612 – 613.

出现"体系性转变"，魏玛及第三帝国时期为德意志民族守疆扩土的取向已经不再。"东部研究"被更具地区色彩的"东欧研究"、"中东欧研究"取代。[①] 另一方面，相关研究转而致力于柔性的德意志"文化空间"建构，将历史上的德意志地区或带有德意志文化印痕的地区，如波莫瑞、西里西亚、大波兰地区、捷克的一些地区，都纳入研究视域。[②] 在很多德国人眼中，已失去的德意志地区也属德意志人的"人文故乡"。学者希望通过追忆性研究，深挖这些地区的德意志文化，从文化层面"复活"曾经的家园认知，[③] 进而唤醒德意志文化认同，继续保持德意志文化的影响力。

首先，与德国有历史和文化渊源的中东欧地区，特别是二战后被分割出去的原德意志地区，成为德国边疆史研究主要关注对象。关注路径主要有两条，其一是把当今德国与曾经的德意志地区归属于同一地理和文化空间，在不触碰敏感领土主权情况下，从文化层面"寻找失去的"故土，重构这些"古老的德意志地区"与德国的联系，表达对过往德意志属地的眷恋和怀念。例如，威廉·戈斯曼（Wilhelm Gössmann）和克劳斯 - 海因里希·路特（Klaus-Hinrich Roth）等学者通过一种"地区书写"，以文证史，突破现存国家疆界而追溯曾经的德意志故土，毫不掩饰自己要"寻找失去的"德意志故地、"已经消失的家园"，从文化层面重构划归波兰的"西里西亚"、"东普鲁士"、"波莫瑞"以及再次归属法国的阿

---

① Stefan Guth, "Review of Unger, Corinna R. Ostforschung in Westdeutschland: Die Erforschung des Europäischen Ostens und die Deutsche Forschungsgemeinschaft, 1945 – 1975. H-Soz-u-Kult, H-Net Reviews. April, 2008," p. 2, https: //www. h - net. org/reviews/showrev. php? id = 22435, 访问日期：2022 年 9 月 17 日; Roman P. Smolorz, "Deutsche Ostforschung und polnische Westforschung im Spannungsfeld von Wissenschaft und Politik. Deutsche Ostforschung und polnische Westforschung by Jan M. Piskorski, Jörg Hackmann and Rudolf Jaworski," *Jahrbücher für Geschichte Osteuropas*, Bd. 53, H. 3, 2005, p. 475; Matthias Weber, "Ostmitteleuropaforschung Statt 'deutsche Ostforschung'," *Einblicke*, Nr. 30, 1999, http: //www. presse. uni – oldenburg. de/einblicke/25020. html, 访问日期：2022 年 9 月 17 日; V. R. Berghahn, "Ostforschung in Westdeutschland: Die Erforschung des Europäischen Ostens und die Deutsche Forschungsgemeinschaft, 1945 – 1975 by Corinna R. Unger," *The American Historical Review*, Vol. 114, No. 5, 2009, p. 1559.

② Theodor Schieder, "Die Vertreibung der Deutschen aus dem Osten als wissenschaftliches Problem," p. 4.

③ Andrew Demshuk, *The Lost German East: Forced Migration and the Politics of Memory, 1945 – 1970*, Cambridge: Cambridge University Press, 2012, p. 163.

尔萨斯等"古老德意志地区"与德国的联系，形塑德意志文化空间的历史想象。其中，一段文字隐约表达了德国人对于所失故土的不舍情愫，以及通过文化溯忆而柔性重构其与德国联系的努力和期待：

> 某个时候，一座桥会倒塌，另一座桥会被炸毁，而第三座木制的绿色桥梁会被烧毁。于是有人会在克洛德尼茨河上建一座纸桥，在河水上升时，怀疑这座桥的人会沉入激流，但那些相信这座桥且义无反顾登桥者，则会到达安全的彼岸。①

"纸桥"隐喻以柔性文化空间建构起曾经的德意志地区与德国的联系。虽然有人质疑联系的有效性，但作者相信通过回溯和忆构文化联系，有利于保持德国与这些地区的传统联系及其影响。

其二是两德统一后，德国学者打着"统一的欧洲"旗号，避开民族和民族国家的敏感话题，通过各类学术会议和学术交流平台，深挖中东欧地区的德意志文化影响和积淀，"以文化消除边界"（Grenzen überwinden durch Kultur），致力维护曾经的德意志土地上的文化标识，进而维持乃至促进德意志文化认同。以德捷文化交流为例，为强化德意志文化在捷克的印记，德国专门设立"巴伐利亚与波希米亚：1500 年的邻居"等"跨越边界的共同项目"，研究"基于地区平台的德捷关系史"。两国还共同实施捷克的德意志文化纪念物修复工作，修缮数以百计的德意志教堂和墓地，使德意志文化遗迹在捷克得到保存。

德累斯顿德国历史学家大会为加强对捷克德意志因素的关注度，也在"更宽阔的欧洲"、"统一的欧洲"主题下热烈探讨德国与捷克的区域史。甚至"中欧帝国思维模式"之下德国对"东欧的殖民想象"、向东欧殖民扩张视角下的"德

---

① Dellef Haberland, "' A la recherche d'un pays perdu': Die Literarische Region Oberschlesien"; Roberta Henning von Lange, "Franz Jung: Auf der Suche nach der Verborgenen Heimat"; Barbara Hordych, "Horst Bienek: Requeim für eine Provinz," in Wilhelm Gössmann and Klaus-Hinrich Roth, eds., *Literarisches Schreiben aus regionaler Erfahrung Westfalen- Rheinland-Oberschlesien und darüber Hinaus*, Paderborn: Schöningh, 1996, pp. 97, 145, 163, 128. 克洛德尼茨河（Klodnitz）是奥德河支流，位于今波兰境内。

国'边疆'"等也成为讨论内容。① 华沙德国历史研究所的学术年会则特别关注波兰的德意志因素。有波兰学者坦承，德意志和普鲁士文化在波莫瑞、西里西亚和大波兰地区具有巨大影响，乃至发展出基于德意志的文化认同。② 学者在对奥德河地区波兰居民的口述史采访中也得到类似答案，称波兰居民"不仅是该地区德意志文化遗产的管理者，也是文化传统的继承者"。③

其次，基于"古老德语空间"的中欧史、中东欧史以及中南欧史研究，尤其是"东部传统德语空间"研究，受到高度关注。德国、波兰、奥地利、捷克、匈牙利、罗马尼亚甚至意大利的阿尔卑斯山地区，亦即历史上的德语区域或分布有德语岛的地区，在"语言空间"范式下被建构成一个整体。德国学界希望通过"古老德语空间"研究，加强与中东欧、东南欧的传统关系并保持德国对这些地区的影响力，同时慰藉长期与"乡愁"为伴的被驱逐德意志人及其后代，抚慰他们对家园故土的情感牵挂。于是，原先德国边疆史研究中的守护对象，如今变成"忆边"的目标。学者试图从文化和记忆层面"重建失去的东部"，在精神上触摸这些德意志的"梦幻之地"。④ 当然，新研究中已没有基于"民族"视域的犀利"边界斗争"色彩。例如，德国学界曾非常关注的南蒂罗尔，原本是德意志人和意大利人民族边疆斗争的学术争锋前沿，如今在"南阿尔卑斯山空间"下更多呈现为历史、地理和语言层面的柔和"忆边"审视，在融合交流的"文化空间"

---

① Monika Sonntag, *Grenzen überwinden durch Kultur? Identitätskonstruktionen von Kulturakteuren in europäischen Grenzräumen*, Berlin: Peter Lang, 2013, pp. 75, 235; Peter Becher, "Deutsche und Tschechen: Vertreibung und Versöhnung," *German Studies Review*, Vol. 30, No. 2, 2007, p. 265; Martin Jehne, Winfried Müller and Peter E. Fäßler, eds., *Ungleichheiten. 47. Deutscher Historikertag in Dresden 2008 Berichtsband*, Göttingen: Vandenhoeck & Ruprecht, 2009, pp. 108 – 109, 152 – 153.

② "Tagungsbericht: Regionalität als historische Kategorie. Prozesse, Diskurse, Identitäten im Mitteleuropa des 16. – 19. Jahrhunderts," *H-Soz-Kult*, 16/01/2017, www.hsozkult.de/conferencereport/id/fdkn – 125520, 访问日期：2022 年 11 月 21 日。

③ Beata Halicka, "The Oder-Neisse Line as a Place of Remembrance for Germans and Poles," *Journal of Contemporary History*, p. 91.

④ Andrew Demshuk, *The Lost German East: Forced Migration and the Politics of Memory, 1945 – 1970*, pp. 96, 161; Gregor Thum, ed., *Traumland Osten: Deutsche Bilder vom östlichen Europa im 20. Jahrhundert*, p. 138.

视角下成为"意大利—德意志之间的文化疆界"。①

再次，从文化史层面钩沉原德意志属地的文化记忆，成为德国史学界学术忆边的重要途径。中东欧地区曾经的德意志属地上，"拥有大量文化中心和一批让人难以忽视的承载德意志文化的历史纪念物、博物馆、档案馆和图书馆"。② 二战期间，德国本土核心地区"类似的文化聚集有机体"，在盟国炮火中"遭到无法挽回的毁灭"，但中东欧和东南欧地区许多德意志建筑风格的城市、图书馆完好无损地保留下来。它们成了承载"德意志文化宝藏"的"轻盈有机体"。于是，"曾经是德意志帝国东部区域"的西里西亚、波莫瑞、东西普鲁士等"中东欧地区"，以及捷克、摩拉维亚等东南欧地区德意志风格的城市和"图书馆中的一些古老德意志书籍"，都成了德国史家追寻德意志历史和文化记忆的对象，成为他们"漫游已经消逝的过往"的精神慰藉。③ 他们试图深挖 17—19 世纪这些地区的德意志文化沉淀，继续形塑德意志文化认同，保持德意志文化在其地的影响力。④ 甚至考证相关地名的历史变迁，也成为德国学界从文化史层面忆溯德意志故土的重要方式。学者弗里德里希·雷曼（Friedrich Lehmann）在考察德意志移民定居波希米亚历史的基础上，对捷克和斯洛伐克境内 300 多个原德意志人定居区域的地名变迁作了详细考证，呈现其地"德意志人和捷克人的共同历史"。但是，相关研究所隐含的意义显然不止于此，作者字里行间透露出德意志人对"失去故土"的怀恋之情：

> 这些地方充满生机。但除此之外，在德意志人被迫离开后，那些德意志地名已经失去了它们的认同和参考价值。

---

① Reinhard Stauber, *Der Zentralstaat an seinen Grenzen. Administrative Integration, Herrschaftswechsel und politische Kultur im südlichen Alpenraum 1750 – 1820*, Göttingen: Vandenhoeck & Ruprecht, 2001, p. 49ff.

② Klaus Garber, *Nation, Literatur, Poltische Mentalität: Beiträte zur Erinnerungskultur in Deutschland*, München: Wilhelm Fink Verlag, 2004, pp. 165 – 166.

③ Klaus Garber, *Nation, Literatur, Poltische Mentalität: Beiträte zur Erinnerungskultur in Deutschland*, pp. 165 – 166.

④ Klaus Garber, *Nation, Literatur, Poltische Mentalität: Beiträte zur Erinnerungskultur in Deutschland*, p. 226ff.

尽管如此，作者针对德意志地名淡出人们记忆的状况，心有不甘地提出建议，希望采取措施保留此类地区的德意志文化印记。他委婉地指出，从历史角度看，有必要"保护大部分旧地名，以尊重千百年来捷克人和德意志人之间的语言和文化交流"。①

复次，受以上因素激励和驱动，当代德国出版了大量有关东欧和东南欧历史和文化的书籍。人们试图通过此类著作，探寻对于德国人而言"已经消逝的陆地"。② 以慕尼黑"东南欧学会"对 1984—1988 年联邦德国公开出版的有关东南欧著作汇总统计为例，在收录的 110 部历史著作中，直接以东南欧诸国德意志人历史为研究对象者近 30 部，诸如西本彪根、比萨拉比亚（Besarabien）、斯洛文尼亚、加里西亚、洛道梅里亚（Lodomerien）、布科维纳（Bukowina）、巴纳特（Banat）和达尔马提亚（Dalmatien）等曾经的德意志人聚居地皆被纳入研究视域。③ 由此可见德国史学界对东南欧曾经的德意志历史和文化空间的眷恋和钟情。德国史学界还精心组织边疆史研究学术工程，出版 10 卷本《东欧德意志人史》等著作，志在通过溯忆性研究，使人们"在很长时间内以及在更广阔的公共层面，对德意志人在东部地区取得的历史成就产生印象和看法"。④ 德国家喻户晓的《格布哈特德意志史手册》最新版，也不忘强调中世纪德国向东扩张，以及由此形成的对波兰人、波希米亚人、摩拉维亚人和匈牙利人的影响，⑤ 以此表明德国与东欧及东南欧不可分割的特殊关系。

虽然当代德国边疆史研究已没有往日"守边"、"扩边"的激情和霸气，但仍在柔性"文化空间"范式下表达着对曾经德意志边疆之地的精神忆念，诉说着

---

① Friedrich Lehmann, *Der Wandel der Ortsnamen in den ehemals deutschen besiedelten Gebieten der Tschechoslowakei. Gezeigt an über 300 Beispielen ausgewählter ehemaliger Landeskreise*, Marburg：Biblion Verlag, 1999, pp. 11, 207, 212.

② Klaus Garber, *Nation, Literatur, Poltische Mentalität: Beiträte zur Erinnerungskultur in Deutschland*, p. 226.

③ Zsgest Jozo Dzambo, *Südosteuropa-Veröffentlichungen aus der Bundesrepublik Deutschland: 1984 – 1988*, München：Südosteuropa-Gesellschaft, 1989, pp. 28 – 39.

④ Klaus Garber, *Nation, Literatur, Poltische Mentalität: Beiträte zur Erinnerungskultur in Deutschland*, p. 247.

⑤ Gebhardt, *Handbuch der deutschen Geschichte. Zehnte, völlig neu bearbeitete Auflage*, Band 6, Wolfgang Stürner, *13. Jahrhundert, 1198 – 1273*, Stuttgart：Klett-Cotta, 2007, pp. 313 – 316.

难舍的德意志情结。换言之，战后德国学界对中东欧和东南欧的关怀性历史研究，本质上是传统德国边疆史研究的另类延续，只是原先对德意志"民族和文化土地"、"边疆空间"的追求已置换成跨越现有国家疆界、基于德意志"文化空间"的"历史地域研究"。① 该研究范式将往日民族"边疆斗争"的"硝烟"，转换成精神和文化层面对于德意志之地的柔性溯忆，以及"以精神方式存在的、看不见的""文化民族"追求。② 本质上这是新地缘政治格局下传统德意志"民族"意识的隐性表达，以及基于文化空间的"软性、可重叠的边疆"③ 的追求和建构。

四、20 世纪德国边疆史研究的基本取向

历史认知、思考和叙述的基础是客观史实，但历史研究和书写的出发点是学者面对和关注的客观现实。因此每个时代的历史书写"在很大程度上都会打上时代的兴趣烙印"，形成差异性历史阐释，进而使历史研究给人以多变的"雅努斯面孔"印象。④ 20 世纪德国边疆史研究因应欧洲地缘政治格局变化，数度转向，似乎确证了此点。然而，在频繁转向背后，可以清晰感触到恒指不变的三个基本取向或特征。

第一，突出民族和文化边疆诉求，致力于德意志民族及其文化利益最大化。民族和文化边疆诉求贯穿 20 世纪德国边疆史研究，民族和文化边疆而非国家边疆，才是德国边疆史研究真正意涵。就此而论，20 世纪德国边疆史研究可谓德意志民族及其文化情感的"长情告白"。

德国边疆史研究以民族和文化边疆为取向并非偶然选择，而是有着重要历史原因。有学者认为，历史上，德国的"国家边界和德意志人定居空间之间从来就

---

① Carl-Hans Hauptmeyer, ed., *Landesgeschichte Heute*, p. 8.

② Ingo Haar, *Historiker im Nationalsozialismus: Deutsche Geschichtswissenschaft und der "Volkstumskampf" im Osten*, p. 91.

③ 周平：《边疆在国家发展中的意义》，《思想战线》2013 年第 2 期，第 101 页。

④ Dirk van Laak, "Der Platz des Holocaust im deutschen Geschichtsbild," in Konrad H. Jarausch and Martin Sabrow, eds., *Die historische Meistererzählung: Deutungslinien der deutschen Nationalgeschichte nach 1945*, p. 163; Ursula Wolff, *Litteris et Patriae. Das Janusgesicht der Historie*, Stuttgart: Franz Steiner Verlag, 1996.

没有关系"，德意志民族被认为是"国家之外的一种存在"。① 直言之，德国国家
边界始终小于德意志民族和文化共同体边界，二者从未契合过，而后者才是民族
主义情感浓烈的德国边疆史家执着追求的目标。正是在此种取向下，20 世纪德国
边疆史研究摒弃了将视域限定于既有国家疆界的通行做法，而把德意志民族和文
化共同体的边疆史作为研究目标，"把民族当作国族来建构"，迷思于一种"民族
国家的内在单一化"或"一个国家，一个民族"，追求民族共同体边界与国家边
界合二为一。② 结果，"德国历史研究将很大一部分（即便不是最大部分）努力
指向达成德意志民族统一的'边疆斗争'"，③ 相应的诉求甚至导致边疆史研究在
纳粹时期一度深陷极端民族主义和扩张主义泥潭。

魏玛时期，德国史学界为反抗战胜国掠夺德国领土，引入二维"民族和文化
土地"范式，在边疆史研究中摆脱国际法束缚，抛弃根据《凡尔赛和约》等划定
的国家疆界，通过跨学科整合，强力确证被割领土的德意志民族和文化属性。第
三帝国时期，德国学界受激于极端民族主义思潮，附和纳粹的"大德意志帝国"
狂想，在边疆史研究中引入多维"边疆空间"范式，"魔性"追求德意志民族
"生存空间"，研究指向不仅跨越德意志国家边界，还超越"德意志民族和文化土
地"疆域，完全偏离了理性学术诉求。这两个时期，"西部研究"和"东部研
究"采取双重标准，某种程度上正是德国史学界不择手段追求德意志民族及其文
化利益最大化最淋漓尽致的体现。

二战结束后，德法等西欧各国开启相互和解及经济、政治一体化进程，"民
族国家的边界越来越失去意义"。在全新地缘政治格局下，德国边疆史研究一方
面迎合新的欧洲一体化潮流，转向跨越民族国家疆界而突出共同文化、经济因素
的"统一的欧洲"研究；另一方面却在柔性"文化空间"范式下，追忆曾经拥
有共同德意志文化等要素的地区，将它们纳入关注范畴，力图最大限度保持其至

---

① Manfred Hettling, "Volk und Volksgeschichten in Europa," in Manfred Hettling, ed., *Volksgeschichten in Europa der Zwischenkriegszeit*, p. 13.

② Jost Müller, *Mythen der Rechten: Nation, Ethnie, Kultur*, Berlin: Edition ID-Archiv, 1995, pp. 63, 72.

③ Peter Schöttler and Chris Turner, "The Rhine as an Object of Historical Controversy in the Inter-War Years. Towards a History of Frontier Mentalities," p. 5.

加强这些地区的德意志文化和影响。对德意志民族和文化空间的柔性溯忆和建构，一方面表明战后德国边疆史研究中传统民族国家的认知正在淡去，另一方面说明德国边疆史研究中德意志民族及其文化情感因素并未消失，而是以一种"文化民族国家的认同现象"显现出来。① 因此，战后柔性德意志"文化空间"的溯忆和建构，实际上是追求德意志民族及其文化利益最大化的另类呈现。

第二，历史研究服务于政治需要。20世纪德国边疆史研究，有热血沸腾、正气浩然的护土守疆，有狂热迷失、令史学蒙羞的扩土拓疆，也有对曾经的德意志属地之不舍眷恋和柔性文化溯忆。凡此种种，姑且不论功过得失，本质上都反映了德国史学界"学术完全服从于政治优先"② 的强烈认知，以及"作为一种合法性学术的历史书写"之价值取向，证明历史研究是一种"政治斗争手段"。③

魏玛共和国时期的边疆史研究堪称学术服务于政治的典型。当时德国史学界在边疆史研究中以"历史的政治动员"④ 形态出现，不仅在反对《凡尔赛和约》上与德国政府态度一致，而且在学术上积极策应政府的"修约政策"。"东部研究"有关东部边界未形成清晰轮廓的历史结论，与政府修改东部边界的外交战略高度吻合。⑤ 1926年10月在莱比锡成立的"德意志民族和文化土地研究基金

---

① Robert Hettlage and Petrr Deger, "Europäischer Raum und Grenzen- eine Einleitung," in *Der Europäische Raum: Die Konstruktion Europäischer Grenzen*, Wiesbaden: VS Verlag für Sozialwissenschaft, 2007, p. 7.

② Andreas Kossert, "'Grenzlandpolitik' und Ostforschung an der Peripherie des Reiches: Das ostpreußische Masuren 1919 – 1945," p. 146.

③ Peter Schöttler, ed., *Geschichtsschreibung als Legitimationswissenschaft 1918 – 1945*; Michael Fahlbusch and Ingo Haar, "Völkische Wissenschaften und Politikberatung," p. 9; Edgar Wolfram, *Geschichte als Waffe: Vom Kaiserreich bis zur Wiedervereinigung*, Göttingen: Vandenhoeck & Ruprecht, 2001, p. 5.

④ Peter Schöttler and Chris Turner, "The Rhine as an Object of Historical Controversy in the Inter-War Years, Towards a History of Frontier Mentalities," p. 5.

⑤ 德国政府为争取谈判空间，决定承认西部边界，但拒绝承认东部边界，以便为日后修改东部边界留下空间。这一点在《洛迦诺公约》中有明确表达。Aus dem Archiv des Auswärtigen Amts, *Akten zur deutschen Auswärtigen Politik 1918 – 1945, Serie B: 1925 – 1933, Band 2. 2, Juni bis Dezember 1926, Deutschlands Beziehungen zur Sowjet-Union, zu Polen, Danzig und den Baltischen Staaten*, Göttingen: Vandenhoeck & Ruprecht, 1967, Vorwort, pp. Ⅷ, 302, 308, 366; Ingo Haar, *Historiker im Nationalsozialismus: Deutsche Geschichtswissenschaft und der "Volkstumskampf" im Osten*, pp. 29, 50.

会"，更是一开始就定位于服务政治，与德国外交部、内政部密切合作，支持"德意志民族和文化土地学术研究"。①

第三帝国时期的边疆史研究将其政治功能发挥到极致，因狂热而出现学术边界迷失。"西部研究"中有关比利时和荷兰是"欧洲日耳曼—德意志中心的前缘地带"之结论，与希特勒征服政策同频共振，为纳粹在西欧扩张提供历史依据。② 1940 年 5 月德军入侵西欧不久，第三帝国内政部国务秘书威廉·施图卡特（Wilhelm Stuckart）在"西部研究"成果基础上，绘制德法两国边界地图，将学界标注的"西部空间"统统划入版图，以至于原"边疆地带"变成德国"内陆地区"。第三帝国在西欧推行以"日耳曼化"政策为特征的"欧洲新秩序"，也吸纳了"西部研究"成果。二战后期，欧洲战场局势发生不利于德国的转折。纳粹在"西部空间"由强行推行"日耳曼化"转向共同对抗"美国主义"和"布尔什维主义"的战争动员。"西部空间"在德国学者笔下立即注入新意涵，由"种族边疆"变成"宽阔的日耳曼—拉丁民族互动纽带"。③

第三帝国时期的"东部研究"，充分体现了"历史学家学术和政治的双重角色"。④ 奥宾的表现尤为突出，他直接以中世纪时的第一帝国（神圣罗马帝国）为例，为第三帝国向东扩张进行历史诠释，认为纳粹的"大德意志帝国"是建立类似于第一帝国的"超民族国家"之努力。德国统治东欧诸国"关乎德意志民族建构新欧洲中心的生存必需"，也"应该是一种持久的秩序"。"中世纪盛期的第一帝国就曾以强大、正义和文化成就，维持这种秩序达数个世纪之久"。⑤ 有学者感于此，指出纳粹德国边疆史研究"与政府政治目标一致"。从这一角度看，德国历史学

---

① "Stiftung für Volks- und Kulturbodenforschung, Leipzig," https：//ome‐lexikon.uni‐oldenburg.de/begriffe/stiftung‐fuer‐deutsche‐volks‐und‐kulturbodenforschung‐leipzig，访问日期：2022 年 9 月 15 日。

② Karen Schönwälder, *Historiker und Politik. Geschichtswissenschaft im Nationalsozialismus*, p. 191；Edgar Wolfram, *Geschichte als Waffe: Vom Kaiserreich bis zur Wiedervereinigung*, p. 48.

③ Thomas Müller, "Grundzüge der Westforschung," pp. 92－93, 116－117.

④ Karl Ditt, "Review of Derks, Hans. Deutsche Westforschung：Ideologie und Praxis im 20. Jahrhundert," *H-Soz-u-Kult*, *H-Net Reviews*, p. 1.

⑤ Hermann Aubin, "Vom Aufbau des Mittelalterlichen Deutschen Reiches," *Historische Zeitschrift*, Bd. 162, H. 3, 1940, p. 508.

家可谓"纳粹扩张和毁灭政策的思想先锋"。[1]

联邦德国时期边疆史研究关切政治的取向依然延续，只不过表达更趋理性和温和。从政治层面看，联邦德国为争取受害国谅解和信任，满足"邻国的安全需要"，积极主动推进法德和解及欧洲一体化。法国等其他西欧国家也希望通过欧洲联合束缚德国，并作为"第三力量"与美苏两大强权分庭抗礼。于是，包括联邦德国在内的西欧诸国迈向一体化，出现"国家政策欧洲化"；[2] 与此同时，二战后期大量德意志人被逐出东欧和东南欧，德国学界曾竭力守护的德意志"民族边疆"只剩古老建筑和图书馆的尘封图书。面对全新地缘政治格局和客观现实，"民族国家疆界日益失去其意义"，旧民族边疆研究已不合时宜。[3] "西部研究"也跟进时代，为联邦德国的欧洲一体化政策注解。魏玛时期率先进行守边研究和纳粹时期竭力鼓吹扩张的奥宾，开始强调欧洲认同，认为欧洲在"几个世纪的历史"中"留下许多相似的思想、情感和信念、记忆和设施"，这些"无法磨灭的核心要素是奠定西方共同习俗的坚固基石"。欧洲是具有共同习俗的诸多民族共生并存的统一体。[4] 如前所述，"东部研究"也从边界斗争"硝烟"中走出来，转向文化和地理空间概念的研究。[5]

第三，以多变研究范式服务于民族和国家利益。诚然，20世纪德国边疆史研究因应欧洲地缘政治和德国对外政策变化，数度转向。早在德意志帝国时期，为

---

[1] Sebastian Conrad, *Auf der Suche nach der Verlorenen Nation: Geschichtsschreibung in Westdeutschland und Japan, 1945 – 1960*, Göttingen：Vandenhoeck & Ruprecht, 1999, p. 41.

[2] Dominik Geppert, *Die Ära Adenauer*, Darmstadt：Wissenschaftliche Buchgesellschaft, 2007, p. 36；Wilfried Loth, *Der Weg nach Europa: Geschichte der Europäischen Integration 1939 – 1957*, Göttingen：Vandenhoeck & Ruprecht, 1990, pp. 9 – 47；Katrin Auel, "Europäisierung nationaler Politik," in Marika Lerch and Hans-Jürgen Bieling, eds., *Theorien der Europäischen Integration*, Opladen：Leske and Budrich, 2012, pp. 248 – 269.

[3] Robert Hettlage and Petra Deger, *Der Europäische Raum: Die Konstruktion Europäischer Grenzen*, p. 7；Jan M. Piskorski, "Volksgeschichte *à la polonaise*. Vom Polonozentrismus im Rahmen der sogenannten polnischen Westforschung," p. 269.

[4] Hermann Aubin, "Der Aufbau des Abendlands im Mittelalter. Grundlagen-Strömungen-Wandlungen," *Historische Zeitschrift*, Bd. 187, H. 3, 1959, p. 520.

[5] Roman P. Smolorz, "Deutsche Ostforschung und polnische Westforschung im Spannungsfeld von Wissenschaft und Politik. Deutsche Ostforschung und polnische Westforschung by Jan M. Piskorski, Jörg Hackmann and Rudolf Jaworski," p. 475.

弥补"小德意志"统一方案的缺憾，德国边疆史研究热衷于一维"语言边疆"研究范式，对域外德语区域和德语岛展开研究，标注其德意志历史和文化属性，呈现跨国性学术垦边特征。魏玛时期，德国边疆史研究引入"民族"视角下的二维"民族和文化土地"范式，否定根据《凡尔赛和约》划定的国家边界，反对割裂德意志土地和人民，扮演了学术守边者角色。第三帝国时期，为策应纳粹侵略扩张政策，德国边疆史研究引入非理性的多维"边疆空间"范式，把历史上的日耳曼人居住地区乃至经济、文化等方面与德国有关联的区域皆纳入研究视域，为纳粹建立"大德意志帝国"和夺取"生存空间"提供历史支撑，具有强烈学术扩边色彩。战后，联邦德国边疆史研究引入新的基于文化、经济等元素的"地理空间"范式，以规避民族国家疆界羁绊，同时在更广阔空间继续挖掘和寻踪德意志文明因子。于是，中东欧和东南欧的德意志故土以及受德意志文化浸染的地区，都转换成德意志"文化空间"的忆恋和建构对象。人们希望通过新研究范式，深挖这些地区沉淀的德意志文化并保持其影响，以特殊路径继续"捍卫德意志民族认同"。① 因此，"文化空间"范式下的边疆史研究虽没有往日咄咄逼人的斗争色彩，却仍能使人隐约感受到对于德意志民族和文化边疆的眷恋和挚爱。

结　语

20 世纪德国边疆史研究堪称波澜起伏，给人极大学术震撼。由此不免引起人们对德国史学界倾情和激搏于边疆史研究动因的追拷，对德国边疆史研究取向的思考，以及对其如此充满生机和活力的原因之探问。

影响 20 世纪德国边疆史研究的因素很多，但有两方面不可忽视。首先，欧洲地缘政治和国内政治形势变化当是主要的客观驱动力。魏玛时期的学术守边取向就受激于《凡尔赛和约》对德国领土的不公处置。按照当时德国人的看法，一战后原本联结在一起的中欧德意志"民族土地"不仅被分割成德国、奥地利和但

---

① Christoph Cornelißen, "Der wiederentstandene Historismus. Nationalgeschichte in der Bundesrepublik der fünfziger Jahre," in Konrad H. Jarausch and Martin Sabrow, eds., *Die historische Meistererzählung: Deutungslinien der deutschen Nationalgeschichte nach 1945*, pp. 78 – 79; Carl-Hans Hauptmeyer, ed., *Landesgeschichte Heute*, p. 7.

泽等几块，而且在其周围还形成与边界相连的"边疆德意志地带"。① 这些居住着域外德意志人的"边疆德意志地带"，显然是德国边疆史学者无法忽视的对象。加之德国国内一片抵制《凡尔赛和约》的呼声，漠视国家疆界而突出"民族"视角下"民族和文化土地"研究，成了德国边疆史研究的选择。而第三帝国时期建立"大德意志帝国"的追求，以及在欧洲地缘政治中转守为攻的对外侵略扩张政策等，则是该时期边疆史研究引入以扩边为取向的"边疆空间"范式主要驱动力，实际上是将历史研究变成了纳粹帮凶。②

　　二战后联邦德国边疆史研究引入跨越边界的文化、经济等"地理空间"范式，既是响应欧洲一体化的国际政治潮流，"寻找一种后民族国家的欧洲认同"，实现时代关切，也是要在欧洲一体化大旗下，通过"跨越疆界的文化领域合作"，以文化克服疆界壁垒，钩沉欧洲诸国失落的德意志文化，继续表达对这些国家中德意志过往的怀恋。③ 正是在此种语境下，出现"巴伐利亚—波希米亚空间"和"小空间（布科维纳）中的大历史（哈布斯堡君主国）"一类叙事，以及对过往德意志历史和文化的迷思。④

　　其次，影响 20 世纪德国边疆史研究的主观动因，深深植根于其思想文化传统，即基于"民族"的"民族共同体"意识和文化民族主义思想。18 世纪下半叶以来，"民族"与"民族共同体"思想一直被以赫尔德尔等为代表的德国学界崇信。据此，基于共同血缘、历史和文化的"民族共同体"有两大特点：其一，它是可以"跨越国家疆界"的"生命共同体"；其二，把建立"自己的国家"作

---

① Paul Rohrbach, *Deutschtum in Not! Die Schicksale der Deutschen in Europa außerhalb des Reiches*, Berlin-Schmargendorf & Leipzig: Wilhelm Andermann Verlag, 1926, p. 5.

② Frank-Lothar Kroll, *Utopie als Ideologie: Geschichtsdenken und politisches Handeln im Dritten Reich*, Paderborn: Ferdinand Schöningh, 1998, p. 263.

③ Monika Sonntag, *Grenzen überwinden durch Kultur? Identitätskonstruktionen von Kulturakteuren in europäischen Grenzräumen*, Berlin: Peter lang, 2013, pp. 13, 121.

④ Nicolas Engel et al., *Grenzen der Grenzüberschreitung: Zur "Übersetzungsleistung" deutsch-tschechischer Grenzorganisationen*, Bielefeld: transcript, 2013, p. 19; Kurt Scharr, *"Die Landschaft Bukowina": Das Werden einer Region an der Peripherie 1774 – 1918*, Wien, Köln, Weimar: Böhlau, 2010, Zum Geleit.

为追求目标。① 然而，中世纪到近代早期的长期分裂，使德意志民族共同体一直未形成完全统一的国家形态。因此，在民族意识觉醒和迈入现代民族国家建构阶段后，"民族和国家的理想性统一"成为德意志人的追求和期待，② 对"民族边疆"的追求也就成为德国边疆史研究常态。

近代以来德国文化民族主义的发展，是影响20世纪德国边疆史研究取向的另一重要思想根源。在现代民族意识演进中，由于分裂之故，德国人一直缺少统一的国家政治平台来凝聚英法强调共同政治生活的现代政治性"国家民族"或曰"国族"认同，而只能借助相同语言、历史和风俗习惯等文化因素构成的民族平台，建构德意志"文化民族"认同，③ 进而形成基于文化共同体意识而漠视各邦国边界乃至国际法上国家疆界的文化民族主义，即一种"将文化置于中心地位的对于德意志民族认同的探究"。在此基础上构建出"自豪"的"德意志文化民族"，就成了德国人"人类共同体的原初概念"。④ 与此对应，以民族共同体及其文化为取向的民族和文化边疆，成为德国边疆史研究的基本特点。

〔作者邢来顺，华中师范大学历史文化学院教授。武汉　430079〕

（责任编辑：郑　鹏）

① Hans Joachim Türk, "'Nation' und 'Volk' in Romano Guardinis 'Ethik'. Relekture im Zeichen der Kommunitarismusdebatte," in Karl Graf Ballestrem et al. , eds. , *Sozialethik und politische Bildung: Festschrift für Bernhard Sutor zum 65. Geburtstag*, Paderborn：Ferdinand Schöningh, 1995, p. 162.

② Alice Salomon, *Die Deutsche Volksgemeinschaft: Wirtschaft, Staat, Soziales Leben. Ein Einführung*, Wiesbaden：Springer Fachmedien, 1926, pp. 1 - 2；Paul Joachimsen, *Vom deutschen Volk zum deutschen Staat: Eine Geschichte des deutschen Nationalbewußtseins*, p. 4.

③ Charlotte Tacke, *Denkmal im sozialen Raum: Nationale Symbole in Deutschland und Frankreich im 19. Jahrhundert*, Göttingen：Vandenhoeck & Ruprecht, 1995, p. 16.

④ Daniela Gretz, *Die deutsche Bewegung: Der Mythos von der ästhetischen Erfindung der Nation*, München：Wilhelm Fink Verlag, 2007, p. 325；Maike Oergel, *Culture and Identity: Historicity in German Literature and Thought 1770 - 1815*, Berlin：Walter de Gruyter, 2006, pp. 1 - 2, 287 - 288.

图书在版编目（CIP）数据

中国历史研究院集刊. 2023 年. 第 2 辑：总第 8 辑 /
高翔主编. -- 北京：社会科学文献出版社，2024.1
ISBN 978 - 7 - 5228 - 3019 - 3

Ⅰ. ①中…　Ⅱ. ①高…　Ⅲ. ①史学 -丛刊　Ⅳ.
①K0 - 55

中国国家版本馆 CIP 数据核字（2023）第 238000 号

中国历史研究院集刊2023年第2辑（总第8辑）

主　　编／高　翔
副 主 编／李国强　路育松（常务）

出 版 人／冀祥德
组稿编辑／郑庆寰
责任编辑／赵　晨
责任印制／王京美

出　　版／社会科学文献出版社·历史学分社（010）59367256
　　　　　地址：北京市北三环中路甲29号院华龙大厦　邮编：100029
　　　　　网址：www. ssap. com. cn
发　　行／社会科学文献出版社（010）59367028
印　　装／北京盛通印刷股份有限公司

规　　格／开本：889mm×1194mm　1/16
　　　　　印张：18.5　字数：309千字
版　　次／2024年1月第1版　2024年1月第1次印刷
书　　号／ISBN 978 - 7 - 5228 - 3019 - 3
定　　价／300.00元

读者服务电话：4008918866